方寸

方寸之间　别有天地

神奈川冲浪外

从传统文化到『酷日本』

［美］
南希·K.斯托克————著
Nancy K. Stalker

张 容————译

JAPAN
History and Culture
from Classical to Cool

社会科学文献出版社
SOCIAL SCIENCES ACADEMIC PRESS (CHINA)

© 2018 by The Regents of the University of California

Published by arrangement with University of California Press

谨以菲利普·E.利连索尔（Philip E. Lilienthal）品牌系列图书致敬伟大的编者菲利普·E.利连索尔先生，他于1954年至1979年效力加州大学出版社，致力于帮助亚洲研究领域的年轻作家，提升领域标准。利连索尔先生的友人、家人、作家朋友和基金会共同资助了加州大学出版社的利连索尔基金，在各位的助力下，出版社精挑细选出版了"菲利普·E.利连索尔"系列丛书，希望不负利连索尔先生的品鉴。

出版方与加州大学出版社基金会感谢"菲利普·E. 利连索尔亚洲研究品牌"（Philip E. Lilienthal Imprint in Asian Studies）的大力支持。该品牌由萨莉·利连索尔（Sally Lilienthal）女士倾情赠予。

前　言

在得克萨斯大学奥斯汀分校执教期间，我十数年如一日地讲授"日本概论"这门入门级课程，向学生概述日本数千年的文化、社会和政治功绩，引导学生开展更深入的研究。搜集课程教材时，我不禁想起"金凤花姑娘"①的故事：纵览市面上现有的教材，有的过于关注精英文化与现代之前的文化，有的售价过于昂贵，有的未对性别与宗教话题进行充分探讨，有的缺少插图，总之，我始终无法找到像金凤花那样"刚刚好"的教材。后来，是加州大学出版社的里德·马尔科姆（Reed Malcolm）先生听取了彼得·杜斯（Peter Duus）教授的建议，邀请我提交一本介绍日本历史文化的教材书稿，于是我得以将自己对日本的理解整理成文并公之于众。在此，我向里德、祖哈·可汗（Zuha Khan）及加州大学出版社的员工致以诚挚的感谢，谢谢他们为本书提供的支持。

本书寄寓了我的几个愿望。作为一名历史学者，我深知基本叙事技巧具有重要作用，它能够帮助学生理解文化发展的背景，体察历史上许多重要事件之间的关联与断代现象。我在视觉、文学艺术与物质文化等话题上多有着墨，因为美学与传统是现代日本民族认同的核心，且程度似乎远胜世界上其他发达国家。有时，我会将历史事件与当前情境相联系，正如学生们擅长"以古喻今"。本书旨在"介绍"日本，无法实现面面俱到、包罗万象，但日

---

① 金凤花姑娘（Goldilocks）是美国的一个童话角色，喜欢"刚刚好"的东西，美国人常用来形容"刚刚好"。——译者注

本帝国殖民地的发展、日常消费文化、宗教现代性、性别规范和"抗议"文化等值得一提的话题都有所涉及，亦大幅描述了战后艺术、当代艺术与流行文化。诚然，在题材选择上，我参考了个人喜好，但也加入了学生们感兴趣的内容。

本书章节按时间顺序和主题划分，因此在历史事件上存在重叠。比如，江户时代（17世纪至19世纪中期）在六、七两章中都有提及，但第六章侧重讲述德川幕府的统治体系与江户时代的智力、宗教发展，第七章则主要阐述都市新文化形式的繁盛。同样，第九章和第十章都提到了20世纪的前40年，但前者侧重日本国内的现代性，后者则关注日本帝国的海外扩张。

每章的结尾列出了10到12条推荐阅读材料，仅包含本书写作过程中参考的部分素材，既有经典佳作，也有顶尖学者的著作。此外，每章后亦附有简短的推荐片单，包括电影、纪录片和动画。片单很有特色，列出了反映该时期日本国情的影片（平安时代前的相关影片较稀缺），是我依照个人喜好推荐的。

本书在创作过程中参考了日本研究诸领域的名家著作，也获得了几位颇有见地的评论家的批评指正，在此向诸位深表谢意。如有任何错漏，皆为我个人之过。

惯例说明

参考日本习俗，书中人名均为姓氏在前、名在后。前几章的人名多包含物主代词"no"，如菅原道真（Sugawara no Michizane），即"菅原家族的道真"。

"长音符号"指代部分日语人名、名词发音中拉长的元音，如圣德太子（Prince Shōtoku），琉球群岛（Ryūkyū Islands）及战时"特攻队"（Tokkōtai）。不过，在主要岛屿、城市及已成为固定英语词汇的词语中，长音符号将被省略，如将军（Shogun）、神道（Shinto）和大名（Daimyo）。

目 录

第一章　日本早期　001

第二章　中央集权国家的形成　028

第三章　品位之治：平安时代的贵族生活　053

第四章　武士阶级的崛起与统治　084

第五章　解体与再统一　119

第六章　保持控制：德川幕府文化　156

第七章　江户时代的流行文化：浮世及其他　189

第八章　直面西方，接纳不同　229

第九章　现代性及其造成的民怨　269

第十章　帝国与战争文化　306

第十一章　战败与重建　346

第十二章　作为文化超级大国的『酷日本』　394

索　引　437

第一章
日本早期

地理与气候

日本群岛由 4 座大岛和 6000 多座小岛组成,多数岛屿无人居住。日本群岛的总面积约与美国加利福尼亚州或意大利相等。从北到南,4 座大岛依次为北海道、本州、四国和九州。诸小岛中,南部琉球岛链的冲绳与本州北部沿岸的佐渡岛人口密度最大。近海的地理位置不仅对日本的岛国文化与社会影响甚深,也为日本国民提供了主要饮食来源,影响着日本的气候,但同时令日本难与邻国往来沟通。日本距中国 800 公里,距最近的韩国仅 200 公里[1],远一分则无法吸收经由朝鲜半岛移民传播的文字、佛教与儒家学说等中华文明,近一分则臣服于中国之威势,无法形成独有的语言与物质文化。

日本地表约 80% 为山地,森林覆盖率极高。大量死火山与活火山提供了丰富的温泉资源,亦导致地震频发,全国每年大小地震可达千次。日本第

---

[1] 由原文英里换算后得出。本书中英制单位均已换算为公制,并参考了相关资料。——译者注

002

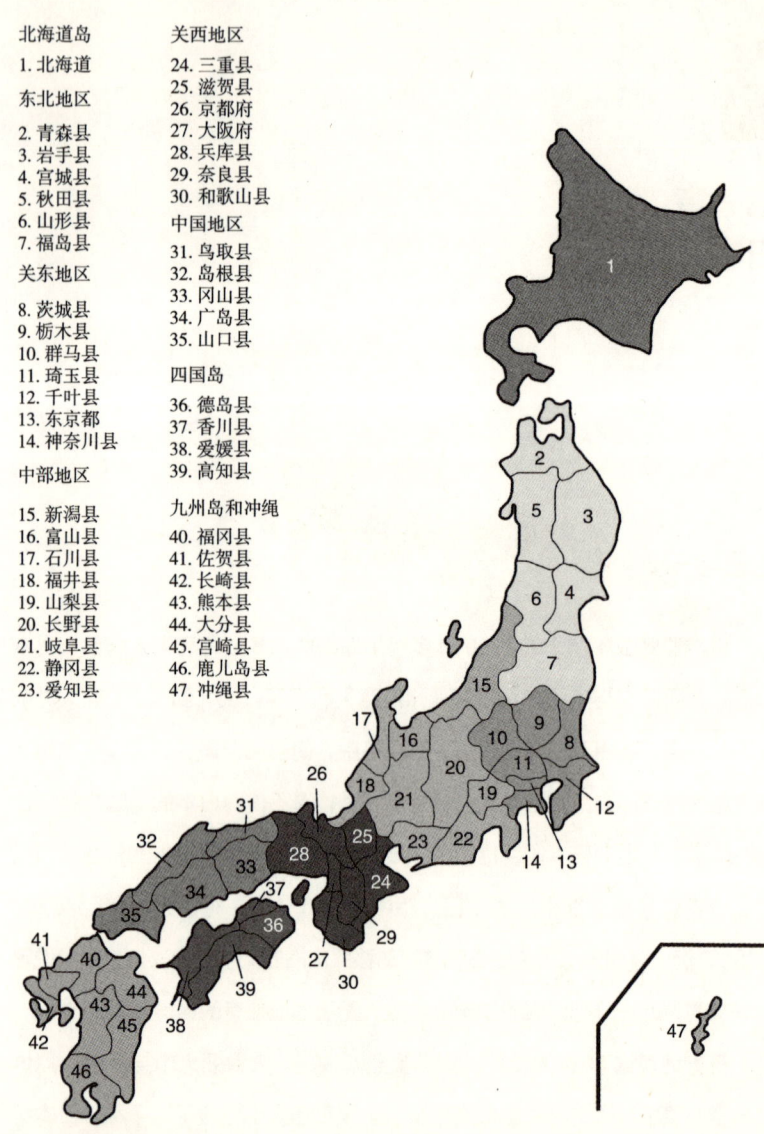

北海道岛	关西地区
1. 北海道	24. 三重县
东北地区	25. 滋贺县
2. 青森县	26. 京都府
3. 岩手县	27. 大阪府
4. 宫城县	28. 兵库县
5. 秋田县	29. 奈良县
6. 山形县	30. 和歌山县
7. 福岛县	中国地区
关东地区	31. 鸟取县
8. 茨城县	32. 岛根县
9. 栃木县	33. 冈山县
10. 群马县	34. 广岛县
11. 琦玉县	35. 山口县
12. 千叶县	四国岛
13. 东京都	36. 德岛县
14. 神奈川县	37. 香川县
中部地区	38. 爱媛县
15. 新潟县	39. 高知县
16. 富山县	九州岛和冲绳
17. 石川县	40. 福冈县
18. 福井县	41. 佐贺县
19. 山梨县	42. 长崎县
20. 长野县	43. 熊本县
21. 岐阜县	44. 大分县
22. 静冈县	45. 宫崎县
23. 爱知县	46. 鹿儿岛县
	47. 冲绳县

日本地区及各县分布图

002　神奈川冲浪外：从传统文化到"酷日本"

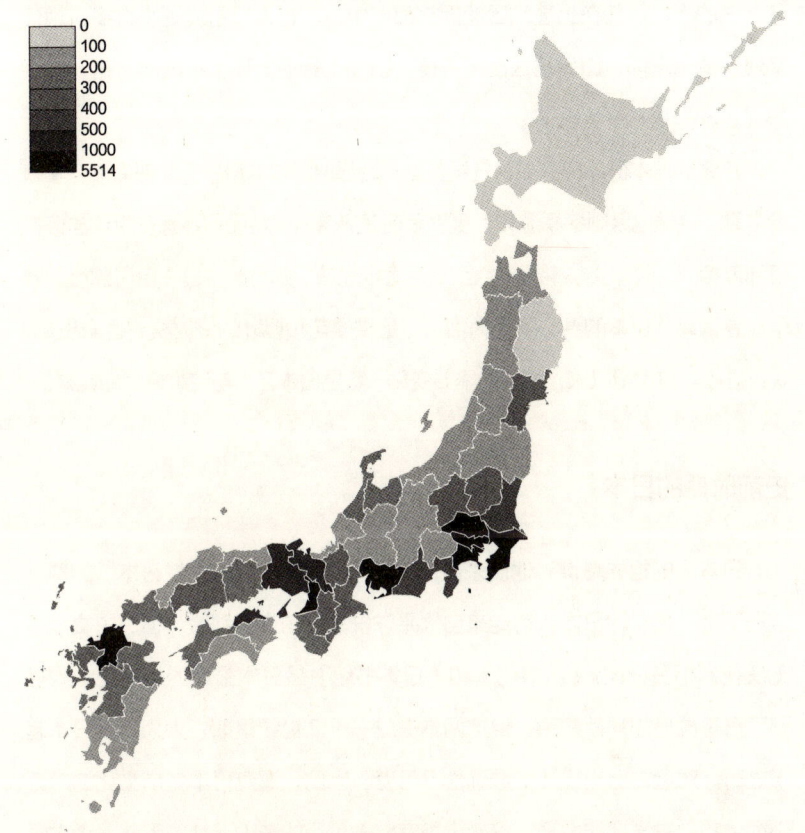

日本各县人口密度图（人口数/每平方公里）

一高山为富士山，是一座高3775米的火山，最近一次喷发出现在18世纪。8世纪到12世纪，富士山尤为"活跃"，被民众视为富士山女神发怒的迹象；如今，富士山成为日本民族认同的重要标志与自然风光。日本仅有四分之一的陆地适于居住，人口主要集中在太平洋、日本海和濑户内海沿岸，河谷地区，以及少见的平原地区，尤其是本州岛东北部的关东平原（东京所在地）和日本中部的近畿平原（京都、奈良和大阪所在地）。如今，日本逾四分之三的人口居住在上述地区的拥挤都市中，农村人口密度则小得多。现代交通工具出现前，山地地区出行不便，因此，各地出现了不同的方言、生活方式、农作物与生物群落。

广袤的日本群岛拥有多种气候类型：北部地区和本州岛西北部沿岸冬季寒冷多雪，冲绳地区则冬季温和、夏季呈现亚热带气候特质。首都东京约与洛杉矶纬度相同，夏季炎热潮湿，六至七月雨水充沛。九月起，日本台风肆虐，暴雨席卷诸岛。日本的春、秋最为怡人，是赏樱花和枫叶的好时机，色彩斑斓，美不胜收。数世纪以来，鲜明的季节变化一直是日本艺术与诗歌偏爱的题材。

史前时期的日本

日本人的祖先是谁？他们来自何方，何时在我们称之为"日本"的群岛定居下来？最早的日本人可能来自太平洋群岛或东南亚地区，但历史文献中无法找到相关记述。《古事记》和《日本书纪》是日本最早的编年史，均提到了日本群岛的神话起源，但这两本书成书于8世纪早期，大大晚于日本起源之时，对远古历史描述的准确性不可考。因此，调查日本史前文化的起源必须依赖考古学家的发现。日本全境有数千可用的考古遗址，因此，考古学在日本是极受欢迎的一门研究学科。发掘结果显示，日本群岛早在约50000年前就有人类居住的迹象，亦留存有丰富的旧石器文化遗迹。

地方志出现以前，日本的史前时期大致可划分为四个阶段，分别为距今约35000年到15000年前的旧石器时代、距今约15000年前到公元前900年的绳文时代、约公元前900年至250年的弥生时代和250年至600年的古坟时代。每一时代都具有各自鲜明的特征，但相互间连续性较强。数千年间，旧石器时代文化逐渐过渡为绳文时代的制陶、狩猎和采集文化，再到弥生时代的冶金技术与农业发展，最终至古坟时代出现了被称作"古坟"的大型墓穴，也是当地统治者征募数万劳工建成的纪念建筑。需注意的是，这四个阶段之间的分隔并不明显，相邻阶段存在重叠：制陶、制盐及建筑工艺始于绳文时代，其应用一直持续到弥生时代冶金与先进农业技艺出现后，历时颇久。

20世纪90年代前，考古学家普遍认为日本当代国民多为绳文人后代。如今，通过研究头骨和牙齿的DNA，多数人相信日本人口为二元结构，祖先既有来自南部的绳文人，也有稍晚时期的移民——这些移民与绳文人特征不同，在弥生时代与绳文人相融合。从基因角度讲，多数当代日本人与这些晚期移民血缘更近。不过，现在在冲绳人与阿伊努人，也就是北海道原住民身上仍可见绳文人特征。

绳文时代的发展

公元前15000年左右，日本群岛北部和东部的人口掌握了用黏土制作容器、小雕像及通过明火烘烤来加固制品的技艺，由此制成的陶器为绳文时代的人们带来诸多便利。烹饪食物变得更为简单，收集来的食物可以储存在容器内，居住地也无须被禁锢在紧邻水源处。人们用罐子将海水煮沸，产生的盐可用于保存食物。绳文时代历时极长，足有万年之久，因此，该时期产生的陶器形状多样，装饰性标识也各有不同，随时间和地域而改变。从史前时代到当代社会，制陶业一直是日本艺术与文化的重要组成部分。

绳文时代得名于该时期独具特色的陶器。望文生义，"绳文"一词意为"绳子的纹路"。烧制陶器前，人们将绳子或树枝压入柔软的黏土中，形成装饰图案。绳文陶器大致可根据年代划分为初期、早期、中期和晚期。迄今为

绳文时代中期的陶罐
大英博物馆
图片来源：Morio 摄，Wikimedia Commons

止，初期陶器是全世界出土陶器中已知年份最早的，约出现于公元前11000年至公元前5000年，这一时期的陶器底部多为圆形或锥形，用石头和沙土固定后就可以保持直立，考古学家认为这些陶器主要用于露天烹饪。到了绳文时代早期（公元前5500~公元前3500），陶器演变为平底样式，说明该时期人们多在室内烹饪，炊具放置在地上。不同地区出土的陶器装饰风格不同。本州东北部和北海道的陶器上多见绳文，而在九州，鲱鱼骨形花纹才是主流的装饰风格。绳文时代中期的陶器令人印象尤为深刻，许多容器外形狂野抽象，装饰华丽，造型为跃动的火焰或蛇头。这些陶器并非标准化产物，每件都是独立艺术品，展现出工匠的创造力。考古学家认为，这些陶器的设计极富想象力，应兼具仪式与家居功能。绳文时代晚期（公元前2500~公元前1500），陶器的壁变得更薄，外形和尺寸进一步呈现多样化趋势。

今天，我们对绳文社会、对该时期陶器的了解多来自贝冢出土的器物。人类聚居区附近的大型贝冢保留着该时期饮食、日常生活与殡葬仪式的痕迹。贝类的含钙量与含碱量较高，延缓了腐败的过程，考古学家得以对食物残渣、工具和其他绳文时代的遗留物进行检验。证据显示，绳文时代的居民以狩猎和采集为生，以坚果、水果、植物根部、鱼类、贝类和动物肉为主要食物。贝冢内含有鹿骨、野猪骨和熊骨，数十种鱼及贝类的骨和壳，弓箭，鱼钩和鱼叉头，船桨与渔网碎片，还有漆质梳子和贝壳耳环等装饰物。该贝冢最早由美国动物学家爱德华·西尔维斯特·莫尔斯（Edward Sylvester Morse）于1877年发现，当时的莫尔斯受雇于明治新政府，致力推动日本教育系统的现代化。在横滨开往东京的一列火车上，他发现了窗外的这座大型贝冢[1]。2016年9月，在冲绳岛的某个洞穴中，人们发现了迄今为止最古老的鱼钩，约有23000年历史，由海蜗牛壳制成。

考古挖掘过程中，一些半永久聚居点亦得以重见天日。这些聚居点由少量竖穴集合构成，竖穴挖到远低于实际地面的深度，底部中心有火炉，每个竖穴可住五到六人。有时，人们也会在穴居集合中发现高石围成的大圈，这也许曾被村民用作捕猎或捕鱼的仪式。绳文时代，群落大多自给自足，但交易行为也有迹可循：人们在山上的聚居点发现了沿海地区出产的盐，而沿海地区制作工具的黑曜石和石块则产自山上。绳文时代，人们还进行简单的小规模农业生产（极可能是通过刀耕火种实现的），培育了大豆、瓜类及大麦、小米等谷物。

该时期，人们通常将尸体葬在简易的小型洞穴中。居住的穴与墓地并无差别，因此，学者们推断绳文社会不存在基于等级或财富的社会分层现象。他们推断，当时并无多余食物供养不事生产的"贵族"阶级。

纵观绳文时代，令人印象最深刻的手工制品当属石头和黏土制成的小雕像，名为"土偶"。绳文时代中、晚期，日本东北地区的土偶愈发精致。它们显然是仿照人形制成的，双眼突出，形似北部地区使用的雪镜，因此也称

---

[1] 此为大森贝冢，绳文时代后期至末期的贝冢遗迹，在今东京都品川区及大田区。——译者注

"咖啡豆眼"或"镜眼"。一些土偶造型为胸部突出的怀孕女性,另一些则刻意以破碎造型示人。考古学家推测,该时期的医者在仪式中使用土偶来实现助产、疗伤或治病的目的。

弥生时代的发展

农业组织化和其他技术的产生与传播改善了岛民的日常生活,水稻种植、金属技艺、纺织和新式陶艺则大大提升了物质生活水平。"弥生"指的是当今东京的一处地区,弥生时代的陶器正是从此地首次出土。与绳文时代不同,

绳文时代晚期土偶
东京国立博物馆
图片来源:Rc 13,Wikimedia Commons

弥生时代的陶器没有那么接近自然形态，而是线条柔润、表面光滑。显然，弥生时代的人们开始利用制陶转轮与先进的烧制技艺，制作出更精细的容器，造型更优雅，工艺也更细致。绳文时代的陶器多装饰艳丽，弥生时代则更注重形状与功能，许多陶器甚至不带任何装饰，或是仅采用简单的几何设计。由此可见，弥生时代的陶器出现了分化，以满足烹饪、储存和仪式祭祀等不同需求，亦作丧葬之用——由制陶老手制成的大罐口对口放置组成葬具，用于下葬。同时期的墓葬还有石棺和方形墓穴等特征，这也是4世纪至5世纪大型坟墓的前身。绳文时代的墓穴鲜有社会差别的痕迹，弥生时代的陪葬品则包含铜镜、半宝石珠子、私人装饰物和武器，似指代死者所属的社会阶层。

水稻的引入具有深远的社会意义。种植水稻需要协调劳动力，由此形成的劳动模式至今仍影响着日本的乡村生活与文化。中国培育大米的历史早于公元前5000年，朝鲜半岛则始于公元前1500年左右，因此，大米极有可能是经由亚洲大陆的移民和商业活动传播至日本西部的。最早，水稻种植在湿软的天然湿地中，人们将种子播撒在湿地上，丰歉依降雨而定。后来，水稻培育逐渐趋向系统化，农人打造出稻田和人工灌溉渠，在别处培育秧苗，再将秧苗成排移栽入稻田，以控制杂草影响。农民们还发明了木耙、铁锄、铁锹、碾米用的杵和臼、石斧及割刀等专用农具。灌溉控制改进后，人们将稻田和聚居点建在了更高的地方。水稻属劳动密集型活动，垦地、灌溉和收割均需通力协作；不过，与采集到的食物相比，水稻热量较高，可供更多人食用，因而值得一种。为满足密集型农业的需求，日本在洼地建起了长期农业群落。自此，大米成为日本餐桌上的一道主食。不过，直到20世纪，小米和荞麦等谷物仍是农民日常饮食的主要部分。

日本现在修复并向民众开放了几处弥生时代的村庄遗址，其中最出名的当属1943年静冈县挖掘出的登吕遗址。该村庄位于河口附近的一处低地，北部是 12 个竖穴和两间仓库，南部为稻田，亦有精巧的灌溉、排水系统遗迹。这些房屋与绳文时代的相似，四根重柱撑起茅草屋顶，屋底下陷，中间有个火炉。房屋呈椭圆形，面积约 15 平方米。现场有一些保存在罐中的食物。不过，弥生时代中期出现了木制仓库，仓库底比外部地面高出几英尺，保护粮食免受昆虫和啮齿动物侵袭，亦可防腐。登吕博物馆内陈列着大量保存良好的农村生活遗物。底面加高的仓库对群落意义重大，人们不仅将其"复现"为黏土塑像、依照其样式设计了早期的青铜钟，更将它体现在日后的神社及宫殿建筑上。

弥生时代的铜铎
纽约大都会艺术博物馆，1918 年罗杰斯基金购藏（18.68）
图片来源：ARTstor Images for Academic Publishing

冶金工艺丰富了人们的社会和艺术生活。铁和铜在中国和朝鲜使用已久，相关技术于公元前 300 年前后由移民带入日本。弥生时代，日本使用的铁、铜和锡均来自亚洲大陆。铁在铁砧上锻造而成，应用更广泛，可制成工具或实用武器。青铜是铜和锡的合金，可浇铸成刀剑、镜子和名为"铜铎"的铃铛，铜铎通常被视作权力的象征。起初，铜铎的造型照搬自亚洲大陆，不过，随着日本浇铸技艺的完善，铜铎做得越来越大，设计也越来越精巧。后期的铜铎装饰繁复，壁较薄，也许已不再用作铃铛，而是被用作效忠某些政治权威的象征——人们在不同地点发现了同一模具制成的铜铎，这也为这一论点提供了证据。

借助冶金术，人们制造了更多性能更优的武器，战事也因此激增。地方首领麾下的军队常常交战，以此扩大领土或巩固对领土的控制。弥生时代末期，群落出现等级分化，首领及其家人的坟墓与普通民众的坟墓存在区别，内有来自日本各地的镜子、珠宝、刀剑、矛和铃铛等陪葬品。葬在"高级"坟墓的死者中，有的佩戴着接近肱二头肌尺寸的臂章，表明死者属统治阶级，而非寻常劳动力。

古坟时代

之后的几个世纪，弥生时代引入的农业、冶金、制陶和丧葬习俗得到了传播和演化。新技术为社会创造了更多的物质盈余，统治阶级在通往财富和权力的康庄大道上步伐稳健，寻常村民的生活却并未经历深刻变革。3 世纪至 7 世纪，人们不断建造精致的古坟，这成为该时代最突出的特征。迄今为止，人们共发现约一万座古坟，多成群出现在九州北部、濑户内海和日本海沿岸，以畿内平原为甚。最大的古坟出土于濑户内海东端的奈良盆地，即大和地区[1]。

最早的坟墓建于山侧，后期的大型坟墓则在墓室上堆起大型土丘，人员需穿越石道从侧面进入。坟墓有圆有方，或兼而有之。最具特色的当属匙孔形坟墓，正面为方，背面为圆，呼应了铜铎的造型。4世纪至5世纪出现了护城河环绕的大规模匙孔形坟墓。坐落于大阪城外的仁德天皇陵是其中最负盛名者，建造过程中耗费的人力物力可与金字塔匹敌。关于仁德天皇，历史上并无可验证的记载，但《日本书纪》称其执政长达90年。仁德天皇陵长逾490米，高近46米，由三条护城河环绕，占地面积超0.32平方公里。陵内有画壁环绕的石头墓室、镌字的石棺和珍贵的陪葬品。

埴轮是古坟时代独具特色的一种艺术形式：这是一种高0.9米到1.2米的黏土圆柱，常被制成人、动物和物体状，放置在坟丘的坡上。埴轮的设计初衷也许是标记坟丘位置，不过，随着时间的推移，埴轮逐渐演变为一种内涵丰富的艺术形式，折射出该时代日常生活的多个方面。埴轮造型多变，可以是青年勇士、垂暮老者、女祭司或带孩子的母亲，也可以是马匹、船只或仓房，多有开放和坦诚的特征，因而迷人。一些坟墓的埴轮似排列成仪式阵仗，像是列队欢迎死者；另一些埴轮状似死者生前熟悉的人和事物，将死者围绕其中。规模如仁德天皇陵者，需由专业的工匠打造数千埴轮。《日本书纪》称，早先统治阶级入殓需活人陪葬；后来，另一传奇皇帝垂仁天皇（据称其执政时期为公元前29年至公元70年）废除了这一习俗，以黏土像代替活人下葬。

如今，仁德天皇陵及其他皇室陵墓属日本宫内厅管理，受当前政治局势和国际关系制约，宫内厅限制人们进入皇陵，更禁止挖掘，因此，我们无法

---

[1] 大和地区位于日本本州中西部的近畿，大约位于今天的奈良。——译者注

古坟时代的埴轮勇士
东京国立博物馆
图片来源：Wikimedia Commons

一饱眼福。多数坟墓内有马镫、马鞍装饰物和马骨等陪葬品，证明时人有骑马的习惯。显然，该时代存在驰骋马背的贵族阶级，"日本在4世纪曾被朝鲜半岛的马背民族入侵"的理论应运而生——若日本当局承认这一理论，就等于承认本土皇室起源于昔日的殖民地、今日的劲敌韩国，而这是宫内厅、保守党政客和官僚所无法接受的。2001年，明仁天皇公开承认桓武天皇（737~806）的母亲为朝鲜人。

若将古坟时代的日本和朝鲜看作界限分明的对立个体，未免有误导之嫌。

第一章　日本早期　013

放眼东亚，中国被视为文明的发源地和国家治理的典范。中国哲学和物质文化大致经由朝鲜半岛传播至日本。5世纪，朝鲜半岛一分为三，分出了新罗、百济和高句丽三个王国。此外，半岛南端亦有一个统称为伽倻或任那的联盟国，受日本移民者统治。中国人源源不断地经由朝鲜半岛抵达日本群岛，对日本的经济、社会和政治发展产生了至关重要的影响。拥有各类技能的各阶层移民经由朝鲜来到日本。传说405年，百济国王派学者王仁①前往日本，向日本宫廷推介汉字的书写体系。王仁的后人成为日本宫廷文吏的一个阶层。许多有权势的日本氏族都与亚洲大陆有着密切联系，并将新行业或技术引入日本，如可用于在密闭窑中烧制护甲、优质的矛与不漏水的容器的复杂的炼铁术。与氏族有关联的世袭职业群体被称作部，多由移民组成，担任包括文吏、外使、马夫、丝织工、造纸工、织匠和制陶工在内的不同职位。"苏我"等与朝鲜半岛联系紧密的上流氏族保留了起源于朝鲜王国的习俗。苏我氏委托建造的寺院和宫殿均仿自百济风格。7世纪遗留的壁画残部和画作中，出现了日本贵族身穿高句丽风格服饰的场景。

大和社会

古坟时代并未出现成文的日本编年史，不过，借助考古发掘确定的古坟数量、尺寸、分布和其他物品及神话传说，学者推断，该时期日本社会由不同规模和实力的地方国构成，各国受控于本地氏族首领。数个氏族构成了大型联盟，由以大和地区为据点的王朝统治，也就是日本皇室的前身。大和时代的统治者自称天照大神的后裔，他们将多产自中国或朝鲜的铜镜、刀剑和铃铛等物分发给依附大和势力的氏族首领。这些联盟首领还

---

① 关于其人姓名，《日本书纪》称"王仁"，《古事记》称"和迩吉师"。——译者注

自行建起大和式样的坟丘，将中央政权赐予的礼物放置其中，死后葬于此。依附大和统治的氏族可继续供奉本土神灵和祖先，不过，需将其列于天照大神之下。

中国王朝编纂的官方史书是了解6世纪前日本的重要书面参考，亦为上一段中的观点提供了佐证。古时，中国曾派使节前往邻国日本（古称"倭国"），为一衣带水的"蛮夷之地"著史立传，记录了日本群岛的政治格局、倭国人民的生活习俗及信仰。使节详述了倭国人的日常生活，例如后者生食蔬菜，用手进食，赤足行走；此外，使节亦描述了倭国人对纯洁、洁净的虔诚信仰及对山的尊敬。记载中称，倭国多为一夫多妻，男女在行为上却无显著差异。这类评价多是基于倭国与中国常态间存在的可见差异。记载中还提到了倭国人的宗教与仪式习俗，如加热动物骨并观察裂缝占卜，禁止服丧者食肉，以污土覆坟等。

中国对日本最早的记载始于1世纪前后，称日本拥有逾百个部落群，部分部落派特使前往中国，以期获后者首肯、凌驾于其他部落之上。对日本最早的详细记载出现于297年，也就是三国时代的魏国（220~265）。对女王卑弥呼的描写堪称魏国史书中最生动的部分：卑弥呼统治着邪马台王国，凭借萨满[1]神力联合并治理着30个交战氏族。卑弥呼没有丈夫，居住于重兵把守的宫殿之中，由千名侍女照料起居。她鲜少在公共场合露面，多由其弟代为传达命令。238年，卑弥呼派使节觐见中国皇帝，进贡了"……男生口四人、女生口六人、班布二匹二丈……"[2]作为回报，中国朝廷将卑弥呼封为"亲魏倭王"，授之以金印。卑弥呼死后葬于"巨墓"之中，据称共有逾百名

---

[1] "萨满"一词源自北美印第安语shamman，原意为"智者""晓彻""探究"等，后演变为萨满教巫师，专指跳神之人，也可理解为这些氏族中萨满之神的代理人和化身。——译者注

[2] Wm. Theodore de Bary et al., eds., *Sources of Japanese Tradition, vol.1: From Earliest Times to 1600*, 2nd ed. (New York: Columbia University Press, 2001), 8.

奴婢陪葬。接替她的国王无力维护和平，因此，人们推举卑弥呼的亲戚、时年13岁的女孩壹与①取而代之，成为新任统治者。

日本最早的编年史中并未提及卑弥呼或邪马台，史学界也一再争论邪马台王国究竟地处何方，一些史学家认为位于九州岛北部，其他人则认为应在畿内地区。数世纪后，为公正评价邪马台统治者、推介其事迹，日本对相关历史进行了编纂，但似乎略去了卑弥呼的部分，因其并不属于统一日本的大和血脉。

卑弥呼的故事突出了早期日本政治领袖的重要特质。古日语中，"政府"一词为"matsurigoto"，"matsuri"为祭祀之意，整个词语意为统治者肩负政治统治和宗教崇拜的双重责任，且应在国事上遵从神的意志。统治者如卑弥呼者身负重任，既要通过占卜或神灵附体的方式与当地的神灵"交流"，又要执掌拜神与慰神的仪式。拥有此类能力的萨满多为女性，因此，统治者也多为女性。多数情况下，女性统治者会搭配一位男性"同治"，可以是丈夫，也可以是男性亲属。女性统治者主理礼节仪式，男性统治者治理国事。日后的推古天皇（554~628）、持统天皇（645~703）和孝谦天皇（718~770）等女帝也遵循了这一模式。若同治的男女并非夫妻，则女性统治者多为男性的长辈。这种异性搭配的统治方式在新罗和中国也有迹可循。性别互补还是日本神话的显著特征，如日本群岛的祖先伊邪那岐和伊邪那美。不过，8世纪起，日本愈加重视儒家思想与中国的治国模式，再加上其他原因，鲜少再有女性成为君主。

513年，中国在对日本的另一记载中记述了倭国与亚洲大陆邻国的交往：四位倭国首领曾向中国朝廷提出请求，希望获准掌控朝鲜半岛及倭国领土。

---

① 亦写作"台与"。——译者注

其中，名为"武"的首领请求中国朝廷准许他带兵进入朝鲜的高句丽。中国皇帝下令，封其为"使持节、都督倭新罗任那加罗秦韩慕韩六国诸军事、安东大将军、倭王"，授以刻有"汉倭奴国王"的金印一枚。1784年，一枚雕刻工艺精湛的刻字金印在九州岛北部出土。起初人们认为这是件赝品，如今专家相信这就是中国文献中提到的那枚印。

宗教基础：神道教

在日本，史前时期的宗教仪式具有重大意义，这一点在考古证据和中国的记载中都有所印证。今时今日，日本的本土宗教以神道教（Shinto）之名为人所知。佛教于6世纪正式传入日本，"神道教"一词的出现正是为了区别本土信仰与佛教。神道教不存在创始人，没有严格意义上的正式经文，也无固定教义。这门宗教属泛灵[①]多神信仰，旨在调和人与神明之间的关系。"神"（日语称"Kami"）的概念与多数一神论信仰中的"神"存在较大差异。首先，Kami能以多种形式存在：能力强大的人类常在过世后被看作Kami；一些Kami代表了自然界的强大力量，如风暴或地震，其他Kami则与地形元素相联系，如高山、瀑布或树木。与多数一神论信仰中的神不同，Kami并非至高无上、无所不能或无所不在，Kami并不完美，他们也会犯错，甚至做出不当之举。Kami与人类并无绝对的分别，也寄身于人类所处的自然世界，感受与思考的方式亦与人类相同。数世纪以来，在佛教、道教等外来宗教影响下，日本民众开始将Kami看作类似人的存在，有着名字、世系、人类特质和权威等特性。

---

① 泛灵论发源、盛行于17世纪，认为天下万物皆有灵魂或自然精神，并在控制间影响其他自然现象。——译者注

天照大神据称是日本皇室的祖先，供奉于伊势神宫内。伊势神宫建成于4世纪，是神道教最神圣、地位最高的神社。伊势神宫的神官必须由日本皇室成员担任，以千年前的蓝图为基础，神宫的两座主建筑每20年重建一次，旧建筑则被拆除。重建工程耗资巨大，需专门培育的木材，还需长达8年的准备时间。最近的一次重建开始于2013年，是历史上第62次重建。

出云大社乃日本第二大神社，也是日本历史最久远的神社，供奉着大国主神。据称，该神社的神官也是神的后裔，血缘可追溯至天照大神的儿子。出云大社在神话中有载，体现出作为统治者的大和氏族为建国大业做出的贡献：大和氏族征服当地首领，实现对后者的控制，但允许后者继续供奉当地神明，只是神明的地位必须居于天照大神之下。据神话记载，大国主神是位天资卓越的首领，统一了周边大片土地，建立起强大政权。天照大神希望他交出手下的土地，便派其子天穗日命前去传话，谁知天穗日命竟为大国主神的才智所折服，决定投入其门下。此后，天照大神与大国主神斗争多年，以天照大神胜利而告终，她许诺赐给大国主神一座直入云霄的神社，由天穗日命的后人侍奉。建成时（日期不明），出云大社成为日本最大的木制建筑，据称每年有数百万神道教神明到此一聚。不过，1200年前后，出云大社的主建筑规模显著减小。

与侧重教义或个人信仰不同，神道教的宗教生活侧重为当地神社供奉的神明举行仪式和节庆。神道教几乎不存在教条，但十分重视"真心"与"清净"这两种内在相连的价值观。若想吸引神明的注意、蒙神恩典，就必得展现出这两种品质。"真心"意味着做到最好，既包括工作中的表现，也包括与他人的相处。要实现这种"真心"，需实现身体和精神上的净化。死亡、疾病、罪过和不幸会造成仪式上的不洁，必在接近神明前进行净化。伊势神宫每20年翻建一次的传统即是神道教崇尚纯净、憎恶腐朽污染的表征。

净化仪式需用到水、盐和纸等"清洁剂"。踏入圣地前，参拜者需以水净手、清口。若是立于瀑布之下，或是在海中、河口沐浴，便是格外彻底的净化仪式了。在动土或迁新居前，需用盐清洁土地。相扑选手将土俵①视为圣洁之地，进入前会先向地面撒盐。参加完葬礼的人会向身上撒盐，以此对抗死亡带来的腐败之气。分隔圣地所用的注连绳②上系有纸垂③，神道教神官赐福时向人或物挥撒御币④，两者皆为纸质。上述种种仪式仍是当代日本生活的常见元素。

神道教神话

8世纪初，元明天皇下令编纂了《古事记》和《日本书纪》，整理了民间口口相传的传统故事。编年史的宗旨之一是记录皇室血脉，以此巩固大和氏族坐拥皇位的合法性。7世纪前后，日本摒弃了某些氏族首领使用的称谓"王"，开始使用中国的"皇帝（天皇）"称号。神道教神话主要讲述了天照大神的传说及其直系后代统一日本的过程。《古事记》描述了世界的起源、神明的诞生与贵族家庭的血统。《日本书纪》也提及了神明的起源，但主要阐述内容为建国及其后8世纪的历史事件，为660年后的历史事件提供了相对可靠的历史来源。下文神话选段展现了对净化的需求和对死亡、腐败的憎恶等神道教价值观。

在有关世界起源的神话中，最早的神明"造出"了伊邪那岐（男）和伊邪那美（女）两位神，并向两神下达了创造世上第一块陆地的命令。伊邪那岐和伊邪那美立于连接天地的桥梁之上，用装饰有珠宝的矛搅动着桥下的海

---

① 相扑赛场，呈圆形。——译者注
② 秸秆编成的草绳，上可挂白色之字形御币，人们用它表示神圣物品的界限。在礼节仪式上，最高级别的相扑摔跤手也佩带类似注连绳的绳索。——译者注
③ 一种纸制的装饰品，为闪电形状。——译者注
④ 神道教仪礼中献给神的纸条，串起来悬挂在直柱上，折叠成若干之字形。——译者注

水。一滴滴海水从矛身落下，形成一座岛屿。伊邪那岐和伊邪那美降落在岛屿上，绕巨柱相背而行，开始执行"合体"仪式。初次尝试时，两人走到面对面，伊邪那美率先开口，令伊邪那岐不悦；伊邪那岐称自己是男性，应当先开口。于是，他要求再次绕柱而行。这一次，他率先开口询问道：

"你的体内可有何物形成？"

伊邪那美回答："我体内有一处，乃阴柔之源。"

伊邪那岐又说："我体内恰有一处阳刚之源。何不令两源相合？"

两人随即行了夫妻之事。①

然而，二人首次结合诞下的两子都是畸形，算不上真正的神。为此，他们将两个孩子放到船上，任之漂流入海。伊邪那岐和伊邪那美再次结合，孕育出日本群岛和诸神。但是在分娩火神时，伊邪那美不幸难产而死。

伊邪那岐悲痛欲绝，奔赴永无天日的黄泉，企图将妻子带回人世。他找到了伊邪那美，却无法在黑暗中看清其相貌。伊邪那美告知丈夫，自己已吃下阴间的食物，再无法重返人世，可伊邪那岐仍拒绝离开。他取下束住长发的木梳，燃起火苗，却惊恐地发现爱妻周身布满蛆虫，已是一副腐败身躯。他惊声尖叫，向人世奔逃而去。自认受到侮辱的伊邪那美愤而携一众女鬼紧随其后。伊邪那岐向身后抛掷杂物，企图阻挡伊邪那美的步伐：他将头饰变作一串葡萄，女鬼们便停下脚步吞食起来；他又将梳子变作一蓬竹子，阻住追逐者的脚步。他冲着一棵树撒尿，变出一条河，挡住女鬼的去路。最终，

---

① Wm. Theodore de Bary et al., eds., *Sources of Japanese Tradition, vol.1: From Earliest Times to 1600*, 2nd ed. (New York: Columbia University Press, 2001), 14. Adapted from W.G. Aston, trans., *Nihongi: Chronicle from the Earliest Times to A.D. 697, vol. 1* (London: Kegan Paul, TrenchTrübner Co., 1896), 10-14.

伊邪那岐逃出阴间，将一块巨石推到洞穴入口，封死了出路。

为涤荡在阴间沾染的不洁之物，伊邪那岐宽衣解带，沐浴净身。他放下的一件件装扮物品落地化为神明。他入水净身时，又有更厉害的神明生成。伊邪那岐洁面时，最关键的一幕出现了：他的左眼生出天照大神，右眼生出月神月读命，鼻中生出风暴之神须佐之男。伊邪那岐将世界划分给三神管辖：天照大神掌控天，月读命掌控月和夜，须佐之男掌控大海。

一日，天照大神和须佐之男发起比赛，看谁能用对方的物件"变出"更多子嗣。天照大神用须佐之男的剑生出三女，须佐之男则用天照大神的项链造出五男。两人都认为自己是赢家，天照大神坚称她的项链生出的人数更多，因此应判她获胜。须佐之男被这番言论激怒，恶意报复起姐姐，先是毁掉了天照大神精心看护的稻田的护墙，又在她宫殿里偷偷排泄，玷污了宫殿。最后，他将天照大神的圣宠、一匹小马的尸体抛入她的织坊内。天照大神又惊又怒，逃离宫殿，藏身于一处洞穴中。天照大神一消失，黑暗便笼罩大地。众神试图哄劝天照大神出洞，她却不为所动。众神便设计了一个"骗局"，先是在洞穴对面的树上挂了一面大铜镜和一件珠宝，随后，女神天宇受卖在一只倒扣的洗衣盆上边脱衣边跳舞，引得其他神明哈哈大笑。天照大神感到好奇，便向洞外张望，一束光线随之露出，光线经镜面反射后射入天照大神双眼，令她目眩。这时，一名强壮的男神迅速将天照大神拖出洞穴，光明重洒大地，洞穴的入口也被注连绳封死。

须佐之男因上述恶行被驱逐，游历至出云，偶遇一对为女儿哭泣的老夫妇。老夫妇解释说，他们本有八个女儿，每年都有一女被一条八头大蛇吃掉，如今只剩一个，名叫栉名田比卖。须佐之男主动提出帮忙，条件是老夫妇将美丽的栉名田比卖嫁给他为妻。获得老夫妇首肯后，须佐之男将栉名田比卖变为一把梳子，安稳地藏在自己的头发里。他沿老夫妇的房子建起一圈大围栏，围栏上有八道小门，每道小门后都放了一桶开盖的清酒。大蛇赶来后，发现老夫妇的房屋被围栏所阻，又闻到清酒的气味。大蛇酷爱清酒，可围栏就挡在它和清酒之间。若将围栏击碎，必会打翻清酒；若喷火将围栏烧毁，清酒必将蒸发。唯一的方法便是将八个头各伸入一道门内——如此，大蛇终于喝到了清酒。待清酒喝完后，须佐之男向大蛇发动攻击，将八个脑袋逐个砍掉。分解尸首时，须佐之男发现大蛇尾内有一把魔剑。后来，他将这把魔剑（草薙剑）赠予天照大神。此剑与诱骗天照大神出洞的珠宝"勾玉"（八尺琼勾玉）和铜镜（八咫镜）并称为"三神器"。

天照大神命孙子迩迩艺命降临统领人间之事。为助其成事，她将"三神器"赐予孙子，每件代表统治者需具备的一种品质：剑象征勇气，镜象征智慧，珠宝象征同情心。迩迩艺命和几位友人一同降临，在人间培养起大批拥护者。神话有述，迩迩艺命的重孙成为第一任皇帝，即神武天皇。神武天皇生于公元前711年，死于公元前585年，享年126岁。并无可靠的历史文献证明神武天皇存在。直到8世纪、大和王朝第50代皇帝桓武天皇执政期间，日本历史才出现了可信的文献记载。

《古事记》和《日本书纪》对日本起源的描述与儒家《尚书》对中国起源的描述截然不同：在中国，担任君主的是人中圣贤，他们借助政治和道德权威塑造文明。对比之下，日本神话中的神明性情多变、会犯错误，创造并繁衍出了土地与其他神明。神明们时而狡诈，时而图谋报复，时而活力四射，时而惊恐不已——总而言之，他们"比人更像人"。

宗教基础：佛教与早期日本

6世纪中期，佛教正式从百济传入日本。百济赠予大和朝廷一尊佛像和若干经典,并附语"此教义乃众教义中最出彩者……每句祷文俱成真,纤悉无遗"。[1]日本宫廷产生了是否要接受佛教的争论,继而上升到国家改革层面。

传入日本时,佛教已有至少千年的历史。佛教源起于印度北部,脱胎自乔达摩·悉达多(公元前563~公元前483)的教诲。乔达摩·悉达多也称释迦牟尼,意为释迦族的圣人。释迦牟尼顿悟后,开始教授他人如何参悟佛道,被称作佛陀。释迦牟尼教义的精髓为"四圣谛":第一谛称人生乃不满、痛苦、沮丧和苦难之集合;第二谛称不满因欲望、渴求和贪心而生;第三谛称人若能理解并控制自身欲望,就能从不满中得到解脱,进而顿悟;第四谛为控制欲望提供了"八正道",即正见、正思维、正语、正业、正命、正精进、正念和正定。

佛陀利用了印度已有的关于重生和因果报应的理论——所谓"因果",就是每个举动、每种思想都会引发一定的结果。好的言行与思想会产生好的结果,也会引发好的转世机缘;相反,不好的言行会导致不好的结局。佛陀解释道,世人陷于欲望和苦难的循环,按照因果报应,需历经无数死亡与重生的痛苦轮回。人类灵魂的终极目标并非获得更好的重生,而是通过顿悟摆脱轮回,也就是所谓的"涅槃"。佛陀发起了一种道德修行,通过敬畏众生、践行诚实与同情心以摆脱轮回。佛陀的早期追随者认为,实现道德目标的最佳途径就是清修,每日冥想、保持独身、食素、戒酒,如此,便可累积好的因果,最终脱离苦难的循环。

佛陀离世几世纪后,其身前事才得以记录下来。关于其生平,可核实的信息来源十分有限。传奇传记中有载,释迦牟尼出生时有异象,他生于贵族之家,童年生活富足,居住在富丽堂皇的宫殿之中,未见人间疾苦。29岁

---

[1] W.G. Aston, trans., *Nihongi: Chronicles of Japan from the Earliest Times to A.D. 697, vol. 2* (London: Kegan Paul, Trench, Trübner & Co., 1896; repr., New York: Paragon, 1956), 66.

时，释迦牟尼到宫殿外游历，初次得见人间疾病、衰老和死亡等苦楚，大为震惊。此后，他抛妻弃子，放弃了尊贵的生活，试图从更深层次理解人类苦难的成因。此后六年，释迦牟尼像许多南亚的圣人那样投身苦行。后来，他认为这条路过于严酷，便转向更为温和的冥想——他将其命名为"中间道路"。某一夜，在一棵菩提树下入定时，释迦牟尼顿悟了，彻底领悟了存在的本质。他余生四处游历、传教，信徒不断增加，这些信徒成为佛教最早的僧侣和尼姑。释迦牟尼圆寂后，其信徒继续传播并壮大其教义，即"达摩"。后世信徒将他投生为悉达多王子前每世的德行传说编纂成集，也就是今天的《佛本生经》，用来歌颂佛陀的道德。其中，佛陀前世曾投生为动物、国王或乞丐，但每一世都展现了极高的道德水平与同情心，正因如此，他日后得以重生为佛陀。

起初，佛陀口授教义，公元前 100 年前后，他的教义被记录成文。短短几世纪，国王与富贾筹资建造了寺院，供僧侣和尼姑居住、学习、冥想及做法事。佛教从南亚传播至东南亚、中亚和东亚。经过数世纪的传播，佛教变得愈加复杂，成为宗派众多的普适性宗教，纳入了早已从释迦牟尼教义中移除的信条。在东南亚，占据统治地位的是小乘佛教，这一派仍强调通过清修实现顿悟。1 世纪前后，佛教的一个新派别诞生于东亚，名为大乘佛教。大乘佛教的信徒对教义进行了延伸，将不能或不愿清修的人也吸纳进来，他们将祈祷纳入修行，强调普度众生，不再是只有僧侣和尼姑能获得度化。除释迦牟尼外，大乘佛教还包括其他佛，如西方极乐世界的阿弥陀佛（梵语：Amitahba）、司医药与治愈的药师佛（梵语：Bhaisajyaguru）、"宇宙佛"大日如来（梵语：Vairocana）和"未来佛"弥勒（梵语：Maitreya）。数世纪以来，佛教围绕诸佛衍生出一个又一个宗派。另一类广受欢迎的神为"菩萨"，其宗旨亦为帮助众生顿悟。广受尊敬与爱戴的观音菩萨（梵语：Avalokitesvara）代表慈悲。

刚刚引入大和朝廷时，佛教被大众看作治病、避灾、丰收和保护大和王朝及氏族利益的法力之源。佛教的经典、画作和寺院建筑等物质文化令人叹服。大众将佛教看作更高等级文明的载体，因此心向往之。古代文献有载，6世纪中期，百济国王初次向大和朝廷赠送佛教手工艺品。在是否接纳佛教这一问题上，氏族内部出现两极分化：中臣氏执掌神道教仪式，物部氏乃武家豪杰，两者领导下的几家氏族强大却保守，拒绝供奉异族神明；苏我氏是强大的移民氏族，其麾下的氏族主张接受这一新宗教，希望通过推行佛教来削弱对手的影响力，提升自身在朝中的地位。

据传说记载，钦明天皇允许苏我氏将佛像作为家族神明供奉。不久后，日本爆发了一场严重的流行病，中臣氏将之归咎于佛教，宣称信奉佛教的举动激怒了本土神明，神明才以疫情报复。于是，佛像被扔入一条运河中。不过，在强大首领苏我马子的领导下，苏我氏坚持奉佛，并将氏族女子嫁与朝中当权者，通过政治联姻获得了实权。苏我马子的外甥女推古在其夫去世后成为大和朝廷的统治者。由此，苏我氏得势，为提高佛教的接受度奠定了基础。越来越多的僧侣、尼姑、书吏、建筑师和艺术家从亚洲大陆来到日本。后来，日本又爆发了新的瘟疫和流行病，佛教的拥护者辩称瘟疫是众佛发怒的表现，须安抚众佛，向其表示尊敬，方能化解灾难。

日本氏族肯接纳佛教，似乎是看中了其力量，将其作为朝廷政治斗争的工具。不过，我们无法否认佛教确对日本文化贡献巨大。在精神发展方面，佛教提出了神道教欠缺的道德行为、因果和个人度化等观点。在思想方面，佛教提供了复杂的哲学传统，不过仅有少数受过教育的精英僧侣才能实现深层次的理解。佛教的寺庙、寺院与神道教神社和日本本土建筑的自然、简约风格形成鲜明对比，佛教的艺术与雕塑在早期日本无人能出其右。职业化的僧侣和尼姑在日本此前亦闻所未闻。

很快，佛教便承担起早期神道教所不具备的社会功能，如为死者做法事、安抚怨魂等。其次，通过祈祷或抄写佛教经文，人们也能获得一些实际意义上的好处，如缓解疾病、助产、延续香火、旱时落雨等。再次，佛教还可保护国家及统治者。佛被视作保护神，除追求开悟外，享国家俸禄的僧侣和尼姑也需为国家祈祷分忧。

尽管早期日本的主要氏族曾因佛教关系紧张，不过，佛教此后逐渐与本土的神道教形成互补关系。在哲学、文本和艺术价值方面，早期的神道教不敌佛教，但民众对本土神明极为虔诚，这一信仰断不可能简单丢弃。与多数亚洲国家一样，佛教与本土宗教发生融合。人们说，日本本土的神道教神明就是佛教之神在日本的"化身"。许多大型宗教场所同时是佛教寺院和神道教神社。

总之，早期日本文明与文化折射出大量本土与外来影响。地理条件影响着人类聚居点的选址，地理环境与气候条件又共同决定着人类的生活方式与食物选择。绳文时代，人们掌握了制陶技术，可自行制作钓鱼与捕猎的工具。他们发展出多种多样的原始崇拜，将自然界的事物与祖先当作神明来崇拜。后来，移民和定居者将更先进的农业与制陶技术带至日本群岛，还引入了冶金技艺。定居下来后，移民的物质文化开始呈现社会分层。各氏族首领发起贸易往来并相互交战，最终大和氏族一统九州、四国及本州的大部，成为日本皇室的前身。大和氏族崇拜天照大神，其他氏族战败后，也将天照大神认作本土最重要的神灵。佛教进入大和朝廷后，被视为亚洲大陆更先进文明的产物。精英阶层继续供奉本土神明，与此同时也接纳了佛教诸神，以此进一步巩固自身统治，为自身正名。

推荐阅读

Ashkenazi Michael. *Handbook of Japanese Mythology*. New York: Oxford University Press, 2008.

John Breen, and Mark Teeuwen. *A New History of Shinto*. London: Blackwell, 2010.

Como, Michael. *Weaving and Binding: Immigrant Gods and Female Mortals in Ancient Japan*. Honolulu: University of Hawaii Press, 2009.

Farris, William W. *Sacred Texts and Buried Treasures: Issues in the Historical Archaeology of Ancient Japan*. Honolulu: University of Hawaii Press, 1998.

Habu, Junko. *Ancient Jōmon of Japan*. New York: Cambridge University Press, 2004.

Hudson, Mark J. *Ruins of Identity: Ethnogenesis in the Japanese Islands*. Honolulu: University of Hawaii Press, 1999.

Kidder, J. Edward, Jr. *Himiko and Japan's Elusive Chiefdom of Yamatai: Archaeology, History and Mythology*. Honolulu: University of Hawaii Press, 2007.

Mizoguchi, Koji. *An Archaeological History of Japan, 30,000 B.C. to A.D. 700*. Philadelphia: University of Pennsylvania Press, 2002.

NoYasumaro, Ō. *The Kojiki: An Account of Ancient Matters*. Translated by Gustav Heldt. New York: Columbia University Press, 2014.

Piggot, Joan R. *The Emergence of Japanese Kingship*. Stanford, CA: Stanford University Press, 1997.

推荐影片

《卑弥呼》，筱田正浩执导故事片，1974 年。刻画卑弥呼女王生平的虚构作品。

《火鸟》，市川昆执导故事片，1978 年。以神话与历史相结合的方式讲述了卑弥呼女王和其弟须佐之男领导下的邪马台王国的斗争。

《火鸟》之"大和篇"，1986 年。《火鸟》改编自手冢治虫漫画，讲述了因果和重生的故事。其中，"大和篇"讲述了统治者驾崩需活人殉葬这一习俗的终结。

《千与千寻》，宫崎骏执导动画电影，吉卜力工作室，2001 年。本片获奥斯卡奖，以一间汤屋为中心，刻画了聚集在此的各类神明。

第二章
中央集权国家的形成
550~794

古坟时代末期,大和世系巩固了统治势力,立于占据统治地位的众氏族之首。从6世纪中期到8世纪,为进一步巩固地位,大和氏族出台了创设机构、发展官僚体制、支持宗教和设立都城等一系列举措,以期进一步实现权力的合理化与具象化。这些新型治国手段多参照强大的中国隋朝(581~618)、唐朝(618~907)以及百济和新罗,但结合日本国情进行了改动。

平城京(今奈良)是日本的首座永久都城,建于710年,效仿了唐代都城长安(今西安)。794年,日本定平安京(今京都)为新都,在此之前,平城京一直是政府所在地。奈良成为日本首个大型城市中心,人口逾20万,朝廷官僚体系庞大,有7000到10000名官员。该时期以建成东大寺这一"壮举"为代表,奈良亦发展为日本佛教的核心地带。为给大和氏族统治中央集权国家"正名",政府相继出资设立多种项目,下令撰写了最早的国史《古事记》《日本书纪》和最早的诗集《怀风藻》《万叶集》。然而8世纪,严重的天花和其他流行病在日本爆发,加之饥荒肆虐,仅735

年至 737 年间日本就丧失了 25% 到 35% 的人口。劳动力骤减使得朝廷收入大幅下降。

政治、社会和宗教 - 文化发展

通常，人们将 6 世纪中到 8 世纪末划分为几个不同阶段。552 年，佛教正式从百济传入日本，标志着飞鸟时代的开始。645 年，统治者大举革新（大化改新），进一步增强、巩固大和氏族对众氏族的控制，飞鸟时代也于同年终结。飞鸟时代见证了日本与朝鲜王国、中国隋朝外交与文化交往的增进。"飞鸟"二字取自地名，是推古天皇的朝廷所在地。建都平城京之前，人们将统治者的宫殿看作都城。一旦统治者去世，朝廷将整体迁至为新任统治者建起的宫殿。人们相信已故统治者的亡灵会留在宫殿内，对新政权造成威胁，为此，旧宫被弃用，以免沾染死亡的腐败气息。

6 世纪晚期，疑是朝鲜后裔的苏我氏统领朝政，将族中女子嫁入皇室，增强氏族影响力。苏我氏族的领土位于飞鸟地区的畿内平原。首领苏我马子的外甥女推古天皇（554~628）乃敏达天皇的皇后。敏达天皇去世后，苏我与物部两大氏族因皇位继承发起斗争。592 年，推古被推举为天皇，在位直到她在 628 年去世。她将侄子圣德（574~622，也称"厩户"）任命为摄政。姑侄同治期间政绩颇丰：594 年，日本确立了佛教的合法地位；600 年，与中国隋朝开启了外交关系；603 年，确定了官阶体系；604 年，颁布了"十七条宪法"。

基于中国的皇家统治理念，推古和圣德试图将大和王国转变为更强大的中央集权国家。显然，他们希望将大和统治者的地位抬升至氏族政治之上，便引入了"冠位十二阶"的体系，以不同的官帽颜色和羽毛式样区分不同官位。百济、高句丽和中国隋朝均采用了类似的官阶体系。官阶体系的初衷在于将个人品德作为晋升基础，而非仅实行官位继承制，此举具备削弱氏族权力的可能。不过，实际情况中，最上阶官位仍被最富有、最强大的氏族占据。

圣德的生平在传说中有述，其丰功伟绩主要记录在《日本书纪》中，他辞世百年后方成文。据称，圣德是首个将大和国正式称作"日本"的人。607年，在致中国隋朝的一封信中，据说圣德使用了"日出处天子致书日没处天子无恙"这一落款，可谓大不敬。[1] 传闻称他曾见过5世纪将佛教禅宗从印度引入中国的菩提达摩（日本称达摩），圣德太子将食物和衣裳施舍给扮作乞丐的达摩，展现出慈悲之心和能识别圣人的智慧。顺道一提，风靡日本的达摩不倒翁（一种红色圆形玩偶，脸部为蓄须男子，无眼珠）亦为达摩在现代文化中的重要地位奠定了基础。达摩不倒翁是好运和毅力的象征，许愿或制订目标时，人们会在达摩面部画上一只眼，目标实现后再画上另一只。不倒翁的形状和功能蕴含着关于达摩的恐怖传说：达摩曾入定足足9年，终致四肢萎缩。因入定时不慎睡着，他一怒之下割下眼皮，避免再犯。

圣德最大的功绩在于编写了日本的首部"宪法"。宪法共十七条，主要体现了中国的儒家律法和制度，但也加入了佛教哲学和注重以磋商达成共识的本土治理传统。宪法整体强调忠诚、和谐和对政府的赤诚，将这些品质认定为政治生活的理想标准。宪法第一条批判了大和社会的派系斗争，称"以和为贵，无忤为宗。人皆有党，亦少达者……然上和下睦，谐于论事，则事理自通，何事不成？"[2] 第三条则明显体现了日本统治者凌驾氏族派系之上

---

[1] Wm. Theodore de Bary et al., eds., *Sources of Japanese Tradition, vol.1: From Earliest Times to 1600*, 2nd ed. (New York: Columbia University Press, 2001), 42.

[2] Wm. Theodore de Bary et al., eds., *Sources of Japanese Tradition, vol.1: From Earliest Times to 1600*, 2nd ed. (New York: Columbia University Press, 2001), 51.

百元日币上的圣德太子与法隆寺梦殿，1944年

的愿望，正如中国皇帝位居大臣之上，"承诏必谨。君则天之，臣则地之"。[①]其他条款劝勉官员处事公正，做事勤奋，要令子民信服，对子民公正。佛教思想在劝人勿动怒的一条中有所体现，称对错的界限并不绝对，只是视角不同。以当代标准来看，这部"宪法"不过是些简单的箴言，却极具变革性，是日本史上最早体现德治重要性的官方声明。

圣德被尊为佛教早期最重要的学者及资助人之一，据称他曾为佛经撰写了几部注解。数世纪以来，圣德因保护佛教、皇室和国家成为人们崇拜的对象。最澄（见第三章）和亲鸾（见第四章）等后世重要的宗教人物都称曾亲见圣德显灵。佛教正式引入日本朝廷后，在苏我氏资助下，仅半世纪光景就有四十多座寺院拔地而起，近1400名僧侣和尼姑被授圣职。6世纪至7世纪，共有6个佛教宗派从中国和朝鲜传入奈良，即法相宗、华严宗、律宗、三论

---

① Wm. Theodore de Bary et al., eds., *Sources of Japanese Tradition, vol.1: From Earliest Times to 1600*, 2nd ed. (New York: Columbia University Press, 2001).

宗、俱舍宗和成实宗。这些宗派多关注与存在相关的复杂形而上哲学。各宗派竞相寻求上流社会的资助，高层僧侣不断干预朝政。

最早的一批佛教寺院由苏我氏于6世纪末建成，但未能留存于世。这些寺院具有相同的特质，大多入口宽阔，方形建筑群外环绕带顶长廊，有一座容纳主要供品的大厅和一座佛塔——此塔通常较高，有多层，依印度浮屠式样建成，据称收藏了佛陀的遗物。现存寺院中，历史最悠久的当属奈良附近的法隆寺，由圣德太子下令修建，供奉的是药师佛。寺内有全世界最古老的木制建筑，应是建成于607年。除上述特征外，法隆寺内还有名为"梦殿"的八角形建筑，该建筑建成于739年，用以安抚圣德太子之魂。法隆寺是联合国教科文组织认定的世界遗产之一，拥有大量被评定为日本国宝的雕塑及工艺品。

飞鸟时代的部分艺术品由朝鲜和中国的工匠打造而成，折射出日本皇室与亚洲大陆间的联系。日本现存的艺术品风格变化多端，在新罗、百济、高句丽和中国北魏皆有迹可循。不过，推古统治时期将7世纪雕塑家鞍作止利的风格设为官方标准。鞍作止利祖上曾是中国的马鞍工匠，后迁移至日本。鞍作止利的雕塑具有前倾（front-oriented）的几何设计，结合了北魏和高句丽雕塑的特征，但更柔软，也更祥和。

法隆寺的艺术品中，代表作之一为"阿弥陀三尊像"铜雕，中心为阿弥陀佛，两个菩萨侍从伴其侧。阿弥陀佛的衣服下摆似一道二维平面内的"瀑布"，垂至底座下方。他所结的手印是佛教的特殊手势，在佛教语境下存在固定含义：抬起的右手代表佛陀的无畏和赐福，张开的左手代表慈悲。位于中心的佛陀四周围绕着燃烧的光环，代表他的前世。随侍在旁的菩萨头戴高冠，立于莲花之上。佛教中，莲花是象征纯洁的重要意象，出淤泥而不染，可与人类克服欲望、实现顿悟的能力相媲美。莲花亦象征多维度的佛教宇宙，每片花瓣代表一个不同的世界。

　　法隆寺还拥有其他珍宝，如 7 世纪中期的"玉虫厨子"，也就是一种便携式木结构佛龛。"玉虫厨子"一名来源于一种甲虫，其翅色彩斑斓，镶嵌在这尊木结构佛龛的底座上。"玉虫厨子"的木板上了漆，绘有佛陀前世，其中一幅描绘了佛陀某世为王子时以肉身喂养饥饿的母虎与虎仔的情景——王子慈悲如此，来世必将化身佛陀。梦殿中藏有一尊 1.8 米高的镀金"救世观音"木雕，据称是参照圣德太子的肖像雕成，与真人等高。这尊木雕被视作圣物，极少示人，因而保存状况良好，由约 450 米长的布料包裹贮存。数世纪以来，无人得见木雕真容，后来明治政府聘用美国教授费诺罗萨（Ernest Fenollosa，1853~1908）参与日本的艺术品保护项目，在费诺罗萨坚持下，木雕才重见天日。

阿弥陀三尊像，623 年
日本奈良，法隆寺
图片来源：Wikimedia Commons

推古天皇和圣德太子致力推进政府改革，但各氏族对领地和子民仍享有绝对自主权，因此改革收效甚微。622年，圣德太子去世。自此，强大的苏我氏成为大型改革的主要反对势力，反对将权力集中于大和统治者的改革宗旨。645年，以中大兄皇子（626~672，也就是后来的天智天皇）和中臣镰足（614~669，专司神道教仪式的强势氏族首领）为代表的反对苏我氏的派系发起政变，在招待来访朝鲜高官的宴席上杀害了苏我氏首领苏我入鹿和其追随者。政变发生后，中臣一族被授予"藤原"这一新的氏族名称，成为日本历史上最杰出的家族之一，此后数世纪，藤原家族与皇室通婚，"渗透"了皇室血脉。

这场政变后至710年建都奈良之前，被称作"白凤时代"。白凤时代的特征为政府权力的不断集中与政府官僚化，佛教在统治日本的各氏族间迅速扩散，佛教艺术与建筑大放异彩，书写体系和书法得以发展。日本的权力分布仍高度分散，不过，7世纪时，中国的大唐帝国向外施行扩张政策，联合新罗征伐高句丽和百济。百济乃大和的盟国，迫于压力，大和朝廷着手构建强劲的中央集权国家模式，以此对抗大唐。为此，日本需集结全国的经济与防御资源。660年，大唐、新罗联盟打败了百济，百济难民大举逃往日本，其规模更胜往昔，甚至包括王室成员。百济难民亦对日本的国防大业有所贡献。8世纪中期，日本的道路体系实现了本州和九州各地与权力中心畿内平原的完全联通，在构建国防基础设施的同时进一步扩大了贸易和商业往来的规模。

646年，新任天皇孝德（596~654）改年号为"大化"，并下诏书宣布大举改革。大化改新旨在恢复皇室权力，依照中国皇家模式建立中央集权的政府制度，进而削弱氏族影响力。《改新之诏》共有四条：第一条废除了土地私有制，所有土地为国有（即归属天皇本人）并按农民家庭规模公平分配；第二条效仿了中国大唐，称都城和地方均将确立新政府机构与军事制度；第三条确立了新型税收体系，民众可用大米、纺织品和马匹等实物或通过在修路、在其他皇室建筑工程中无偿效力来纳税，朝廷计划扩张官僚体制和军队，因此需要税收助力；最后一条要求实行全国人口普查，以此确定土地分配、征税和征兵等事宜。

旧日的贵族氏族得以保留，但氏族成员及首领作为朝廷、中央政府官员的权势与收入被剥夺。与寻常农家不同，氏族成员获得大块特批土地，仍享有特权和财富。几大氏族的成员占据了大量发展中的政府与国务部门职位，这些职位很快又变为世袭制。

孝德天皇的"大化"设想内涵过于丰富，难以一蹴而就，但为以中国为模板的政府改革提供了蓝图。7世纪至8世纪，改革稳步推进。然而，日本未能成为真正意义上的"中国式国家"，主要原因有二。一是中国在选拔官员方面采用科举制度，唯贤是举；日本亦通过甄选制度选拔官员，却只许朝中人士及其亲属参试。官阶较低者确有擢升机会，但十分渺茫，且日本官僚体制延续了世袭制，保障贵族特权。二是中、日在"皇帝"的概念上有分歧。中国的皇帝乃"君权天授"，若皇帝本人或其朝官德行不端、治国不力，这一"授命"可收回；而在日本，皇家的君权直接来自天照大神的直系后代这一身份，因此不可撤销，且与统治家族的德行并无关联。

白凤时代始于645年，止于710年，见证了皇室发起的大力改革。该时期执政的天皇均为日本天皇中佼佼者，一步步确立了强有力的中央集权国家的框架。天武天皇（631~686）从673年起执政，与其妻持统（645~703）同治，直到天武于686年离世。天武是该时期首个被称作天皇的帝王，可谓功绩累累：他重新修订了官阶体系，以不同官阶昭示官员与天皇的亲近程度和对天皇的忠诚度；强化军事制度，抵御外国入侵；下令编写国家志并编纂

第二章　中央集权国家的形成

十七卷律令,确立了事关刑罚的"律"和事关行政的"令"——《大宝律令》成为律令制国家的法律基础。律令制在日本沿用至10世纪末。

律令制体系吸纳了中国父系社会的律法、哲学、社会常态及态度。该体系认为,一切权力均来源于君主,君主凌驾于律法之上。律令制体系确立了政府的两个职能领域:一为神祇官,掌管一切仪式与祭祀事宜,包括朝廷庆典、占卜、占星和风水;二为太政官,下设兵部、刑部、民部和大藏等八省,处理民间与行政事宜。《大宝律令》的刑罚部分规定了数百种罪过的惩罚措施,从轻重不一的杖责到流放再到死刑。触犯法律的若为"上等人",则大多无须接受肉刑,只除去官衔或缴纳罚款了事。律令的行政部分对每个官职任命的资质、职责和特权做出了详细的规定,将全国按行政划分为66个律令国,由朝廷为每国指定国司。国又下分为郡,当地行政官员负责征税、登记人口土地及维护地方和平。

通常,天武天皇被看作首个公开支持佛教、赋予其国家与皇室保卫者地位的统治者。此前,都是由圣德太子这样的个人或苏我氏这样的氏族为佛教提供经济支援,而天武和继任天皇下令由国家出资建设大型佛教寺庙、寺院。这些寺庙、寺院专司祈祷和举行仪式,保护国家,佑其昌盛。为此,8世纪日本僧侣撰写或抄写了逾十万卷佛教经文。朝廷之所以对佛教多加青睐,主要是希望借助佛教的法力获得"实惠",对形而上的哲学理解得并不深。人们拜佛像、抄写经文,以此祈求身体健康、财运亨通。或许是由于该时期流行病频发,人们十分关注健康和疗愈之事,药师佛亦在日本广受欢迎。

天武天皇去世后,持统天皇即位,于686年至697年掌管日本国事。持统天皇继续推进有助巩固皇室权力的行政改革。事实上,天武天皇制定的律令在持统天皇任期内得以推广。正是在该时期,日本提出了设立首个永久都城的计划。

首个永久都城

日本仿照中国建起行政体系,中央官僚体制发展迅速,需要更为固定、面积更大的都城以及由官府环绕的大型宫殿。710年,朝廷迁至新建的平城京,日本一改每任天皇去世即迁都的传统,直到784年,平城京一直是日本的都城。奈良堪称缩小版的唐代长安,城市布局井井有条,宫殿位于中北部,行政场所、寺院、市集和贵族府邸位于南部。一条林荫大道连接起宫殿与位于南面的主城门,多条小路像棋盘一样交错纵横。2010年,为纪念建城1300周年,奈良重整了部分古代宫殿的地面遗址。1000年来,这些地方早已被用作稻田。古时的宫殿为现存皇宫面积的数倍,参观者无一不为其宏伟惊叹。

建都地点由中国的堪舆确定。所谓"堪舆",即是以四周山、风、水的布局来选取最优地点的艺术。今天,堪舆以"风水"之名广为人知。奈良堪称日本首个真正意义上的城市中心,人口20万,体现出该时期举世最强大的帝国——中国唐代影响下的国际化风格。奈良朝廷沿袭了大唐和新罗朝廷的风格,重视雅乐和傩舞仪式,以此维护国家和平与和谐。日本效仿的唐代佛教艺术折射出世界多国的影响,除印度外,更有波斯、希腊和拜占庭帝国——这些国家都曾经由"丝绸之路"与中国发起陆上贸易。奈良留存的许多艺术品均来自这些异域国度。8世纪,日本朝廷接纳了来自南亚、东南亚等地的访客。其后数世纪,日本变得封闭了许多,直到16世纪及近代,才再次变得国际化。

724年至749年,圣武天皇(701~756)在位,奈良文化发展至巅峰。圣武是日本首位迎娶非皇室女子为正室的皇帝,其妻光明皇后来自藤原氏族。在后人记忆中,圣武是一位虔诚的佛教徒,其执政期间日本疾病、流行病频发。741年，圣武下令由国家出资在地方各律令国修建寺庙、寺院和尼姑庵，为民祈求健康，为国祈求保护。圣武天皇最著名的事迹当属下令建造大佛。大佛高约16米，是一尊大日如来，存放在新建成的东大寺中。东大寺占地远大于此前的法隆寺之流。圣武命全国人民共襄盛举，即便无分文可捐，搭一根树枝、添一抔土亦可。募捐者前往地方各律令国征收捐款，争取民众支持。

此时，佛教很大程度上只对上层阶级开放，朝廷反对佛教僧侣在平民间传教，担心受欢迎的传教者凭借"法力"吸引大批信众，进而引发骚乱。国家监控、限制着担任圣职的僧侣和尼姑数量，确保这些人的生活受到高度管控。不过，部分僧侣不顾律法，开始巡回传道，通过善举帮扶贫民，其中一位就是行基（668~749）。他游历日本各地，向平民传授佛教教义，行善济贫。行基一生共建起49座寺院，这些寺院承担着佛教活动中心的职能，为贫民提供医疗帮助，组织公共工程建设，指导农民改进灌溉系统。行基亦是

描绘东大寺大佛开光仪式的绘卷，1536年
日本奈良
图片来源：Wikimedia Commons

038　神奈川冲浪外：从传统文化到"酷日本"

公认的首个绘制日本地图的人。经由巡回传道，因果报应等佛教基本教义逐渐渗透到大众思维中。人们尊行基为在世观音，他和信众却因"不法行为"遭到政府迫害。不过，念在行基为东大寺工程征募了可观的劳动力与款项，政府赦免了他的罪名，并授予其佛教最高称号。

圣武修建大佛与大型寺院的诏令非但未能增强、巩固中央统治，还耗尽了日本的铜与贵重金属资源。日本正处于流行病、天灾与朝廷斗争的交叉火力中，此时大兴土木，成本高昂，似乎为此后一个半世纪内国家行政实力的衰退埋下伏笔。不过，东大寺最终成为日本最大的佛教建筑，亦是奈良文化的聚焦点。大佛的开光仪式上，来自佛教发源地印度的僧侣为雕像点睛，象征着赋予佛像生命。万名佛教僧侣与观礼者远道而来，体验这场日本早期历史中最宏大、最考究的仪式。

东大寺的塑像工程采用了新型雕塑法，在黏土基座上涂一层干漆，由此塑造的塑像作品十分逼真。这些作品中，鉴真像细致入微，可谓栩栩如生。鉴真（668~763）是一位中国的盲眼和尚，创立了奈良佛教的律宗流派，还在平民间募捐，为建造东大寺筹集资金。鉴真受邀到日本讲授佛法，为此曾不惧艰险五次东渡中国东海，均以失败告终。其中一次，他因染病不幸失明。754年，鉴真第六次东渡，与归国的日本使团同行，终于成功抵达。次年，他在东大寺正式建起日本首个戒坛。另一尊著名的阿修罗像也采用了干漆工艺，现存奈良兴福寺。阿修罗是佛教护法神天龙八部之一，塑像身形细长、三头六臂，与其他力大好战的护法神有所不同，也被称作日本的"断臂维纳斯"。阿修罗像的两个侧脸神情严厉，与护法神的身份相称，正面的神情则更为复杂，担忧与坚毅并存。

东大寺院内也有一处存放珍宝之地，名为正仓院，容纳了万余件奇珍异宝，包括圣武天皇及其妻光明皇后的私物、佛像开光仪式用到的物件、地图、文书、药物、乐器和表演宫廷舞蹈所用的面具。正仓院的藏品来自世界各地，包括东南亚及中亚、印度、阿拉伯、波斯、亚述、埃及、希腊和罗马。藏品包罗万象，有各类布料、玻璃制品、瓷器、画作和雕塑。千年来，各类藏品保存良好，状态极佳，这是因为正仓院在建造过程中采用了特殊技艺，令原木墙壁可伸缩，进而维持恒定的温度与湿度。此外，数世纪以来，正仓院极少开放示人，同样更利于藏品的保存。

圣武天皇共在位 25 年，于 749 年退位。他在大佛前施跪拜礼，剃度出家，是首个退位后成为佛教僧侣的天皇。圣武没有合适的男性继承人，其配偶又非皇室出身，无法继位，因此他将 21 岁待字闺中的女儿阿倍指定为继承人。后来，阿倍分别以孝谦天皇（749~758）和称德天皇（766~770）的名号两次登基。朝中人多反对圣武选定阿倍为继承人。757 年，450 多名朝

阿修罗像，734 年
日本奈良，兴福寺
图片来源：Wikimedia Commons

臣发动叛乱，企图推翻孝谦天皇统治，但以失败告终。次年，孝谦天皇退位，传位于天武天皇的外孙、她的养子淳仁天皇（733~765）。皇室男子尚可娶朝中其他家族的女儿为妻妾，皇室女子则只能嫁与家族内的男性成员。孝谦天皇终生未育。

761年，已退位的孝谦天皇在僧侣道镜的治疗下病愈。道镜很有魅力，乃地方名门望族之后。同年晚些时候，孝谦天皇剃度出家，披上袈裟，成为佛教中人。她与时任天皇的淳仁渐渐结下仇怨，指责后者不忠不孝，宣称要夺回皇权。以藤原仲麻吕为代表的淳仁亲信曾试图发起政变，不过766年，已退位的孝谦成功重返皇位，史称称德天皇。反对者称尼姑没有资格担任国君。称德天皇对批评声置若罔闻，反倒提醒批评者，其父圣武天皇曾教导，对阻挠君王之意者无须手下留情。

称德继续推行重组朝廷的大业，任命道镜为太政大臣禅师。过去确有不少僧侣辅佐天皇，却未曾有人官及此位。后来，道镜又被封为法王，在宗教与世俗事务上均享有极高的权威。面对批评者，称德天皇如是回应："我确已剃度出家，但仍需掌管国事。如佛祖所言，'登皇位即为菩萨'。也就是说，担任圣职者若统治家国，无人可反对。此外，既然君王已出家，大臣自然也应为佛家弟子。"[1]

769年，朝廷收到来自九州一间神宫的神谕，称唯有道镜称帝，日本方可维持繁荣稳定之势。朝廷派人前往九州调查此事，调查者带回了第二道神谕，称朝中有人装神弄鬼企图篡位，应逐出朝廷。为此，道镜被流放。5个月后，称德天皇过世，光仁天皇继位。光仁是7世纪时的天智天皇之孙。过

---

[1] Joan R. Piggott, "The Last Classical Female Sovereign: Kōken-ShōtokuTennō," in *Women and Confucian Cultures in Premodern China, Korea, and Japan*, ed. Dorothy Ko, JaHyun Kim Haboush, and Joan R. Piggott (Berkele,CA: University of California Press, 2003), 60.

去百年中，皇位一直为天智天皇的兄弟天武天皇的血脉占据，光仁天皇的继位开启了一条新的皇室血脉。光仁退位后将皇位传与儿子桓武天皇，后来桓武又传与自己的后人。①

道镜丑闻中，是谁伪造了第一道神谕，史学界众说纷纭。有人称是道镜本人，有人称是九州神宫的神官借此举讨好道镜，还有人称是称德天皇谋划了整个事件。另有说法认为整个故事皆为捏造。道镜丑闻收录在《续日本纪》一书中，该书完成于797年，是继《日本书纪》后"六国史"中的第二部②，由桓武天皇下令写成。史学家琼·皮格特（Joan Piggott）认为，孝谦天皇乃天武天皇的后人，天武的血脉又是被桓武天皇之父光仁天皇"截断"的，因此，该书编纂者是故意中伤孝谦天皇，好为桓武的继位和世系正名。

此前，天皇从苏我和藤原等最高氏族中挑选皇后和少量嫔妃，桓武天皇则"广纳贤士"，有皇后与嫔妃共16人，平衡了各氏族对他的影响。在位期间，桓武天皇十分活跃，曾发动军事力量镇压虾夷（今本州北部与北海道）人。据称，虾夷人是绳文人的后代，也是北海道原住民阿伊努人的祖先。虾夷人与大和军队在本州北部交战了数个世纪，他们擅长骑射，精通游击战术，有效反击了行动缓慢、以步兵为主的皇家军队。桓武天皇封坂上田村麻吕为征夷大将军，命其击败虾夷人。坂上改变了皇家军队的策略，以敌人之战术来制敌，成功将虾夷人向北驱逐至北海道。

6世纪到8世纪，女天皇与男女同治两种模式并不少见。男女同治模

---

① Joan R. Piggott, "The Last Classical Female Sovereign: Kōken-ShōtokuTennō," in *Women and Confucian Cultures in Premodern China, Korea, and Japan*, ed. Dorothy Ko, JaHyun Kim Haboush, and Joan R. Piggott (Berkele,CA: University of California Press, 2003), 64.
② "六国史"分别为《日本书纪》《续日本纪》《日本后纪》《续日本后纪》《日本文德天皇实录》《日本三代实录》。——译者注

式中，最出名的当属飞鸟时代的推古天皇与侄子圣德太子、白凤时代的天武天皇与配偶持统天皇、奈良时代的圣武天皇与配偶光明皇后、孝谦天皇与禅师道镜。然而，到了8世纪末，男性统治的思想后来居上，超越了男女同治的传统。之所以产生这一转变，关键原因之一在于日本对中国儒家经典和规约的接纳度越来越高，还将其纳入8世纪初制定的法律与行政规定中。自此，皇位继承者被限定为男性，之后数世纪，朝廷的女性成员，包括统治阶级的妻妾与官员，慢慢丧失了大部分权威与地位。

当今日本，民众对女性能否继承皇位持不同意见。德仁皇太子与太子妃雅子仅在2001年诞下一女爱子。根据日本1947年的《皇室典范》，只有男性成员可被提名继承皇位，然而日本皇室在四十多年间未能诞下男性继承人，因此多数日本民众认为应对《皇室典范》进行修订，准许长女在未有胞弟或堂弟出生的情况下继承皇位。保守党成员反对爱子公主继承皇位，称公主代为继承皇位仅是权宜之计，无法避免继承的争议。他们以孝谦天皇为例，称其统治不力，被一位拉斯普京[①]式的妖僧迷住了心窍，误了国事，称宫廷应以孝谦统治期间国家动荡为依据，将皇室女性成员排除在皇位继承候选人之外。2006年，德仁皇太子的弟妹、文仁亲王之妻诞下一名男婴，修改法律、赋予皇室女性继承权的可能性也就更小了。

奈良时代的语言和文学

日本中央集权的最初几百年间，佛教视觉艺术得以发展，日本诗歌也迎来首个巅峰。当时，朝廷并无书面语言，与国事相关的公文、律法、宣言和

[①] 格里高利·叶菲莫维奇·拉斯普京（Grigori Efimovich Rasputin, 1869-1916），尼古拉二世沙皇及皇后的宠臣，俄国著名妖僧。——译者注

国史均以中国的表意文字写就，佛教经文和诗歌等政府公文外的书面交流也需依靠汉文。然而，汉文口语与日文口语极为不同。汉文是单音节的声调语言，口语中不区分时态，日语则是多音节的非声调语言，曲折度高。汉文以汉字表意，用于大多数正式交流场景。不过，8世纪出现了为表意文字赋音的方法，像英文字母一样，一个字代表一个日语音节，这样就能用汉字来记录日语口语的交流了。这种注音汉字被称作"万叶假名"，见于日本首部民族史《古事记》和和歌集《万叶集》中。标准汉文多见于日本公文和宗教文本，包括更为标准化的民族史《日本书纪》和汉风集《怀风藻》中。

9世纪前后，表日文音的汉字演变为由约50个符号（即"假名"）组成的本土音节表。那时，日本人可以仅用假名书写本国语言，但许多中文外来词已成为固定词汇，仍以汉字形式继续出现在书面语中。如今，日本文字兼具汉字和假名，是当今世界最复杂的书面文字之一。

《古事记》是日本现存最早的文学作品，成书于712年,《日本书纪》则成书于720年。这两部作品是日本神话的源头，在本书第一章中曾提及。为使大和氏族统治合法化并颂扬其功绩，7世纪70年代，天武天皇下令按中国早期王朝史的风格编写了这两本书,《古事记》和《日本书纪》涵盖了皇室族谱与神话、传说、歌曲及诗歌等内容。《古事记》以万叶假名和汉文写就，与《日本书纪》相比，阅读难度更大，系统性稍弱;《日本书纪》更能体现中国历代王朝史的风格与范式，吸纳了更多百济和中国的儒家与佛教思想。《日本书纪》被认为是6世纪后史实的可靠来源。两部作品都反映了日本朝廷向世人展示本国文明发展与中国、朝鲜齐平的野心。与此同时，两本史书传达了种族中心主义的思想，将日本描绘为世界中心，将天照大神奉为举世最强大的神明。18世纪至19世纪，本居宣长和平田笃胤等本土主义学者以《古事记》和《日本书纪》为据，得出"日本优于世上其他民族"的沙文主义结论（见第六章）。

奈良时代，诗歌是宫廷文化生活的主要组成部分，那时若想做官，通常需具备作诗的技能。《古事记》和《日本书纪》包含大量古诗与简单的歌谣。不过，直到8世纪中期，日本才出现了真正意义上的诗集，即751年编纂完成的《怀风藻》和759年编纂成的《万叶集》。《怀风藻》收录了120首诗作，均以汉文写成，多数作品大量引用中国文学、历史典故，展现出日本精英人士对更高等文明的尊敬与向往。《万叶集》收录了约4500首诗，共分20卷，常被看作日本诗歌传统真正意义上的开端，是日本文坛名声最盛的作品之一。《万叶集》为后世的诗人、作家与艺术家提供了宝贵的参考。

人们常将日本文学、诗歌与西方对比，西方的作品多强调思想、行动与道德，日本作品则更突出情感、美和对自然、季节更替的思考。这种显著的对比促成了世人对日本民族性格的刻板印象，但归根结底是由东、西方作品迥异的风格与题材所致。比起学究般歌颂品德，日本诗人更喜爱抒情。爱情与自然是日本古典诗歌的两大题材。季节更替时，自然界现象之美转瞬即逝，"昙花一现"的美常引得人诗兴大发。不同的遣词与意象可令人联想到不同的季节：雾气、蛙鸣、莺啼与最为经典的樱花多用于咏春，藤萝、荷花与蝉常见于喻夏，满月与红叶多用于颂秋，荒野与枯树常见于论冬。至今人们仍广泛使用上述词语与其他描述季节的比喻词。对节令的洞察隐含对变动与时间流逝的敏感，反映出佛教徒因生而有涯、死生轮回而起的感伤。

中国古代以作诗纪念君王驾崩、异国使节来访、朝官远游或朝圣等公众仪式、典礼及活动，日本早期诗歌也效仿了这一习俗。与《怀风藻》相比，《万叶集》中的诗歌受儒家思想与中国传统、典故影响较少。9世纪至10世纪，日本宫廷诗歌谨遵规则与形式，且只能涉及"指定"题材，抒情余地有限。《万叶集》的作品大多文风粗犷、感情外露,常被称作对早期日本情怀最早的真实记录。民族主义学者称《万叶集》展现出尚未遭受中国哲学、宗教和文学"玷污"的日本民族纯粹、诚恳或称原始的早期天性——然而,此类论很难站得住脚,因为日本现存最早的文学作品中已然展露较深程度的中国影响。

《万叶集》中的诗歌以时间顺序排列,以似是致敬古人的诗作开篇,以8世纪所作的诗歌收尾。《万叶集》的内容大致可分为情诗、挽诗、游记及赞颂自然风光的诗歌。其中绝大多数为"短歌",共有超过4000篇,由遵从5—7—5—7—7音节格式的五行诗组成。短歌体裁一直"称霸"着后世的日本诗坛。不过,《万叶集》中亦有265首"长歌",这鲜见于后世的古典诗集。

《万叶集》的特征之一在于收录了来自社会各阶层的诗作,作者既有农民、戍边将士与乞丐,也有天子与朝臣。这些作品或是反映贫民疾苦,或是体现戍边将士的孤独、思乡之情。还有一些作品使用了乡野的"土言土语"。当代学者认为,这些诗实乃朝臣扮作平民所作,因为其他社会阶层大多未接受充分的教育,不具备赋诗能力。不过,作品折射出贵族阶级之外的视角,因而有别于后世的皇家诗集。

诗人山上忆良(660~730)天资过人,曾随使团出使大唐,据称为百济后裔。他的几首诗作描绘了贫民生活。其中,名为《贫穷问答歌》的长诗开篇如下[①]:

此夜风兼雨,此夜雨兼雪,

---

① 下文两处山上忆良的诗译文均引自《万叶集》,杨烈译,湖南人民出版社,1984。——译者注

046 神奈川冲浪外:从传统文化到"酷日本"

御寒终乏术，黑盐取以噬，

更饮糟汤酒，咳嗽兼喷嚏，

然而不自量，抚须自夸说，

天下除吾外，无人若我慧，

值兹寒气来……①

本诗另一段，山上忆良以酸楚的笔触描写了贫苦之家顶梁柱病重的窘境：

父母卧枕边，妻子随脚绕，

围居伴我眠，忧吟直达晓，

灶上无火气，甑中蛛网牢，

岂是忘饭炊，呻吟空哭号，

短物被折截，漏船遇波涛，

里长携棍来，门前怒声高，

怒呼无术答，世间无路逃。②

日本古时的情诗与现代诗惊人地相似，简练地捕捉到激情、渴望和悔恨等超越时空界限为人类共享的情感。8世纪，一首献给某位广川公主的诗描述了失恋心碎后喜得新恋情的狂喜：

---

① Steven D. Carter, trans., *Traditional Japanese Poetry: An Anthology* (Stanford, CA: Stanford University Press, 1991), 46.
② Edwin Cranston, *A Waka Anthology, vol. 1: The Gem-Glistening Cap* (Stanford, CA: Stanford University Press, 1993), 362-363.

我心本已哀，

　　无情亦无爱，

　　而今情复现，

　　攫住我心怀，

　　此爱从何来？①

一首匿名诗祈求冷漠的恋人前来一见。诗中，主人公以自家花园美景相诱，劝说对方前来：

　　我非君所爱，

　　无妨邀尔来，

　　吾家庭院里，

　　橘花正盛开。②

一首短歌中，农家女期盼与出身高贵的恋人夜间相会：

　　碾米劳作勤，

　　以致双手皴，

　　是夜相见时，

　　吾家贵公子，

---

① Donald Keene, *Anthology of Japanese Literature: From the Earliest Era to the Mid-Nineteenth Century* (New York: Grove Press, 1955), 40.
② Donald Keene, *Anthology of Japanese Literature: From the Earliest Era to the Mid-Nineteenth Century* (New York: Grove Press, 1955), 53.

将执手叹息。①

一首匿名诗描述了初冬时节,戍边战士回忆与妻子往昔的情景:

每逢夜雾暗,
心中念吾妻,
灯芯草之上,
野鸭哀声啼。②

《万叶集》中最著名的诗人当属柿本人麻吕。柿本人麻吕是一位官居中流的宫廷诗人,680年至700年间,他先后侍奉了三任君主。6世纪至11世纪间,日本有36位技艺最高超的诗人,被称作"三十六歌仙",其人位列其中。《万叶集》收录了他的19首长歌和75首短歌。柿本人麻吕创作题材极广,既有对皇室纪念活动的记述,也有对浪漫爱情的细致描写。下文节选自《万叶集》中一首柿本人麻吕的佳作,题目略长,为《赞岐狭岑岛视石中死人》。这首诗感人至深,描写了濑户内海台风肆虐的情景,表达了对遇难者的同情与惋惜③:

美哉赞岐国,久看看不足,
伟哉尊贵神,人人蒙佑护,

---

① Nihon GakujutsuShinkōkai, trans., The Manyōshū: One Thousand Poems (New York: Columbia University Press, 1965), 281.
② Nihon GakujutsuShinkōkai, trans., The Manyōshū: One Thousand Poems (New York: Columbia University Press, 1965), 283.
③ 柿本人麻吕的诗译文引自《万叶集》,杨烈译,湖南人民出版社,1984。——译者注

> 天地与日月，神灵同载覆，
> 相传彼中港，乃神一面目，
> 摇船自港来，风吹令人恐，
> 海中波涛翻，海边白浪涌，
> 行船畏波涛，摇橹岛间好，
> 各处岛屿多，名高狭岑岛，
> 岛上有荒滩，草庐在前沿，
> 频频波浪来，浪声震海边，
> 海边荒床上，君何高枕眠，
> 何处是君家，行将为告知，
> 君妻若来寻，不知道路歧，
> 郁郁空待恋，爱妻真可悲。[1]

总而言之，日本在这一时期巩固了自身中央集权国家的身份，参照中国皇位模式的同时，也发展起本土传统。统治日本的大和氏族相继几代试图采用官阶制、永久都城制、律令制及科举制等中国王朝统治模式的"标配"来加强自身统治。然而，本土传统减缓了改革的步伐，氏族精英的世袭特权得以保留，撤销皇家"神授君权"的意图被压制。增强统治的另一条路径是扶持佛教，为其提供官方资助，确定其皇家、国家保护者的身份。以奈良东大寺为代表的寺院相继建成，日本国内寺院星罗棋布。这一时期，诗歌和编年史亦反映出本土与亚洲

---

[1] Earl Miner, *An Introduction to Japanese Court Poetry* (Stanford, CA: Stanford University Press, 1948), 48-49.

大陆的双重影响,如《古事记》和《万叶集》由本土语言写成,仅将中国汉字作为语音媒介,而《日本书纪》和《怀风藻》则完全由汉文写成。

推荐阅读

Batten, Bruce L. *Gateway to Japan: Hakata in War and Peace, 500-1300*. Honolulu: University of Hawaii Press, 2003.

Batten, Bruce L. *To the Ends of Japan: Premodern Frontiers, Boundaries and Interactions*. Honolulu: University of Hawaii Press, 2003.

Carr, Kevin G. *Plotting the Prince: Shotoku Cults and the Mapping of Medieval Japanese Buddhism*. Honolulu: University of Hawaii Press, 2012.

Como, Michael. *Shōtoku: Ethnicity, Ritual, and Violence in the Japanese Buddhist Tradition*. New York: Oxford University Press, 2008.

Farris, William W. *Daily Life and Demographics in Ancient Japan*. Ann Arbor: University of Michigan Center for Japanese Studies, 2009.

Farris, William W. *Population, Disease, and Land in Early Japan, 645-900*. Cambridge, MA: Harvard University Press, 1985.

Hall, John W. *Government and Local Power in Japan, 500-1700: A Study Based on Hizen Province*. Princeton, NJ: Princeton University Press, 1966. Reprint, Ann Arbor: University of Michigan Center for Japanese Studies, 1999.

Lurie, David. *Realms of Literacy: Early Japan and the History of Writing*. Cambridge, MA: Harvard University Asia Center, 2011.

Ooms, Herman. *Imperial Politics and Symbolics in Ancient Japan: The Tenmu Dynasty 650-800*. Honolulu: University of Hawaii Press, 2008.

Piggott, Joan R. *Capital and Countryside in Japan, 300-1180: Japanese Historians Interpreted in English*. Ithaca, NY: Cornell East Asia Series, 2010.

推荐影片

《火鸟》之"凤凰篇",1986 年。《火鸟》改编自手冢治虫漫画,讲述了因果和重生的故事。其中,"凤凰篇"围绕一名雕刻师和另一名曾是土匪的雕刻师展开,讲述两人在东大寺建造过程中的竞争。

《法隆寺》,羽仁进执导,1958 年。本片是一部介绍法隆寺内所藏珍宝与寺庙维护工艺的纪录短片。

第三章
品位之治：平安时代的贵族生活
794~1185

794 年至 1185 年为平安时代，得名于新都平安京（后称"京都"）。此后，平安京一直是皇室都城，直到 1868 年年轻的明治天皇在东京建立起新的政府体系和民族国家。平安时代被视作日本的古典时期，审美与宫廷文化均在该时期获得较高程度的提升。1000 年前后，以宫廷为中心的日本特色贵族文化发展至鼎盛，诗歌、风水等中国文化习俗也不断涌入。文化、艺术与宗教均在这一时期展现出巨大的创造力。美学文化实践成为平安时代贵族生活的主旨。朝臣们隐居于都城之中，终日无所事事，痴迷于装扮、情事、文娱与各类礼节仪式。本章主要介绍了流行于贵族阶级的各类活动。需注意的是，日本当时的人口约 550 万，贵族不过寥寥数千人，只是少数群体罢了。日本贵族以日记、诗歌和小说等形式详尽记录了宫廷生活，而这些是下层社会可望而不可即的。

政治与社会发展

平安时代早期，在强有力的皇权领导下，朝臣与贵族继续积极内化经由奈良时代改革引入的中国行政与文化模型。794年，桓武天皇（737~806）将都城由奈良迁往平安京，一是为躲避佛教寺院的巨大影响，二是令朝廷靠近盟友（来自朝鲜半岛的强大移民氏族）的势力范围。桓武天皇试图延续定都奈良时采用的中央集权措施，但取消了征兵。新都所在地依照风水选定，四周环山绕水，可护朝廷安康。街道布局则与奈良相同，采用了合理的棋盘格局。

然而，半个世纪后，以朝廷为中心的政体出现，皇室权威与中央集权的"律令制国家"模式失势。藤原氏族通过政治联姻凌驾于皇室之上，在其

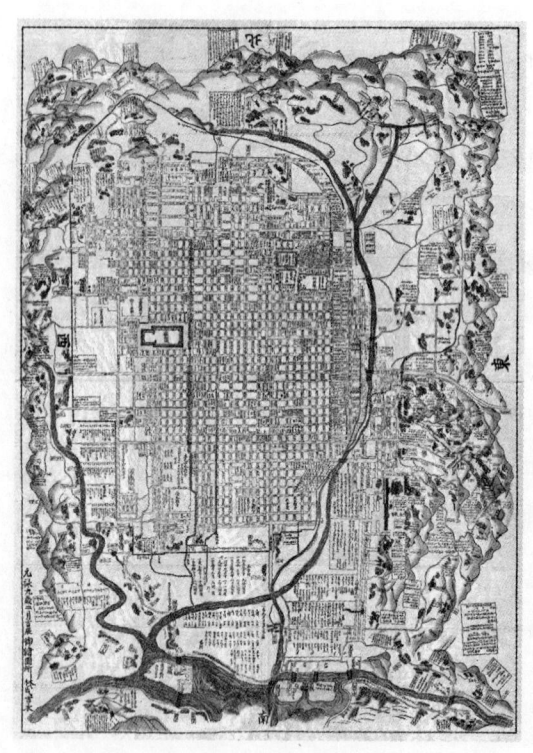

1696年的京都，旧称平安京。此处应留意棋盘式的街道与风水布局

图片来源：詹姆斯·默多克（James Murdoch）与山县五十雄合著，《日本对外交往早期百年史（1542—1651）》[*A History of Japan during the Century of Early Foreign Intercourse (1542-1651)*]，（London：Kegan Paul, Trench, Trübner& Co., 1926）

后逾两百年间有效实现了摄政，可谓开辟了先河。这一模式被后世沿用，天皇与其他象征意义上的领袖"统而不治"，真正掌握政权者居于幕后，暗中操纵国事。这只"看不见的手"此时来自藤原氏族的摄政，日后可能来自退位的天皇或将军。"天皇"这一身份未被废除——纵观历史，基于君主乃天照大神后裔的神话传说，天皇一直是权威与国家身份的有力象征。在藤原氏族势力下，集权国家模式衰败，资产逐渐回归私有，氏族影响力节节高升。长久以来，中国一直是日本治理、宗教和文化发展的知识来源，随着大唐帝国坍塌，838年起日本朝廷不再向中国派遣使节，但佛教僧侣仍在两国间往来不断。日本一改奈良时代全盘照搬中国的做法，本土古典文化形式应运而生。文化层面上，日本实现了从大举借鉴到内省、独立的转变，虽然并未停止对外国文化形式的吸收和"改编"，但渐渐着力于本土实践。这一转变成为日本史上又一重要模式，并在16世纪和19世纪复现：16世纪，天主教传教士进入日本，日本先是热情接纳了西方的风尚与大炮，后又禁止外国人与基督教入境；19世纪，在新建立的明治政府推动下，日本掀起借鉴西方制度、文化的狂潮，民族主义与仇外心理随之上扬，与其他因素共同导致了太平洋战争的爆发。

　　促成大化改新的中臣镰足乃藤原氏族之祖先。10世纪至11世纪，强大的藤原氏族在朝中取得压倒性地位。藤原氏族善用政治联姻，将女儿嫁与天皇做妻妾，生下的皇子便有继承皇位的可能。藤原氏女性生下的男孩会在母家长大，便于外祖父与舅舅操纵未来的皇位继承人。有藤原氏族血脉的男孩继位后，会迎娶藤原氏的女子为皇后或嫔妃——这些女子多为表姐妹或姨母。若天皇喜得男嗣，便听从劝告退位，由藤原氏族的成员为幼子摄政、执掌实权。第一位借此法掌权的是藤原良房（804~872），他自请为时年8岁的天皇外孙摄政，直至后者成年。然而小天皇成年后，藤原氏族的藤原基经（836~891）以新设立的"关白"①一职接管摄政之事。之后的200年间，藤原氏族一直在不称帝的前提下掌控着皇权，并在藤原道长（966~1027）掌权的10世纪至11世纪攀升至权力巅峰。藤原道长在长达30年的时间里行使着国君的权力，利用女儿们的婚姻"控制"了三任天皇。藤原道长在任时，日本古典文化迎来了黄金发展期。据称，日本著名文学作品《源氏物语》正是以藤原道长为原型塑造了主人公源氏。不过有学者认为，源氏事实上恰是藤原道长的对立面：比起粗犷而权盛的藤原道长，源氏更为敏感，形貌也更昳丽。

藤原氏族得势年间，时有朝中之人愤而反抗，间或有敌对的朝臣或其他皇室成员试图控制皇位，相应地，藤原氏族也会暂别摄政"岗位"。9世纪末，天资过人的政治家、学者、诗人菅原道真（845~903）得宇多天皇（867~931）赏识，升为右大臣，是天皇最信任的两大咨政官之一。菅原道真的两个女儿嫁为皇妃，有那么几年，菅原的政治影响力可与藤原氏族比肩。菅原道真的反对者策划了一出阴谋，诬告他谋反。为此，菅原道真被流放至九州的太宰府，终日思乡，怏怏离世。离开都城前，他于悲痛中作诗一首，"作别"一株珍贵的梅树：

东风起，

梅香随风寄，

主人虽不在，

春日需展怀。②

---

① "关白"一词源自中国，原意为陈述、禀告。关白负责辅佐成年后的天皇总理万机，是相当于中国古代丞相的重要职位。——译者注
② Geoffrey Bownas and Anthony Thwaite, trans., *The Penguin Book of Japanese Verse* (London: Puffin, 1986; repr., London: Penguin, 1998), 75.

菅原道真逝世后，陷害他的人下场都十分蹊跷。都城亦惨遭火灾、风暴与疾病侵袭，皇宫也屡遭雷击。人们将种种天灾归结为菅原道真的复仇。987年，菅原道真的名誉被恢复，人们在都城建起北野天满宫，抚慰其亡灵。菅原道真是日本史上首位被皇室下旨尊为神的子民，后世尊其为"天神"，司文学与学业。如今，日本学生入学考前必到天满宫中一拜，以求学业获神助。太宰府天满宫中的梅树被称作"飞梅"，传说此梅树十分念主，自京都飞至其流放之地。菅原道真的传说成为流行文化的创作源泉，15世纪的日本能剧《雷电》和18世纪的人形净琉璃、歌舞伎《菅原传授手习鉴》即从此传说获得灵感。

白河天皇（1053~1129）也曾从藤原氏手中成功夺权。白河天皇的母亲并非出身藤原氏，1086年白河天皇退位，名义上退居佛教寺院，象征性地剃度出家。白河天皇仅是隐居幕后，实际上仍通过四岁的儿子堀河天皇（1079~1107）掌控着朝政。这一模式被称作"院政"。此后的两任天皇沿用了这一模式，天皇的父系（即皇室）得以重拾对皇权的掌控，并在一定程度上恢复了因藤原氏族推行私有化而削弱的财富与权势。然而，平安时代后期，即11世纪至12世纪，朝廷的权势整体呈现衰退之势。日本举国上下暴力盛行，地方国爆发叛乱，盗行猖獗，僧兵大举进攻都城。都城之内，贵族仍过着悠闲的生活，地方豪族则越来越仰仗武士首领维持庄园秩序。12世纪中期，地方武士氏族开始与都城的朝臣争权夺利，催生了镰仓时代的二元统治体系（见第四章）。

贵族的经济实力依赖于土地权的私有化及私有土地（庄园）收益。这一制度支撑着朝臣的奢靡生活，为其提供诸如大米、丝绸、木材、建材、刀剑、马匹、漆、蜡、墨、毛笔、鱼肉及家禽等生活必需品和奢侈品。庄园产出的剩余产品则经由陆路或水路运输到都城市场进行交易。根据皇室在奈良时代建立的制度，一切可收成的土地均须看作可征税的皇室财产，可作为免税庄园由天皇分配给朝中家族、神社与寺院。此外，开发领主①出于农业目的的垦荒而得来的庄园也可免税，因此，各家族竞相开垦荒地，并劝诱耕种公家土地的农民为其私有庄园工作。

当时，人们亦可通过"寄进制"增加收入。小地主将持有的土地交给朝中贵族、神社或寺院等更有势力的地主控制，以此获得保护、免除赋税，还能保留一份收入。更有势力的地主可能再将土地"进献"给朝中官衔更高者。寄进制催生了一套正规体系，遵从者有权从土地中分得一定比例的收入或作物。这些权利称作"知行"，具备可分割、出售和继承的特质。这套体系中，除去位于底层、实际耕种土地的庄民外，共有四五个层级的个人可从土地收益中分一杯羹，即土地被寄进前的开发领主、为身在都城的领主打理土地的庄官、名为"领家"的领主以及名为"本家"的领主。每层均可从土地收益中"抽成"。

官职是增加收入的另一来源，通常依赖于官阶。平安时代的贵族可分为九级，决定了在朝中可任的官职。约 20 个氏族"瓜分"了最高三级，对朝廷的核心政策享有决定权，积累了最大份额的财富。最低四级由具备专长的家族占据，这些家族专司律法、医药、风水等领域，鲜少有机会实现官阶跃迁。中间几级由初阶朝臣和地方国长官充任，有望在朝中获得晋升。

贵族的生活文化

平安时代的宫廷生活被称作"品位之治"，皆因史书称当时的宫廷看重风范与美学体验不逊于甚至胜于中国学问中的道德原则。阅读该时代的文学

---

① 依靠私有力量开荒并领有土地者，多为地方豪族。——译者注

作品，可发现贵族对抽象的哲学研究兴趣寥寥，更乐于欣赏美与文化。朝臣大多参与一项或多项艺术活动，鲜有例外。"品位之治"不仅适用于正统艺术，在上流阶级生活的各方面几乎也都有迹可循。"品位之治"对平安时代的佛教发展至关重要，将宗教化为艺术，又将艺术化为宗教，并在男女情事上发挥着关键作用。"品位之治"甚至还渗透到政务中，男性官员需表演模式化的舞蹈，将其视作"政治任务"。"雅"或称适宜程度的精致与复杂，成为重要的精英美学标准。后世还用"哀"来描述平安时代的美学，指代对美的敏感和因耳闻、眼见自然之美或人世种种而生的怅然。数世纪来，日本人在艺术、自然和社会各方面均有狂热"求美"之举，这种追求在感知民族审美认同中发挥着持久而重要的作用。

仰仗庄园制，上流人士过上了"有钱有闲"的生活，不遗余力地雕琢自身品位。对季节更替的体察和对自然的反思是有品位的贵族不可或缺的品

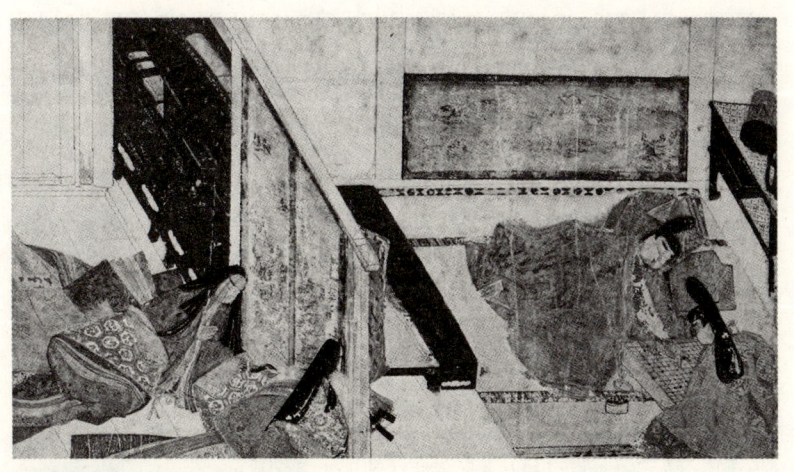

《源氏物语绘卷》中一段，12世纪
日本名古屋，德川美术馆
图片来源：Wikimedia Commons

质。贵族将美学准则应用到每个微小的细节，比如要随书信附上合时令的花朵，花朵的色调须与选定的信纸完美互补等。在这个过程中使用的色彩之多、种类之繁，甚至无法精确翻译出部分颜色的名字。此外，"套色"（将布料叠放构成的颜色搭配）营造出的色彩组合也有特定称呼，如表面浅灰色（薄色）、里面蓝色（青）可叠加出套色组合"栋"；表面白色（白）、里面鲜红色（赤）可叠加出套色组合"樱"。色彩搭配对女士服装尤为重要。正式的宫廷女性服饰华美而笨重，名为"十二单衣"，是在宽松的深红色裤裙（"袴"）外穿一层无衬里的褂子（"单衣"）、几层色彩鲜艳的有衬里的褂子（"五衣"及"打衣"）、一件华贵的丝绸半身褂（"上衣"）和一件有褶拖尾（"裳"），最外层是一件半身外褂（"唐衣"）。许多褂子的褶边和袖子都经过特殊设计，显露出五颜六色的层层丝绸。

色彩搭配能力被看作女性性格的表征，亦能反映女性对季节变更之美的感知力。文学与日记体作品中常见对整套服装的细致描述。《源氏物语》的作者紫式部（978~1014?）曾在日记中写道[1]："主上穿的是御直衣配小口袴，中宫穿的是常用的红色薄衫，外面依次套了多重褂子，褂子的颜色分别是红梅、萌黄、柳、山吹[2]等套色。多重褂子外面还有葡萄染的绫上衣，再外面又穿了一件柳套色[3]上白小褂，全套衣着的花纹、配色格外精美，少见的当世风格。"[4] 平安时代之人推崇优雅与美感，"体面"的背后却是迫于重压为自身审美寻求认可的狼狈，为此该时期上层社会举办了种种比赛，本章末

---

[1] 藤原道纲母、紫式部等：《王朝女性日记》，林岚、郑民钦译，河北教育出版社，2002。——译者注
[2] 套色"山吹"为表面杏色（淡朽叶），里面黄色（黄）。——译者注
[3] 套色"柳"为表面白色（白），里面淡绿色（青）。——译者注
[4] Murasaki Shikibu, *Murasaki Shikibu Nikki*, ed. Mochizuki Seikyo (Tokyo: Kobundo, 1929), 113-114. Quoted in Ivan Morris, *The World of the Shining Prince: Court Life in Ancient Japan* (New York: Kodansha America, 1994), 206.

尾处有所提及。对于有失美学风范者，朝臣们不吝刻薄议论，若是缺少一双发现美的眼睛，甚至可能自毁前程。这一时期的日记与文学作品常对"没品"之人大加嘲讽。紧随上文选段，紫式部评论了朝中某位女性色彩搭配的失误，称其中一件褂子"色调过于苍白"。《枕草子》（后文有述）的作者清少纳言（966~1017？）就极擅长挖苦之事，常抨击他人丑陋、愚蠢或自以为是，嘲讽打鼾、擤鼻子、不关门等不雅之举。

宫廷生活具有高度性别化的特质。男与女、公开与私密、中国与日本的二元概念常常相互重叠，因此，政府机构或佛教寺院等"男性地域"多见中国元素，如常见于中国风水中的弧形檐瓦屋顶及砖地、石地；女子栖身的闺中内室则由木制台阶和茅草屋顶装点。大量文学作品和画作对男性、女性理想的审美和情感进行了描述。美之于男性，应是面如满月、脸扑白粉、嘴巴精巧、双眼狭长、蓄有胡须一绺。男子大多通过焚香为头发、衣服增添香气。文学作品中，理想的男性应能体察美，敢于因作别爱人或被自然之美打动而流泪。反之，毛发旺盛与肌肉发达的男性则无吸引力。女性之美与男性颇有些相似之处，理想的女性应是面庞白皙丰润，嘴唇圆且精巧。白皙的皮肤象征着高贵的出身，为此，人们会扑粉以修饰脸色，打好"地基"后，再将面颊和嘴唇染红。平安时代的女性还将眉毛描成又粗又黑的矩形。此外，她们用铁和醋制成的染料涂黑牙齿，称"黑齿"，后世的已婚女性与高级妓女延续了这一习俗。不遵从这些化妆礼仪是不可取的，亦会因闪亮的牙齿招人厌恶。头发是女性吸引力的重要来源，应直而富有光泽，从中分开，理想长度应能触及地面。通常，一头秀发就足以引发一场恋情。《源氏物语》中，一位男子恰是因一个背影陷入无望的狂恋。

平安时代，贵族女子享有较高的独立性与保障，这在日本历史上并不多见。她们受律法保护，可继承并持有财产，精英阶层之女多有独立的收入来源，有权享有独立房产。藤原氏族的政治联姻中，许多正室妻子住在娘家以逃避婆婆的"摧残"。那时，人们渴望生育女孩，因为女孩可实现政治联姻，是提升官位的有效手段。男子们使出浑身解数，竞相追逐出身高贵的漂亮女性，希望将来能生下漂亮的女儿。贵族男性需不时处理公务，相比之下，贵族女性拥有更多空闲来欣赏文学艺术。因此，平安文化巅峰期的著名作家几乎都为女性。此外，男性在创作诗歌、日记时偶尔会假托女性身份，纪贯之（872~945）就曾"冒充"侍女创作了《土佐日记》。

之所以出现这种"骗术"，或许是因为女性可自由使用名为"女手"的假名文字，可以用母语更为便利地表达思想、抒发情感。以国事、宗教和哲学为主的"严肃写作"则由男性学者、僧侣和官吏以汉文写就。平安时代，女子大多能读写汉文，不过为了能以母语写作，她们使用了由简化汉字衍生出的假名音节文字。中国书法可分为三大派：其一为真书（即楷书），字体极正式，有棱有角；其二为草书，字体弯曲松散，十分雅致；其三为行书，风格介于两者之间。字体弯曲的草体最终演变为假名，日本人得以用母语清晰表意。（需注意，以上三种风格也广泛应用于日本的空间设计艺术之中，如庭园与花道。）男男女女用假名创作了多种多样的作品，包括诗歌、《土佐日记》《蜻蛉日记》《紫式部日记》等日记体作品、《枕草子》等随笔集、方言故事及以《源氏物语》为代表的长篇叙事体小说。本章将着重介绍《源氏物语》。

平安时代的女性享有一定程度的地位和独立。不过，根据儒家和佛教信条，男尊女卑仍是无可辩驳。佛教教义称，不论女子品德如何高尚，都必得先重新投生为男胎，方可获得更高的地位。儒家提倡的"三从"要求女性顺从父亲、丈夫与儿子。上层女性固然享有特权，不过，除去在朝中当差者，多数女子过着深居简出的生活。在家中，若无家人或仆人陪同，女子需藏身于屏风或帘后，仅能将袖子从屏风后悄悄露出，将不俗的品位展现给来客。

女性极少有离家的机会，即便外出也需避开外人注视，若乘马车出行需藏身布帘之后，若步行则需披一块薄布掩面遮发，再佩戴一顶又深又宽的帽子。平安时代，上层女性有仆人供差遣，因而无须操劳家事、照管孩子。她们终日研习诗歌、书法或乐理，期盼丈夫、爱人来信或来访。

　　该时期的文学作品刻画了上层女性沉迷情爱的形象，似乎女性的存在意义取决于男性恋人的态度。平安社会的多数领域都受到规定限制，上层社会的求爱和婚姻习俗也不例外。平安社会为一夫多妻制，主要有三种男女关系。第一为正室，由男方家依据社会、政治和经济考量而定，只能来自官阶相同的家庭，可选择余地较小，因此，表亲或姑侄成亲也可以接受。女子通常在12岁订婚，男子14岁，妻子多年长丈夫几岁。正室住在娘家，丈夫或是与父母同住、前往岳父家与妻子过夜（这种生活方式称为"访妻婚"），或是住到岳父家中（"招婿婚"）。丈夫的父亲去世后，正室通常会搬到丈夫的住所。第二为侧室，或称"妾"，男女双方也属于正式婚姻关系，求亲与迎娶流程（下文有述）与正室无异。敲定侧室人选时，女方家庭的阶级与官阶可适当放宽，但大体还须为贵族，贵族男子断不可迎娶农家女做侧室。通常，若正室未能诞下子嗣，便会从侧室处抱养一个。第三类关系最为普通，即是随意为之的风流韵事，多见于男性与宫廷侍女或底层女性。风流过后，交好的男女也许另觅良人而婚。当时，人们并不特别将贞洁看作女性品德，未婚的贵族女子多享有独立的房屋，可凭心意与喜欢的人同眠，亦可拒绝男子的追求或终止一段关系。不过，女子被要求留守家中，只能盼望男子造访。如此一来，"嫉妒"成为文学作品中常见的桥段，时有女性角色因嫉妒歇斯底里乃至精神失常。嫉妒多由惧怕公开受辱而生，因为女性若失宠，便在外人眼中地位尽失。《源氏物语》中，源氏的一个情人因嫉妒灵魂出窍，借出窍的灵魂杀掉了情敌。《蜻蛉日记》的作者是朝中权贵藤原兼家（929~990）一位不具名的侧室，她在书中写藤原兼家常有风流韵事，自己却在家中苦苦盼望，还要面对不知丈夫是否会前来、何时前来的悲惨与羞辱。作者以冷酷的笔调"庆贺"情敌因新生儿夭折而失宠之事[1]："恐怕她的苦恼要比我的苦恼还深吧。想到这儿，心里终于轻松了。"[2]

与正室及侧室定情时，男子须遵从流程。男子或其家庭通过媒人了解到合适人选后，男子要依惯例赋诗一首，表达爱慕之情。收到求爱信后，女方需立即回信，有时是女子亲写，更多时候是女子家人或仆从中最擅写者执笔，以女子名落款。男子将仔细审读回信，品鉴其书法诗艺，以此推断女子的性格和魅力。若女方合乎标准，男子将尽快在某夜密访。女方家人大多知晓此事，况且宅中各房间以滑动纸门与屏风隔开，并无真正意义上的秘密可言。是夜，按照习俗，男子应在晨光初绽时面露不舍，依依作别。归家后，男子应立即作"明晨信"，并附情诗一首。信使将信送至女方家中，女方会奉上酒、礼物及给男方的回复。第二夜，男子再次造访，双方又交换书信。第三夜最为关键，这夜人们会事先在房间内备好名为"三日糕"的米糕，"三日糕"是婚姻仪式的核心，标志着这对男女在宗教意义上获准结为夫妇。女子父亲会给男子送上一封表示同意的正式信函。几日后，双方会举办一场小型仪式，以美酒美食宴飨宾客，并请一位僧侣主持仪式。仪式上，男女双方饮交杯清酒。如此，两人公开结为夫妇，男子可随时至女方家拜访，第二天临近中午时分再离开。

即便是随性的男女之事，也多需借助诗歌来沟通。《伊势物语》中，前

---

[1] 藤原道纲母、紫式部等：《王朝女性日记》，林岚、郑民钦译，河北教育出版社，2002。——译者注

[2] Edward Seidensticker, trans., *The Gosammer Years: The Diary of a Noblewoman of Heian Japan* (Tokyo: Charles E. Tuttle, 1964; repr., Tokyo: Tuttle, 2011), 44.

往奈良城外一处村庄狩猎时，在原业平（825~880）路遇当地美人。他透过隙缝窥视美人，赋诗一首[1]：

> 春日野兮信夫染，
> 窥得卿貌心迷乱，
> 若此紫纹兮情难敛。[2]

诗歌亦可表达情人心中之苦。《伊势物语》后半部中，一次出任狩使[3]时，在原业平与一位斋宫[4]幽会。然而，在原业平次日需彻夜出席盛宴，两人第二夜不得相见。次日早晨，斋宫为在原业平送上一首短诗，以表心中不豫：

> 缘既浅兮浅如流，
> 涉水不濡裳下摆。[5]

文学艺术

诗歌确是宫廷生活的核心，赋诗、互赠诗歌与引用诗歌皆为重要的交流手段。也许，历代唯有平安时代如此重视诗艺。诗歌贯穿了平安时代的贵族

---

[1]《伊势物语》，林文月译，译林出版社，2011。——译者注
[2] Bownas and Thwaite, *Penguin Book of Japanese Verse*, 68.
[3] 指奉命出使诸国，狩猎各地野禽，以奉宫廷之人。——译者注
[4] 指伊势斋宫。天皇即位时，以未婚之内亲王（天皇之姊妹或皇女）为侍奉伊势神宫之人，初为传托神旨之类的巫女角色。由于侍奉斋净之职，故须由未婚且身份高贵的处女出任。——译者注
[5] Bownas and Thwaite, *Penguin Book of Japanese Verse*, 70. 去掉了最后两句。

生活，凡举大事，必有诗歌作陪方完整。新生儿出世需作诗庆贺，男女正式交往或露水情缘均需互赠诗歌，某人弥留之际亦需赋诗以作别。通常，诗歌是求爱及升官的最佳手段。不善赋诗者往往遭受嘲讽，如《伊势物语》中就收录了仰慕者赠予宫廷侍女的一首蠢诗，书中评论道："此诗何等浅显、卑劣！"[1]

评判诗歌的标准有三，分别为能否恰当运用自然意象、能否明引或暗引中国和日本名诗中的典故、文字表述是否细致入微。写诗时不宜直截了当、过于外露，而应隐晦婉约，多用典故。例如《枕草子》一书中，担心失宠于皇后的清少纳言收到前者来信，纸上无一字，却附了一片黄色的山吹花瓣，瓣上只有一句"不言说，但相思"。清少纳言认出此句出自一首古诗，并通过这一隐晦暗示知晓自己仍蒙皇后恩宠。日常生活中，在游历乡野或迎接初雪等场合，若是不能立即做出合时宜的诗，便算得上失态。获他人赠诗时，受赠人理当用相同意象立即赋诗回赠。

平安时代，最受欢迎的诗歌形式为短歌。短歌以日文而非汉文写就，由5行诗句31个音节构成，范式为5—7—5—7—7。皇室编纂的21部诗集收录了文风优美的诗歌，其中第一部为《古今和歌集》，905年开始编纂。《古今和歌集》收录了约1100首和歌，遵循奈良诗人的主题分为两类，一类话情事，一类述说季节与自然。另有少量以羁旅、庆贺和哀伤为主题的和歌。《古今和歌集》影响深远，对诗歌形式、格式与主题做出了规定，一直沿用至19世纪末。《古今和歌集》的序言屡被引用，其中，主要编者纪贯之如是写道[2]：

> 夫和歌者，托其根于心地，发其花于词林者也。人之在世不能无

---

[1] Bownas and Thwaite, *Penguin Book of Japanese Verse*, 71.
[2] 纪贯之等编《古今和歌集》，杨烈译，复旦大学出版社，1983. 此处引用的是纪淑望所写的真名版（汉文）序言，内容与纪贯之所写假名版（日文）基本一致。——译者注

为，思虑易迁，哀乐相变，感生于志，咏形于言。是以逸者其声乐，怨者其吟悲，可以述怀，可以发愤，动天地，感鬼神，化人伦，和夫妇，莫宜于和歌。①

平安时代，凡举节日聚会，必有互赠诗歌或"名诗作对"环节。当时时有"斗诗大赛"，竞争十分激烈。赛题会早早公之于众，参赛者精心赋诗前来"应战"。参赛作品由赛事指定朗读者成对吟诵并记录，供后世品读。考官的结论与判据亦被记录在案。可见，赛事并非游戏一场，而是扬名立万的大好时机，抑或声名扫地的修罗场。另有一类诗歌比赛，分男女两队对垒，一人念出一首情诗，另一队必立即回应，吟诵一首意象与腔调类似的诗歌。从古至今，这类诗歌游戏一直在日本大受欢迎。即便是今天，一些日本家庭还会在新年以"百人一首"取乐，该游戏得名自同名诗集《百人一首》，诗集收纳了百位诗人的百首诗，玩家需从百首诗中找到与某一名句对应的下句。

同中国一样，平安时代的诗歌与书法不分家。赏鉴诗歌、文学的乐趣几何，很大程度上要看撰文者的书法如何。字迹被看作一人内心之反映，因此，与不善作诗一样，一笔烂字亦会对名声造成毁灭性打击。人们急盼心上人送来第一封书信，若对方书法欠佳，则不予考虑。《源氏物语》中，源氏收到来自某位仰慕者的便条，比起便条内容，紫姬更关注对方书法如何。根据信封上的笔迹，紫姬推知对方必是一位教养极好的宫廷女子，心思细腻，优雅端庄。后来，源氏迎娶了一位年轻女子，这位新"对手"令紫姬倍感压力，因而急于了解对方书法如何，直到亲见对方稚拙粗糙的笔迹，紫姬才如释重负，继而又为其"才不配位"担忧。

---

① Helen McCullough, trans., *Kokinwakashū: The First Imperial Anthology of Japanese Poetry* (Stanford, CA: Stanford University Press, 1985), 3-5.

诗歌与书法相结合便是书信艺术。这一领域的要求也极高，一封信寄出前需经大量准备。需挑选厚度、尺寸、图案适宜的信纸，还需挑选与抒发情感、所处季节及当日天气相宜的颜色。可用金属薄片装点信纸，或是采用预先印好图案的信纸。还可将多张纸沿斜线撕碎或裁开后再拼接起来，模拟多彩的色调，如此，一张信纸就变成了一幅"拼贴画"。有时，人们也将书信内容刻于扇骨或其他材料上。书法水平至少与传达的信息同等重要，最终成稿前，写信人会用不同的毛笔多写几稿，确保达到想要的效果。一封信的中心内容通常为一首诗，选取自然之物为核心意象，力求精妙呼应书信之氛围。写罢，写信人会为信纸染上相宜的香味，叠成常见式样，再依时令、心境、信中意象与信纸颜色折一枝条或一花，随信附上。最后，写信人召来长相伶俐的信使，叮嘱该如何送信。平安时代的日记与文学作品中，信使不断穿梭于贵族庭院间，不舍昼夜，传递着一封封雅致的书信。

叙事体作品中，文学经典《源氏物语》是世界文坛当仁不让的瑰宝。《源氏物语》写于1000年至1012年前后，作者为宫中女官紫式部。此书很快在上层圈子流行开来，地方上也到处可见其手抄本。《源氏物语》被称作世界上首部小说、第一部现代小说及第一部心理描写小说，也是如今仍被奉为经典的小说中最早的一部。丰满的主人公形象，丰富的主、次角色以及贯穿主人公生前身后的一连串事件——这些现代小说的重要元素在《源氏物语》中皆有迹可循。书中并无特定情节，在长达54章的内容中，角色年龄渐长，多有情事，经历了种种，与现实生活几乎无异。书中人物多未直接给出姓名，而是以职能、角色（如"左大臣"）、尊称（如"大人"）或与其他人物的关系（如"东宫"）来指代。随着故事的进展，这些名称可能发生改变，也就为读者增添了不便。许是宫廷之人偏好模棱两可的表述，因此，指名道姓显得过于直白。也可能是紫式部故意为之，以维持一种小说般的虚构感,避免冒犯朝中之人。

多年来,《源氏物语》对日本文学、戏剧和视觉艺术影响深远。书中的知名片段、章节曾多次被改编为能剧、歌舞伎及人形净琉璃。当代亦有此书改编的多部电视剧及电影,最新一版出现在 2011 年。后世的诗歌、散文和小说大量引用了《源氏物语》中的典故。江户时代(见第七章)的井原西鹤还撰写了小说《好色一代男》,对《源氏物语》进行了戏仿。《源氏物语》讲述了"光华公子"源氏生平的风流韵事。他相貌英俊,天资聪慧,具备平安时代男性朝臣应有的美学感知力与才华,堪称教科书式人物。其人乃皇帝与出身低微的受宠更衣所生,三岁时母亲便去世了。皇帝愿立他为太子,却因其出身低贱而不能。源氏被从皇室"移出",赐姓"源氏",这一姓氏赋予他出任朝官的权利。源氏年轻时娶了位高权重的朝臣之女葵姬,然而两人并不投契,源氏便流连于与各阶层女子的风流韵事中,以求慰藉。源氏的父皇新娶的妻子藤壶与源氏亡母相像,他迷恋上了这位继母,后者亦屈服于他的柔情攻势。两人珠胎暗结,诞下一子,世人皆以为此子乃源氏之父所生。源氏亦倾心于藤壶年轻的侄女紫姬,他将紫姬带回自己的宅邸,当作理想的情人来培养。源氏因一桩情事在朝中闹出丑闻,因此被流放。流放归来后,源氏扶摇直上,在朝中执掌大权,提拔儿孙。后来,源氏与藤壶所生之子(即冷泉帝)登基,源氏被准予享受准太上天皇待遇,可谓史无前例,风光无两。全书末尾三分之一讲述了源氏的孙子匂宫与挚友薰追求同一女子之事。

平安时代还有一种文学形式,是由各类观察笔记、杂谈与观点记录构成的随笔,以《枕草子》为代表。《枕草子》的作者清少纳言是一位宫中女官,亦是紫式部的对手。她才智超凡,观察力敏锐,审美出众,在《枕草子》多个篇目名称中可得到印证。比如,"不相称者"指"丑陋的字,书写在红纸上"和"俊男偏有丑妻","高贵的事物"指"水晶念珠"和"雪覆梅花","罕有事"乃

"不讲主人坏话的侍从"。① 清少纳言的某些观点与现代人惊人地相似，尤其是人际关系方面更是如此。下文所述之事，便是今人大多亦能感同身受②：

让人受不了之事

如有客来访，正说话之际，家里边的人却在那儿讲些私事，挡也挡不住，只好也就听着时，那种心境啊！

所爱的人，喝得烂醉，在那里一再地重复说着同样的话。

不知道当事人就在身旁，正滔滔谣传那人的事情。即便那人是身份不怎样的用人，也会让人受不了。

旅居在外时，那边的男仆们嬉笑。

长得一点儿也不可爱的婴儿，却自个儿疼爱在心里，尽情溺爱，还学他的声音讲话啦什么的。

当着饱学之士，一个识浅才陋者偏在那儿卖弄所知，还称述古人之名等等。

把自己所咏的和歌讲给人听，外加又引述他人所称赞的话语，才真让人不忍卒闻。

人家在那儿坐着谈话，居然也还睡得挺安稳的家伙。

尚未调好音的琴，竟然光凭一己的心意，当着此道高手弹奏。

疏于走访的女婿，偏偏在某种喜庆场合遇着丈人。③

---

① Ivan Morris, trans., *The Pillow Book of Sei Shōnagon* (New York: Columbia University Press, 1991), 71, 69, 83.
② 清少纳言：《枕草子》，林文月译，译林出版社，2011。下文《枕草子》译文皆同。——译者注
③ Ivan Morris, trans., *The Pillow Book of Sei Shōnagon* (New York: Columbia University Press, 1991), 117. Quoted in Haruo Shirane, ed., *Traditional Japanese Literature: An Anthology, Beginnings to 1600* (New York: Columbia University Press, 2012), 155-156.

视觉艺术

在平安时代，并非只有文学艺术走向繁荣并实现本土化，日本本土的绘画、建筑与装饰艺术也崭露头角。大和绘刻画了熟悉的风景、贵族朝臣的活动及身处环境。中国的唐绘则不同，与大和绘一样，唐绘也很受欢迎，但多以儒家圣贤、中国传说与想象中的山水为主题。按照主题、技艺与展出场合，大和绘可细分为"女绘"和"男绘"。女绘多作装饰用，于染色的画纸之上点缀金箔。女绘中的书法全部使用假名，且极为重视服装与室内细节，其描绘的服装、建筑和装饰风格为后世了解该时期的贵族物质文化提供了宝贵信息。名为"吹拔屋台"的绘画技法以鸟瞰视角展示室内结构。朝臣之家面积较大，家具尺寸却很小。室内装点着绘有图案的滑动门、卷帘屏风、折叠屏风及刺绣封边的榻榻米垫，装饰价值极高。漆器、托盘与扶手都装饰华丽，或是表面绘有雅致的图案，或是镶嵌有金、银或贝母。女绘对室内环境、服装和发型刻画得十分细致，对人脸的描绘则仅以"眯缝眼，鹰钩鼻"的技法泛泛带过。男绘多以历史、宗教为主题，下章将展开叙述。

男绘与女绘均可用于滑动门与折叠屏风，也见于绘制的长条"绘卷物"中。绘卷物为横向，以插画、诗歌与文字相结合的方式讲述故事，将一幅幅纸画或绸画拼接起来，缠绕在卷轴上，如此便可依讲述者进度逐次展开（一次讲述30厘米到60厘米长的内容）。一个故事可能需多卷方能讲完。12世纪，一套《源氏物语》就有约20卷，总长超过140米，囊括了逾百张画作和超过三百幅书法，由多名艺术家通力完成。遗憾的是，这些绘卷物大多已消失不见，徒留些许片段在世。绘卷物十分贵重，卷轴由玉石和象牙等珍贵材料制成，封套为精美的织锦。绘卷物由宫廷贵族委托制作，只在贵族间流传。另一组著名的绘卷物描绘了 11 世纪《夜不能寐》[①]中的爱情悲剧，女主人公中君怀上了姐夫的孩子，爱恋她的天皇又不顾其意愿大展攻势。

表演艺术

音乐与舞蹈也是宫廷生活的核心。朝臣们热衷研习声乐、舞蹈与乐器，毫不吝啬地挥洒着光阴。早在 701 年，宫廷就成立了专司音乐的机构"雅乐寮"，招募了擅长高句丽、新罗、大唐或本土音乐、舞蹈风格的教员与演员。宫廷的保留曲目及舞蹈约有 120 部。"雅乐"是各类宫廷音乐的总称，采用五声音阶，以各类管乐器、弦乐器和打击乐器演奏。其中，最著名的乐器当属筚篥（一种双簧管）、笙（吹奏乐器）、琵琶（四弦琴）和鼓（沙漏状的日式鼓）。朝臣与官吏的舞蹈表演是宫廷仪式中一个至关重要的环节。《源氏物语》中就曾有源氏因表演姿态独特的"青海波"舞获提拔的情节。

平安时代还有"游女"和"白拍子"两类女艺人，为贵族阶级提供娱乐和性服务。与普通妓女不同，游女具备一定文化水平，技艺高超，从都城出发，沿陆路和水路巡回，多在小船上表演歌舞。这些女子并不演唱宫廷的经典曲目，而是以表演名为"今样"的流行歌曲闻名。她们多才多艺，擅长魅惑，穿着优雅，善赋诗、作文，因而常获宾客盛赞。藤原明衡（989~1066）曾在虚构故事《新猿乐记》中这般描述游女："此女接客不倦，悉知云雨之式，善抚琴，尤善'龙飞''虎步'之姿，实乃天赋异禀。其音色如极乐世界之莺，面容似天女。"[②]

白拍子乃身着男性服饰、以太刀伴舞的女性舞者，在平安时代后期极受

[①] 该作品日文原名为"夜の寝覚"，有说法认为作者为菅原孝标女。——译者注
[②] Janet R. Goodwin, *Selling Songs and Smiles: The Sex Trade in Heian and Kamakura Japan* (Honolulu: University of Hawaii Press, 2006), 16.

欢迎，以缓慢而富有韵律的表演而闻名。同游女和后世的高级妓女、艺伎一样，白拍子通常文化水平较高，可为上流人士提供性服务。部分白拍子成为名人的妾室，如《平家物语》中重要人物源义经（1159~1189）的爱妾静御前及平清盛（1118~1163）之妾祇王和佛御前，是文学作品的歌颂对象（见第四章）。

游戏和消遣

除文学和表演艺术外，平安时代的上层人士也参与各类竞技游戏和比赛。男子以围棋、双陆①和掷骰游戏一较高下，亦热衷于蹴鞠，规则为在游戏中避免皮革球落地。蹴鞠游戏多在方形场地进行，玩家围成一圈，场地四角各有一棵树，分别为柳、樱、松、枫。宫廷侍卫与地方上级武士则以骑射论短长。

"物合"是当时广受欢迎的一种娱乐方式，以贝壳、花朵、鸟类等某类物品而非诗歌为对象。玩家分为两组，每组各出一成员对战，各自呈上一样物品，再附一首合时宜的诗。游戏设置有"评审团"，对两组呈上的物品进行比较，判定何者更美、更稀少。比如，若主题为"小鸟"，则每组成员均从家中带来豢养的鸣禽，比较哪只羽毛更好、颜色更佳、声音更婉转。同时期，人们还以把玩熏香和香料为乐。源氏美名的继任者匀宫与友人薰的名字均指熏香，显示了熏香在日常生活中的重要地位。上层阶级以熏香来调节衣物、头发和住所的气味，常将檀香木和松木等木料和丁香、桂皮、麝香、松香等香料及其他材料混合，用铁臼捣碎，再加入蜂蜜，如此便可调制出专属个人的标志性香气。《源氏物语》中曾描述过一场调香大赛，历数了赛上使

---

① 一种棋盘游戏。——译者注

用的各类漂亮容器、罐子、香炉和盒子。时人为熏香设计了一些游戏,如一人燃香、另一人再点燃另一种香物,试与前者之香味"琴瑟和鸣",或是众人调香以营造《古今和歌集》中某首诗的意境。像平安时代的多数社交场合那样,熏香游戏常有大量美酒、雅乐相伴,亦不乏调情。

平安时代的宗教与信仰

宗教与超自然信仰贯穿了古代日本社会。平安时代,贵族几乎每日都需举行与宗教或超自然信仰相关的仪式。佛教的两大宗派天台宗和真言宗在这个时代传入日本,为上层人士追求宗教发展构建了道路。不过,比起制度化的佛教,风水与占卜等大众信仰、习俗在贵族阶级日常生活中应用更多。人们遵照禁忌、吉凶日、吉凶方向、不洁和净化仪式等信仰安排日常活动。

平安时代,佛教渐渐走出寺院,进入贵族之家。贵族阶级常常抄写经文、建造佛像并出资打造寺院和艺术品,以此虔诚敬佛,积累善缘。桓武天皇曾迁都平安京以躲避奈良佛教势力。804年,他派遣两名年轻僧侣前往中国,寄希望于将其他佛教宗派带回日本,保卫新都城。两名僧侣属同一使团,却分乘两艘船前往大唐,最澄(767~822)直奔大唐而去,空海(774~835)所乘船只则被刮到南面。因此,两人研习了不同的佛教形式,并将所得带回日本。

最澄在中国居住了约一年,在天台山的一间寺院研习了各类佛教教义与方法。归国后,他在日本创立了天台宗。天台宗的各类修行原则、参禅方法与正统教义多来自佛教经典《法华经》,再融入其他佛教宗派的理念,将往生所需的全部条件一并纳入。天台宗称,信众应凭借智慧和参禅修习宗教,这两法恰如鸟之双翼，若想顿悟，缺一不可。整体而言，天台宗以世俗教义与实践为基础，面向普罗大众，人人皆可得，并将释迦牟尼看作始祖。与此相对的则是最澄的竞争对手空海创立的真言宗，真言宗教义与仪式皆深奥且秘不可测，尊大日如来为始祖。

最澄于805年返回日本，在比叡山修建起兼具修行与参拜功能的延历寺。比叡山位于都城东北，被视为最不吉的方向。延历寺负责保护都城不受东北向的恶灵袭击。最澄建立的佛教宗派以卫国忠君为主要目的。天台宗获得天皇和朝廷的大量资助，将延历寺扩建至逾三千栋建筑的规模。为与古老的奈良宗派划清界限，最澄坚持要求天台宗僧侣在比叡山出家，誓约内容与清规戒律也比奈良东大寺简单得多，映射出中国的规范。他独创了长达12年的苦修计划，最出色的弟子将留在比叡山担任宗教领袖，其他弟子则被送至地方担任教员或官员，辅佐地方官执行垦荒、筑桥等工程。

像奈良的大型寺院那样，延历寺也获朝廷赏地，无须纳税。12世纪，延历寺享有数百庄园，分散在各地方国，用来供养大批分支寺院。这一时期，规模较大的寺院开始拥有僧兵，承担着保护自身利益和土地的职责。若天台宗寺院感到自身利益遭威胁，延历寺的僧兵便会蜂拥下山，向都城示威。奈良寺院与延历寺的僧兵相斗争，延历寺的僧兵又与保卫皇室土地的武士冲突不断，平安时代后期暴行肆虐、局势动荡。据称，11世纪的一位天皇称世上有三事无力掌控：一为鸭川①发洪水，二为双陆游戏，三为比叡山的僧侣。

空海于804年出使大唐，是与最澄同使团的另一名僧人。他年轻聪慧，是日本宗教史上最受尊敬的人物之一。传说中空海创造了假名，还可通过占

---

① 长31公里，是京都重要水系之一。——译者注

卜推知温泉与其他水域的位置。日本最负盛名的朝圣之路连接起四国岛上的88座寺院，座座皆与空海有关。朝圣之路长约1200公里，每年仍有约10万信徒踏上这条路。若步行，朝圣之路约需30天到60天；不过，如今多数信徒选择搭乘汽车。

与最澄一样，空海试图寻找比抽象的奈良派教义更适合日本的普适、统一的佛教传统。在大唐都城长安学习时，高僧惠果将空海领入密宗教义与仪式之门，也正是基于此，空海日后在日本创立了真言宗。真言宗以至高无上、包罗万象的大日如来为中心，相信一切佛陀与菩萨皆为大日如来之化身。

要想充分理解真言宗的密宗教义，只研习经文是不够的，还需以真言（口密）、印相（身密）和曼荼罗（心密）来体现大日如来的言行与思想（三密修行）。真言乃密咒，是需反复吟唱的带有圣意的音节，也是"真言宗"一名的由来。印相乃一系列程式化手势，用以表达大日如来佛的行为——就像佛像那样，每个手印都有特殊含义。曼荼罗是佛教中人参禅时心中所想的图画，代表大日如来是宇宙中心，可化为万事万物。空海从中国带回两幅曼荼罗，一幅是金刚界曼荼罗，象征佛祖不变的原则；另一幅是胎藏界曼荼罗，刻画了佛祖的各种化身。除用来参禅外，曼荼罗还用于为初入佛门者选定一位主神（类似保护神）。初入佛门者蒙住双眼，将一枝花向数幅曼荼罗掷去，花落处即为选定的守护神。

真言宗教义的秘密，真言、印相的含义及仪式需由大师面对面口授弟子。从此意义上讲，真言宗可能开启了师父将秘密直传弟子的日本传统。后世，这一行为由宗教发展至艺术乃至商业领域，各学校与商铺间同行相轻，守护着"秘笈"。

平安时代，朝臣重视美学之精巧。真言宗的仪轨高深复杂、异彩纷呈，具有艺术性，因而对朝臣产生了强烈的吸引力。空海极受上层社会欢迎，受天皇任命主持佛教两大寺，也就是奈良东大寺与平安京东寺。空海与都城维持着紧密联系，又在平安京以南较远处的高野山建起了自己的寺院。论及宗教、政治及经济影响力，此寺与延历寺不相伯仲。

平安时代中期，天台宗发展出一种新的宗教仪式，不需大量研习、参禅即有望实现往生。这一新风潮以阿弥陀佛信仰为中心，向信众承诺可往生至西方极乐净土，只要信众笃信佛祖，念佛名"南无阿弥陀佛"，便可在极乐世界重生。如此，不仅是僧侣和尼姑，世间男女无须费尽苦心便可通往净土。这些仪式最终演变为净土宗和其分支净土真宗，后者成为当今日本最大的佛教宗派（见第四章）。

阿弥陀佛常见于朝臣委托打造的艺术品中。画中，阿弥陀佛乘紫云下

胎藏界曼荼罗，9世纪
日本京都，东寺
图片来源：Wikimedia Commons

第三章 品位之治：平安时代的贵族生活 077

凡、菩萨等伴其左右——此为"来迎"图，是平安时代葬礼仪式的一个组成部分。人们将来迎图带至将死之人家中，如此，将死者便可被阿弥陀佛迎往净土。

人们之所以开始拜阿弥陀佛，许是因为他们相信11世纪的日本已进入佛教的"末法时期"[①]。佛教早期教义曾断言，末法时期将在释迦牟尼入灭两千年后开启，持续万年。教义称，届时佛教将走向堕落衰微，因此末法乃阴郁无望之期。最澄称，"入末法期，世间将无人尊佛之训诫。即便有，也如闹市现猛虎般少见"。进入末法时期后，人无法仅凭自身努力寻求往生或好的转生，需笃信如阿弥陀佛的慈悲佛，方可求得往生。

处理日常生活的琐碎事时，平安时代的贵族多以大众信仰与习俗为依据，而非正统宗教教义。不过，即便是大众信仰也多与道教、佛教等哲学传统存在联系。相应地，大众习俗也影响着制度化佛教流派的仪轨。《源氏物语》中就曾描写佛教僧侣常行驱邪、占卜之事。

朝廷设有"阴阳寮"，专司观星象、甄别吉凶兆及辅佐君王依宇宙规律制定国策，这些同样影响着民众的日常生活。朝中之人正是根据吉、凶日与吉、凶方向安排日常活动。物忌有"永久"和"暂时"之分，东北方一直为凶，其他方向则偶有不吉之时（例如某人若是16岁，则西北方向对其不吉）。夏不修门，秋不缮井，只因此两处乃神灵夏、秋两季栖身之地。依照中国说法，禁忌60年一轮回，人们会推算何时不宜出门、何时宜剪发修甲。

一家之中，若有人生病或死亡，则全家皆"不洁"，外人不得探访。窗上还需悬挂特殊标记，以免旁人误入。若不洁之家有贵人因公事需外出，会在头饰上系一标记，与人保持一臂距离。

[①] 佛法共分为正法、像法和末法三个时期。释迦牟尼佛入灭后五百年（或说一千年）为正法，此后一千年为像法，再后一万年为末法。——译者注

《阿弥陀佛与菩萨来迎图》，14 世纪
图片来源：纽约大都会艺术博物馆

平安时代多见妖魔、恶灵等超自然生物。天狗外形似鸟，生有喙和翅膀，栖身于山上或林中，可施展魔力。后世对天狗的描述发生了改变，称其为红面长鼻的妖怪。狐狸与超自然能力紧密相连，它们擅长迷惑、附身之术，可化作人形，常常变身貌美女子引诱易上当的青年。狸猫（即日本的貉，有时也称貛）也善用变形术附于人身，不过，人们多将其看作"淘气包"，认为其不若狐狸般阴险。

天狗和狐狸具有形体，而世间还有更多无形的妖魔鬼怪，世人因其遍尝不幸。为了复仇,生前遭错待的冤魂会致人生病、死亡或遭遇其他灾祸,菅原道真就是个生动的例子。活人甚至也会灵魂出窍招致灾祸,《源氏物语》中,饱受妒忌之苦的六条妃子就曾灵魂出窍,为争源氏宠幸而杀死情敌。人们用吉祥物、咒语和符咒驱逐住所中作乱的恶灵。天皇的宫殿有许多特殊禁忌,每隔一段时间,皇家侍卫会拉动弓弦,逼退周遭潜伏的恶灵。

平安时代,驱邪成为主要的治病方式,由萨满法师或佛教僧侣施法术驱逐招致疾病的恶灵。那时,鬼上身如感冒般稀松平常。《源氏物语》中,夕雾一夜"浪漫"后归家,孩子却生了病,妻子云居雁认为正是丈夫开窗才引得恶灵伺机而入。夕雾表示认同并道歉。

扮作山伏(伏于山野中修习法力者)的天狗雕像
图片来源:沃尔夫冈·米歇尔(Wolfgang Michel)摄,Wikimedia Commons

驱邪治病时，僧侣或萨满法师口念咒语，先将恶灵驱逐到某个灵媒身上，多为女性。若成功，则恶灵现身，驱邪师将其逼出灵媒。平安时代，文学作品中不乏对驱邪的生动描述，如清少纳言的《枕草子》：

> 挪移出来，端坐在横立着的三尺几帐之前。于是那僧侣便侧身退下，将一具细致而有光亮的独钴，交给女童拿着。"哦哦——"他紧闭双目，诵读《陀罗尼经》的样子，显得极其尊贵。帘外较显露处聚坐着许多女官，大伙儿屏息守着。不一会儿工夫，女童的身子便开始颤抖起来，已失去了正气，一任僧侣加持，而随法力行动，也是难得的尊严的景象。女童的兄弟——细致而穿着褂袍的年轻人，坐在背后替她打扇子。众人都一本正经聚集在那里，假如那女童在正常情况之下，一定会觉得十分腼腆的吧。
>
> 她本身未必是痛苦的，却正苦恼地连连长吁短叹。她的知交，见此情况，十分不忍于心，乃移近几帐旁边，为之修整衣乱啦什么的。这其间，据说病人已觉稍愈，遂趁着去北边煎药之际，年轻的女官们仍有些儿担忧，连药盘都没来得及搁下，就来凑近女童身旁坐着。她们所穿的单衣都十分爽净，浅色的裳，也丝毫没有皱痕，挺清丽的。①

可见在平安时代，便是如此戏剧性的场景，上层人士仍不忘穿戴时尚。

总而言之，平安时代，上层阶级通过政治联姻与阴谋获得权力，依靠美学品位提高声望。仰仗私有土地获得的收益，上层阶级过着奢靡的生活，宫廷男女在各类游戏中展现出潜心培养的文学、音律与艺术才能，亦终日沉迷

---

① Morris, *Pillow Book of Sei Shōnagon*, 260.

于恋情。人们为日常之物制定了细致的美学标准，囊括了服装、室内装潢与通信等领域。

奈良时期，皇室是佛教寺院的主要资金来源；平安时代，引入日本的佛教新流派连同其艺术与仪轨登堂入室，进入宫廷人家。风水、星象、恶灵及吉凶等俗世超自然信仰指导着人们的日常生活。

平安时代，宫廷之人偏爱生女，希望将女儿嫁入名门，提升家族地位。贵族人家的女子大多足不出户，期盼着丈夫或爱人前来看望，因此，该时代最出色的文学作品多由女性创作。平安时代虽然男尊女卑，但女性拥有独立财产及性自由；然而在之后数世纪，随着实施长子继承制、以男性为主宰的武士阶级得势，这些女性"特权"也就渐渐没落了。

推荐阅读

Adolphson, Mikael, Edward Kamens, and Stacie Matsumoto, eds. *Heian Japan: Centers and Peripheries*. Honolulu: University of Hawaii Press, 2007.

Emmerich, Michael. *The Tale of Genji: Translation, Canonization, and World Literature*. New York: Columbia University Press, 2015.

Goodwin, Janet. *Selling Songs and Smiles: The Sex Trae in Heian and Kamakura Japan*. Honolulu: University of Hawaii Press, 2007.

Heldt, Gustav. *The Pursuit of Harmony: Poetry and Power in Early Heian Japan*. Ithaca, NY: Cornell East Asia Series, 2008.

Hurst, Cameron G. *Insei: Abdicated Sovereigns in the Politics of Late Heian Japan, 1086-1185*. New York: Columbia University Press, 1976.

LaMarre, Thomas. *Uncovering Heian Japan: An Archeology of Sensation and Inscription*. Durham, NC: Duke University Press, 2000.

Shikibu, Murasaki. *The Tale of Genji*. Translated by Royall Tyler. New York: Penguin, 2001.

Shirane, Haruo. *Japan and the Culture of the Four Seasons: Nature, Literature, and the*

Arts. New York: Columbia University Press, 2012.

Wallace, John R. *Objects of Discourse: Memoirs by Women of Heian Japan.* Ann Arbor: University of Michigan Center for Japanese Studies, 2005.

Winfield, Pamela. D. *Icons and Iconoclasm in Japanese Buddhism: Kūkai and Dōgen on the Art of Enlightenment.* New York: Oxford University Press, 2013.

推荐影片

《阴阳师》，泷田洋二郎执导故事片，2001年。本片以宫廷阴阳师安倍晴明为主角，描述了民众对魔力和魂灵的信仰。传说称安倍晴明有"神秘力量"。

《罗生门》，黑泽明执导故事片，1950年。本片从四个目击者的角度讲述了一桩宫廷贵族被杀、其妻被辱的故事，乃世界影坛经典之作。

《源氏物语：千年之谜》，鹤桥康夫执导故事片，2011年。《源氏物语》改编影片中年代最近的一部。

《辉夜姬物语》，吉卜力工作室出品，高畑勋执导动画片，2013年。一个砍竹人在竹林捡到大量财宝和一名来自月宫的女孩，后来举家迁往都城平安京，将小女孩抚养成一位贵族女子。

《源氏物语》，杉井仪三郎执导动画片，1987年。本片出色地改编了这一文学经典。

第四章
武士阶级的崛起与统治
12 世纪 ~15 世纪

12 世纪末至 16 世纪末是日本的"中世"时期。几世纪间，武士阶级积蓄起权力与财富，进一步独立于朝廷。12 世纪末，源赖朝（1147~1199）于 1185 年在日本东部的镰仓成立了首个武士政权——"幕府"，自此，权力开始从朝廷流向武士精英。归功于源赖朝，武士阶级获朝廷特批，可向公私土地征税；相应地，他们也需承担维护律法和秩序的职责。源赖朝被天皇封为"将军"，成为维护皇家特权的武家守护者。自此，武士阶级开始慢慢从朝廷与佛教寺院处敛财夺势。

13 世纪，日本遭元军入侵，镰仓政权困顿失序，足利幕府应运而生。足利幕府也称室町幕府，成立于 14 世纪到 15 世纪的平安京（后文称"京都"）。"家臣"概念脱胎自武士政府。"武士"（Bushi）一词源于动词"服侍"（Samurai），指为物质回报或个人晋升参战的勇士，实质上就是雇佣兵。源赖朝为武家提供"肥差"或土地，拓展了武士家族的权力。家臣对领主的拥戴基于现实利益的考量，而非出于忠诚、荣誉等抽象概念。

社会、政治地位提升后，武士家族意欲建立与自身统治者身份相匹配的宗教和文化首都。他们资助了佛教禅宗，后者又影响了中世时期问世的多种艺术形式的审美观念。同时期涌现的其他佛教宗派大大延伸了"往生"的概念——此前，仅奈良和京都的上层阶级可获得往生，而此后，日本各地、各阶层人民均可获得往生。

政治与社会发展

平安时代，宫廷中人沉湎于各类奢靡的消遣，地方各国却慢慢陷入无法无天之境。宫廷朝臣对军事不感兴趣，又贪恋都城的种种欢愉，便逐渐依赖代理人主持庄园土地。许多朝臣将封地出售给代理人，后者购得土地后，便在地方国欣然定居，以收回成本。代理人开垦土地，扩展了免税土地的边界，与多为贵族出身的地方武家结盟。当时常有男女私通之事，生下的贵族血脉大多不可被任命为高官，只给了平民姓氏，安置到地方各国做个平头百姓，自理生计。这些私生子埋头种地致富，苦心习武。研习兵法需刀剑、盔甲、弓箭和马厩等昂贵设施，是专属乡绅的"奢侈品"。地方的大型武士团体唯两大号称皇家后裔的乡村氏族马首是瞻：一为平氏，据称乃桓武天皇后人；二为源氏，据称乃清和天皇（850~878）后人。日本古典文学名著《平家物语》刻画了这两大武士家族间的斗争，本章将对此展开叙述。两大氏族成员在日本各地均有土地与追随者，形成了独立的平氏与源氏家族分支。

10 世纪至 11 世纪，两大氏族及分支在东日本规模渐长，但尚不至于威胁朝廷，仅能控制直属的势力范围。乡村地区时有叛乱，939 年，平将门在控制了地方八国的势力后起兵。《将门记》记载他在卦象中看到自己将成为新皇，便发动叛乱。叛乱形势如此，朝廷武力无力招架，便依赖地方的武家平乱。源氏成为藤原氏族的"爪牙"。朝臣以土地、免税、朝廷嘉奖与官职相诱，征募武家参战；武士自认是贵族后裔，十分看重朝廷的奖赏与认可，因而欣然应允。即便已沦为地方武家，武士阶级仍不断努力为出身正名，寻求与皇室相联系的文化资本。

1100年前后，武士阶级地位发生了重大变化。朝廷仍是荣誉与嘉奖的发源地，重臣仍把控着法令的制定，然而都城以外，人们看重土地的实际控制权甚于朝中官衔，武家势力比律法更有效。平氏与源氏积累了财富与势力，以藤原氏和退位天皇为首的京都各派系要求两家参与天皇继位等朝中事务的呼声越来越高。退位天皇与在位天皇就皇位继承发生争执，引发了1159年的保元之乱与平治之乱，武士氏族相互为敌。[1] 平氏首领平清盛（1118~1181）与中国宋朝素来交好，他在皇位之争中大获全胜，掌控了朝廷，于1167年任太政大臣，将家臣安置到都城。平清盛逼迫反对者与竞争对手放弃官职，采取藤原氏惯用的政治联姻手段，胁迫天皇先娶其女，然后退位。1180年，天皇将皇位传与平清盛的外孙，这个孩子史称安德天皇。

朝臣们憎恶这些粗野的武家"空降者"，痛恨后者入侵都城，篡夺了属于他们的特权。朝臣们寻觅着其他势力，希望借外力将平氏赶下台。平治之乱中，源氏首领源义朝及年长的几个儿子被平清盛所杀，但幼子源赖朝、源赖范与源义经幸免于难。在位于镰仓的据点，源赖朝集结起源氏在东部诸国的残余势力，发动了源平合战（1180~1185），欲将平氏逐出都城。1183年，源氏将平氏位于京都的宅邸付之一炬，逼迫平氏逃往祖先的故土濑户内海。源氏取得了坛之浦之战[2]的胜利，这是日本历史上最著名的战役

---

[1] 保元之乱的双方为已退位的崇德上皇和后白河天皇，最终是后白河天皇一方在源氏首领源义朝和平清盛的支持下胜出。源义朝由于所获封位低于平清盛，心怀不满，便拘禁了此时已退位的后白河上皇，发动了平治之乱，后被平清盛大败。——译者注
[2] 发生在1185年的一场海战，交战双方为平宗盛领导下的平氏和源义经领导下的源氏。此战之后，平氏大部分灭亡，源义经平定了西日本。——译者注

之一，平氏大部分人马及娃娃天皇安德均在此战中丧生。其时，尚为幼童的安德天皇被外祖母（平清盛的遗孀、平氏一门此时的精神领袖）抱着跳海自尽。

镰仓幕府的成立

镰仓位于关东平原东部，长久以来，源氏一直致力在此地建立属于自己的武士统治机构。经由源赖朝，武士政权时代（即日本历史上的中世时期）拉开帷幕。日本历史上共有三个幕府政权，分别为源氏建立的镰仓幕府，也是首个幕府，14世纪至15世纪由足利尊氏在京都建立的足利幕府，以及位于江户（今东京）于17世纪至19世纪中期掌权的德川幕府。然而，幕府权力的源头依然为朝廷。如上文所述，源赖朝被封为"将军"，成为朝廷手中特权的武家保卫者。朝廷接受了幕府的存在，将其视作代理人，委托源赖朝及其家臣维护武士阶级秩序。

源氏对家臣、盟友的控制基于为其效忠提供物质回报（如被没收的田产）的能力，因此源赖朝既需为追随者寻求新的物质奖励，又需为朝廷维持、保护足够特权，如此，朝廷才会保留他的"将军"封号。为此，源赖朝并不打算取代现存的朝廷统治，而是"创造"了一个新层级来迎合崛起的武士阶级。源赖朝派军队前往都城，"请求"朝廷设立两个新官职：一为地方各国的"守护"，二为每个大型私有庄园的"地头"。此两官职负责掌管所属地方国或庄园的一切武家和治安事宜，并享有征税权。一切耕地，不论公私，均需纳税。这一重大举措出台后，日本不再存在完全免除税务的土地，武士阶级得以从贵族和寺院处聚敛财富。

源赖朝任命心腹家臣担任守护和地头，任职的家臣职责和权力渐长。他们不仅收取幕府规定的武家税，还收取所管辖土地的各类税款，将一部分划归己有后，再将剩余部分返给土地所有人。守护和地头还负责开垦荒地，监管道路与驿站，追捕罪犯及审理案件。长此以往，他们渐渐取代了官吏和朝廷指派的平民地方官。源赖朝在镰仓建立起三大政府分支，分别为武家分支、行政分支与司法分支，每支皆由心腹家臣主管。这些机构负责在家臣间分配战利品，处理争端，主持公道及维护律法秩序。值得一提的是，当时，具有"知行"权（即土地权）的个人之间存在着复杂的庄园收益分配体系，这加深了争端的处理难度，但司法分支仍审慎查验证据与先例，值得颂扬。

源赖朝于1199年去世，其子源赖家和源实朝先后承继家业。然而，两子为源赖朝遗孀北条政子所控制。北条政子是一位令人敬畏的妇人，她在源赖朝去世后皈依佛门，被称作"尼将军"。此后百余年间，北条氏行摄政之事，像藤原氏控制天皇般控制着名义上的将军。北条政权下，将军的作用聊胜于无。源氏一脉断绝后，北条政子便收养了藤原氏的一名婴孩[①]，拥立为将军。因此，到了13世纪，日本政府的结构变得十分复杂，出现了二元政治。天皇在京都当政，但权力所剩无几，实际由退位上皇掌控；实权掌握在镰仓政府手中，由将军施行，但将军又受控于世代出任"执权"一职[②]的北条氏。不过，北条氏皆为出色的管理者，他们施行一套实用有效的正规律法，坚持政府应高效执政，对守护和地头实行严格监管。北条一族在京都建立起幕府的分支机构，监视朝廷活动，干涉皇位继承等朝中政事。北条氏亦有权处理对外关系，于1274年至1281年间组织军队抵御元军入侵。

镰仓政权的早期特征之一为节俭和苦行。作为政权的创立者，源赖朝将

---

① 即藤原赖经（1218~1256），源赖朝之妹的曾外孙，原名九条赖经，后娶源赖家之女竹御所为妻。——译者注
② 镰仓幕府时期的一种官职，掌握幕府权力，助将军处理政务。——译者注

088　神奈川冲浪外：从传统文化到"酷日本"

大本营定在远离京都的镰仓，正因他笃信都城奢靡的生活方式与昂贵的文娱追求乃资源浪费。源氏鼓励家臣节俭度日，勤勉做事。朝廷任命的傀儡将军出身朝中公卿之家，前往镰仓后，他们将宫廷雅好引入当地，这就与源氏奉为圭臬的武家苦行理念产生了冲突。艺术与文化在将军宅邸内受到重视，也逐渐在武士精英间传播开来。

朝廷眼见威势与收益渐渐落入武士之手，便试图扳回局势。1221 年，已退位的后鸟羽上皇操持起自己的军队，将北条一族称为叛军，意欲讨伐，谁知旋即战败，自己也被流放至偏远岛屿。经此一役，北条氏的朝中势力又进一步，可对贵族甚至天皇施行惩罚或流放，还全面掌控着皇位继承。北条氏从退位天皇与其追随者处没收了逾 3000 处庄园，囊中充盈，也就有能力任命更多家臣为官。

元军入侵

13 世纪中期，蒙古帝国疆域极广，东起朝鲜半岛，西至欧洲。蒙古领袖忽必烈汗（成吉思汗之孙）称帝，建立了元朝（1280~1368），即中国历史上首个异族统治的统一王朝。高丽温顺地成为元朝的附属国，忽必烈希望日本也能效仿高丽，臣服于其统治。1268 年，他派人前往日本，给"日本的王"带去两封信，一封送给镰仓的北条氏，一封送给京都的天皇。信中以发动战争要挟日本屈服，但幕府拒绝回应。之后 5 年中，元朝陆续以信函要挟，威胁不断升级，幕府却始终不理不睬。1274 年，约 450 艘船组成的元朝舰队由朝鲜半岛出发，载着元朝大军和高丽部队驶向日本。舰队向着九州岛驶去，途中占领了对马岛和壹岐岛。九州的武士试图保卫海岸，却损失惨重。正当这时，日本幸得"天助"，一场大型台风摧毁了元朝舰队大部，剩余船只撤回高丽。不过，忽必烈并未放弃征服日本的野心，他再次派人前往日本，要求日本"来朝"。作为回应，幕府斩下了信使的头。之后几年中，忽必烈忙于应付内部事务，幕府趁机做好了抵御其再次入侵的准备，在其可能登陆的地点大筑防御工事，布好海岸警戒，又向家臣承诺若奋勇作战则奖励、若拒绝作战则重罚，以此巩固家臣的忠诚。

1281年春，元朝大军向日本发起第二次进攻，共派出14万人，分两支部队乘坐4000艘船前往日本，大大超出了日本的防御力量。幸好日本早已进行了集中准备，军队抵抗了两个月之久。这次，日本又得"天助"，一场猛烈的台风在八月"空降"九州岛，肆虐的台风两日便摧毁了元朝舰队大部。这场台风挽救了日本，被日本民众看作神的恩典，称之为"神风"。"二战"期间，"神风"成为为保卫国家而向敌军军舰发起自杀式袭击的飞行员编队的名称。

元军入侵削弱了幕府的经济实力，修筑与维护防御工事造成了巨大的经济负担。参与作战的家臣与武家追随者希望得到物质回报，可于幕

绘卷中的元军入侵场景，13世纪
图片来源：Wikimedia Commons

府而言，这场战争是防御战，并不能从中获得新的利益。北条一族未能兑现诺言，大批武家十分恼怒。朝廷贵族嗅到了机会，利用武家的不满，算计镰仓幕府。

建武新政与室町幕府

1318 年，后醍醐天皇（1288~1339）登基。他明确表示要推翻幕府，恢复皇室特权。后醍醐接洽了东、西部几个不满的武家，包括足利氏一族，并争取到后者的支持。1333 年，后醍醐天皇的支持者占领了镰仓并放火烧城。城中，执权北条高时及二百多名家臣集体自杀拒降。这一系列事件统称为"建武新政"，在此期间，日本恢复了天皇的直接统治，京都再次成为唯一的政府所在地。好景不长，短短三年之后，武士阶级便因未获应得的回报而与天皇反目。足利尊氏（1305~1358）成为将军，逼迫后醍醐天皇逃离京都，又帮助与后醍醐天皇夺位、来自另一支皇族的光明天皇上位。后醍醐天皇和支持者在奈良附近的吉野山建立南朝朝廷。此后，后醍醐天皇的南朝与足利幕府支持的北朝就皇权的"正统性"相争 50 年，引发大量意识形态之战。

新成立的足利幕府（1336~1573）将大本营建在京都而非镰仓。足利幕府亦称"室町幕府"，因第三任将军足利义满（1358~1408）颇具诗意的据点"花之御所"位于室町地区而得名。镰仓幕府与朝廷并存，东部武士与西部朝臣形成权力制衡，足利幕府则"接手"了京都的朝廷特权。都城遍布兵士，武家精英甘愿浸淫于朝廷文化，希望效仿其典雅，却对朝臣嗤之以鼻。足利将军过上了纸醉金迷的生活，无心操持国事，终日沉迷于艺术和繁复的朝廷等级制度。镰仓幕府的将军对官衔并不苛求，足利幕府的将军则占据了朝中最高的官衔，过着与官衔相匹配的奢靡生活。足利义满于1395年退位，之后居住在奢华的金阁寺，如早年间的退位天皇般继续在幕后操控国事。

元朝灭亡后，足利义满恢复了向中国输送使节的旧习。此时的中国已进入明代，中华文化再次成为日本效仿的典范。足利幕府掌控着与明朝的贸易往来并以此牟利。幕府新建了大量海港，支持着与中国的贸易、商务往来。不过，足利幕府既无大宗土地又无突出军事实力，无法像镰仓幕府般牢牢掌控国力。他们给地方各国指派守护，倚赖后者的配合和效忠。许多守护开始在领地实行自治。关于该时期，日本有一部名为《太平记》的编年史，书中曾如是描述守护："如今诸事，不分大小，皆由守护裁定。守护统管地方国之财富，待（幕府）地头及家臣如仆，强占神社、寺院之庄园，供武家所需。"①

足利将军中，虽然有可令麾下武士一心的强者，然而当弱者上位之时，麾下武士就会为了扩大本地势力相争斗，因此战事频发。1467年，支持不同将军候选人的守护派系之间爆发了战争，即应仁之乱。应仁之乱长达一年，不仅京都大部分地区化为废墟，后来战事升级甚至波及全国。此后为长达百年的战国时代，其间断续有战事，本书第五章有述。

中世时期的宗教

12世纪末开始，佛教各宗派渐渐复苏，往生的概念"飞入寻常百姓家"，不再是精英特权。一些僧侣看不惯某些佛教名派唯精英马首是瞻、不

---

① G.B. Sansom, *Japan: A Short Cultural History* (New York: Century,1931; repr., Stanford, CA: Stanford University Press, 1978), 353.

守誓约和参与贸易活动的行径,支持改革,振兴佛教。他们相信,当世已进入精神陷落的"末法时期",修行的堕落即为表征。末法时期,即便是僧侣,也无法凭借参禅、读经和行善等传统自力方法实现往生。佛教改革者开始探索惠及全社会的、更为简便的往生新方法。

1212年,自传体作品《方丈记》展现了末法时期的众生百态,被视为日本文学经典。作者鸭长明(1153~1216)为宫廷诗人出身。《方丈记》称赞了独自隐居的生活方式,列举了隐居较之动荡、危险的都城生活有哪些好处。文章以历史和哲学的双重视角审视了13世纪的日本,从历史角度描述了京都接连遭遇的火灾、飓风、饥荒和地震等天灾,以及同时期平氏、源氏两大氏族争霸、都城不得安宁的境况。身处如此乱世,作者决定退隐。他并未隐居于佛教寺院,而是在荒野中寻了处小茅屋住下,成为一名隐士,静观自然风光、四季更替,写作、研习乐理、研读佛经。《方丈记》文风优雅,作者赞颂了远离京都的简单生活,称从中收获了快乐与美德。全文透露出人生苦短、放弃俗世牵绊方能逃过"众生皆苦"这一命运的佛教思想。文章开篇堪称日本文学之经典[1]:

> 逝川流水不绝,而水非原模样。淤水处浮起水泡,忽灭忽生,哪曾有久存之例。世上的人和居也如此。
>
> 敷玉洒金般的都城里,并栋比甍、贵贱人等的住居,虽几经世代而延续,但寻究其间真实,昔日的本家罕见,不是去年被烧今年新造,就是大宅衰微成了小宅。
>
> 住的人也相同。尽管地方没变,人也甚多,但旧日见过的人,

---

[1] 鸭长明、吉田兼好:《方丈记 徒然草》,李均洋译,法律出版社,2012。——译者注

二三十人中只有二三人。朝死夕生，复而不已，恰似水泡。[1]

佛教改革者建立起新的传统与宗派，即以阿弥陀佛信仰为基础的净土宗和净土真宗，以《法华经》为基础的日莲宗和以打坐、参悟公案（自相矛盾的谜题）为基础的禅宗。这些佛教新宗派存在着共同点。真言宗和天台宗提倡将参禅、仪式与读经相结合，新宗派则只关注一种简单的修行方法，即通向往生的唯一最佳途径。此外，佛教新宗派拒绝传统的修行生活，而是将俗世人以家庭、团体为单位的群居生活视为理想，这一点在净土宗运动中最为明显。禅宗也鼓励世俗的修行，但更强调僧团的重要性。佛教新宗派的另一常见特征为创立者拥有强大的个人魅力。通常，创立者生前并无创立新流派的意图，谁知去世后信众数量激增。信众成立了新的宗教机构，渐渐发展至与京都、奈良的旧宗派势均力敌的地步。

信奉阿弥陀佛和《法华经》还是坚持参禅，这是区分日本佛教两大主流思想，即"他力"与"自力"的判据。他力主张纯粹而虔诚地信奉佛与佛经，如此，遇到困难时便会得助。只要念佛名，诵读"南无阿弥陀佛"等祷文或真言，就能在净土重生或是实现宗教意义上的往生。自力恰与之相反，自力宗派认为人必须对自己的生活负责，依靠外力仅是逃避，并非真正的往生。禅宗的风格正是如此，强调自我修养，而非一味敬佛。关于自力，禅宗中有一个寓言故事：数九寒冬，居于破庙中的僧人饱受刺骨寒风，便燃起一尊木佛像取暖，有人指责他对佛祖不敬，僧人却说自己饱受风寒，而佛像不过是截寻常的木头罢了。净土宗等他力宗派认为自力是人类傲慢自大、自比为宇宙中心的表现，而宇宙之神秘繁复大多不可解，难以道明。

---

[1] Donald Keene, *Anthology of Japanese Literature: From the Earliest Era to the Mid-Nineteenth Century* (New York: Grove Press, 1955), 197.

平安时代，天台宗有一派信奉阿弥陀佛的西方极乐世界。宫廷之人多信奉这一思想，出资打造了精美的雕塑、"来迎"画作与寺院建筑，以表信仰之诚。到了中世时期，主张改革的僧侣与天台宗分道扬镳，成立了仅以净土思想为信仰的教派，在他们看来，信奉阿弥陀佛是通向往生的唯一道路。世间男男女女，即便穷困潦倒、蒙昧无知、负罪累累，亦可借此实现往生。净土宗的创立人法然（1133~1212）称应常念佛名，认为这是通向往生最可靠的方法。法然曾是比叡山的一名天台宗僧侣，一日，他读到一位中国净土宗大师的话，要求信众集中精神，只念佛名，醒时每刻都心念阿弥陀佛是在净土重生最可靠的方法。于是，法然摒弃了天台宗其他所有的信仰与仪式，终日仅念佛名。这一变革性的修行方法遭到延历寺其他僧侣的强烈反对，法然被认为不符末法时期的要求，受到惩罚。法然离开了比叡山，在京都安顿下来，发展信徒。当时，势力较大的寺庙与寺院试图取缔念佛名的行径，迫害净土宗这一新信仰，但念佛名仍凭借简便的特质吸引了大量俗家与佛家信众。

　　法然的弟子亲鸾（1173~1263）也曾为天台宗中人，后来成立了佛教净土真宗。亲鸾不像师父法然那样要求弟子终日念佛，在他看来，用一句真诚的祈祷表达出将自己完全交付阿弥陀佛的诚意就已足够，可在净土获得重生。亲鸾还认为末法时期的僧侣不具备遵守誓约的能力。佛教弟子发誓不沾荤腥，但食肉在当时已是司空见惯，为避免破戒，僧人多在食肉前解下僧袍，可亲鸾连僧袍都不肯脱。他还打破了僧侣禁欲的规矩，成家并生下7个孩子。亲鸾的态度预示了当代日本佛教的现状：当今日本，僧侣不但可成家，还能将寺院与职位传与继承人。

　　13世纪晚期，净土宗僧侣一遍上人（1234~1289）创立了时宗。一遍上人毕生致力于将净土宗真谛传与平民。他终日四处奔走，带领一班僧侣和尼姑在日本各地传教。他们向民众分发护身符，鼓励民众分组诵念佛名，表演"念佛舞"。女弟子肩负职责与男弟子无异，需主持法事、掌管当地修行场所等。她们与其他净土宗传教者向世人传递着女性可像男性一样获得往生的信息。中世时期，画师将一遍奔波的一生绘为精美的绘卷，取名《一遍上人绘传》。

13世纪到16世纪，传教者不辞劳苦地奔波，将净土宗的福音传播至偏远地区的各个阶层。不同于奈良、京都富丽堂皇的佛堂，净土宗传教者需在平民间直接传教以化募。除念经与跳舞集会外，许多传教者还以图解的方式传教，手持"教杆"，以细致入微的大型曼荼罗画作展示佛教的极乐世界与地狱，或以画作讲述佛教圣人显灵的故事。16世纪，净土宗已取得与佛教早期宗派同等稳固的地位。不过，不同于奈良、平安时代仰仗贵族与国家支持的宗派，净土宗的信众范围更广。

另一派佛教改革者效仿天台宗，重视《法华经》的作用。这一派由僧人日莲（1222~1282）创立，提倡诵念"南无妙法莲华经"，认为这是在末法时期实现往生的唯一方法。日莲宗是日本唯一一个非起源于中国的大型佛教宗派。与中世时期其他佛教宗派的创立者不同，日莲并非精英朝臣或武士出身，而是生于偏远东部的渔民家庭。12岁时，日莲来到家附近的一间天台宗寺院研习净土思想。17岁时，日莲开始游历镰仓和京都的著名寺院。贵族募资建起的佛教寺院富丽堂皇，日莲却感到格格不入。日莲对净土思想不满，转信《法华经》，并决心恢复《法华经》在天台宗的地位，使其再次成为获得解脱的终极途径。

日莲性格暴戾且颇具争议，他攻击对手流派，指责朝廷和幕府不该支持其他佛教机构。1257年到1260年间，日本经历了一系列天灾，日莲对将军称灾祸皆因邪教广受欢迎而起。他还断言，除非上自统治阶级、下至平民百姓全部笃信《法华经》，否则灾祸将永不停止。1268年，幕府收到了元朝要求日本归顺的第一封信，日莲称这就是他预言的"现世报"。日莲因言行过激被流放至偏远的佐渡岛，然而其人并不悔改、无所畏惧，又在日本北部与中部的武士、农民阶级中发展起一批信众，这些信众皆承继了日莲十足的干劲与不妥协的姿态。16世纪中期，日莲的信众与净土宗的信徒相争斗，双方冲突不断（见第五章）。顺带一提，日莲主义是创立"国际创价学会"的佛教源流。国际创价学会乃当今日本规模最大的宗教组织之一，创立于1938年，在20世纪50年代迅速发展起来（见第十一章）。

参禅一直是佛教的传统之一。然而，正如念佛名之于净土宗、《法华经》之于日莲宗，禅宗认为集中精力坐禅才是获得往生唯一且最有效的方法。在日本，禅宗最早的拥护者是一群天台宗僧侣，为重振日本佛教，这些僧侣曾在12世纪前往中国。中国禅宗是在严格的修行背景下发展起来的，重视多人集中精力坐禅，将其视作修行的核心，并采用参悟公案等方法帮助开悟。从中国返回后，这些改革派僧侣因遭到天台宗领袖的反对，便试图寻找新的赞助人，希望禅宗能拥有独立地位。幸运的是，12世纪末至13世纪，武士阶级走上权力舞台，他们希望建立起独有的宗教权威，与朝廷支持下的佛教宗派划清界限。最终，禅宗从幕府和精英武士家族处获得了主要经济来源，镰仓也发展为重要的禅宗中心。

禅宗的修行既自律又直接。坐禅要求严格，修行者有机会实现开悟，这些特质吸引了大批武士加入。与净土宗或日莲宗的"他力"相比，禅宗称人通过自身努力便可开悟、立地成佛。开悟并不依靠研习经文等有条理的理性方法实现，通向开悟的最佳途径就是佛陀亲用的坐禅。集中精力坐禅能突破感官与理性的错觉，修行者可立地成佛。

禅宗的两大主要流派诞生于日本中世时期，其一为荣西（1141~1215）创立的临济宗。荣西因将绿茶推广至日本而闻名，他强调"顿悟"的重要性，提倡利用公案——包含模糊或对立表述的故事、对话或词语——将头脑从理性思考中解脱出来。利用公案，禅师通过问答方式检验弟子有否进步。西日本的公案多为无法回答的谜题，其中，最有名的例子当属"'孤掌之鸣'是何种声音"及"狗是否有佛性"。不过，研习公案更像是理解过往禅师的语录或是以开悟视角解读世界。通过研习公案取得进步是一项标准化流程，有一套固定课程。禅师希望弟子能就所提问题给出固定、正确的回答。以12世纪《碧岩录》为代表的公案评论集构成了禅宗文学的主体。下文节选自13世纪的《禅宗无门关》，由禅师无门慧开创作，收录了49篇公案和评论。

南泉斩猫

南泉和尚，因东西堂争猫儿，泉乃提起云："大众道得即救，道不得即斩却也！"众无对，泉遂斩之。晚，赵州外归。泉举似州，州乃脱履安头上而出。泉云："子若在即救得猫儿。"

无门曰：且道，赵州顶草鞋意作么生？若向者里下得一转语，便见南泉令不虚行。其或未然，险。

颂曰：赵州若在，倒行此令。夺却刀子，南泉乞命。[1]

这则故事貌似毫无逻辑，但禅宗信徒认为，对于真正领悟了禅的修行

---

[1] Kōun Yamada, *The Gateless Gate: The Classic Book of Zen Koans*(New York: Simon and Schuster, 2005), https://books.google.com/books?id= VUA6AwAAQBAJ (accessed May 11, 2017).

者，故事中包含的真理显而易见。禅师的世系可追溯至释迦牟尼，其职责就是判定学生是否领悟了禅。

依靠将军、武士资助，临济宗在镰仓、京都和各地方国建起数百座官方资助的寺院，自成体系，将园艺、书法、水墨画和茶道（本章稍后有述）等禅宗艺术发扬光大。

禅宗的另一主要流派为曹洞宗，由道元（1200~1253）从中国引入。在道元看来，"只管打坐"也就是坐禅是禅宗修行的核心。道元不希望像临济宗那样受限于统治阶级，因而拒绝了朝廷的资助。他在福井乡下建起永平寺，远离镰仓和京都的纷扰。曹洞宗的参禅自省不限于正式的坐禅形式，做工、进食、走路、休息等日常活动皆可与参禅同时进行。在《典座教训》一书中，道元详细说明了寺院厨师的日常职责，强调了修行正念的机会，比如这一段①："淘米时，将沙子除去，但不可丢掉一粒米。见米时也要见沙，见沙时亦要见米，两者都要仔细审看。这样，才能做出六味完备、三德俱全的一餐饭。"②

道元去世后，曹洞宗的教义与修行进一步扩展，纳入了民间信仰、祈求物质财富的祷文与佛教密宗元素，这使得曹洞宗比临济宗更受寻常百姓欢迎，在日本北部的农民和武士中广泛传播开来。

武士阶级的艺术与文化

获得政治权力后，武士阶级开始确立社会与文化规范。武士思想体现在

---

① "六味三德"的概念出自《南本大般涅槃经》。"三德"指轻软、净洁、如法，"六味"指苦、酸、甘、辛、咸、淡。——译者注
② Dōgen and Kosho Uchiyama Roshi, *How to Cook Your Life: From the Zen Kitchen to Enlightenment* (Boston: Shambhala, 2005), https://books.google. com/books?id= IKOvrBtWJHUC (accessed May 11, 2017).

"文""武"两概念的平衡上。一方面,精英武士应善武,尤其是通晓弓箭与剑术。以《平家物语》为代表的军记物语[①]提倡英勇、忠诚与舍命为主的武士道德、行为典范,但武士在实践中未必遵守。不断崛起的武士阶级资助工匠制造武器、护甲、头盔和马具,提升了器具的工艺水平与美学价值。刀剑、匕首等致命武器的刀刃图案越来越精致繁复,配件也愈加奢华——刀把外包鲨鱼皮,刀鞘涂了漆,配有容纳筷子和梳具的口袋。皮革与清漆制成的传统防雨盔甲也加入了铁板与钢板,可更好地防御火枪攻击。

另一方面,朝中做官的精英武士还需习文,即掌握包括读写能力与文化素养在内的治理、行政之术。乡野的下级武士断无读书写字、提升修养的时间与资源。不过,随着武家地位提升,精英武士也习得了与朝臣、高僧交往所需的雅趣。他们在文人聚会中不落下风,成为艺术家与剧作家的大金主。

其实,武士阶级也有自己的宗教与文化理想,以宫廷贵族为参照,但又与后者有所不同。真言宗、天台宗等京都早期佛教宗派与宫廷联系紧密,幕府将军渴望拥有一个独立宗派为自身权力"正名"。禅师担任幕僚,禅宗思想与儒家思想一同深深影响着武士社会的多个层面,包括艺术。多数主流艺术形式都曾活跃于中世时期,包括水墨画、庭园、能剧和茶道(见第五章),皆被视作禅文化的一部分——禅文化以抽象、简单和不对称为审美标准,青睐外表朴实、暗淡的不起眼之物("侘"或"寂")。人们感受能剧中静止、神秘的沉思之美("幽玄"),胸中被激发出永恒感与深邃感。平安时代,朝臣喜好多彩的奢华装饰与轻快的消遣,随着禅文化走红,平安时代的美学偏好淡出历史舞台。武士争霸、战事频发,世人更感人生之动荡与痛楚,该时

[①] 日本古典文学的一个分类,以历史上的战争为描述对象。代表作有《平家物语》《平治物语》《保元物语》等。——译者注

武士铠甲与头盔，14世纪中期
纽约大都会博物馆，巴什福德·迪安（Bashford Dean）捐赠，1914
图片来源：IAP（ARTstor Images for Academic Publishing）

代的审美偏好由朝臣的奢靡之风过渡为武士喜爱的"短小精悍"，恰恰印证了这一点。

禅宗绘画与书法

　　武士阶级资助的禅师多为水墨画与书法大家。某种意义上，禅宗水墨画兼具印象主义与表现主义风格。描绘抽象或理想中的自然风光时，艺术家于纸上挥毫泼墨，落笔成图，不改一笔，其自我与精神力量便借由笔触的灵动与细致传达出来。

　　那时，日本与中国恢复了往来，僧侣定期往返中日两地，禅宗临济宗寺院成为传播中国学问、艺术的中心。日本艺术家在寺院习得中国宋代（960~1279）水墨画大师的黑白水墨画技法。水墨画简单质朴，仅以墨作画，吸引了禅宗僧侣与武士金主。宋代画家略施笔墨，在竖开卷轴上描绘飞禽与竹、兰等植物。他们以松树和峭壁为主题创作印象山水画，令人尤为印象深刻。日本借用了宋代的构图，但扩展了作品尺寸，将豪宅、宫殿中用来隔断房间的折叠屏风或"襖"（即滑动纸门）用作"画纸"（见第五章）。

禅师天章周文（？~1460）是15世纪日本最伟大的水墨画大师之一，被认为是日本一中国"意象山水"画的鼻祖，将想象中的中国自然风光落于纸上。意象山水派善用空间，回避了宋代绘画大师对前景、背景和中景的清晰描绘，采用了更为抽象的画风，扩展了空间感，画中的群山、峭壁、树木和其他元素皆似无根的浮萍，飘浮半空。可惜，周文的画作少有留存。

周文的弟子雪舟（1420~1506）是公认的日本水墨山水画第一人。其人为禅宗临济宗大师，擅长多种风格，能以花、鸟、人像和山水等多种题材作画。与师父周文不同，雪舟的作品沿用了宋代水墨画家不连贯的粗犷笔触及空间构图。不过，其作品仍保留了几分周文的抽象特质。在其作品《冬景图》中，群山投下一条条线状的影子，构成怪异的背景，巍峨的群山、树木与城池构成前景及中景，画中央则是一条不明所以的不规则黑线。保罗·瓦利（Paul Varley）称，《冬景图》是一幅"抽象的马赛克画，与现代的立体主义风格惊人地相似"。[1]雪舟也擅画"破墨山水"[2]，用爆炸式的泼墨、晕染和奔放的笔触营造出自然界的抽象景致。雪舟的弟子如水宗渊（生卒年不详）与等春（生卒年不详）继承并发展了"破墨山水"风格。

---

[1] Paul Varley, *Japanese Culture*, 4th ed. (Honolulu: University of Hawaii Press, 2000), 116.
[2] "破墨山水"即泼墨山水，因此处原文为"broken ink"，雪舟亦有名画《破墨山水图》，故保留"破墨山水"一词。——编者注

雪舟《冬景图》，15 世纪
东京国家博物馆
图片来源：Wikimedia Commons

禅宗庭园

平安时代，皇家宫殿与贵族宅院围绕着精心设计的庭园修建，庭园中有溪流池塘，还有钓鱼亭，朝臣常在此赋诗、寻求灵感。有时，朝臣还会将誊诗的纸片放入池塘，任其顺流而下。中世时期，日本出现了一类新园子，以石头、流水和植物营造出"自然景致"，打造出"迷你版"的自然风光。禅宗庭园大师尝试了创新的抽象手法，将砂石、石块应用到枯山水中，在这里沙砾、青苔和石头不仅取代了水，还替代了花朵、植物和树木。各种形状和质地的石头代表了群山、瀑布等自然景致和小桥等人工结构。庭园大师不辞劳苦，将沙砾或鹅卵石耙制成波浪般的环状图案，模拟出水的效果。

临济宗禅师梦窗疏石（1275~1351）是京都南禅寺的住持，据称其人设计了苔寺中大名鼎鼎的苔园（园中共有120余种鲜苔藓）及著名的天龙寺庭园，两者皆被联合国教科文组织列入世界遗产"古都京都的历史遗迹"中。天龙寺的石园安排有致，赏园者可绕位于中央的池塘漫步，风景随脚步而变。巨石与石块模拟了瀑布入池的层叠效果，池中还有一尾"鲤鱼"。园外的两座山也一并入镜，融入园子的整体布局，此乃"借景"，是将背景纳入庭园规划的一种技法。

禅宗枯山水中，最著名的当属相阿弥（1472~1525）为京都龙安寺打造的作品。龙安寺的庭园拟出海上小岛之效果，底部是一片耙制成道道直线的矩形白沙砾平地，约15尊巨石或单个或成群点缀其中，巨石四周环绕一圈圈耙过的沙砾。与园子相接的游廊提供了最佳的观景角度，且石头摆放位置极讲究，无论从哪种角度观赏，观者均只能见到15尊巨石中的14尊，传说只有开悟者方可看到第15尊巨石。相阿弥还为足利义政将

龙安寺石庭
图片来源：日本国家旅游局

军晚年居住的银阁寺设计了一座沙园，园中光滑沙路与耙过的沙路交替出现，通向错落有致的巨型沙堆。沙堆顶部被推平，代表神圣的富士山。

设计禅宗庭园的基本原则有二，一是对自然风光的再创造，二是引发观者偏于直觉的非理性感受。枯山水营造出的抽象自然风光令观者尽情发挥想象力，去想象园中各类景致模拟的是自然中的何物。禅宗僧人还认为枯山水有助于实现开悟。除坐禅和研习公案外，亦可在简单的日常活动中进行正念、实现开悟，比如准备斋饭时为青菜去皮，或是在园中细细耙过沙砾。

能剧

禅宗美学的另一艺术形式为能剧，是日本现存剧种中最古老者，起源于14世纪。能剧的表演包含肃穆而高度模式化的舞蹈、戏剧与音乐，仕手

能剧表演
图片来源：日本国家旅游局

（主角）佩戴面具，情节多为历史人物的化身或鬼魂在生前的重要地点"显灵"。主角往往心怀嫉妒、暴怒或悲痛等强烈情感，死后不得解脱，其真实身份会随情节发展而揭露。能剧取材自《源氏物语》或《平家物语》等民间故事，贯穿着因果、重生、苦难和无常等佛教主题。

能剧演员吟、唱诗句，有一小波人伴唱。其中，韵律和节奏至关重要，要按照"序"（宏大的序言）、"破"（情节的递进）、"急"（迅急的结尾）的顺序进行。"序—破—急"也是日本许多其他艺术形式的基础，如"连歌"[①]、茶道或剑道等武术之类。长笛奏乐、鼓点和伴唱对能剧的舞蹈、剧情和节奏

---

① 一种独特的诗歌体裁，始于平安时代末期。——译者注

起到烘托作用。

服装特别是面具乃能剧表演的关键。面具代表年龄各异的男女、圣人、神灵和鬼魅等角色类型，对应能剧中胁能物（神）、修罗物（武士）、鬘物（妇女）、鬼畜物（恶灵）和杂物（其他）五个分类。多数能剧中，主角会取下面具露出真容。能剧《葵姬》改编自《源氏物语》，剧中源氏的爱人六条妃子原本佩戴一副美丽的面具，后期却换为长角的鬼怪"般若"面具，向源氏表达因其不忠而起的嫉妒与悲痛之情。对于演员来说，隔着面具表演出情绪实属难事，佩戴女性面具则难上加难，因为与武士和恶灵面具相比，女性面具多面无表情、不悲不喜。面具由手艺高超的匠人雕刻并上色。佩戴面具后，演员微微偏头，面具的表情也会相应产生细微变化。能剧的服装庞大而奢华，至少有五层袍子，最外一层为富贵的锦缎、织锦或刺绣丝绸。演员还需佩戴假发、帽子及其他头饰。

能剧的服装十分华美，其他方面则遵从了禅宗艺术一贯的简朴抽象风格。船、马车和草屋等道具通常以舞台上一个模糊的轮廓带过，一把扇子可用来表示一杯清酒或一件兵器。演员的手势精细且高度模式化——比如，将手举至面具前方特定位置就代表哭泣。演员的许多动作，如特别的走路方式或仅仅将脚抬离地面这一动作，均在传统武术、茶道和禅师的礼节中有迹可循。能剧的道具与肢体动作体现了禅宗思想中节俭与偏爱暗示胜于直陈的一面。

能剧起源于多种艺术形式，如神社为祈求和平、丰收而跳的面具舞，乡村音乐也就是插秧时表演的乡村歌舞"田乐"及杂技舞蹈（猿乐）。人们多认为，这些艺术形式之所以能"升华"为贵族艺术，靠的是足利义满将军与才艺过人的演员、剧作家世阿弥元清（1363~1443）的私交。1374 年，17 岁的足利义满在一间神社观看了观阿弥带领猿乐班子表演的能剧《翁》，观阿弥 11 岁的儿子世阿弥出演了一个小角色。将军爱上了这名年轻貌美的男孩——

恰如古希腊人易对年轻男子产生情欲，这一现象在当时的武士精英中并不少见。足利义满成为世阿弥与其班子的金主，世阿弥却因将军的偏爱招致一些人的鄙夷。后来，足利义满搭建了一座特别的观景台，方便他与世阿弥观看一年一度的京都祇园祭，欣赏华丽的彩车。为此，一位朝廷贵族写道：

> 将军身边伴着的男孩是表演大和猿乐的戏子，这戏子在将军的台上赏着节日盛景。将军爱恋这男孩已非一朝一夕，他与这男孩共坐一垫，共享盘中餐食。这些猿乐戏子不过是些乞丐般的人物，只是这男孩侍奉着将军、为将军所看重，便受到众人青睐。为了讨好将军，有人还赠给这男孩礼物。大名与他人争相赠予男孩礼物，不在意花费几何。真叫人嗟叹不已。①

世阿弥在二十几岁时继承了猿乐班子，成为班主。自此，他开始凭借演技为人所称誉。三十几岁时，世阿弥开始创作戏剧，最受欢迎的能剧经典剧目大多出自他手，他还就表演方法创作了艺术评论与专著。世阿弥在作品中称颂了名为"幽玄"的审美风格，这一风格神秘深邃，是包括能剧在内的一切艺术形式的最高理想。为在表演中实现幽玄风格，世阿弥要求演员研习诗歌与服装，确保自身扮相与音色出落得漂亮。足利幕府衰微后，能剧仍受武士青睐。16 世纪末，农民出身、一统日本的丰臣秀吉（见第五章）十分重视能剧，认为这是展现其文化修养可比肩贵族、僧侣的最佳方式。为讨丰臣秀吉欢心，武士精英不得不研习能剧。日本第三任也即末任幕府创始人德川家康亦是能剧的金主兼表演者。

---

① Donald Keene, *Nō and Bunraku: Two Forms of Japanese Theatre* (New York: Columbia University Press, 1990), 32.

其他文学与视觉艺术

中世时期,赋诗仍是宫廷生活必不可少的组成部分。后鸟羽天皇下令编纂的第八部皇家诗集《新古今和歌集》,被视为《万叶集》后日本最伟大的诗集。这部诗集囊括了近两千首作品,共有六位朝臣参与编纂,包括日本最伟大的诗人之一藤原定家(1162~1241)。诗歌条目的顺序展现出精妙的联系,以相似的用词或表述将主题相同的诗歌排列在一起,如咏春、游记与爱情。

《咏歌大概》一书中,藤原定家提倡使用过往著名诗人的语言:"日本,诗歌一事无可为师者。但可效仿过往之诗,埋首古雅风致,借用其辞——如此,孰人不可成诗?"[1] 然而,批评者称这种"仿诗"缺乏原创性,不乏陈词滥调,且易令人回想起朝臣权威不可动摇的黄金时代。藤原定家还编纂了《百人一首》,收录了百位诗人的百首作品。以《百人一首》为基础,人们发明了广受欢迎的同名纸牌游戏,这种纸牌游戏至今仍是许多日本家庭新年的绝佳消遣。

平安时代的《古今和歌集》以风雅诗与字谜诗居多,相比之下,《新古今和歌集》更为忧郁肃穆。佛教僧人西行(1118~1190)以创作长篇个人游记闻名,后世的松尾芭蕉(见第七章)亦受其启发。西行曾创作出两首"苦诗":

> 树立荒野旁,
>
> 鸨啼声凄凉。

---

[1] Quoted in Wm. Theodore de Bary et al., eds., *Sources of Japanese Tradition, vol.1: From Earliest Times to 1600*, 2nd ed. (New York: Columbia University Press, 2001), 204.

呼唤同伴归，

寂寞夜相随。

独栖乱石间，

城郭不得见。

四下人迹无，

且把愁肠诉。[1]

不过，中世时期最具代表性的文学体裁当属军记物语，这一体裁详细记录了 10 世纪至 14 世纪的历史事件与战役，记述了崛起的武士阶级的价值观与文化。正如希腊史诗《奥德赛》和《伊利亚特》那样，军记物语中的故事最早由弹琵琶的盲僧诗人娓娓道来。多数历史事件在发生多年后才得到记录，其中《平家物语》最知名的版本直到 1371 年才问世。军记物语兼具史实与虚构故事，多以真实事件为基础，但往往以夸耀某个武士的功绩为目的，有时还会引入一些虚构人物。随着武士阶级掌权，军记物语的内容也随之改变，开始歌颂武士的英武豪迈，以传奇、浪漫的笔触记述他们的战事与战功。军记物语中，崛起的武士阶级会赌上身家性命舍身为主，其忠心与价值观可见一斑。军记物语亦突出了武士简朴、自控与渴望建功的特质。

上述理想构成了武士道的基础。数百年后，日本进入了一段和平时期，武士道的内涵得以明确，据此为不再动武的武士阶级确立地位与特权。军记物语中，英勇的武士十分看重个人荣誉与地位，战场上狭路相逢，对阵双方必先自报家门、自述战功，判断对方是否值得一战。现实中的战争远比故事

---

[1] Keene, *Anthology of Japanese Literature*, 196.

更混乱残暴。现实中的武士擅长欺骗、精于游击战术,为求胜邀功不惜残害无辜、焚烧村落。

军记物语中,武士阶级与宫廷中人拥有不同的形象。许多故事由朝臣创作,因此,他们有意将自身"文明人"的形象与武士的残暴构成对比,《保元物语》就是一个生动的例子。1156年,后白河天皇和已退位的崇德上皇将平氏、源氏家族召到京都,要求后者平息一场争端。某夜,平、源两大家族爆发冲突,打破了京都300年来的太平盛世。《保元物语》中记载,源为朝向崇德上皇和大臣提议夜袭后白河天皇的宫殿,放火烧宫殿三面,再杀掉从第四面外逃之人。左大臣藤原赖长谴责了这一想法,称这是一个"断无可能实现的粗陋之计",不可用如此卑鄙下流的手段解决两位天皇之间的冲突。①

《平治物语》记述了1159年源氏袭击位于都城的平清盛一族之事,极为生动地描述了武士肆意纵火、屠杀朝臣的行径。源义朝采用的恰是源为朝提出的建议,放火焚烧了已退位的后白河上皇的宫殿:

> 三条殿之惨状非言语可形容。一切出口俱有兵士把守,殿内火光四起。熊熊烈火直冲云霄,狂风大作,烟云翻涌。贵族、朝臣,甚至女眷为乱箭射中或砍毙⋯⋯人群四下奔逃避火,却遭乱箭穿心,折返又为火海吞噬。两难之下,竟有多人投井,先落井者旋即溺死,后落井者被再后来者压死,井口之人被烧死⋯⋯如此惨状,何人能自保?②

来自东国的源氏武士最为凶残,他们精于骑射,使用的巨弓可穿透盔甲。

---

① de Bary et al., *Sources of Japanese Tradition*, vol. 1, 271.
② Edwin O. Reischauer and Joseph K. Yamagiwa, *Translations from Early Japanese Literature* (Cambridge, MA: Harvard University Press, 1972), 301-302. Quoted in de Bary et al., *Sources of Japanese Tradition*, vol. 1, 275.

都城的奢靡生活"泡软"了平清盛与足利将军之家臣的铁骨,相比之下,东国武士身经百战,十分骁勇。《平家物语》中,"平敦盛之死"一节将"朝廷武士"与地方武士进行了鲜明对比。战场上,年轻的平氏将领平敦盛遭遇了源氏家臣熊谷直实。平敦盛身着宫廷式样的华服,"那人身穿绣鹤练贯直垂[①]、外罩萌黄铠、头戴锹形盔,佩金制太刀、背负切斑之矢、手持缠藤之弓,胯下连钱芦毛马,马鞍镶嵌金边"。[②] 熊谷一把将平敦盛拉下马,扯掉其头盔,正欲取首级时,却惊异地发现对方是个面上扑粉而"黑齿"的俊俏青年。熊谷本想放平敦盛一马,又担心平敦盛折辱于其他残暴武士之手,便万分遗憾地亲手斩下了这美少年的头颅。平敦盛的遗物中有一根鸟羽天皇赠予他祖父的笛子,熊谷十分吃惊,未曾想一位武士竟会将如此美物带上战场。这一幕亦出现在世阿弥的经典能剧《敦盛》中。剧中,平敦盛的鬼魂在战后出家为僧的熊谷面前显灵,宣称两人生前为敌,但如今应顺应佛法结为友人。

《平家物语》堪称军记物语中名气最大者,在日本现代以前的文学经典中仅次于《源氏物语》。像《源氏物语》一样,《平家物语》的许多情节深深影响了后世的日本文化,成为能剧、歌舞伎、绘画和出版物中耳熟能详的题材,且仍是现代日本电影、电视和漫画用之不竭的灵感来源。《平家物语》的跨度长达数十年,全面记述了平氏家族的崛起与衰败,以及源平合战中平氏家族大败于源氏家族的故事。《平家物语》大致上偏向平氏家族,作者将平清盛刻画为傲慢的暴君、恶棍,却对系出贵族的平氏落败于源氏麾下粗野的地方武士感到惋惜。《平家物语》描写了平氏家族陷落之惨状,作为军记物语,书中赞颂了源氏家族有勇有谋的特质及将士间的紧密联系,歌颂了其军事才能。

---

① 平安时代武家男性的正装礼服,仿照了贵族服饰的式样,质地为绢。——译者注
② Royall Tyler, trans., *The Tale of the Heike* (New York: Penguin, 2012), 504.

《平治物语》绘卷中的武士与朝臣，13世纪
波士顿美术博物馆
图片来源：Wikimedia Commons

《平家物语》还体现了浓厚的宗教氛围。书中涉及因果和无常等佛教主题，平清盛狂妄自大、屡行不义，终致氏族衰败，这就是因果律的体现。"无常"既是佛家信仰的重要概念，也对中世时期的日本价值观具有重大意义。"无常"认为人类（及其他一切生物）的存在是短暂的，在生长与腐朽间不断转换。即便是当时权势最盛的家族，兴衰亦是无常，正如《平家物语》著名的开篇所述[①]：

祇园精舍之钟声，响诸行无常之妙谛。
娑罗双树之花色，显盛者必衰之道理。
骄奢者绝难长久，宛如春夜梦幻。

---

① 本段译文出自《平家物语》，王新禧译，上海译文出版社，2016。——译者注

横暴者必将覆亡，仿佛风前尘埃。①

肖像与绘卷物艺术也在中世时期实现了大幅度发展。平安时代，过于写实被看作不敬，因此，肖像画会对个人特征作泛泛处理，不讲究如实。然而，12世纪前后兴起的"似绘"会更忠实地反映画中人的特征。藤原隆信（1142~1205）擅作大幅肖像画，不仅能捕捉人物的眼、鼻、嘴等特征，还能借这些特征展现画中人之神韵。藤原隆信曾为源赖朝创作过一幅著名的肖像画，画中这员大将生有龅牙和蒜头鼻，但目光如炬，展现出强大的人格力量。墨斋曾为"不走寻常路"的禅师一休宗纯（1394~1481）创作了一幅逼真的肖像画，展现出一休禅师双唇紧闭、神色谨慎、忧虑憔悴却才华横溢的面容。通常，画师仅负责画出人脸，服饰、身体和背景等更为泛泛的部分则由次一等工匠完成。

如今，数百幅日本中世时期的绘卷物仍留存于世，题材各异。如前文描绘元朝入侵与平治之乱的两幅图，就以战争为题材。以战争为主题的绘卷物被称作"男绘"，与之相对的是装饰用的"女绘"，本书第三章有述。除战争外，绘卷物还展现了通俗小说中的情节或各类宗教主题，如宗教领袖的生平及其与著名寺院、神社的渊源。巡回各地的传教者还将绘有佛教中极乐世界与地狱的绘卷物用作"教具"。《鸟兽人物戏画》是最受欢迎的绘卷物之一，由四卷水墨黑白讽刺画组成，描绘了各类动物去进行野餐、相扑与宗教仪式等"人事"的场景。《鸟兽人物戏画》以12世纪的佛教僧侣为嘲弄对象，其中一幕，一只"猴僧"在圣坛前念经，圣坛上的"佛"则是只肥蠢的青蛙。

---

① Helen McCullough, trans., *The Tale of the Heike* (Stanford, CA: Stanford University Press, 1988), 23.

藤原隆信《源赖朝肖像》，13世纪
日本京都，神护寺
图片来源：Wikimedia Commons

上层女性的地位变化

平安时代，上层女性通常权力极大，她们受过良好的教育，与男性享有同等继承权，可持有土地、宫廷职务并与丈夫分开生活，还可指定任何人继承其财产。按照宫廷惯例，家庭的财产应在儿女间平等分配，也正因如此，随着时间的推移，家族财富渐渐"稀释"。新崛起的武士精英采取长子继承制，从男性继承人中选出一位继承家族全数财产。14世纪，女性财产权较之前明显减少。

夫妇居住模式的改变也导致女性地位下降。平安时代，宫廷中人的子嗣按父系计，但在母亲家生活。父亲或丈夫可以住在岳丈家，也可以不住仅前往拜访，但抚养和教管孩子的权利由外祖父母掌控。有权有势的武士家族则与此相反，以男方家庭为主，成婚后，夫妻住在丈夫的原生家庭，女方作为

《鸟兽人物戏画》部分，12或13世纪
日本京都，高山寺
图片来源：Wikimedia Commons

儿媳嫁入男方家。如此，娘家全然无法掌控孙辈之事，也就无意照管女儿的财富、教育和其他可能吸引好丈夫的资本。到了16世纪，精英武士家庭的女性婚后无独立经济来源，完全仰仗夫家生活，也就再无指定继承人或参与官司的权力。

结婚仪式也经历了"巨变"。此前，在女方家的火炉旁分享米糕即宣告一对男女可"合法"同居，简单又家常；变革后，婚礼仪式成为两家人的公开聚会，需精心安排。女方"嫁入"男方家的模式渐渐在武士阶级流行开来，男方家庭开始派轿子、牛车和家臣组成的队伍迎亲，婚礼仪式渐趋复杂。16世纪，北条氏政派了十二顶轿子、三千匹马和一万家臣迎接新娘。至此，婚礼仪式已成为一场宏大的表演，为的是向世人展示男方的财富和权势，女性在婚姻关系中不再与男性势均力敌，而是成为家族间政治、军事联姻的棋子。德川时代（1600~1868），武士统治阶级家族中的女眷在经济、性与意识形态层面均低家中男性一等。武士统治下，诞下儿子传宗接代成为最高目标，生育成为女性的主要功能。女性有时被蔑称为"借来的子宫"，最大的价值即是诞下男性继承人。农民、工匠等平民阶级中，女性仍与丈夫一同劳作，在家务事和家族大事上享有更高的话语权。

总之，武士阶级的权势渐盛，攫取了财富与朝廷的统治特权。1185年，源氏家族将镰仓打造为自有的"都城"，将军和执权以"二元政权"体系执政，与朝廷分权而治。13世纪，日本遭元朝入侵，源氏政权元气大伤，被以京都为据点、实力略逊一筹的足利幕府取代。足利幕府效仿宫廷的生活方式，地方诸国则陷入混乱的战事，被视为佛教末法时期精神堕落的标志。在这种道德风气下，佛教诞生了几个新流派，为武士和平民阶级提供了可简单、直接实现往生与开悟的方法。武士精英成为禅宗的资助者，以简单和庄重为特色的禅宗美学影响了绘画、戏剧、庭园艺术与诗歌等大批新兴艺术、文化形式。《平家物语》是日本中世时期最著名的军记物语，提出了理想的战争形式与武家价值观，但也在情节中融入了因果、无常等佛教主题。之后的内战时期，武士阶级摒弃了忠心侍主的价值观，追逐起土地与权力。

推荐阅读

Conlan, Thomas D. *From Sovereign to Symbol: An Age of Ritual Determinism in Fourteenth-Century Japan*. New York: Oxford University Press, 2011.

Farris, William W. *Heavenly Warriors: the Evolution of Japan's Military, 500-1300*. Cambridge, MA: Harvard, 1992.

Farris, William W. *Japan's Medieval Population: Famine, Fertility, and Warfare in a Transformative Age*. Honolulu: University of Hawaii Press, 2006.

Goble, Andrew E. *Kenmu: Go-Daigo's Revolution*. Cambridge, MA: Harvard, 1996.

LaFleur, William R. *The Karma of Words: Buddhism and the Literary Arts in Medieval Japan*. Berkeley: University of California Press, 1986.

Mass, Jeffrey P. *The Origins of Japan's Medieval World: Courtiers, Clerics, Warriors, and Peasants in the Fourteenth Century.* Stanford, CA: Stanford University Press, 1997.

Mass, Jeffrey P. *Yoritomo and the Founding of the First Bakufu: The Origins of Dual Government in Japan.* Stanford, CA: Stanford University Press, 1999.

Oyler, Elizabeth, and Michael Watson. *Like Clouds or Mist: Studies and Translations of Nō Plays of the Genpei War.* Ithaca, NY: Cornell East Asia Series, 2013.

Payne, Richard K., ed. *Re-Visioning Kamakura Buddhism.* Honolulu: University of Hawaii Press, 1998.

Segal, Ethan I. *Coins, Trade, and the State Economic Growth in Early Medieval Japan.* Cambridge, MA: Harvard, 2011.

Souyri, Pierre F. *The World Turned Upside Down: Medieval Japanese Society.* New York: Columbia University Press, 2003.

Yiengpruksawan, Mimi H. *Hiraizumi: Buddhist Art and Regional Politics in Twelfth-Century Japan.* Cambridge, MA: Harvard, 1999.

推荐影片

《地狱门》，衣笠贞之助执导故事片，1953年。讲述了平清盛统治时期朝臣与武士间的斗争。本片获第7届戛纳电影节金棕榈奖。

《蒙古国：成吉思汗的崛起》（*Mongol: The Rise of Genghis Khan*），谢尔盖·波德洛夫（Sergei Bodrov）执导故事片，2007年。是一部介绍成吉思汗早年经历的准历史片。

《鬼婆》，新藤兼人执导恐怖片，1964年。讲述了建武新政时期，两名女性在内战夹缝中挣扎求生的故事。

《新平家物语》，沟口健二执导故事片，1955年。改编自吉川英治创作的历史小说《新平家物语》。

《禅：原则与实践》（*Zen: Principles and Practices*），纪录片，1986年。记录了一座禅宗临济宗寺院内的生活。

第五章
解体与再统一
15 世纪 60 年代 ~17 世纪初

1467 年至 1568 年被称作"战国时代",该时期内战频发,社会各阶层都陷于战事之中。1500 年前后,日本走向了政治分权的极端,皇室与幕府都未能把控政权,也不得民心。与此同时,250 余个武家强人(即"大名")各自掌管着其领地。其中,多数大名曾担任地方国守护,并将地方国"收入囊中"。经历了一世纪战争后,16 世纪的最后 30 年,织田信长(1534~1582)"横空出世",这位年轻的大名野心勃勃,开启了重新统一日本的大业。后来,丰臣秀吉(1536~1598)与开创了第三任即末任幕府的德川家康(1542~1616)继承了他未竟的事业。统一大业代代相传,后人踏着前人的脚印继续向前。本章讲述了战国时代的风貌、三位统一大业者采取的政策及该时期的城池装饰风格、茶道和花道等艺术、物质文化——武家领袖培养着这些文娱爱好,为自身统治正名,展现自身文化修为。其中,多数文化雅好仍与佛教哲学和修行相关。本章末尾介绍了欧洲人对日本的早期探索。葡萄牙人和西班牙人最早抵达日本,带来了贸易和天主教,荷兰人和英国人则紧随其后。欧洲人的干预极大程度上影响了日本战国时期的力量平衡。

政治与社会发展

应仁之乱（1467~1477）因将军继位争端而起，这场战争长达10年，京都因之被毁，足利幕府也元气大伤。此后，日本迎来了长达一世纪的战乱。应仁之乱爆发于东、西日本的大名联盟间，数万兵士聚集在京都大肆劫掠，将寺院和宫殿付之一炬。朝臣与百姓逃离了战乱的都城，迁居至地方庄园或有势力的大名的据点，成为工匠或以教授宫廷艺术、文化为生。留在都城的百姓团结一心，在巷间筑起防御工事。最终，应仁之乱未分胜负即终止，足利幕府名义上仍为掌权者，实则元气大伤。乡村地带，大名与地方武士仍然冲突不断。1500年，足利将军已是有名无实，无力掌控都城，更不消说地方了。

丰臣秀吉将战国时代称作"国家分裂，国体混乱，文明凋敝，统治者无人应"①的时代。该时期叛乱频发，贵族或武家血脉不如军事、战略技能"吃香"。为了获得土地控制权，下人推翻了主子，农民推翻了地主，儿子推翻了老子，这就是所谓的"下克上"，也就是"居于下位者推翻居于上位者"。统治地方领土的强人出身各异，称"大名"，这一称号一直沿用至德川幕府时期，指半自治领土即"藩"（见第六章）的统治者。一些大名本为朝廷或幕府指派的地方长官、副长官或守护，他们从地侍②中雇了一批家臣，承诺保护对方土地权，提出奖励新地或其他条件，要求对方帮助作战。大名势力往往烧杀抢掠、奸淫无辜，一路"杀"进敌方地盘。不过，一旦克敌，大名便主张建立律法秩序并发展经济。大名多在山势险峻处建军事堡垒，四周环

---

① Wm. Theodore de Bary et al., eds., *Sources of Japanese Tradition, vol. 1: From Earliest Times to 1600*, 2nd ed (New York: Columbia University Press, 2001), 433.
② 日本中世时期的土豪武士，并非任职于幕府，而是在某一地区拥有势力的地方武士。——译者注

绕护城河，以此保卫领土安全。

  大名争夺地方各藩的控制权，地方"国人"为领土相互争斗、反抗大名，一时间战事十分猖獗。在京都一带的山城国，地侍阶级罢黜了大名，通过降低税额获取了农民阶级的支持，控制地方达 10 年之久。山城国之外，人们在防御工事后方建立起自治社群"总村"，居民拒绝纳税，发动一揆①与游击战保护自身利益。宗教机构保留了僧兵势力，以大名或其他宗教机构为斗争对象。佛教一向宗②的俗家弟子参与了名为"一向一揆"③的大规模起义。一向宗的追随者相信阿弥陀佛视众生平等，因此反对朝廷和武士特权阶级，他们在各个居住地宣布自治，受净土真宗的大本山京都本愿寺监管。1488 年，农民、地侍阶级和低阶神职人员等一向宗信众结盟，夺取了加贺国的统治权，推翻了当地守护。这是日本历史上地方国首次由平民掌权。联盟首领向当地非一向宗农民承诺，将降低地租与赋税，建立全新的"佛法领"（佛之国度）。很快，起义向附近地区扩散开来。都市也爆发了一向一揆，由"日莲众"在京都发起。日莲众是佛教日莲法华宗下属的武装势力，负责保卫都城平民的安全，要求废除赋税制度。日莲众在各大城市共有二十多座寺庙工事，拥有护城河和堤岸。他们希望将整个京都控于掌中，打造为"莲之国"，却败于比叡山延历寺与邻国强势大名组成的联军。对抗日莲众的战役进一步扰乱了京都，生灵涂炭，民不聊生。

  1531 年的"大小一揆"展现了战国时代战争的多样性和复杂性。大小一揆是佛教净土真宗两个派系间的内斗，目的是夺取对加贺国的控制权，邻近地区的大名、地侍阶级和其他地方国信徒都参与其中。次年，作为总部的

---

① 指非政府组织因共同目标集结而成的团体，也指百姓反抗统治者的行为。——译者注
② 净土真宗别称一向宗。——译者注
③ 战国时代净土真宗（一向宗）本愿寺派信徒发起的一揆之总称。——译者注

京都本愿寺被大名和日莲众组成的联军摧毁。后来，人们在大阪重建了本愿寺，将其打造为强大的堡垒。在这里，宗教领袖继续向信徒传播信息，号召他们捍卫信仰、反抗敌人。

1490年至1530年间，战国时代的一系列战争催生了大量大型自治藩，由某一大名氏族担任首领。之后30年中，这些氏族谋划、作战，组成联军以扩张势力。最常用的扩张战略具有两面性，军队先采用焦土战术，烧杀抢掠的同时征募农民来控制领土；一旦夺取控制权，军队则会迅速恢复土地和经济生产。

为反抗侵略者的暴力劫掠，村民发展出一套防御战术，建起屏障，扩充武器储备，巧妙地将粮食和财物藏匿起来。村民还学会了离间敌对的大名氏族。《七武士》（1954）是黑泽明最著名的影片之一，该片就改编自16世纪某村庄雇用来自各处的"浪人"①自保的故事。

16世纪50年代，权势最大的氏族以武田、后北条②和毛利为代表，拥有召集五万余兵士的实力，希望在地方战役中取胜并扩大对日本全境的控制。他们伺机而动，打算从皇室大本营京都"开刀"，进而一统日本中部。要想在战争中取胜，战术技巧、战略眼光缺一不可，更不消说军事实力。不过，最先统治日本中部的却是太平洋沿岸小国尾张的一位年轻大名织田信长。1566年，时年27岁的织田信长击败了大名今川义元，在这场以少胜多的战役中，织田信长的军事才能显露无疑。他与松平元康（德川家康旧名）和武田信玄等实力派大名结成战略同盟，又将女儿许配给武田信玄之子。织田信长梦想着建立一个统一国家——他称之为"天下"，即全日本。织田信

---

① 四处游荡的无赖之徒。多指日本幕府时代脱离藩籍，到处流浪居无定所的武士。——译者注
② 后北条氏也称小田原北条氏，与镰仓时代的北条氏没有直接血缘关系。——译者注

长的信函上盖有"天下布武"①字样的朱印，自诩"天下君"。1568年，织田信长助逃亡将军足利义昭重返京都再次掌权，由此声名大噪，名扬日本。他还在京都慷慨解囊，为近乎身无分文、连登基仪式都需大名资助的正亲町天皇重建了皇宫——据说这位天皇为筹资甚至不得不出卖墨宝。谁知，足利义昭竟与织田信长的俗世、宗教敌人合谋，意图推翻这位崛起中的年轻军阀。1573年，织田信长派大军包围了京都，逼迫足利义昭出逃，足利幕府至此终结。

织田信长的王者之路可谓荆棘遍布，野心勃勃的大名们不断密谋将其击败。借助战术才能、军事手段、政治联姻及欧洲的新武器，织田信长将对手一一了结。他夺取了两个重要的火绳枪工厂，确保火药供给充足，又组织起3000人规模的火炮旅，分三组轮班上阵，每十秒可进行一次火力齐射。织田信长的对手中，一些仍仰仗骑马的武士和弓箭手作战，面对这种新式作战法只得束手就擒。

推行统一大业的过程中，织田信长还遭到宗教组织的强烈反抗，包括佛教僧兵、一向宗人士及武家俗家弟子组成的日莲众。1571年，织田信长火烧天台宗位于比叡山的大本山延历寺。延历寺是制度化佛教重要的权力象征，织田此举可谓臭名昭著。他屠杀了寺中3000名僧人和附近的俗世之人，彻底摧毁了这座规模庞大的寺院。不仅朝中权贵和神职人员，连一些武士都为织田的无法无天之举瞠目结舌。织田信长对敌人一向毫不留情，此次袭击延历寺是为报复延历寺支持与他敌对的大名。家臣太田牛一称，织田信长此举是在惩戒僧人支持其对手：

---

① "天下布武"是织田信长提出的政治理论，意为"于天之下，遍布武力"。——译者注

织田信长召集延历寺众僧兵,许下重诺:若僧兵此次效忠于他,便将延历寺寺有土地尽数返还,保其特权不变。为此,织田信长还予僧兵朱印公文以作证明。他还与僧兵论理,称若僧兵出于教义不可偏帮一方,就该全然置身事外。最后,织田信长明示僧兵,若他们违背了今日立下的规矩,他必将整座比叡山烧得寸草不留。①

然而,延历寺众僧罔顾织田信长的警告,继续支持织田的敌人。于是,惨烈的一幕发生了:

> 织田信长的大兵蜂拥而至,转瞬放火烧了寺中大批佛像、神龛、经文卷轴与僧侣栖身处,可谓寸草不留……如此宏伟之寺院,就这般夷为平地,令人目不忍视。比叡山下,男女老少惊慌失措,忙于奔命……将士们吼着战歌,四面缘山而上,逐个取下僧侣、俗世人、孩童、智者和上人的首级。将士们将斩下的头颅呈给织田信长,一一"介绍"道:"此乃德高望重的高僧,贵族住持,学识渊博的医生,皆为比叡山上有名之人。"数千尸体如枯枝般散落地上,好不凄惨。②

延历寺一事常被引为织田信长无情之铁证。不过,织田信长曾与越前、加贺地区的一向一揆相斗十年,其间血洗了本愿寺,杀死净土真宗数万人,远比延历寺之时更为残暴无情。最终,织田信长遭手下大将明智光秀背叛,恐怖统治走向终结。1582年6月,明智光秀拒不遵从带兵西征的命令,反

---

① Wm. Theodore de Bary et al., eds., *Sources of Japanese Tradition, vol. 1: From Earliest Times to 1600*, 2nd ed (New York: Columbia University Press,2001), 445-446.
② Wm. Theodore de Bary et al., eds., *Sources of Japanese Tradition, vol. 1: From Earliest Times to 1600*, 2nd ed (New York: Columbia University Press,2001).

而举兵攻打正在京都本能寺休养的织田信长，织田信长与长子兼继承人织田信忠被迫自尽。作为军阀，织田亲手毁灭了若干寺院，于他而言，这一结局可谓是现世报。关于明智光秀为何叛主，学界众说纷纭，并无定论。有人称因他曾遭织田信长脚踢受辱，有人称他是为被处极刑的母亲报仇，还有人称此举乃丰臣秀吉或德川家康指示。

史书常将织田信长刻画为暴君，但他亦是一位出色的管理者与领袖。他打击"座"（行会）的垄断势力、发行稳定货币、修船造路并支持对外贸易，由此刺激了经济发展。自尽之时，织田信长已掌控了日本中部约60国中的30个，包括京都、大阪和堺。统一日本的大业由其家臣丰臣秀吉继续完成。

丰臣秀吉出身不详，有说其父为尾张一农家出身的步兵。丰臣秀吉本是给织田信长提鞋的一名下人，却因精通战略而闻名，很快被擢升为大将，指挥重要军事行动。织田信长自尽后，丰臣秀吉大败明智光秀为其复仇，又将织田信长风光大葬，由此确立了自身政权继承人的地位。织田信长昔日的家臣中，阻他上位者皆被一一消灭。丰臣秀吉不断开疆拓土，分别于1585年和1587年夺取了四国和九州。1590年，丰臣秀吉击败小田原城的后北条氏，夺取其掌控下的地方各国，至此，关东部地区最后的强大势力也沦陷。丰臣秀吉将东部腹地的控制权交与强大的盟友兼对手德川家康，后者将名为"江户"（即今日东京）的小渔村选作据点。

那时，日本仅有远北部尚未统一，终日战事不断。丰臣秀吉建起一条通往北部的新路，率领大名家臣的强大兵力向北进发。北部的大名中，同意投降者保留其土地所有权，拒降者则被没收土地。投诚的大名需服从三个条件：将妻子与孩子送往京都做人质；将藩内所有城池尽数摧毁，仅留一城供大名居住；对名下土地进行测量统计。丰臣秀吉逼迫北部的大名臣服，同时也是让大名的家臣知道，主君在当地的权势皆来自他授权，而他丰臣秀吉才是执掌大权的那个。大名不再是独立的地方统治者，而是被纳入统一国家的范畴之中。

通过1588年的"刀狩令"①和土地、税收新制度等重要措施，丰臣秀吉巩固了自身权力。织田信长也曾推出将大名轮转至其他藩、废除地方各城等政策，但执行程度有限，丰臣秀吉则将执行范围推广到全国。作为统一大业的第二任执行者，丰臣秀吉意识到地侍阶级在地方的武装力量一日不灭，就一日有可能揭竿而起、推翻效忠于他的大名的统治，自己的地位始终得不到保障。为避免这种危险，丰臣秀吉强迫乡村武士到城下町居住，接受大名的直接管控。此外，丰臣秀吉还下令禁止武士擅离武士群体，不可更改效忠的大名，每个担任丰臣秀吉家臣的大名，其势力都与其他大名相独立。丰臣秀吉出身农民之家，却将成为精英武士阶级的通道封闭起来，仅对名门武士家族之后开放。此外，丰臣秀吉还规定私人纠纷不得诉诸武器，以此显示仅一国之主有权解决国境内冲突。

不愿离开村庄的地侍阶级需以农民身份生活，且不许离开村庄及田地。按照1588年"刀狩令"的要求，地侍阶级上缴了刀剑、匕首、弓、矛和火枪等各类武器。就此，丰臣秀吉剥夺了地侍阶级的武装反抗能力，将武器持有权限制在武士阶级内部。作为交换，他用收缴来的金属武器铸成一尊巨大的佛像，保佑地侍阶级在现世与来世皆可享有和平、安稳与幸福。

将农民从武士阶级分离出来是分化社会阶层的一步举措。丰臣秀吉确定了四个社会等级，为武士、农民、手工业者与商人，后两者合称"町众"。在此基础上，后世的德川幕府建立起更为严苛的等级制度。正如农民生活在乡村、武士生活在城下町，町众的生活范围仅限于城镇。简言之，战国时代

---

① 以实现兵农分离为目的，没收农民武器的政令。——译者注

无条件的阶级流动性已从根本上被消除。后世的德川政权出台了更多的律令，进一步限制了阶级流动性。

　　大范围的土地测量为丰臣秀吉的新税收体系提供了基础。土地测量在织田信长时期就已开始，旨在评估全国的生产能力，但丰臣秀吉的土地测量更为系统，要求测量者将所有土地的"石高"（即大米年产量）和每块田地的耕种人都记录在册。每个村庄需参照总产量缴纳一定比例的年贡。无论大名或是基层兵卒，一切武士阶级成员都领受以大米支付的固定薪水，薪水来自对应藩内的贡米。通过这些数据，丰臣秀吉得以了解共有多少可征税的土地能提供经济来源，以及可调动兵力、劳动力的规模。基于大米的税收与薪水体系大大简化了此前庄园、地方体系下复杂的土地所有制和收入分配模式，亦在此后 300 年间得以沿用。为实现开源目的，丰臣秀吉还主张与东南亚发起海上贸易，于 1592 年开始实行"朱印船"①制度，为有意参与对外贸易的大名和商人提供官方许可。为威慑海盗，丰臣秀吉承诺对损害朱印船者绝不手软。

　　1594 年，一位耶稣会士在信函中一针见血地分析了丰臣秀吉的功绩：

　　　　若其人征服（地方国）后承诺保一方安全，百姓便不会受一丝伤害。此乃织田信长所不能及——每征服一城（或一地方国），织田信长必将当地首领斩草除根……

　　　　其人将地方争执与疑虑灭于襁褓之中，不予反叛和骚动任何余地。若有人谋反、叛乱，杀无赦……

　　　　其人不许将士、平民游手好闲，敦促其参与修筑城池之事……如此则此二类人断无空闲与精力谋划叛国、起义。

---

① 16 世纪末到 17 世纪初，带着日本掌权者核发的海外航行许可证（盖有朱印的文件），到海外进行贸易的船只。——译者注

其人（运用权势）变更一地（地方国）首领，并将其派驻至极远的另一国。①

然而，一统日本后，丰臣秀吉行事愈加自大。朝鲜使节来信恭贺战绩，丰臣秀吉在回信中刻意忽略卑微的出身，称自己出生时有异象——"日轮"进入其母腹中，预示"阳光普照之地"将皆归于其统治。丰臣秀吉还大胆预言"孤将一举杀入大明"，进而"令吾国风俗之花遍开大明四百余州"。②1592 年，丰臣秀吉征募了逾 15 万兵卒，将朝鲜作为首个侵略对象。很快，丰臣大军力克朝鲜军队，占领汉城，一路杀到平壤，铁蹄几乎踏平朝鲜，最终却被大明军队所阻。此后数年间，丰臣秀吉未能与明朝谈判和解，又于 1597 年再次发起进攻，无奈未及功成便已身死。1598 年，丰臣秀吉去世，日军在德川家康等五位大名组成的"五大老"③的命令下返回日本。

时人多著书称颂丰臣秀吉的开疆大业，曾任随军僧人兼医生的净土真宗僧侣庆念却记录下战时的种种暴行。日本入侵朝鲜的七个月间，庆念每日在日记中记录心中所感，以散文与诗歌再现了亲眼所见的人间炼狱，字里行间难掩同情。下文节选自日记中 1597 年 9 月中旬部分，亦是庆念初到朝鲜之时：

---

① Wm. Theodore de Bary et al., eds., *Sources of Japanese Tradition, vol. 1: From Earliest Times to 1600*, 2nd ed (New York: Columbia University Press, 2001), 439-440. Numerals of the clauses have been omitted.
② Wm. Theodore de Bary et al., eds., *Sources of Japanese Tradition, vol. 1: From Earliest Times to 1600*, 2nd ed (New York: Columbia University Press, 2001), 467.
③ 丰臣秀吉在其政权晚期制定的职位，就任的是其政权下五个实力最强的大名，分别为德川家康、前田利家、宇喜多秀家、毛利辉元、小早川隆景（去世后由上杉景胜递补）。丰臣秀吉希望自己过世后由五大老辅佐其子丰臣秀赖。——译者注

八月四日（1597年9月15日）。人人皆争着下船，唯恐落后。众人竞相抢夺杀戮，真令我不忍直视。

> 嘈杂四起
> 似是云雾蒸腾
> 众人蜂拥而至
> 意欲大肆劫掠
> 令无辜人受苦……

田地与山坡付之一炬，更不消说城池。朝鲜人或死于刀剑之下，或为镣铐所缚、被竹竿束喉。父母泪洒当场，小儿四处寻亲……悲惨如斯，乃我生平未见。

> 群山熊熊
> 将士魔疯
> 见火大喜
> 且喊且呼
> 真乃人间炼狱……

将士将朝鲜儿童带走，杀其父母。母子分离，再不能见。父母、子女两号啕，真乃地狱之景……[1]

---

[1] Wm. Theodore de Bary et al., eds., *Sources of Japanese Tradition, vol. 1: From Earliest Times to 1600*, 2nd ed (New York: Columbia University Press, 2001), 468-469.

京都一神社以埋有约 4 万朝鲜军、明军耳鼻的"耳冢"闻名，见证了战争的血腥与残暴①。侵略军将领依照核实后的杀敌数领受嘉奖，但由于人头过于沉重，不便随船返回国内，将士便将尸体的耳鼻削下，装入盐水桶中。随船带回的耳鼻中，埋葬在耳冢的不过少部分。

丰臣秀吉去世前曾向包括德川家康在内的五大老提出请求，务必让其 5 岁的儿子丰臣秀赖继承他的位置。不过，德川家康获得了多数权势最盛的大名、大将之拥戴，并借助 1600 年 10 月的关原之战，确立了自身的统治地位。关原之战牵涉了逾 16 万名将士，是史上规模最大的武士之战，交战双方为丰臣秀赖的西军与德川家康的东军。最终，因丰臣秀赖的一名大将倒戈，德川家康得胜。

安土桃山文化

城

城是战国时代的主要文化象征，包括较深的护城河、高墙、错综复杂的庭院与直入云霄的天守阁等元素，折射出城主的赫赫战功与实力。16 世纪 70 年代到 17 世纪为战国时代末期，该时期被命名为"安土桃山"，正是取自织田信长的"安土城"和丰臣秀吉的"桃山城"，城的重要性可见一斑。统一者获得权力，便建起宏伟的城池，将这一文化形式用作权力表征。

早期的城面积较小，是以防御为目的的半永久工事，建于陡峭的山脊边，仅战时使用。为防敌人接近，通常需筑起两三道这样的防御工事。战国时代战事频发，大名意图打造更多的永久据点，他们将居处定于平原或地势

---

① 位于日本京都东山区丰国神社门前。——译者注

较低的高原，便于俯瞰峡谷、保护附近稻田，又加盖了瞭望塔，挖了护城河。渐渐地，城附近形成了城镇，手工艺人、商人与武士蜂拥而至，盼能效忠大名，也就形成了"城下町"。城下町演变为大型城市社群，成为大名的行政总部和商业、贸易及手工艺生产的区域中心。后世，这些城下町成为城市化的基础，为新兴商人阶级提供了商机。

城以其雄伟壮美令人惊叹，但在战国时代，这一建筑形式主要服务于军事目的。城的内部如迷宫般错综复杂，旨在以重重防御迷惑来袭军队。若干护城河、外墙与瞭望塔构成第一重防御，突破此重防御后，来袭军队便会陷入迷宫般的分叉路径，寻觅出路而不得，方便城的守卫者用火枪和弓箭进行攻击。"迷宫"尽头是城主楼的4座联塔（联立式天守阁），可由窗户与滑

姬路城
照片来源：伯纳德·加尼翁（Bernard Gagnon）摄，Wikimedia Commons

道向敌军投掷巨石或泼洒开水与热油。若城被围，主楼亦有道路，可去往水井和存放武器、大米、食盐与其他供给的仓库。

姬路城又称"白鹭城"，是日本城中极美的一座，于1993年被联合国教科文组织列入世界遗产名录，也是观光客在日本最常光顾的城。姬路城还是世界上最大的城堡建筑群，共有83座建筑，占地约2.3平方公里，是东京巨蛋体育场的50倍。姬路城建于14世纪，后由丰臣秀吉大规模重建。传说建城时丰臣秀吉用光了大石，于是一位碾米妇献出自己仅有的一块磨石，被她的行为感染，众人纷纷向丰臣秀吉献石，最终将城建成。

筑城者采用了最先进的技术和设计，因此，姬路城几乎刀枪不入。若有人来袭，需得先穿过三条位于城外围的大型护城河才能将必要物资卸载、运输至对岸，如此一来进攻的脚步自然被放缓。穿过第三条河后，敌人已是筋疲力尽，物资也所剩无几。姬路城的白色石灰外墙壮丽秀美，具有防火功能，不过即便敌人向其他建筑纵火，亦可引护城河之水灭火。姬路城的石墙斜插云霄，因此，来袭者无法从城墙底部直视城池。若攀上城墙，也需穿过84道严防死守的大门。门极窄，一次仅容数人通过，也就拖延了行进速度。不过，姬路城从未遭受大型攻击，因而其防御措施不曾经实践检验。

织田信长的安土城毁于战国时代。1575年，将家族事务交给长子后，他下令在近江修建一座大城，为后世留下其荣升天下之主的佐证。考虑到战略布局，安土城定址山上，位于日本海与太平洋间的琵琶湖沿岸，可实现日本中部地区兵力的快速部署。安土城距离京都不远，但也有50公里之遥，织田信长固然希望统治朝廷，却也极力避免陷入繁杂的宫廷仪式之中。

大型城池不仅用作防御，也是大名的住宅与行政中心。在城中，意图成为国家领袖的军阀像统治阶级那样支配着文化资本，其特权也就显得更为名正言顺。为与宫廷和足利幕府保持同等雅致，安土城内设有能剧剧院。安土城外观并非简单的黑白配色，而是五彩斑斓，绘有龙虎之姿。安土城内部装潢华丽，装饰有大量镶着金箔的壁画与屏风，色彩鲜明。能工巧匠打造出薄如纸片的金箔和银叶，四处施用，将城中阴暗的内室映得金碧辉煌。统一大业的推动者不吝重金，雇用画家与工匠装饰城堡。该时期最具影响力的画家狩野永德（1543~1590）便受雇于织田信长，统领安土城的装饰工作。安土城项目工程浩大，狩野永德调度着大批人马，为城中的不同楼层布置了不同主题。顶层的滑动屏风门覆有金箔贴成的古代中国皇帝像，体现了织田信长一统日本的壮志雄心。顶层之下则多见佛教、马匹、鹰隼、花鸟与山水等主题。

狩野永德是绘画流派狩野派的第四代掌门，也是丰臣秀吉宫殿的主要设计者。他为桃山风格的确立做出了贡献，这一风格保留了禅宗水墨画的部分特质，但对色彩和金箔的使用更大胆，作品也就更具活力。狩野派成立于15世纪，创始人狩野正信在这一时期被任命为足利幕府的专用艺术家。狩野正信专攻中国水墨画，但其子狩野元信在其中融入了土佐派[①]更为多彩的大和绘风格。事实证明，运用狩野元信的混合风设计出的折叠屏风和"襖"十分吃香。折叠屏风和"襖"由来已久，用来分隔宫殿及住宅中的大型开放空间，下文将进行介绍。狩野永德之后，狩野派人才辈出，又获当权者赏识，渐渐发展出装饰性更强、更优雅的一派风格。他们将中国的风格与主题进行了本土化改造，以迎合日本民众的品位。狩野永德的养子狩野山乐以创作装饰性花鸟画闻名，其作品成为狩野派代表作。

1579年，安土城建成，成为织田信长的官邸。耶稣会传教士路易斯·弗罗伊斯（Luis Frois）详细记录了城堡的内外装饰，惊叹其"富丽堂皇、一丝不苟的建筑设计，可与欧洲最尊贵、奢华者相媲美……浑然一体，

---

① 日本画派之一，继承了大和绘的传统，与狩野派并称为日本绘画史上的两大流派。——译者注

雅致无暇，真乃人类工艺登峰造极之作"。[1]1582年，织田信长逝世，安土城被不知名者付之一炬，徒留遗迹。

建筑内部装饰风格

日本民居以简单却不失优雅的风格及自然材料的使用闻名于世。放眼20世纪，弗兰克·劳埃德·赖特（Frank Lloyd Wright）、布鲁诺·陶特（Bruno Taut）、勒·柯布西耶（Le Corbusier）和瓦尔特·格罗皮乌斯（Walter Gropius）等欧美建筑大家大多曾造访日本，试图将日本建筑的空间感与简洁性融入自身设计，去除维多利亚时代冗余的装饰，追求更为简洁的现代设计。在日本，室内设计领域的创新多见于室町和安土桃山时代，出现在城池、上层阶级的府邸与佛教寺院中，形成"书院造"[2]风格。足利义政的银阁寺被视作现存最古老的书院造建筑。书院造建筑的接待区面积广大、风格突出，当权武士精英多用之设宴，接待为数众多的盟友与家臣。

城与府邸内部十分宽敞，为开放式结构，室内有清凉微风循环，可承接大规模集会。室内仅有几堵固定墙，以大木柱撑起屋顶与天花板的重量，木柱多装饰有色彩斑斓的华丽画作。为灵活运用宽敞的空间，日本人发明了折叠屏风和襖两大室内装置，将室内划分为更小的私人空间。如今，这两大装置仍应用于日本室内装潢中。

折叠屏风在日语中直译为"风墙"，是一种十分便于移动的屏风，约于7世纪从朝鲜引入，但在14世纪至16世纪才发展成熟。室内，折叠屏风

---

[1] Michael Cooper, *They Came to Japan: An Anthology of European Reports on Japan, 1543-1640* (Berkeley, CA: University of California Press, 1982), 134-135.
[2] 以"书院"（书斋）为核心建筑的宅邸风格，多见于武士宅邸，与以"寝殿"为中心的平安贵族宅邸风格"寝殿造"相对。"书院"房间的正面墙壁划分为左右二龛，左侧墙壁开有一扇窗，窗前有一处类似小桌子的置物空间。——译者注

起到遮挡气流的作用，质地较轻，可提供一定程度的隐秘性，亦可作为正式场合的背景使用，增添一分雅致。室外，折叠屏风可用于野餐，既可挡风又可防窥探。根据使用目的，折叠屏风有多种高度与长度，宽有 2 扇到 8 扇，高可达 3 米。最受欢迎的是六扇屏风，约 3.6 米宽、1.5 米高。将手制和纸贴到格栅状竹框架上，一扇屏风就做成了。每两扇屏风间以纸合页连接，左右两向均可折叠。早先，折叠屏风由一幅幅独立画作构成，以丝绸织边。不久，艺术家意识到应将所有屏风扇拼为一幅整画，如此一来，有助于从整体上加深观者印象。屏风上画作的风格与主题十分多变，可对应不同的房间功能。私人寝室多选取简单的水墨画，公共区域则多采用色彩斑斓的金箔屏风。折叠屏风多成对制作，两扇屏风上呈现关联图像或概念，如龙与虎、《源氏物语》等经典文学的不同情节或雷神与风神。

"襖"指安装于室内柱间的滑动纸门，插入地板上的木制轨道与上方雕出的横挡中，是另一分隔室内大型开放空间的"神器"。关闭襖，一方密闭小区域就形成了，打开或搬走襖，房间之间即连通。像折叠屏风一样，襖也

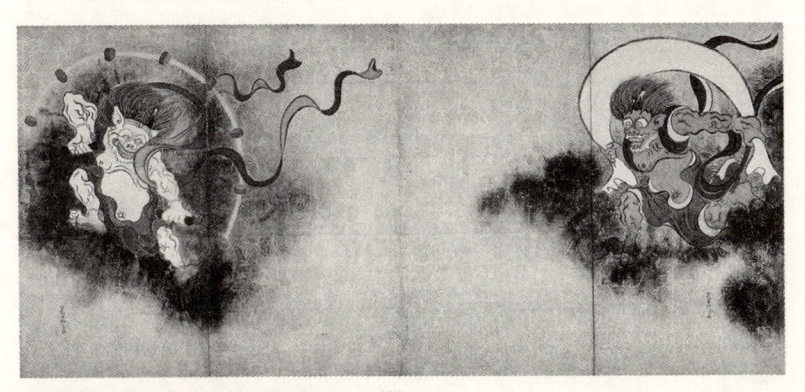

尾形光琳《风神雷神图》折叠屏风，17 世纪
东京国立博物馆
图片来源：Wikimedia Commons

狩野山雪《老梅树》襖，17世纪
纽约大都会艺术博物馆
图片来源：Wikimedia Commons

是将和纸一层层糊在轻质木框架或竹框架上制成的。几块折叠屏风扇可呈现连贯主题，襖则保持了整个房间设计上的一致性。

室内建筑的第三大特征出现于室町时代晚期，名为"壁龛"，即房内墙壁的凹进空间。壁龛是室内装饰的基本元素，亦是房间的焦点，它放置在榻榻米垫上，被抛光的木制基座抬高，显得十分不同。通常，壁龛包括一幅水墨画或书画长轴、一只香炉和一件花道作品，有时还有一座烛台。上层阶级将壁龛用来展示文物，并随季节更换摆设。室内置壁龛的传统在日本后世的平民家庭流行开来，非上层阶级者亦可借此彰显审美品位。壁龛被看作室内空间的核心，有相关的仪式礼节，除更换摆设外，任何人不得踏入壁龛，即便是更换摆设，也需遵从规定操作。主人不宜当着客人面直指壁龛、炫耀珍宝，为此，聚会中最尊贵的客人应背对壁龛而坐。

房间地面铺的榻榻米由一块块薄垫构成，薄垫为蔺草织就，带有香气。榻榻米之下是一层用麻线捆住的稻草，这层稻草用布料包边，根据户主的地位不同，包边材料亦不同，有素棉布也有精巧的织锦。"榻榻米"一词来源于动词"折叠"或"堆叠"。平安时代的住宅为木制地面，人们将可折叠的灯芯草垫层层堆叠放置，供人坐着。室町时代，人们开始在寺庙、城和住宅内铺设固定的榻榻米垫，铺满榻榻米的房间被称作"座敷"。

榻榻米垫的标准尺寸约为宽 0.9 米，长 1.8 米（不同地区存在细微差别）。人们在说明某房间的面积时，也会以所铺榻榻米数来表示。如今，多数日本家庭已不在房内铺设榻榻米，但仍以此表示房间面积。当代日本建筑中，房间面积通常为 6 张到 12 张榻榻米，约为 9 平方米到 18 平方米。不过，城和宅邸内的房间要大得多。姬路城天守阁的一层有时被称作"千垫屋"，实际上仅铺了约 350 张榻榻米，面积约 560 平方米。

17 世纪末，榻榻米作为一种铺地材料广泛应用于富裕平民之家。下层阶级则在家中的泥地上铺一层薄薄的可折叠榻榻米垫。如今，多数日本家庭已不再用榻榻米铺地，不过有的家庭会保留一间日本风格的"和室"，铺设榻榻米并设置壁龛等传统日本室内建筑元素。

日本另一室内建筑风格"数寄屋造"也于同期诞生。"数寄"指精致典雅的品位，数寄屋造风格源自山中茅草屋的美学概念，强调自然材料的运用，不提倡城中座敷的浮夸奢华之风。数寄屋面积较小，装饰简单，以细长、抛光的树干取代沉重的方形立柱，有时连树皮都不必去除。数寄屋的墙壁与天花板无装饰，墙上敷的是自然色泽的泥土石膏。滑动障子[1]上并无图画，由木框架糊上半透明纸制成。17 世纪早期位于京都外围的皇室行宫桂离宫乃数寄屋造风格最佳代表之一，尤受后世欧美建筑家推崇。桂离宫大量使用榻榻米垫、障子和铺地石等材料，令这些矩形元素重复出现，打造韵律感，再利用木制材料与庭园中天然物的不规则形状，实现了庭园与室内空间的无缝衔接。

---

[1] 日式房屋中为分隔房间使用的可拉式糊纸木制窗门。"障子"与前文所述"襖"的区别，简单来说是门上的窗格较多。——译者注

第五章 解体与再统一

权力的艺术：茶道及其他

丰臣秀吉出身不明，因此比起身为大名之子、神职家庭之后的织田信长，他更感受到为自身地位正名的必要性。织田信长拒绝卷入皇室与足利幕府的琐事之中，丰臣秀吉却极力寻觅接近宫廷与天皇的途径，尽管后者已被夺权、有名无实。他苦心钻营，通过强迫收养的方式一步步爬升至只对朝中高官家庭开放的关白一职，又强迫天皇为其手下的精英武士授阶，将武家领袖提升为贵族。不过，这一不光彩的行径倒也起到了恢复皇家统治秩序的效果，如同平清盛在12世纪所做的那样，通过授予大名朝廷官职，丰臣秀吉为朝廷注入了实权。一直以来，"摄政"这一头衔并无实际意义，却在丰臣秀吉统治朝廷时期再次成为国家权威的代名词。

茶道为丰臣秀吉获取文化资本提供了平台。平安时代，佛教僧人将茶引入日本，作治病、提神之用。14世纪至16世纪，人们围绕备茶、敬茶和饮茶的习俗发展出一系列规则和一种艺术形式，茶道由此诞生，成为当今日本文化理念与传统美学的重要标志。茶道是一门复合型艺术，集绘画、书法、陶艺、庭园、建筑与其他传统艺术于一体，但并非简单地对必要元素进行堆叠展示。行茶道时，主人需视时节、地点与来客精心挑选所需的每样物件，包括壁龛中的一幅卷轴和花道作品、茶碗、茶罐及香炉等。如此，茶道成为展示个人鉴赏力和文化修养的终极途径，也是新武士精英极欲培养的雅好。

两个世纪中，茶道发生了较大的变化。起初，茶道遵从着原产地中国的习俗，宾客在椅子上就座，主人向宾客展示尊贵精巧的中国器具。后来，茶道逐渐成为一种肃穆的精神仪式，在一间类似小茅屋的房中进行，使用日本与朝鲜的陶器和器具，其精巧、规则程度不可与雅致的中国器具同日而语。

本地陶器"走红"反映出时人反抗中国艺术大行其道的本土主义思想，亦是商人阶级茶师展现自身审美的机会，不过，并非所有茶道爱好者都偏好本地陶器。后世的日本茶道分裂出两种风格，一派为富贵人家所青睐，富丽豪华，不拘泥于规则；另一派则有着严格的规定，偏好简朴与宁静的田园风格。后一派被称作"侘"或"寂"，蕴含哲学思想，体现了佛教中无常与缺憾的概念。茶道大师武野绍鸥（1502~1555）曾试图以藤原定家之诗传达侘茶色淡而谦逊、淳朴的本质：

> 目之所及，
>
> 既无樱花，
>
> 又无红叶。
>
> 草屋一间，
>
> 傍湖而居。
>
> 好个秋夜。[1]

日本陶器中，未上釉、以木火烧制者出自备前古窑，上棕色铁釉者出自濑户[2]，色调自然、表面覆盖石粒者出自信乐[3]，此几种陶器乃"侘"之美学的代表。

理想状态下，行侘茶的仪式时，应选取一间形似小木屋的茶屋，在茶屋的一间斗室内进行。斗室门极低，宾客需蜷身进入，以掌与膝为足，象征列

---

[1] Geoffrey Bownas and Anthony Thwaite, trans., *The Penguin Book of Japanese Verse* (London: Puffin, 1986; repr., London: Penguin, 1998), 100.
[2] 日本本州中南部陶瓷工业城市，属爱知县。——译者注
[3] 近江国（滋贺县）甲贺郡信乐町是信乐烧的发祥地。信乐窑是日本六大古窑之一（另五个是濑户、常滑、丹波、备前、越前）。——译者注

瀬户烧茶罐，室町时代
图片来源：Wikimedia Commons

座众人皆平等。对于与"上等人"一同修行茶道的商人来说，这一点极为重要。人们多将这一茶道风格归于 16 世纪的茶道大师千利休（1522~1591）。据称，其人曾以宗教哲学解读侘茶之道：

> 斗室之茶道首先关乎仪式，乃依佛道实现圆满。感住所之雅致或珍馐之味美乃俗世之乐。屋不漏雨便可居，人不觉饥便是饱，此乃佛家之教义，茶道之精髓。取水，捡柴，煮水，烹茶。敬之于佛祖，分予众人与己同饮。插花且焚香。凡此种种，皆是效仿佛祖与过往先贤。再

者，需自己福至心灵方可。①

千利休生于港口城市堺的一户商人之家。堺由富商组成的委员会治理，祥和而富饶，艺术之花遍开。千利休的茶道师承武野绍鸥，武野绍鸥通过为武家制造马鞍积累了财富，同样是侘茶的早期提倡者。武野绍鸥有感于鸭长明在市中心打造的"方丈庵"，希望在茶道中体现宁静的田园山屋气质。武野的弟子千利休进一步发展了侘茶的美学概念，他为京都的妙喜庵设计了茶室"待庵"，采用了粗犷的土墙与光裸的雪松木横梁等元素。千利休还在陶工长次郎处定制了不对称的磨砂黑茶碗，专供丰臣秀吉使用，进一步体现出其人对侘茶的品位。丰臣秀吉大喜，赠陶工长次郎之家"乐"字印，后者将此字用作名字，将制陶手艺代代相传，终成陶器世家。如今，"乐烧"仍具有较高的价值，但"乐"字已被广泛用于指代低温烧制的陶器。

千利休在茶圈声名鹊起，被织田信长雇为"茶头"。织田信长将茶道用作政治手段，以此在从事军用物资交易的商人间取得威信。织田信长运用权势向盟友和敌人索要昂贵的茶具名物，有时也将名物奖给势力较大的拥护者或忠诚的家臣。茶道为武士阶级提供了修养来源，亦成为商人阶级与武士统治阶层交往的工具，以及展现个人财富、品位的手段。织田信长执政时期，有财而不行茶道者实乃粗鄙，必定全无修养与审美能力。茶道还实现了几个重要的政治功能：茶师成为大名间的使节，茶会为外交谈判提供了文雅的会面场所，昂贵的茶具成为巩固盟友关系的礼物。

织田信长过世后，千利休成为丰臣秀吉的茶头。丰臣秀吉继承了织田

---

① Dennis Hirota, *Wind in the Pines: Classic Writings of the Way of Tea as a Buddhist Path* (Asian Humanities Press, 2002), 217.

信长的珍奇茶具，对茶道表现出更大的热情。于千利休而言，新任统治者对茶的狂热既是幸运又是不幸。起初，千利休很得丰臣秀吉赏识，成为其心腹，丰臣秀吉的资助又提升了武士阶级与富裕平民对茶道的接纳度。丰臣秀吉曾说："人不可纵欲，然我偏爱茶道、狩猎，竟难自制。"[1] 丰臣秀吉有时偏好宏大奢华的茶道风格，他命人建造了一间可移动茶室，室内的墙壁、架子和茶具俱是"金光闪闪"，有的用了金箔，有的用了金漆。这一风格与千利休简朴的概念相抵触。1587年，丰臣秀吉命人举办了一场盛况空前的大型茶会，共持续10日之久，地点在京都的北野天满宫。他要求全国的茶师与习茶道者悉数出席。共有八百茶师、数万京都人参会，包括朝臣、武士与町人。后来，丰臣秀吉与千利休发生了争执，暴躁的丰臣秀吉便命千利休切腹自尽——传说称，京都大德寺的寺门上方是千利休的木雕，丰臣秀吉不得不从"千利休"之下经过，因此感到受辱。另有说法称丰臣秀吉"眼红"千利休收藏的一只珍贵茶碗，方才起了杀心。茶师千利休的命运也许与时政有关，丰臣秀吉计划攻打朝鲜，位于九州的港口城市博多将成为前线，因此堺将失宠。博多的商人与茶师成为丰臣秀吉的"新宠"，也许曾向金主发表不利于千利休的言论。

日本入侵朝鲜后，许多大名带回了朝鲜的瓷器，更有甚者，将俘虏的朝鲜陶匠一并带回。他们将现有的朝鲜陶器投入市场，又命朝鲜陶匠制造出新陶器，希望借此从茶道交易可观的利益中分一杯羹。朝鲜工匠将烧制细白瓷的窑和其他新技术引入日本，如今受到欧美收藏家青睐的伊万里烧[2] 应运而

---

[1] Kawasaki Momoto, *Hideyoshi to bunroku no eki* (Tokyo: Chūokōronsha, 1979), 60-61.
[2] 有田烧是以日本佐贺县有田町为中心产出的瓷器。江户时代，这些瓷器通过伊万里港输出，因此也被称为伊万里烧。——译者注

生。伊万里烧釉下彩[1]为钴蓝色，釉上彩[2]为红与金，表面花纹繁复，由花、植物与风景等图案组成。

千利休与丰臣秀吉过世后不久，继任的德川幕府进一步严控等级界限，茶道圈分化愈加严重。以古田织部、小堀远州和片桐石州为代表的茶道大师皆为大名，其追随者仅限于武家统治者的精英成员。平民则大量涌入千利休后人创立的里千家、表千家和武者小路千家等流派。茶道仍是精英武士阶级展现修为的基本手段，也教授町人得体的礼节与举止，在町人间广泛传播开来。

花道是日本的另一经典艺术形式，同样成型于16世纪，是一种展现个人品位与文化资本的手段。像现代日本茶道一样，花道常被看作一门女性艺术，然而在19世纪前，茶道与花道皆专属精英阶层男性，鲜少对女性开放。平安时代起，日本文学与视觉艺术出现了"赏花"这一主题，作家们盛赞紫藤、鸢尾、菊花、牡丹和其他时令鲜花之美。描绘室内的画作常有大型插花收纳于雅樽之景。朝臣间盛行"花合"游戏，玩家需为极美的鲜花挑选最能展现其美的花樽。

有人称花道根植于7世纪向佛教众神供花的传统。据称朝廷贵族、遣隋使小野妹子将隋朝的供花规矩带回了日本。供花不可随意而为，应体现佛教"三身"[3]的思想，中间为一长茎，两侧为稍短的茎。后来，小野妹子成为京都六角堂的住持，六角堂又成为日本花道中最古老、规模最大的池坊流派的大本营。池坊派僧人编写的《仙传抄》共描述了53类插花风

---

[1] 陶瓷主要装饰技法之一，用色料在已成型晾干的素坯上绘制纹饰，然后罩以白色透明釉或者其他浅色面釉，一次烧成。——译者注
[2] 陶瓷主要装饰技法之一，用各种彩料在已烧成的瓷器釉面上绘制纹饰，然后二次入窑、低温固化彩料而成。——译者注
[3] 指"法身""报身""应身"3种佛身。——译者注

格，分别适用于离家征战、男子成年与婚礼等各类仪式场景。足利义政将军（1436~1490）是著名的花道赞助人，曾在银阁寺宴请花道人士，封池坊派为"花道家元"。17世纪，后水尾天皇亦曾大力支持花道活动。

正如千利休"灵化"了茶道，池坊派也为花道中花茎的数量和安放位置赋予了佛教意义，还称花道主要服务于宗教目的，并非单纯的装饰艺术，"在摧花之强风中觅得开悟之源，未有一日只知贪欢"。[1] 与禅宗的石园相似，花道也将自然之物作为模仿对象，力图打造具有佛教象征意义的景致。常青树的粗茎代表圣山，柳茎或柳藤代表林荫，白花充当瀑布，开花灌木的茎象征山脚。花道多以7到11根大枝摆出"立花"，复杂而高耸，多见于富贵人家的宅院。

从丰臣秀吉的茶道偏好来看，不难发现其人喜爱大而华丽之物。有人称丰臣秀吉"连茅厕都以金银装饰，兼有色宜之画作。件件皆珍奇，却被用之如泥土"。[2] 丰臣秀吉宅邸的房间内布置着大量巨型立花。茶师千利休十分厌恶浮夸之风，按照茶道规则，茶室的壁龛上也应放置花道作品，但千利休认为理想的花道应为"天成"，不可用力过猛，仅向精心挑选的容器内投掷几支小茎即可，由此形成的"投入花"风格与立花高度规范的构造形成对比。传说中，千利休曾向丰臣秀吉展示其"简单美学"：丰臣秀吉听闻千利休的花园中有一种极为少见的牵牛花，美丽异常，便提出一探究竟。谁知到千利休家中后，只见园中所有藤蔓与鲜花皆被移除，徒留砂石覆地。盛怒的丰臣秀吉被仆人引入茶室，千利休正在茶室等候，且早已将一只朴素无瑕的牵牛花置入壁龛上的一件中国古铜器内。

---

[1] Donald Richie, *The Masters' Book of Ikebana: Background & Principles of Japanese Flower Arrangement* (Tokyo: Bijutsu Shuppan-sha, 1966), 56.
[2] Quoted in Richie, *The Masters' Book of Ikebana*, 57.

后来，花道不断发展，高度模式化、结构化的风格与更为迅捷随意的风格并存。能剧及其他时间艺术的进度与节奏均以序、破、急描述（见第四章）；按照正式程度，日本的空间艺术（建筑，庭园，花道，书法）亦可分为三类，通常以本书的三个术语表达，即真、草、行。"真"代表其中最为正式者，特征为缓慢、对称、壮观及受人类控制、被人类塑造；"草"代表其中最不正式者，表现为快速、不对称和随意的态度，一切皆为自然态；"行"则是"真"与"草"的折中。这三种风格多见于书法，真书间距平均，字形堪称完美，草书则松散灵动，字体有大有小，相互冲撞。

欧洲人造访：日本的"基督教世纪"

茶与基督教均在日本战国时代蓬勃发展，许多史学家都曾思考两者间可能存在的联系。耶稣会于1549年登陆日本，是首个传播至日本的天主教修会。耶稣会士通过大名接触到茶道，对茶道礼仪进行了详细记录。有人推测，千利休的侘茶那谦逊、庄重与平等的特质正是受基督教教义影响形成的，且一些茶具上带有十字形设计，亦体现了基督教信仰。这些证据并不能导出确定性结论，但不可否认的是，几位追随千利休的德高望重的大名均转信天主教，且16世纪抵日的葡萄牙与西班牙人均对日本政治文化发展产生了重大影响。

1506年，教皇下了一道诏书，将新发现的非基督教土地瓜分给欧洲列强，其中西班牙获得了南方和西方地区的统治权，葡萄牙获得了东方地区的统治权。葡萄牙人在印度南部的果阿邦、马来半岛的马六甲、印度尼西亚的摩鹿加群岛和中国澳门建立起前哨基地。当时，欧洲人从13世纪威尼斯探险家马可·波罗的游记中了解到日本，他称日本是一个名为"Zipangu"的偏远国度。关于日本的故事激发了克里斯托弗·哥伦布的好奇心，他扬帆远航向亚洲进发，寻觅"Zipangu"的踪迹，最终虽然并未找到日本，却发现了新大陆。葡萄牙人是欧洲大陆上最早到达日本的。1542年，一艘搭载三名葡萄牙商人的中国帆船在九州附近的种子岛遇险，经由这场意外，葡萄牙人发现了日本。日本人从这些商人手中获取了火绳枪，又以"种子岛"命名了这一武器。很快，日本成为葡萄牙人航行亚洲的必停之站。

最早抵日的葡萄牙商人带来了西方文明与商品，日本人对"外面的世界"甚是感兴趣，极欲尝试新思想、新技术与新时尚。他们发现欧洲人十分野蛮，不会使用筷子，直接用手进食，而且读不懂书面文字。日本人将这些来自南边葡萄牙殖民地区的人称为"南蛮"。葡萄牙人的物质文化被绘制在大型折叠屏风上，这类屏风被称作"南蛮屏风"，刻画有长鼻高帽、长裤飘飘的商人，跟随商人的黑人仆从，神父与天主教各修会会士，白帆闪耀的葡

狩野山乐《南蛮屏风》，17世纪
日本东京，三得利美术馆
图片来源：Wikimedia Commons

萄牙大型卡瑞克帆船①和日本南部建起的教堂等意象。

  葡萄牙商人用丝绸、药品和武器换走了日本人的白银，又将白银带去大明。战国时代，大名们翘首期盼葡萄牙商船靠港，极欲与其交换商品。内战时期，葡萄牙人提供的火器直接影响了日本的政治力量平衡。日本人仔细研究了火绳枪的构造，研制出自己的火绳枪，并迅速建立起军工厂。后来，大炮在战国时代引入日本，于16世纪80年代首次投入战争。凭借欧洲人分享的航海与造船技术，日本人在东南亚全境建立起交易活动的前哨基地。借助舶来的玻璃镜片，日本人得以探索天象，悉知地下的微观世界。纸牌游戏、服饰、烟草和食物等文化舶来品也被日本大众所接纳。日本还引入了辣椒等香料，红薯、南瓜等作物，糖、天妇罗、面包、长崎蛋糕②及金平糖③等美食。这些来自"新世界"的食物改变了日本人的饮食传统，如今仍广受欢迎。外国时装也受到许多日本人的欢迎，织田信长和丰臣秀吉等大名有时也会穿起天鹅绒长裤，戴上有基督或圣母玛利亚图像的念珠和珠宝以自娱。

  基督教确是一味强大的变革"催化剂"，因此，这一时期有时也被称作日本的"基督教世纪"。紧随商人脚步，传教士也很快抵日。1544年，日本人弥次郎因杀人被官府通缉，他逃上一艘葡萄牙船只，随船前往印度的果阿邦。其人在果阿邦受洗，成为一名基督教徒，又入耶稣会神学院学习，结识了方济各·沙勿略（Francis Xavier，1506~1552）。弥次郎告诉方济各，日本已具备推广基督教的条件。很快，两人与两名西班牙耶稣会士乘船出发，于1549年抵达九州的萨摩藩。那时，罗马教会正努力发展新教徒，以弥补因欧洲宗教改革损失的信徒。弥次郎等人到达日本时正值战国时代，大名

---

① 15世纪盛行于地中海的三桅或四桅帆船，特征是拥有巨大的弧形船尾，以及船首的巨大斜桅。——译者注
② 15世纪传到日本长崎的甜食，以砂糖、面粉和鸡蛋做成，类似海绵蛋糕。——译者注
③ 一种外形像星星的小粒糖果，由葡萄牙传教士传入日本。——译者注

第五章　解体与再统一

在藩内实行自治，被传教士称为"王"。起初，日本人认为既然耶稣会士来自印度，带来的必定是佛教的新教义——弥次郎将"天主"译作真言宗中的"大日如来"，该为这误会负上一些责任。

渐渐地，大名发现与欧洲人同舟共济是件有利可图的事，传教活动便发展起来。随着宗教的到来，借助葡萄牙巨型商船与中国和东南亚国家发起贸易往来成为可能。应耶稣会士要求，船长仅在大名信仰天主教或允许建造教堂的藩内港口停驻。长崎成为主要的葡萄牙贸易基地，很快由一个小渔村转型为国际贸易中心。16世纪60年代，京都也成立了天主教团体，但九州仍是天主教中心，是多数耶稣会学院与教堂的据点。1580年，大名大村纯忠（教名为唐·巴尔托洛梅乌）将整个长崎献给耶稣会，九州"天主教中心"的地位进一步巩固。大村纯忠和另外两位势力较大的大名改信天主教，极大程度上帮助耶稣会在日本南部取得了胜利。此三人还要求全体子民一并改变信仰。这些大名同意推翻本土信仰的"偶像"与神社，作为回报，他们获得了武器，通过交易积累了财富，也获得了物质援助，在战国时代的数场战役中取胜。大名要求子民也改变信仰，因此，当时的少量传教士即可收获大批信众。1553年，5名外国传教士促成4000名日本人改信天主教；1579年，55名传教士令10万日本人改信天主教。16世纪末，日本已有近2%的民众成为天主教徒，是当今日本基督教徒的两倍有余。

耶稣会将针对中国的策略沿用于日本，即以精英阶级为目标，企图说服他们命令全体子民改变信仰。为促成这一"壮举"，传教士们编写了词典，将词典与《伊索寓言》等欧洲文学作品用1590年传教士带入日本的活字印刷术印刷成册。在耶稣会日本教区视察员范礼安（Alexandro Valignano，1539~1606）看来，为争取日本大名的支持，耶稣会士不仅应学习日语，还应摒弃欧洲的服饰与习俗，学会日本人的饮食与行为方式。当时，外国传教士对日本助手的忠诚度抱有怀疑，范礼安却力排众议，提倡培养日本本土神父。不干斋·巴鼻庵（Fabian Fucan）事件进一步加深了传教士们的疑虑。此人乃京都本土人士，长于禅宗寺院之中，于1586年加入耶稣会神学院，后在九州天草地区的一间传教士学校教授耶稣会士日本文学经典。耶稣会拒绝授予巴鼻庵全职神父职位，他记恨在心，便背弃了天主教。德川政权上台后改变了宗教政策。1620年，巴鼻庵出版了《神灭：近世日本基督教之景象》(*Deus Destroyed*)一书，言辞辛辣地抨击基督教与推行基督教的欧洲人，成为许多反基督教论调的基础。巴鼻庵称"天主的追随者"试图"毁灭佛法与神道"。他如是写道："他们派军占领了吕宋岛和新西班牙[①]等国，该地的野蛮人本质与野兽相近。而我日本帝国之神勇远超他国。因此，他们妄想凭借传教攫取我帝国，即便付出千年亦在所不惜，此念想已深入骨髓，断不肯弃。"[②]

织田信长借助火绳枪统一了战争中支离破碎的地方诸国，在他庇护下，基督教传教活动得以大肆发展。织田信长之所以与基督教结盟，一定程度上是借基督教制衡佛教宗派的强大势力。丰臣秀吉起初也对基督教青睐有加，可一次九州之行令他大为震惊。基督教在京都规模不大，并无威慑力，在九州却大行其道。得知葡萄牙人将日本女子卖到船上或葡萄牙、澳门等地为妓后，丰臣秀吉便更加反对这一宗教。1587年7月，丰臣秀吉致信耶稣会日本教区准管区长加斯帕尔·科埃略（Gaspar Coelho），要求耶稣会停止对日本人口的贩卖、奴役行径，并将之前贩卖的奴隶送返日本。同年晚些时候，他下令禁止民众信仰基督教，要求外国传教士20天内离开日本。不过，

---

① 新西班牙（Nova Hispania），西班牙帝国管理北美洲和菲律宾的殖民地总督辖地，首府位于墨西哥城，曾试图和日本建立贸易往来，但最终未能成功。——编者注
② Wm. Theodore de Bary et al., eds, Sources of Japanese Tradition, vol. 2: 1600 to 2000, 2nd ed. (New York: Columbia University Press, 2005), 180-181.

这项禁令并未被严格执行，传教士仍在日本境内开展活动，只是更加谨慎罢了。

1585年，教皇格列高利十三世（Pope Gregory XIII）向耶稣会承诺，将日本划为其专有的传教地点。不过，方济各会（Franciscan）、多明我会（Dominican）和奥斯定会（Augustinian）①也于16世纪90年代先后抵达日本。天主教各派相互竞争，引发了暴力对抗与恐怖袭击。1596年，一艘马尼拉开往墨西哥阿卡普尔科的西班牙大帆船被大风吹至偏航，船上贵重的货物被当地大名没收，致使丰臣秀吉与耶稣会、方济各会关系恶化。方济各会与耶稣会对此事表示抗议，引发了争执，加深了丰臣秀吉对西班牙、葡萄牙意图推行帝国主义的怀疑。丰臣秀吉下令将京都所有基督徒钉死在十字架上。起初，处决名单上有数百人，但执法官员不忍，最终仅26人被行刑，包括本土基督徒与神父、四名西班牙人、一名墨西哥人和一名印度人。26人一路从京都南部被押解至长崎行刑，以警示长崎的大批基督徒。他们被后世称为"日本26圣人"。

1603年，德川家康被封为将军。起初，他令所有港口不加限制地向外国开放贸易，希望通过国际贸易实现开源。他罔顾丰臣秀吉的基督教禁令，对天主教传教士和神父采取了宽容态度。很快，荷兰和英国的新教传教士也来到日本，与西班牙、葡萄牙传教士争抢"市场"。1598年，荷兰派出五艘船前往日本，最终只有一艘于1600年抵达目的地。1609年，第二艘荷兰船只成功抵日。1613年，英国派出的船只也到达日本，但由于不满利润微薄，便于1635年终止了对日贸易往来。荷兰与英国船只并非政府掌管，而是由贸易公司安排。两国商人提醒德川家康，西班牙曾利用天主教在中美、

---

① 方济各会、多明我会和奥斯定会均属天主教。——译者注

南美和菲律宾煽动社会、政治动荡以控制各国，葡萄牙也在澳门和果阿邦有类似之举，只是相较西班牙规模较小，这两国也许意图在日本如法炮制。荷商和英商向德川家康保证，他们无意令日本人改变宗教信仰或征服日本，只关注利益。

威尔·亚当斯（Will Adams，1564~1620）是德川家康的欧洲顾问。詹姆斯·卡拉维尔（James Clavell）曾在畅销书《将军》（Shogun，1975）中记录亚当斯其人，传扬其美名。后来，《将军》被改编为迷你剧，高度还原了历史，很受观众欢迎。亚当斯是一位英国航海家，于1600年乘坐荷兰船只抵达日本。他在日本安顿下来，成为备受德川家康信任的外交与航海贸易顾问。德川家康禁止亚当斯离境，但授予了他武士头衔——在日本历史上，这是外国人难得的殊荣。此外，德川家康还将亚当斯封为家臣，擢升至高位。亚当斯获赐日本姓名三浦按针，意为"三浦家族的领头人"，又获贺浦宅院一处，紧邻江户湾入口。眼见重返英国无望，与妻、子无缘再见，亚当斯便迎娶了当地官员之女，彻底入乡随俗。1620年，亚当斯逝世，享年55岁。他葬于长崎，紧邻方济各的纪念碑。

亚当斯起初是与9名幸存的船员一同抵达日本海岸的，被当地官员和耶稣会士发现踪迹。耶稣会士意识到来者乃敌国之人，便宣称这艘名为"爱情号"（Liefde）的船只乃海盗船，应将船员处死。当时尚未成为将军的德川家康下令将船员囚禁在大阪城，亲自审问了亚当斯。在写给英国妻子的信中，亚当斯描述了德川家康审问他、决定饶几人不死的过程：

> 我走到君王面前，他仔细打量我一番——这君王的面相让人很是舒服。他向我比了很多手势，有的我能理解，有的则不能。后来，来了一个会说葡萄牙语的人，经他翻译，君王要求我交代来自何方，为何长

途跋涉前来此地。我向他告知我国国名，告诉他我国探索东印度群岛已久，希望与诸王和君主建立友好通商关系。我国物产丰饶，均为东印度群岛所不曾有……君王又问，我的国家是否有战事。我回答有，我们与西班牙和葡萄牙交战，与其余国家保持着友好关系。君王又问我有何信仰。我说信上帝，是上帝造出了天与地。他又问了我许多宗教问题和其他事宜，比如我们的船是经由哪条航路抵达日本的。我将一幅世界地图呈给君王，将途经的麦哲伦海峡指给他看。他十分震惊，认为我在说谎。就这样，我与他讨论了一个又一个话题，一直交流到深夜。①

德川家康拒绝了耶稣会处决亚当斯和船员的要求。见亚当斯赢得将军信任，耶稣会十分担忧，先是试图说服亚当斯加入耶稣会，失败之后又罔顾德川家康命令，承诺助亚当斯偷偷乘船离开日本。1614年，德川家康颁布了一道命令，将全体天主教神父与传教士驱逐出境，要求所有日本基督徒放弃基督教信仰，并在国家批准的寺院登记隶属关系。毫无疑问，命令的出台与亚当斯的建议和天主教各派别间的混战脱不开关系。1616年，德川家康逝世，其子德川秀忠继承了将军之位。德川秀忠加大了毁灭基督教和控制欧洲人的力度，将欧洲商人的交易活动限制在长崎港和附近的平户港。

第三任德川将军为德川家光，任期始于1623年，此人进一步加快了消灭基督教的进程。早在德川家康时期，官府便开始采用各类体罚措施强迫信众弃教，常见手段包括毁伤肢体、火刑、水刑②及将人倒吊在污水坑之

---

① N. Murakami and K. Murakawa, eds., *Letters Written by the English Residents in Japan, 1611-1623, with Other Documents on the English Trading Settlement in Japan in the Seventeenth Century* (Tokyo: The Sankosha, 1900), 23-24.
② 一种使犯人以为自己快被溺毙的刑讯方式，犯人被绑成脚比头高的姿势，脸部被毛巾盖住，然后把水倒在犯人脸上。——译者注

上。信奉基督教的大名不愿被新的德川政权没收领土，便迅速公开弃教。平民大多不肯屈从，因而被处决，武士阶级则没有平民那么坚定。1614 年至 1640 年，有 5000 到 6000 名日本基督徒因此丧命。17 世纪 30 年代，德川家光禁止任何日本船只离境，不许日本国民离开国土，亦不允许海外日本人归国。

1637 年到 1638 年，日本爆发了"岛原之乱"。为此，德川幕府祭出了斩草除根的"杀手锏"。岛原半岛和邻近的天草岛坐落在长崎附近，均为基督教据点。德川幕府指派的新大名下令在该地征收重税，致使岛原半岛、天草岛的农民和大批浪人（即无主武士）奋起反抗。这场反抗高举耶稣与圣母玛利亚的大旗，颇有些基督教色彩。约 4 万叛民聚集于原城，被德川幕府和相邻藩的 10 万大军包围了 3 个月之久。最终，叛民被荷兰大炮击败。叛乱之后，德川幕府下达了更为严苛的命令，废除了与朝鲜、中国和荷兰以外一切国家的贸易往来。不过，欧洲商人被允许在长崎港边名为"出岛"的人造岛上生活。荷兰人是唯一被允许在日本生活的非亚洲族裔，成为之后 200 年日本民众了解欧洲文明的主要来源。

人们多将德川幕府前三任将军限制、控制与外国往来的命令称作"锁国"政策，不过，该词汇并不准确，忽略了日本与中国、朝鲜及琉球王国（今冲绳）继续通商且限制条件较少的事实。

总之，15 世纪中期至 16 世纪中期，地方武士争夺土地的控制权，宗教派别内斗不断，大名竞相扩展自治领土，都城与乡村地区战事频发、元气大伤。紧随葡萄牙和西班牙商人的脚步，天主教传教士也来到日本。凭借与外国商人的贸易往来及商人提供的武器，大名进一步实现了军事与经济目标。通过培养茶道等雅好，大名与商人和寺院信众成立了联盟，

第五章 解体与再统一 153

构建起关系网络，茶道成为谋划政治的重要平台。大名的生活有武家与文化两个层面，这种二元属性在该时代的城池中有所体现：壮观宏伟的城乃军事设施，城内却布置着精巧雅致的画作，设有能剧剧院与茶室，对比鲜明。

16 世纪 60 年代，年轻的大名织田信长开启了重新统一日本的征程，这一大业最终由其手下丰臣秀吉完成。丰臣秀吉之后，德川家康上台，于1603 年建立了日本第三个也是最后一个幕府。

推荐阅读

Berry, Mary Elizabeth. *The Culture of Civil War in Kyoto.* Berkeley: University of California Press, 1997.

Berry, Mary Elizabeth. *Hideyoshi.* Cambridge, MA: Harvard University Press, 1989.

Clulow, Adam. *The Company and the Shogun: The Dutch Encounter with Tokugawa Japan.* New York: Columbia University Press, 2016.

Elison, George, and Bardwell Smith, eds. *Warlords, Artists, and Commoners: Japan in the Sixteenth Century.* Honolulu: University of Hawaii Press, 1981.

Hall, John W., Nagahara Keiji, and Kozo Yamamura, eds. *Japan Before Tokugawa: Political Consolidation and Economic Growth, 1500-1650.* Princeton, NJ: Princeton University Press, 1981.

Mitchelhill, Jennifer, and David Green. *Castles of the Samurai: Power and Beauty.* New York: Oxford University Press, 2013.

Pitelka, Morgan. *Handmade Culture: Raku Potters, Patrons and Tea Practitioners in Japan.* Honolulu: University of Hawaii Press, 2005.

Pitelka, Morgan, ed. *Japanese Tea Culture: Art, History, and Practice.* New York: Routledge, 2007.

Tsang, Carol R. *War and Faith: Ikkōlkki in Late Muromachi Japan.* Cambridge, MA: Harvard, 2007.

Watsky, Andrew M. *Chikubushima: Deploying the Sacred Arts in Momoyama Japan*. Seattle: University of Washington Press, 2004.

推荐影片

《天与地》,角川春树执导故事片,1990 年。讲述了战国时期武田信玄和上杉谦信两位大名相互争战的历史故事。

《利休》,敕使河原宏执导故事片,1991 年。改编自茶道大师千利休晚年传记,刻画了千利休与丰臣秀吉之间的关系。

《七武士》,黑泽明执导故事片,1958 年。讲述了战国时代某村庄雇用七位浪人击退偷盗作物的土匪的故事,被视作影史佳作之一。

《沉默》,马丁·斯科塞斯(Martin Scorsese)执导故事片,2016 年。改编自远藤周作的同名小说,讲述了两名耶稣会士在岛原之乱后抵日的故事。

《蜘蛛巢城》,黑泽明执导故事片,1957 年。改编自莎士比亚的《麦克白》,故事背景为日本战国时代。

第六章
保持控制：德川幕府文化
1603年至19世纪50年代

德川幕府（1603~1868）是日本三个武士政府中最晚也最长久的一个，其核心社会、政治与行政政策均以织田信长和丰臣秀吉时期的制度为基础。德川幕府共统治了3个世纪，期间日本和睦繁荣，暴力行径大部分为律法所禁止。历经一世纪的激烈内战后，日本迎来了首个稳定的国民政府德川幕府，将全日本的众多独立藩联合为统一国家政体。德川家康与其子制定的诸多政策旨在维持现状和维护国家稳定，保持德川氏族的霸权势力。如此，德川幕府管控着朝廷中的潜在对手、大名与佛教机构，创立了细致的身份管理体系，将国民划分为武士、农民、手工业者与商人四个等级。随着时间的推移，武士阶级逐渐官僚化，成为领受世袭俸禄的官员，不再担任武士身份。

德川幕府争取着佛教宗派的支持、资助了各类寺庙，但更倾向于将儒家思想作为主要意识形态，好为自身统治正名，强调儒家教义中通过德治维持社会秩序和稳定的思想。儒家道德的教义以多种形式在日本民众间广泛传播开来。18世纪，日本兴起了名为"国学"的思想运动，以本土主义之名削弱中国对日本的影响。国学运动重燃了日本民众对本土历史和文学经典的热情,对后来参与明治维新的帝国主义活动家产生了重要影响。"兰学"①推动了日本思想文化的第三次发展。荷兰人是唯一被日本政府准许在日居住并从事贸易的欧洲人,带来的书籍与物质令日本人了解到许多西方最新的科技与工业成果。最后,日本佛教未能在该时期发展出较重要的新教义或流派,但朝圣等体现宗教热忱的新活动形式在民众间广为流传。

德川幕府时期,日本社会与文化百花齐放。本章将重点介绍政治、社会、思想与宗教变革,第七章则着重讲述流行文化的新形式。

政治与社会发展

1603年,德川家康被任命为将军。他采取了平安时代天皇的策略,于两年后退位,命儿子德川秀忠接任这一头衔,但其人仍在幕后"垂帘听政",直至1616年逝世。1868年,德川政权终结,在此之前,共有15任德川将军连续执政。不过,自德川秀忠的继任者德川家光后,鲜少有德川将军掌握实权或真正行使领袖权力,大多只是养尊处优,将治理之事交与他人。

德川家康建立的治理架构被称作"幕藩体制",政府通过两大政治机制发挥作用,一为德川幕府,二为大名领导下的"藩"。幕府鲜少直接插手藩内事务,给予大名相当大的自治权,但严格要求所有大名发誓效忠所属将军、遵从基本政策,如维持藩内秩序、应幕府要求提供军事支援及为维护幕府城池、皇室宫殿和公共设施提供金钱、人力和物资等。若大名不能尽职,令幕府不满,幕府会将大名调至条件较差的藩或是干脆将藩没收。作为日本

---

① 日本江户时代经荷兰人传入的学术、文化、技术的总称,字面意为荷兰学术,后成为西方科学技术的代名词。——译者注

武士阶级首领,将军肩负维护国内律法秩序和控制对外贸易、外交的职责。为此,幕府针对行政、外交政策和社会管理三个关键领域确立了相关机构与政策。此外,对于朝廷、佛教寺院和其他大名氏族等曾威胁历任政权的潜在权力中心,幕府也施加着管控。其他大名氏族仍掌握着军事与经济权力,因而威胁性最高。幕府并无绝对军事权威,全日本 20 万武士中,德川军队约占 6 万,因此,德川幕府需仰仗其他大名的支持来维持霸权地位。

"老中"由德川将军的 5 到 6 名亲近家臣(即谱代大名①)组成,负责监管国家行政,处理外交关系、国防和管制大名之类的国事。每位成员按月轮流担任老中首领,杜绝"一言堂"现象。主要城市的地方官等要职也由谱代大名担任。德川幕府小心对付着潜在的夺权者(即外样大名②),禁止后者加入老中。全国共有 16 个最大、最富饶的藩,外样大名占据着其中 11 个,但这 11 个藩均位于日本主要岛屿的外围。谱代大名的藩则包围并保卫着德川幕府的领地,这些领地约占全日本可耕种土地的 25%,还包括日本最大的城市和主要的金银矿。

战国时代,家臣常常秘密结盟,谋划叛变,背叛其主。为避免这一现象,德川幕府对家臣采取了严厉的监视手段,将间谍、巡视员和审查员网络深入社会各阶层。这些名为"目付"的间谍审查着大名、德川家家臣和幕府官员的各项活动。每个藩亦有专属的巡视员和间谍制度,用于内控。村民和町人每 5 家或以上组成"五人组",五人组需对组内所有成员的行为负责,在普罗大众间形成自我监督机制。从某种意义上讲,目付巡视员就是日本史上声名远扬但实则无足轻重的"忍者"的后人。战国时代,日本社会仍有忍

---

① 又称世袭大名,指 1600 年关原之战前即追随德川家康的大名。——译者注
② 关原之战前与德川家康同为大名的人,或战时曾忠于丰臣秀赖,在关原之战后被迫臣服的大名。——译者注

者团存在，他们悄悄潜入敌军领土、观察敌方行动，获取秘密情报或执行暗杀任务。然而，德川幕府时期，忍者的作战技巧被整合为一套武术，间谍活动也变得更为官僚化和系统化。战技的程序化或称"武士的驯服"，是该时代的一大主题。德川时代，暴力行径为律法所禁止，职位实行世袭制，武士极大程度上成为政府公职人员，武士技能本是武士阶级的特权，此时却不再被社会所需要。武术原是武士特权阶级存在的理由，其重要性亦随时间流逝而淡化。

为维持自身在新秩序中的霸权地位，德川幕府采取手段限制着与之竞争的权力中心，约束着朝廷、佛教寺院和其他权势较大的大名的特权。长久以来，朝廷一直是臭名昭著的阴谋策源地，对历任幕府均构成威胁。对于幕府而言，对朝廷的控制至关重要，因为幕府名义上仅是天皇的代理机构，而天皇——至少从象征意义上讲——才是日本的最高权威，理论上拥有罢黜德川幕府的权力。1615 年，德川家康发布了 17 条法令，禁止朝廷插手政治活动并主张幕府应在天皇嘉奖武家一事上拥有否决权。朝中贵族被禁锢于京都的宫殿之中，遭将军安插在二条城①的副手严密监视。二条城宏伟壮丽，由西部的大名募款建成。

织田信长统治时期，佛教寺庙与寺院失去了武力，但仍保有雄厚的资产与影响力。土地为佛教寺院提供着经济保障，为保证幕府统治不受佛教威胁，德川幕府以继续批准寺院的土地所有权为条件，要求寺院接受国家监管。17 世纪确立的佛教诸派根基深厚，在德川时代化身为半官方机构，负有人口登记之责。当时，所有居民须持有写明所属佛教寺院的身份证明，一个人从出生起便载于家族登记地的寺院记录中②。寺院将整理后的人口登记

---

① 幕府将军在京都的行辕，建于 1603 年，是江户幕府的权力象征。——译者注
② 即"寺请制"。——译者注

信息送交大名。婚礼、出游、住宅变更和从事特定职业等诸多重要场合均需提供寺院出示的证明。被怀疑为基督徒者需听从命令，做出践踏十字架或耶稣、圣母玛利亚画作的举止，即"踏绘"，以示"清白"。

德川幕府麾下共有大名250余家，全国逾五分之四的土地由其自治，因此，幕府必须牢牢把控这一群体。每有新将军继任，所有大名均需重新发誓效忠，作为回报，新任将军授予大名获取藩内收益的权利。若大名行为不端，幕府或是没收其全部、部分藩，或是将其发配至新的地域。1615年，《武家诸法度》首次出台，幕府下令禁止大名建造新的防御工事或大型船只，窝藏逃犯或在藩内道路收取过路费。为避免政治联姻，藩与藩间不可未经幕府同意私自缔结婚约。

针对大名的诸多控制手段中，最特别者之一是"参觐交代"。此政策规定，大名每隔一年需居住在江户，替幕府将军执行政务。不在江户期间，大名的妻、子则需长居江户的大名宅邸，实为人质。《武家诸法度》对参觐交代做出了规定，自1635年起正式实行，于1862年终止，其间仅变更过一次。参觐交代是幕府对大名最有效的控制，杜绝了后者威胁政权的可能。此外，参觐交代亦成为重大社会转型的动因，刺激了经济发展，铸造了民族文化感。

为监视大名一行进出江户的动向，德川幕府打造了汇于江户的"五街道"①网络并施行管理。事实证明，这一国家道路交通系统提升了政府沟通的速度与安全性，维持了政府对军事部署的垄断，控制了货物与人员的流通，对新政权统一全国至关重要。五街道体系中，两条主要大道为东海道和中山道，东海道始于京都御所，一路沿海岸线行进至江户城；中山道为

---

① 东海道、中山道、奥州街道、日光街道和甲州街道。——译者注

内陆线，路径更长且多山，连通京都与江户。两条主道交通管制严格，沿途多设有关卡，有官员查验通行者身份。沿途每隔5公里到15公里便有一处驿站小镇，提供马匹、挑夫及住宿服务。东海道沿途共有53座驿站，中山道则有67座①，均在安藤广重的木版画中留下了不朽的印记（见第七章）。大道与驿站推动了通信、货物交易与人口流动，促进了国家统一。驿站小镇近旁的村庄也被指派了提供人力、马匹及修筑桥梁、修缮道路等任务，维持交通顺畅。

前往江户时，大名通常沿主道进发，排场宛若游行，有100到600名家臣和仆人随行，包括长矛兵、骑马或步行的武士、扛旗手和大名手下的高官及其家臣与仆人，随行规模视每藩的石高而定。此外，随行人员中还有医生、兽医、驯鹰人、厨子、抄书吏等专业人员，有时还有诗人，以满足大名不时之需。这就是"大名行列"。队伍中，为首的挑夫挑着一系列宗教物品，起到为旅途祈福、驱逐祸患与恶灵的作用，此外还有木匠负责修理主人的轿子和驿栈下榻的房间，另有其他工匠负责修补帘子与旗帜。除武器和财产外，食物、饮用水、清酒与大酱也是随行物品，亦需雨具、便携椅和灯笼等物。大名在途中使用自己专属的旅行马桶与浴缸。行进途中，行列中人沿途采购日用品并雇用挑夫搬运，进而推动了主道旁小镇的经济发展。大名位于行列中部的一抬轿子中，轿子四周是他的私人随从与备用轿夫。大名经过时，平民需下跪叩头。往返江户及建造、维护大名可容纳数千人的官邸耗资巨大，占去了藩内收入的50%至75%，因此，大名没有多少余钱可用于军事目的，自然无法对德川政权造成威胁。

参觐交代行列乃一场"权力的表演"，展现了德川幕府统一、控制国家

---

① 通常认为中山道驿站为69处。此处的67处是除去了抵达京都前，与东海道共用的最后2处驿站。——编者注

第六章　保持控制：德川幕府文化

安藤广重《轮换挑夫与马匹》，画中所绘为藤枝宿，19世纪30年代
东京大都会博物馆
图片来源：Wikimedia Commons

的权威和大名本人的财富与地位。[1] 大名行列进出是江户人最喜闻乐见的场面，绘卷中，仆从统一身着多彩的制服，呈现出大名各等级下属间的秩序与纪律感。行列所带武器体现了大名的军事实力，行列本身又效仿了军队出征之势。不过，途中镇与镇间隔较远，期间队列无须保持队形。只有接近大型城镇或关卡等"观众"较多的地点时，行列中人才整理衣襟、列队前行，统一步伐，高举手中兵器。男仆手持饰有羽毛和流苏的长矛，在行列前端起舞，像军乐队领队般将长矛抛起、旋转。回程中，快到所管辖的藩时，大名通常会雇用一些临时劳工营造凯旋之势。

整体而言，参觐交代制度为全国各地的经济增长提供了主要动力。工

---

[1] Constantine N. Vaporis, *Tour of Duty: Samurai, Military Service in Edo, and the Culture of Early Modern Japan* (Honolulu: University of Hawaii Press, 2009), 62-101.

匠、手艺人和商人涌向江户，满足了藩内武士的各类需求，江户人口因之激增。18世纪中期，江户成为世界上最大的都市，人口逾百万。大名将贡米、食物、纸、布料和铁等商品出售给大阪商人，赚取生活所需资金，大阪由此发展为金融与商业中心。京都为大名府邸提供着精细纺织品与精美的手工艺品。藩内也发展着新行业，试图形成新的商品垄断，满足大名花销所需资金。客栈与餐馆成片兴起，满足了大名行列中大批随从的口腹之欲。参觐交代还促成了文化转型，借由归乡的家臣将都城的品位与潮流传播至地方，也将周边的新风尚与新理念引入江户。此外，参觐交代在藩内引发了政治变动，大名定期离藩前往江户，比起家乡质朴的乡村生活，他们通常更青睐江户的精致，在自己的藩内，这些大名沦为傀儡，处理藩内政务的手段越发官僚化。参觐交代成为德川时代的鲜明特征，至今日本许多城市和乡镇还将还原大名行列的盛况作为吸引游客的手段。

地位体系

幕府在民众间施行严格的等级分离制度，以此作为控制民众的根本手段，亦为维持现状出台了相关规则与规定。幕府以武士、农民、手工业者和商人构成的"四民"制度为基础，这一制度由丰臣秀吉创立，目的是确保每个国民了解自己在社会中所处的地位，以免逾矩。四民等级制效仿了儒家社会出于功利和道德设立的等级制度。根据这一意识形态，位于顶端者服务大众利益，居于底端者追求个人利益。从传统上讲，儒家经济哲学推崇农业、反对商业，不认同利益重于道德的观点。武士统治阶级约占总人口的10%，领导整个社会、维护社会秩序并进行道德引导，因此是最重要的阶级；农民阶级占总人口的80%以上，提供人们生存所需的食物，满足统治阶级的经

某绘卷中刻画19世纪参觐交代行列图像的局部,1904年
日本京都,南丹市文化博物馆
图片来源:Wikimedia Commons

济需要,因此位列第二;手工业者位列第三,制造生活必需品;商人不生产任何有用之物,只是将他人生产之物进行分配以营利,因而地位最次。手工业者和商人常被统称为町人。

  一人所属的等级在出生时就已确定,不可更换职业或与其他等级通婚。武士、农民、手工业者和商人并不仅以职业划分,还通过不同的律法和生活规定加以区别。四民分开居住,武士住在城下町或大名府邸的高墙之中,农民住在乡野村庄,町人则居住在城市的特定区域。为保护武士在社会中的特权,幕府出台了详细的政策,对每个等级、年龄群体和同一等级不同性别者在住所、着装、娱乐、食物甚至发型等生活各方面做出了规定。

  通过这些限制消费的律法与命令,幕府试图对个人外表与消费进行管理,使其适合每个等级。之所以实行物质文化隔离,是为了能做到以外表区分各等级。换言之,一个人的生活与消费方式应与其社会地位相匹配,而社会地位应可通过外表一目了然。统治者发现,若有人对着装风格、发型和配

饰等外表元素加以利用，就可能颠覆社会地位与职业壁垒，因此限制消费的律法有助于分辨威胁等级制度的"危险分子"。在娱乐和婚葬等仪式消费上，各等级也面临限制。幕府禁止任何等级铺张炫富，尤其是商人等级。商人社会地位低，但可支配收入最多，幕府将商人的消费水平限制在其他等级以下，以免破坏武士的士气和纪律。

  武士阶级需遵从一系列规定，包括武士刀的长短、在头顶梳髻、剃掉边缘头发等，其面部毛发不得过于浓密。农民需生活节俭，食用大麦和小米等粗粮，不得食用贡米或饮茶与清酒，只可穿棉布衣裳。町人的服装、住所与配饰不可用金银，不可着"华服"与高木屐，不得佩长刀或在街上与武士并行。[①] 若平民对武士不敬，武士可将其击倒。富裕的町人憎恨这些规定，便不时发起不法活动，如在素棉布和服内穿镶金边的奢华丝绸内衬，企图蒙蔽官府耳目，悄悄挑战权威。

  强制推行限制消费的律法时，幕府较少施行"一刀切"的惩罚措施，而

---

① Constantine N. Vaporis, *Voices of Early Modern Japan: Contemporary Accounts of Daily Life during the Age of the Shoguns* (Westview Press, 2013), 90-91.

是威胁、劝导"两手抓"。不过,公然违令者有时也会受到重罚,以儆效尤。以1681年江户富商石川六兵卫案为例:石川六兵卫之妻素喜华服,一日此妇盛装打扮,前去观看德川幕府第五任将军德川纲吉(1646~1709)的出行队列。德川纲吉曾专门颁布保护江户犬类的命令,也因这一怪行被称作"狗将军"。石川之妻身姿典雅,引起了德川纲吉的注意。他询问此妇身份,本以为是某大户人家的女眷,谁知不过是贱商之妻。德川纲吉震怒,下令重罚石川家。地方官尽数没收了石川家财产,又将一家人逐出江户。[①]德川纲吉本人挥霍无度,不久后他大开先河,颁布了一系列针对商人着装的限制性消费规定。1842年,歌舞伎演员第七代市川团十郎(1791~1859)也因类似原因受罚。第七代市川团十郎是该时期最红的角儿,富有的仰慕者曾向他赠送真刀枪与真盔甲,他便弃道具不用,将这些真刀真枪用在表演中。此举显然违背了只有武士可拥有、携带武器的规定,为此,第七代市川团十郎被逐出江户10年。大阪亦有一家受欢迎的歌舞伎剧院,第七代市川团十郎于是在该处落脚,倒也不致元气大伤。闻名如他,足以令普罗大众周知违反等级规定必得受罚,可谓以儆效尤。

四民等级制提供了规范、固定的社会模型,旨在维持大众对德川幕府统治下社会、政治秩序的拥护。不过,这一制度未能精确捕捉社会现实,"身份"一事并没有规定中那般固定,实际情况更为复杂。佛教僧尼、朝廷中人及医生等许多个体与职业并不属于"四民"中的任何一种。理想化的社会模型亦将贱民阶级剔除在外。贱民阶级成分混杂,包括屠夫、制革工和殡葬承办人在内的大众眼中"肮脏"的世袭职业者统称"秽多"

[①] E.S. Crawcour, "Some Observations of Merchants: A Translation of Mitsui Takafusa's Chōnin Kōken Roku," in David J. Lu, ed., *Japan: A Documentary History, vol. 1* (Armonk, NY: M.E. Sharpe, 1997), 230-231.

（当今语境下为贬义）；妓女、艺人、乞丐和盲人按摩师等居无定所者称为"非人"；还有虾夷原住民（虾夷即本州北部及北海道），也就是今天的阿伊努人。秽多即当今日本的"部落民"，曾在德川幕府时期遭受各种歧视。像其他等级那样，秽多被限制在特定的村庄居住，只能穿棉布衣和草鞋，不得穿木屐。秽多不可拥有或种植稻田，还需遵守特殊的宵禁规则。

德川幕府时期的思想文化

儒家思想

　　德川幕府之前，新政权的统治者往往通过资助佛教新宗派为自身统治"正名"，德川将军则不同，他们选择用儒家思想巩固统治。儒家思想主要关注对秩序、稳定和德治的维护，德川幕府时期，日本刚结束了长达一世纪的纷争与战事，儒家思想的关注点与德川幕府的统治目标不谋而合。儒家强调规矩、礼节和等级在人际关系中的重要性。那时，日本已不能再访问亚洲大陆，中国的哲学尤其是哲学家朱熹（1130~1200）倡导的新儒学在日本受到前所未有的追捧。新儒学是一门以人为本的理性主义哲学，朱熹提倡以观察、研究自然与人类社会的规律来获取知识。新儒学的理性主义与禅宗或中世时期的佛家末法思想不同，后者缺乏理性，以消极的态度看待世界。

　　儒家的某些思想既不适用于中国，也不适用于日本社会。比如，本书第二章有述，儒家的"君权天授"思想认为若统治者无能或行事不公，可将之推翻，将君权交至最善治者手中。然而，日本皇室称其君权直接继承自天照大神，因而不能由另一王朝取代，将军之位亦仅限于德川家族成员。在日本，以山崎暗斋（1619~1682）为代表的诸多朱熹研究大家均在作品中大量使用神道教概念"改造"儒家思想，令其适用于日本皇室环境。中日两国的另一差别体现在统治阶级的身份上，中国的执政官员皆为精英学者出身、以德封官，日本的执政者则出身武士阶级、官位世袭。不过，儒家的等级概念对君臣、父子和男女关系进行了严格区分，这一点迎合了德川幕府的需求。中国强调"孝"和亲子关系，日本则看重统治者与子民间的联系，将这种联系解读为对主人的绝对忠诚。

德川家康将新儒学家林罗山（1583~1657）任命为核心幕僚。林罗山负责起草德川家康颁布的律法与命令，地位关键，亦是前三任德川幕府将军的重要幕僚。他的后人继续为后来的幕府将军出谋划策。1790年出台的宽政异学之禁将朱熹的新儒学学说"朱子学"定为日本官方的正统哲学，罢黜了朱子学以外的儒学流派，将其视作异端学说。不过，其他儒学流派仍得以留存，并在武士阶级中培养了大批追随者。当时，日本学者遵从了中国学界的历史传统，为儒家经典加注，使教义能为当代人所理解。经由不同解读，冲突观点与对立学派涌现出来。其中一派为王阳明派，多受独立的改革派武士学者与其效忠的大名青睐。王阳明派即当今日本的阳明学派，重视直觉与道德感甚于才智，简言之，人不一定要成为学者，但必须做个好人。该学派的另一基本信条为"知行合一"，即言与行同等重要，人的原则应直接以行动体现。仅仅学习或讨论孝行是不够的，必须积极尽孝。阳明学派的创始人中江藤树（1608~1648）亲身实践了这一教义。他辞去官职，回到出生的偏远乡村侍奉老母。中江藤树还在故乡建立起新学派，吸引了大批学者，也因此成为德高望重之人。德川时代后期，中江藤树的教义鼓舞了大批热忱的改革者与爱国人士，帮助后者推翻了幕府制度、恢复天皇亲政。

其他影响力较大的日本儒家思想家拒绝朱熹的正统教义，提倡回归源远流长的儒学文本本体。京都的町人之子伊藤仁斋（1627~1705）创立了"古义学派"，其人本主义思想适用于各等级人士。该派别以儒家《论语》和孟子学说为中心，强调善待他人、造福人类，以此践行怜悯与仁慈的思想。在伊藤仁斋看来，朱子学过于内省和严肃，过度自我限制。伊藤仁斋一直保持着独立学者身份，吸引了大批弟子，大名曾多次向他抛来橄榄枝，许诺地位显贵的职位，均被其坚定拒绝。

荻生徂徕（1668~1728）是一位亲华派文献学家，担任幕府幕僚。荻生徂徕不认同中国宋代的朱子学，而是引用古代儒学经典中理政与社会秩序的内容批评日本当时的经济政治秩序。荻生徂徕被看作推动现代政治意识问世的关键思想家之一，其1717年的著作《辨道》明确了政治权力的基础，为危机中的政权指明了出路。林罗山的弟子山鹿素行（1622~1685）也对朱子学正统持批评态度，称中国2世纪到15世纪的学者误解了儒学经典的真正含义。

山鹿素行定义了武士统治阶级在和平岁月的职能，并对其享有的特权做出了合理解释。山鹿素行拥护"文""武"（见第四章）的理想，认为武士必须在修行武术的同时提升文化修养，如赋诗和读史。在山鹿素行看来，武士必须向主人展现至纯的忠诚，并将责任与道德置于个人得失之上，方能成为平民之领袖。一名合格的武士应"苦行、克己、保持自律，做好随时赴死的准备"。[1]《士道论》中，山鹿素行为武士阶级与生俱来的俸禄与特权辩护：

---

[1] Wm. Theodore de Bary et al., eds., *Sources of Japanese Tradition, vol. 2: 1600 to 2000*, 2nd ed (New York: Columbia University Press, 2005), 186-187.

> 古往今来,世人以耕种、造器或交易获利为生,互相满足生计所需……然武士不事耕种而有食可吃,不造器具而有器具可用,不买不卖却有利可图。缘何?
>
> ……
>
> 武士立身之本在于反思自我,尽忠其主,忠诚待友,更应以尽武士之责为第一要务……
>
> 若武士外三民中有违道德者,武士可大体罚之,护道德风气。习武识德而不践行,于武士万万不可。武士者,对外时刻准备尽忠,对内恪守君臣之道……武士心内平和却武器加身,武士外三民视之为师,尊之重之。①

武士的社会角色已从武家领袖转变为政治、思想领袖,山鹿素行的作品为其指明了道路。为平民树立道德榜样,平日修行武艺、战时护主卫国,这就是武士领受俸禄的原因。20世纪,山鹿素行的作品成为武士道意识形态的基础,武士道赞扬武士的荣誉与骑士风度,但对世袭的物质回报避而不谈。

47浪人

1703年的赤穗事件体现出山鹿素行的影响力。该事件在日本史上声名远扬,曾被改编为大量备受欢迎的流行文学、艺术、戏剧和《47浪人》《最后的忠臣藏》等电影,广受民众欢迎。赤穗事件是武士荣誉与忠主理想的极致体现,其具体经过如下:赤穗藩的大名浅野长矩在参觐交代

---

① Wm. Theodore de Bary et al., eds., *Sources of Japanese Tradition, vol. 2: 1600 to 2000*, 2nd ed (New York: Columbia University Press, 2005),193-194.

期间奉命为朝廷敕使在将军府举办招待宴,本要跟随德川纲吉的礼仪官吉良义央学习宫廷礼节,却遭后者侮辱轻慢。很快,浅野长矩失去耐心,拔刀刺伤了吉良义央,这在江户城中断不可为。于是,他当日即被要求切腹自尽。幕府没收了浅野家族的赤穗藩,其家臣沦为无主浪人。

在大石良雄(山鹿素行的弟子)带领下,300赤穗浪人中的47位决定冒受重罚之险为主人浅野长矩复仇。吉良义央疑心浪人们密谋复仇,便派眼线前去监视。为打消吉良疑虑,47浪人分散全国各地,乔装为商人和僧侣。大石良雄在京都终日饮酒度日、寻花问柳,在公众面前出尽洋相,令吉良义央和当局误认为其人不足为惧。密谋复仇的浪人中,一些扮作工匠、商人混入吉良位于江户的府邸,摸清了府内的布局和日常活动,其他人则搜集武器并送往江户——当时,这种行为也是律法所不许的。一年半后,吉良义央卸下防备,浪人便伺机而动。

1703年1月30日早,暴风雪肆虐。复仇者们在吉良义央的府邸外布置好弓箭手,以防府内之人外出求救,随后发起攻势。他们从后方攻入府内,击败了吉良义央的家臣,但吉良义央藏身于密室之中,不得见。后来,浪人们终于找到了吉良的藏身处,吉良否认自己的身份,但他额头曾为浅野长矩所伤,恰恰证明了其身份。因吉良义央身居高位,为表尊重,大石良雄允许他用浅野长矩的短刀切腹自尽,但吉良拒绝。浪人便取了他首级,供奉在主人浅野长矩位于泉岳寺的坟墓前。浪人们横穿江户中心,跋涉了10公里之远才到泉岳寺。一路上,浪人们的行列颇受路人瞩目,他们的复仇壮举也迅速传播开来。在浅野长矩墓前一番祭拜后,浪人们向幕府自首,静候发落。

幕府官员就此案是否为义举及其细节发生了争论。一方面,浪人们的复仇行为破坏了律法;可另一方面,他们是被"忠主"的武士思想所驱动。

官员们收到大量为浪人们说情的请愿书。最终，官府判决浪人切腹自尽，因为浪人的行为本质上乃高尚之举，因此免受被施极刑的侮辱。这些忠心的浪人死后葬于泉岳寺，安葬在主人浅野长矩坟墓的前方。浅野的弟弟重获大名地位，只是管辖藩的面积显著缩小。浪人之墓成为朝圣场所，数世纪以来，许多人前来祈祷祭拜。泉岳寺还收藏了 47 浪人的衣服与武器。

大众道德观

德川幕府时代，民众的读写能力普及率极高，因此，掺杂着佛教或神道教的儒家教义在各等级间广泛传播。凡举武士阶级，不论官衔大小，均有资格进入藩校学习儒家经典、军事艺术、书法等科目，因此几乎所有武士皆可读写。富有平民的读写水平多与武士阶级相当，甚至更胜一筹，家境尚可的

歌川广重《忠臣藏》，第 11 幕第 2 场 "浪人冲入吉良义央宅邸"，19 世纪 30 年代 洛杉矶艺术博物馆
图片来源：Wikimedia Commons

平民也具备读写能力，实在令人吃惊。乡村地区的平民在寺院或寺子屋[①]上学，受过教育的武士、浪人与僧侣在城市开办私塾，招收町人入学。这些学校以儒家《孝经》和其他经典为教材，教授基本读写和算盘的用法，以传统智慧对学生进行"洗礼"，强调勤学、敬人、德行与节俭。《童子教》是寺子屋常用的教材，为学生立下了数十条规矩与告诫。对今日师生而言，《童子教》仍具有教育意义，告诫学生不得逃学、乱丢污物、调皮捣蛋、出言不逊、肆意打闹或乱涂乱画，孩童需保持衣物和头发整洁。《童子教》开篇即强调教育的重要性："生而为人然不能写，不可称为人。无知即盲，羞师长，耻双亲，辱个人。谚语有云，三岁孩童之心至百岁仍不变。立鸿鹄之志，勉力治学，勿忘失败之耻。"[②]

贝原益轩（1630~1714）是简化儒家教义最有名的推广者之一。他使用白话而非汉文来讲授基础儒学，受众甚广，为大众规范日常行为、处理人际关系及对家庭和封建领主尽责提供了简单易懂的道德准则。简言之，贝原益轩之于儒学道德恰如中世时期的净土宗之于佛教，他将高阶教义化难为易，以日常语言助普罗大众参透。贝原益轩尤擅长以女性、儿童为主题撰著，1733年的《女大学》作者不详，人们多认为出自其手。以今日观点来看，《女大学》充斥着令人震惊的男权思想与性别歧视，否定女性具有独立人格，将女性视作丈夫与家庭的所有物，进而否定了儒家提倡的自我修养。1890年，日本学者巴兹尔·霍尔·张伯伦（Basil Hall Chamberlain）将其中两篇厌女思想尤甚的文章译成英文：

[①] 江户时代寺院所设私塾，发源于室町时代后期（15世纪），是寺院开办的主要以平民子弟为对象的初等教育机构，提供类似现代的小学教育，学童年龄大都是六至十多岁，以训练读、写及使用算盘为主，江户时期共有两万多所。——译者注
[②] Wm. Theodore de Bary et al., eds., *Sources of Japanese Tradition, vol. 2: 1600 to 2000*, 2nd ed (New York: Columbia University Press, 2005), 326-330.

女子五大"精神重疾"乃不驯、不满、诋毁、嫉妒和愚蠢。女子中，十之七八必染此五疾，故女子不如男。女子需自检自责，方能自愈。五疾之中，最恶者乃愚蠢，为另四疾之源……

女子断不可心生嫉妒。若其夫放荡不羁，女子必与之争辩，然心中怒火不可发。女子嫉妒之心若起，则面容可怖，声音嘶哑，其夫必彻底避趋之，再不可忍。若夫君行为不端，女子应面柔声平，与之论；若夫君怒上心头不肯听，女子应等待三月，待其心软再与之辩。断不可面露怒容，声嘶而力竭！①

山鹿素行为武士阶级指明了道路，相应地，该时期每个阶级都有特定的学校与教义，为其阐释相应的责任与义务。石田梅岩（1685~1744）在京都创立了"石门心学"这一宗教-伦理学派，鼓励商人在商业活动中践行道德，多多俭省。武士履行了道德职责便可领取俸禄，相应地，若商人履行了应尽的职责，也应获得收益。石田梅岩提倡的"冥想"与坐禅类似，通过冥想，信众可关注自身思想，了解自身所处社会等级。石门心学讲学者游历日本，凭借幽默故事传播教义。到了19世纪，全日本已有180个石门心学中心。1727年，大阪建成了专为商人开设的儒家官方学堂"怀德堂"，为商人提供高等教育。后来，怀德堂成为商人阶级重要的智囊团，帮助后者制定政策，支援藩内与幕府经济。许多怀德堂的毕业生被大名和幕府聘为经济事务的幕僚。

农夫二宫尊德（1787~1856）自学成才，被尊为"日本的农民圣人"。

---

① Basil Hall Chamberlain, *Things Japanese* (London: John Murray, 1890;repr., Cambridge, UK: University of Cambridge Press, 2015), 371-374.

其人发展出的思想为改善农民生活做出了贡献。二宫尊德强调三点：一、人力耕种乃人类活动的最高表现形式，由此获得的食物就是神的馈赠；二、自然与天气不可测，因此农人必须为荒年做好规划，备下口粮；三、农民要过上理想的生活，必须形成合作性质的公共组织。《二宫尊德全集》共有36卷，其中提出了"报德"的中心思想，即人类从自然、家庭和社会处源源不断地获取着好处，因而有义务将好处施与他人以"偿还"。比如，一人的财富与地位发源自祖先德行，为此，必须守护自身的财富与地位并传于后人。食物、衣服与住所脱胎自农田与森林的自然馈赠，亦是他人的劳动成果，因此必得努力工作、节俭度日，将这些馈赠予他人分享、留给后人。二宫尊德称其思想乃神道教、佛教和儒家思想融合而成的一味"良药"，神道教占一半，佛教和儒家思想各占四分之一。二宫尊德的一位弟子据此画了一张图，半个圈代表神道教，另半个圈则平分给佛教和儒家思想。二宫尊德说："世间不会有如你所画的药。要形成一味药，一切原材料均需彻底杂糅至不可分辨，否则药将味苦而伤胃。"[1]

国学

名为"国学"的新文化运动提倡基于民族中心主义振兴神道教。一些学者企图重燃民众对日本本土历史、文学经典与文化传统的兴趣，便于18世纪发起了国学运动，希望借此"解救"长期处于中国影响下的日本。数世纪来，佛教和儒家哲学占据着统治地位，神道教因缺乏成体系的思想与教条而被吸纳入更擅表述的宗教传统中，亦借鉴了后者的长处。数世纪来，神道教衍生出多个与佛教或儒家某一派别联系紧密的新派别，如

---

[1] de Bary et al., *Sources of Japanese Tradition*, vol. 2, 571-572.

与新儒学存在联系的吉田神道①、与伊势神宫相联系的度会神道②和衍生自真言宗的两部神道③。德川时代早期，许多朱子学派学者反对佛教，却在神道教中觅得了不直接挑战儒家等级价值观的传统崇拜形式。山崎暗斋创立了垂加神道，将儒家伦理与神道教的神话、仪轨相融合。不过，国学拥护者大多希望去除神道教中的舶来成分。几乎每个社群中的仪轨都继续围绕当地神社与节日展开，而神社与节日是日本人身份认同与自豪感的重要标志。从根本上讲，神道教继续对人们的生活施加着深刻影响，但学者们意识到，若神道教要成为真正的国教，而非一系列本土习俗集合体，还需一套基本经文与教义。

荻生徂徕呼吁民众重新审视中国经典，受其影响，诗人荷田春满（1669~1736）希望号召人们重读早期日本文学。他向幕府请愿，希望获得幕府支持，助他研习日本古代文学，也即他口中的"国学"。19世纪中期，国学因未受舶来文化"污染"而被视作日本民族情感的真实表达。作为经典的国学不仅包括古代神道教的圣歌和祝词，还包括日本现存最早的诗集《万叶集》、最早的民族编年史《古事记》《日本书纪》、日本经典文学作品《源氏物语》等，以及平安时代的敕撰诗集《古今和歌集》。

贺茂真渊（1697~1769）是荷田春满的弟子，也是国学运动的头号学者。其人坚称8世纪的《万叶集》未受外国文化影响（这一观点是错误的）。《万叶集》中的诗歌真实呈现了开放、自然而然、去伪存真等古代日本情感。贺茂真渊依照《万叶集》的风格创作诗歌，并邀他人效仿。

---

① 日本神道教的一个流派，于室町时期文明年间（1469~1487）由京都吉田神社的祀官吉田兼俱创立。该流派批评神道教依附佛教并用佛教理论解释神道教教义的做法。——译者注
② 也称伊势神道，是以地位最高的国家神社——伊势神宫的外宫为中心发展起来的。其主要经典为"神道五部书"，以"日本神国，天孙国主"为主导思想。——译者注
③ 又称两部习合神道、大师流神道，是真言宗倡导的神佛合一的神道派别。——译者注

《古事记》内容过难,且历史地位不敌出处更可靠的《日本书纪》,因此长期为人所忽略。学者本居宣长(1730~1801)是国学运动中的二号人物,也是日本史上成就最高的学者之一,耗费30余载将《古事记》译成白话文。本居宣长相信,情感对日本的重要性远胜中国的伦理哲学,他将《源氏物语》看作日本本土审美情感的经典体现。本居宣长还推行"物哀"概念,意为对自然之美、感伤及人类境遇的感受能力。儒家正统以理性驳斥神道教神话,对此本居宣长辩称"神"超出了人的理解范畴,因此理性主义不足以也不适用于评估立国神话。他曾就"天照大神的正统"撰文,称世上所有土地与神明皆由伊岐那邪和伊岐那美赋予生命,但中国人不知晓这一创世过程,才以阴阳等理论阐释天地观。

因此,本居宣长的国学成为一种宗教原教旨主义,将民族神话看作真实存在之事,以此彰显"神圣国度"日本作为普照天下之天照大神故里的特殊地位。本居宣长拥护民族中心主义,在他的基础上,国学运动中另一伟大学者平田笃胤(1776~1843)更进一步,重新整理了本土信仰的内容。这一"振兴神道教"的思想对支持明治维新的皇室活动家产生了重大影响。

早期欧美学者鄙薄平田笃胤,认为其人是个狂热分子,将宗教教义与一国之学问相杂糅,强行推销这种折中主义产物。平田笃胤称自己曾梦见本居宣长,因此是本居宣长名正言顺的思想继承人。不过,在对来世和创世神等问题的看法上,平田笃胤与本居宣长存在不同。本居宣长接受了《古事记》的说法,认为世界由伊邪那岐和伊邪那美创造,人离世后栖身在幽暗阴森的黄泉;平田笃胤则吸纳了基督教和民间宗教的思想,提出一神创世论,并广泛搜集与人世相连的"彼世"的灵异故事,扩大了来世的概念。比起之前的学者,平田笃胤更贴近世俗,对西方科学、医学与宗教也更为了解。19世

第六章 保持控制:德川幕府文化 177

纪早期，日本面临内忧外患，外有俄国侵吞领土，内有乡村动荡不安。平田笃胤心系国家，寄希望于佛教、基督教和儒家的"强强联合"，试图创造出比三者更优的一门新宗教，壮大民族力量。平田笃胤立志发动草根阶级，掀起一场本土主义运动。他与农学手册的作者合作，创作内容简单的图册，在教授先进水稻培育技术的同时，推广自己的神学观点，宣称人与宇宙和农业产量间存在联系。布道者游历了日本中部，将此类手册大量分发出去，平田笃胤由此在农村地区收获了大批追随者。

古典国学先驱具有纯学术的都市文化特征，如贝原益轩，他用白话俗语将民粹信息传递给更多受众。平田笃胤背离了这一传统，他令民众重拾对天皇的敬意，亦影响了发动明治维新（见第八章）的武士。不过，平田笃胤的深远影响并不限于政治领域。柳田国男与折口信夫是明治时代著名的民俗学家，在对民俗世界观的研究中，两人大量借鉴了平田笃胤的超自然和后世观点。19世纪晚期，乡村出现大规模新宗教运动，金光教[①]和天理教[②]等新宗教涌现，均采纳了平田笃胤"一神创世"的观点。信众每日向创世神祷告、行仪轨。

兰学

如前文所述，荷兰人是德川幕府时代唯一被允许在日活动的欧洲族裔。17世纪至18世纪，荷兰是全世界最富有、科技水平最高的国家之一，建立起以荷兰东印度公司为中心的贸易帝国，还向日本传递着西方工业与科技革命的最新进展。荷兰人的活动几乎全部限制在名为"出岛"的小型人造岛

[①] 神道教教派之一，1859年由川手文治郎（1814~1883）创立。——译者注
[②] 原属神道教系统、后自立成教的日本新兴宗教之一，由大和国山边郡庄屋敷村（今奈良县天理市三岛町）妇女中山美伎创立。——译者注

内，但需每年派出商馆长、干事和医生前往江户向将军进贡，讲述海外新事。为到江户，这个进贡小队需携食物、酒水与桌椅跋涉 90 天之久。此举效仿了大名的参觐交代，可据此认为幕府授予了荷兰商馆长类似大名的地位，不过，进贡小队仅在江户停留两三周。他们进贡的望远镜、显微镜、地图、地球仪、钟表、油画、眼镜、魔灯①与自动人偶②颇受大名与高官喜爱。将军还要求荷兰使节表演节目助兴，使节们载歌载舞，将军家的女眷则在屏风后欣赏这些滑稽表演。日本人十分迷恋荷兰文化，以木版画记录下后者的习俗、风尚与物件。

为限制基督教的颠覆性影响，早期幕府将军严禁子民阅读外国书籍或学习外国知识。1720 年，德川幕府第八任将军德川吉宗（1684~1751）开始允许翻译对日本有益的荷兰自然科学作品。这些作品大多为两类，一类关乎天文学，当时包括历法科学、地图学和地理学；另一类关乎医学，当时包括化学、物理学、植物学、矿物学和动物学。西方科学与艺术知识在日本得名"兰学"，仅在少数幕府专家间传播。通过观察出岛上荷兰医生的"红毛手术"③，兰学医生们还获取了西方的医学技术。

当时，儒家与佛教思想均对解剖尸体的行为表示谴责，日本对人体结构的看法来自中医的推断性理论。后来，欧洲解剖图解传入日本，这一与中国理论相冲突的图解在日本传播开来。一次，官方外科医生杉田玄白（1722~1817）参加了一名女犯的尸体解剖手术，他惊讶地发现，女性的身体结构和器官与中医的描述不同，却与欧洲的解剖图相吻合。杉田玄白与其

---

① 魔灯（Magic lantern）是幻灯片放映机的前身，通过投影效果讲述故事或传授知识。——译者注
② 内部拥有由齿轮和随动部件构成的精密机械结构，上紧发条后可以自动摆出动作的人偶。——译者注
③ "红毛"即荷兰人。——译者注

林子平，爪哇仆人服侍荷兰主人用餐的情景，18世纪90年代
图片来源：荷兰国家博物馆

他兰学学者合作，耗费多年，终在1774年合译出一本荷兰解剖学巨著，也就是《解体新书》。该书成为日本医学史上最重要的作品之一。自此，日本医学走上将针灸与解剖科学观相融合的"中西结合"之路。19世纪早期，日本翻译出版的西方外科学教材又将手术、患处包扎、骨折处理和放血疗法等知识普及给民众。

当时有一位名叫平贺源内（1728~1780）的兰学学者，才智过人却"不走寻常路"。他出身武士阶层，官阶不高，在长崎学习草药时接触兰学思想。后来，平贺源内前往江户，投身西方科学与艺术实践，发明了温度计、一种石棉布和一台静电产生装置。平贺源内曾学习欧洲绘画技巧，这类技巧视角偏于自然。其弟子司马江汉（1747~1818）是日本最早的"洋画"画家之一。

德川幕府时代的宗教文化

德川幕府时代和明治时代的批评家称佛教已"堕落"，僧侣破戒，行为不端。这种现象一定程度上应归因于幕府对佛教机构的控制与增选，幕府抑制了佛教的发展。德川幕府时代未能产生新的信条或规模较大的新宗派，有名望的僧侣或宗教领袖也极少。中世时期，富有人格魅力的宗教领袖推动了佛教信条与实践的大幅创新，相形之下，德川幕府时代更显单薄。德川幕府统治下，佛教成为一种国教，全体国民需在家庭所在地的寺院登记，证明自己非基督徒。也正是在该时期，佛教寺院的主要功能转变为执行丧葬仪式，并通过提供以33年为周期的昂贵的全流程葬礼仪式获得主要收入。如今，仍有许多日本人仅在办丧事时才想到佛教。

不过，德川幕府时代仍涌现出许多优秀僧侣，为净化、振兴佛教传统做出了贡献。临济宗僧侣白隐慧鹤（1686~1768）致力于恢复临济宗参悟公案的苦行传统。白隐慧鹤是一位业余艺术家，但其书画作品因强烈、颇具个性且直白的表达风格而备受推崇，成为后世禅宗僧侣的典范。白隐慧鹤年少时开始研习书法，22岁时，他亲眼见到一位禅宗大师的作品，意识到书法并非一门"技"，而是人格之体现。白隐慧鹤的艺术才能在花甲之年崭露头角，他的画作涉猎题材甚广，既有财神又有威严的禅宗长者。他为禅宗创造了一门新的视觉语言，不限于山水或禅宗的著名意象，亦涵盖民间传说、鸟兽、日常物品与场景。白隐慧鹤一生创作了成千上万幅作品，只要有人讨要，便无偿赠之。

德川幕府时代，制度化的佛教少有发展，民间却涌现大量新宗教，如平田笃胤、石田梅岩和二宫尊德等人就曾将几门旧宗教融合为新宗教，在民众间广泛传播。法师和游方僧人等宗教人士游历在日本各个偏远角落。他们像中世时期唱经讲经的尼姑和僧侣那样，也以化缘为目的提供各类宗教与世俗服务。这些人一些从事占卜，一些兜售宗教物品，还有一些跳舞或演奏尺八等乐器来娱乐大众。该时期，受欢迎的神明和圣地多能实现愈疾、聚财和防火等"实用功效"，因而声名鹊起，成为主要的祭拜对象。同时期，朝圣这一宗教修行形式突然流行起来，人们纷纷前往一处或多处圣地进行祭拜。17世纪中期，市面上涌现大量旅行指南和日记体作品，更是将朝圣推向了一个新高潮。人们朝圣或参拜著名神社时，不仅仅是在践行宗教信仰，虔诚的信徒奉行"寓祷于乐"的文化，不仅仅在宗教层面获益，还获得了身心的愉悦。

江户城之内，"寓祷于乐"的中心位于浅草寺，地处町人聚居的浅草地区。传说7世纪曾有两兄弟用渔网捞出了一尊金雕像，他们将这雕像供奉起来，敬奉贡品，于是后来打鱼总是满载而归。村长意识到这雕像乃观音之化身，便将自家改造成观音堂，这就是浅草寺的前身。后来，江户面积扩大、不断发展，各阶级民众来此观光，寻觅着曾在游记与木版画中出现的场景（见第七章）。浅草地区很受游客欢迎，拥有庞大的娱乐和商业网络。深入浅草地区的话，有茶屋、饺子馆、酒馆、糖屋、烟馆、纸品店、箭馆和若干牙签铺等数百个摊子，供应各种各样的食品、商品和娱乐项目，这些店铺亦是花柳之地。浅草地区的外围则为固定店铺，沿着路两侧铺展开来，出售凉鞋、玩具、雨伞和海藻、清酒、荞麦面、仙贝等浅草特色美食。附近的商贩们竞相招揽行人观看娱乐表演，其中既有受了"现世报"、每手仅生两指的畸形"螃蟹女"，也有巨型蟾蜍、豪猪和大象等异兽。草药铺提供杂技、杂耍、走钢索和魔术表演，以便将草药卖给看客。相扑本是一种平息怒火、预示丰收的宗教修行，也成为浅草地区的一种表演形式。浅草提供的是游戏性质的"半相扑"表演，比如1796年，一位半裸的女性就曾与八名盲人按摩师上演了一场相扑秀。[①]当时，每日有逾

[①] Nam-linHur, *Prayer and Play in Late Tokugawa Japan: Asakusa Sensōji and Edo Society* (Cambridge, MA: Harvard University Asia Center, 2000), 87.

万名游客前来浅草游玩。

除世俗游乐项目外，浅草亦是"卧佛藏神"之地，供奉着大量佛教、神道教神明，日本其他地区无出其右。浅草寺主殿供奉的主神浅草观音吸引了大批狂热信徒，不过，其他殿内也供奉了一些更新、更"时髦"的神明，据说对保佑健康和好运有奇效，比如一位缺了两颗门牙的老妇据说可减轻牙痛，名为药师如来的药佛则因能治愈眼疾而备受尊敬。

浅草寺"寓祷于乐"的风格可谓雅俗共赏。幕府将军与家人来此参拜浅草观音，参拜完毕后，便在浅草大肆游玩一番。德川幕府第8任将军德川吉宗极爱听街头艺人说书，第11任将军德川家齐则常在浅草射箭或吹筒箭为乐。浅草十分富庶，除从店铺收取租金外，还出售护身符和祭品等游客喜爱且具有浅草观音神力的物件。如今，参拜神社和寺院时，人们仍将购买护身符与符咒看作必不可少的一道程序。浅草资金与香火的另一来源为宗教结社，即宗教的俗家支持者构成的组织，多为一二百人规模，遍及日本各地。浅草固然是规模最大、最受欢迎的宗教建筑群之一，不过，四国的金刀比罗宫等其他地区的寺院与神社也提供类似的"寓祷于乐"服务。也许正因如此，批评者才抨击德川幕府时代的佛教，称其腐败堕落。不过，换个角度看，这一风格也不失灵活，将当前流行的政治、文化潮流融入宗教服务，宗教便不致在经济层面无以为继。

至少自奈良时代起，朝圣这一宗教活动便在上层阶级流行开来，人们拜访著名神社和寺院，攀登圣山。到了江户时代，日本境内的旅游基础设施得到改善，道路与客栈网络更为发达，再加之其他原因，朝圣活动呈现爆发式增长。朝圣者外出寻找治病良方，为既往过错赎罪，向神明与圣人表达敬仰，并为此生与来世祈求福报。不过，正如前文提到的浅草，许多朝圣者亦是带着游乐目的前来，希望逃离日常生活之琐事，探索新的地方、新的

第六章　保持控制：德川幕府文化　183

歌川广重"江户浅草",1853年
洛杉矶艺术博物馆
图片来源：Wikimedia Commons

视野。

  从古至今，群山一直被视作神秘、神圣之地，乃亡灵栖身之处，是通往另一个世界的入口。圣人与宗教修行者登山苦行，希望借此获得"神力"。平安时代，贵族赴熊野山和吉野山等圣山朝圣，抢先体验身在净土的感觉。不过，贵族的朝圣之旅鲜少为苦行，多是数百朝臣一同外出的奢华之旅。德川幕府时代，平民前往山中朝圣需费力攀爬，将其看作肉体与精神修行的一环。富士山是日本群山中海拔最高、最神圣的一座，亦是风景最佳者，格外受朝圣者青睐。在富士山一上一下象征着人世与黄泉的往返，朝圣者可借此洗清既往的罪恶与污秽。

  朝圣者多为男性，人们认为女性生而不洁，因此禁止其攀爬圣山。男

葛饰北斋"富岳三十六景"之《诸人登山》，19 世纪 30 年代
图片来源：Wikimedia Commons

子需谨遵禁欲之严规，保持身心洁净方可入山。登山之行艰难困苦，耗资巨大。为降低攀登富士山的难度，人们仿照富士山的样子在江户建起多座"迷你"富士山，每逢六月第一日，江户人多前往自家附近的翻版富士山参拜。

参拜不同神明有不同的朝圣路线。其中，最著名的朝圣路线在四国岛上，涵盖了岛上 88 座与真言宗创始人空海有关的寺院。另一条著名路线位于日本西部，贯穿了供奉佛教观音菩萨的 33 座寺院。德川幕府时代，伊势神宫每 60 年迎来一次大型朝圣，数百万朝圣者参与其中。一些村落组团前往，但以女性和儿童为代表的多数人并无资格入团，便借机四下游玩，将活计与家人抛之脑后。朝圣所需的资金、食物和衣物都有专人资助，热水浴与理发服务也不例外。前往伊势神宫的朝圣队伍十分喧闹，如过节般喜庆，人们不时狂舞，因此为官员和诸多精英人士所不屑。

通常，幕府与藩主不许平民离开居住的城市或村庄，仅当平民申请朝圣或治病方批准外出。不过，德川时代晚期，出游与朝圣成为一种文化癖好，还衍生出观光、旅店和旅行指南等周边服务。与江户时代的都市文化相似（见第七章），长野的善光寺、纪伊半岛的伊势神宫和四国的金刀比罗宫等朝圣地多有花柳之事。有时，人们说娼妓乃神灵之肉身，与之交合是一种"御祭"。

总之，德川幕府制定了国家政体，创立了高效的行政系统，对寺院、大名等与幕府存在竞争的权力中心进行了限制，通过分离各等级控制着民众。为防社会秩序遭颠覆，幕府出台了细致的规定，要求民众按适合所属等级的方式生活。儒家思想强调稳定统治、道德与维护秩序，成为德川政权行之有效的治理哲学，其简化教义也在各等级人士间传播开来。该时代亦涌现出兰学和国学等新思想流派，代表日本已开始从中国思想和科学体系的"霸权"下抽身。该时期，宗教领域鲜有革命性改变，但多数寺院、神社与信徒间涌现出玩乐和商业性质较浓的宗教风气。这一现象与德川幕府时代的文化大背景有关，都市平民沉浸在自己创造的新式艺术、文学与戏剧之中，流连于妓院与茶屋遍布的"游廊"。下一章将着重讲述这一现象。

推荐阅读

Burns, Susan. *Before the Nation:Kokugaku and the Imagining of Community in Early Modern Japan*. Durham, NC: Duke University Press, 2003.

Hanley, Susan. *Everyday Things in Premodern Japan: The Hidden Legacy of Material Culture*. Berkeley: University of California Press, 1997.

Hellyer, Robert I. *Defining Engagement Japan and Global Contexts, 1640-1868*.

Cambridge, MA: Harvard University Press, 2000.

Hur, Nam-lin. *Prayer and Play in Late Tokugawa Japan: Asakusa Sensōji and Edo Society.* Cambridge, MA: Harvard University Press, 2000.

Ikegami, Eiko. The *Taming of the Samurai: Honorific Individualism and the Making of Modern Japan.* Cambridge, MA: Harvard University Press, 1997.

McNally, Mark. *Proving the Way Conflict and Practice in the History of Japanese Nativism.* Cambridge, MA: Harvard University Press, 2005.

Pitelka, Morgan. *Spectacular Accumulation: Material Culture, Tokugawa Ieyasu, and Samurai Sociability.* Honolulu: University of Hawaii Press, 2015.

Roberts, Luke. *Mercantilism in a Japanese Domain: Merchant Origins of Economic Nationalism in Eighteenth-Century Tosa.* New York: Cambridge University Press, 2002.

Sawada, Janine T. *Practical Pursuits: Religion, Politics and Personal Cultivation in Nineteenth-Century Japan.* Honolulu: University of Hawaii Press, 2004.

Teeuwen, Mark, and Kate Wildman Nakai, eds. *Lust, Commerce, and Corruption: An Account of What I Have Seen and Heard, by an Edo Samurai.* New York: Columbia University Press, 2017.

Vaporis, Constantine N. *Tour of Duty: Samurai, Military Service in Edo, and the Culture of Early Modern Japan.* Honolulu: University of Hawaii Press, 2009.

Walker, Brett L. *The Conquest of Ainu Lands: Ecology and Culture in Japanese Expansion, 1590-1800.* Berkeley: University of California Press, 2006.

推荐影片

《切腹》，小林正树执导故事片，1962 年。讲述了 17 世纪早期浪人在大名宅邸以切腹相胁、要求救济金的复仇故事。

《红胡子》，黑泽明执导故事片，1965 年。讲述了 19 世纪一位乡村仁医与曾在长崎学习兰学的傲慢学徒间的故事。

《楢山节考》，今村昌平执导故事片，1983 年。讲述了贫困乡村将无劳动能力的老者遗弃山中饿死的习俗。本片获戛纳电影节金棕榈奖。

《元禄忠臣藏前篇》，沟口健二执导故事片，1941年。改编自著名历史事件。

《低下层》，黑泽明执导故事片，1957年。改编自高尔基的同名剧本，刻画了挣扎求生的江户底层民众。

《黄昏清兵卫》，山田洋次执导故事片，2002年。以德川时代的最后10年为背景，讲述了一位安于清贫的下级武士因藩内政治动乱被迫以命相搏的故事。

第七章
江户时代的流行文化：浮世及其他
17 世纪晚期~19 世纪中期

为确保统治，德川幕府制定了相关政治、行政与社会政策，但其创造的等级制度过于僵化，无法灵活适应经济、社会层面不断发生的长期变革。城市化与商业经济的发展促成了财富的重新分配，武士阶级的财富开始向平民阶级流动，削弱了等级体系，促进了都市平民间文化新形式的发展。

长久以来，朝臣与武士精英享受着诗歌集会、茶道和花道聚会等高雅娱乐，而在江户时代即德川幕府时代（1600~1868），富有平民也越来越多地参与到这些雅好之中。在和平繁荣的社会背景下，非特权阶级可负担的流行文化百花齐放，包括书籍、木版画、戏剧和妓院茶屋遍布的"游廊"文化等，这些多与"浮世"这一术语相携出现。中世时期，"浮世"一词与佛教中代表人间疾苦的"无常"概念相联系，不过到了江户时代，浮世指代充斥着幽默、情欲与自我放纵的花花世界。浮世文化的精髓在于挑逗性，玩世不恭且胆大无畏，从本质上嘲讽了武士精英的庄重。浮世文化的艺术、文学与戏剧在同一批大型城市里发展起来，又迎合了同一批不断扩张的主顾，也就是越来越富有的平民阶级，因此，浮世文化的艺术、文学与戏剧实现了相互渗透。

元禄时代（严格意义上为1688年至1704年，但大体可用于指代1680年至1720年）堪称都市文化的高光时期。早期江户文化格调不高，多与性事有关，不过随着时代发展，浮世文化的内涵渐趋精细。浮世艺术、文学与戏剧主要以歌舞伎演员和游廓的高级妓女为主题，但也渐渐开始反映都市平民的日常悲喜。17世纪末，获批经营剧院和妓院的游廓进一步成熟，体系高度结构化，分化出不同层次的阶级与权威，发展出细致的礼节规范与丰富的传统体系。演员与娼妓属于"非人"的游民阶级，被深受儒家影响的幕府视作社会污染之源，因此被禁足于特定地域，不得进入"体面社会"。不过，对大众而言，歌舞伎演员与游廓女性散发着无穷无尽的吸引力，因而成为该时代戏剧、散文和艺术的主题。

城市化

幕府设立在江户，又推出了参觐交代制度，要求所有大名与家臣在江户与藩内的宅邸交替居住，由此，日本城市化的步伐大大加快，商业发展达到前所未有的水平。关原之战胜利后，德川家康命令大名为建设江户的大业贡献物资与人力。建设江户之事规模庞大，需改造洪泛平原，为德川家康建一座大型城池（即今日皇居[①]），还需设计、构建水路与桥梁网络。如今，东京都内仍可见当年的遗迹，足见德川家康建设事业之宏大。当年围绕江户中心区建起的护城河，如今演变为山手线，全长约34公里，是东京最繁忙、最重要的轨道交通环线，连接东京各个重要中心。大名的府邸均坐落于山手线

[①] 皇居位于东京千代田区。明治维新后，日本首都由京都迁至江户，易名东京，前江户城被改为天皇居所。——译者注

内的西部和北部，占据了环线内 70% 的地域；町人被迫居住在拥挤的下町，仅占环线内面积的 15%；寺院与神社占据了剩余地域。娱乐设施沿城市水路发展起来，本以服务町人为初衷，却吸引了大批武士光顾。夜晚，游船上举办着热闹的宴会，将客人渡往剧院或游廓。

　　江户并未立即成为全国的文化中心，合称为"上方"的京都与大阪才是贯穿 17 世纪的日本文学、艺术、工艺、宗教和商业前线。这些城市中，武士的存在感较低，朝臣、商人和武士等上层阶级自由交往、相互借鉴，创造出新的文化形式与媒介。京都的画家、艺术家实现了艺术创作的新高峰，尤

江户，1844 年
图片来源：得克萨斯大学奥斯汀分校

以尾形光琳（1658~1716）和尾形乾山（1663~1743）两兄弟为甚。尾形兄弟生于富庶的绸缎商家庭，对茶道、绘画和书法等一切流行文化均有涉猎。17世纪晚期，尾形兄弟的女赞助人去世，尾形家又家道中落、继而破产，两人被迫将艺术作为求生手段，将传统服饰设计的相关理念巧用于绘画和陶瓷作品。不过，尾形兄弟最终作别日渐衰落的京都，前往江户寻找富有的赞助人来支持艺术创作。

上方地区的上层阶级十分重视"优雅"二字。在他们看来，江户人不知低调、只喜新奇大胆之物，实乃粗鄙。长期以来，东、西日本风格存在差异，尤以对歌舞伎的喜好为甚：江户地区，饰演武士的歌舞伎演员以动作夸张、语气凶悍的"荒事"风格进行表演；上方地区的歌舞伎演员则精巧时髦，多以"和事"风格饰演讨人喜欢的情人角色。18世纪起，江户开始占据上风，成为日本的文化产出中心，其风格虽不及年岁更久的都市那般精细，却更富活力。18世纪至19世纪，发源自江户的平民浮世文化传播至其他都市中心，宫廷与武士艺术则大多停滞不前。

尾形光琳《红白梅图》屏风，18世纪早期
日本热海，MOA美术馆
图片来源：Wikimedia Commons

江户与各藩大名府邸所在均为武家城镇，以服务武士阶级需求为宗旨。此外，商人从所属藩招募男性职员与学徒，将其派驻至江户新设立的店铺，这座城市的建设工程又从地方招募了数万男工，因此，江户的人口，无论武士、商人阶级还是劳工，皆以男性为主。18世纪初的一次人口普查显示，江户人口约一半为武士，另一半为町人，男性人数至少为女性两倍。江户早期，粗犷的文化形式更"吃香"，娼妓、情欲艺术和文学成为流行文化主题——这些现象均可从男女比例中得到解答，因其乃单身男子乐趣的重要来源。

各等级人士均可从店铺和市场寻得符合其经济水平的衣食等物，城市人口的密集也就推动了消费文化的发展。富人们购置考究的服饰、瓷器与漆器，在雅致的食肆享用鹤与鲤鱼等珍贵食材，又在食肆周边的剧院、游廓一掷千金。穷苦的劳工则在路边摊购置二手服饰与商品，以各类街头小吃果腹，在酒屋饮廉价清酒，到消费不高的说书馆或歌舞伎剧院享乐。寿司、荞麦面和烤鳗鱼是当今日本的标志性食物，而在江户时代，这些本是劳工用来填饱肚子的街边摊小吃。1860年，江户共有3700多家荞麦面馆，每个街区都能找到一家。收入水平居中者可在江户新建的大型店铺采购用品，如1673年开业的越后屋①。从前，和服店家多为上门服务，量身定制，按布匹数收费。越后屋则采取了更为顾客着想的经营模式，开设了大型店面，以固定价格出售成衣和配饰，无须老式的讨价还价，交易也更便捷。越后屋不拘泥于按匹出售，允许顾客购买少量布料，因而销量大增，还在其他城市中心开设了分店。在西方，直到1852年巴黎乐蓬马歇百货②开业，零售这一做

---

① 江户时期三井家在江户经营的绸缎庄，也是今天三越百货公司的前身。1673年由三井高利开设，采用"不还价""明码标价"等当时尚属新颖的方式经营。——译者注
② 乐蓬马歇百货公司（Le Bon Marché，法语意为"好市场"或"好交易"）是法国巴黎著名百货公司，有人认为它是世界上第一家百货公司。——译者注

第七章　江户时代的流行文化：浮世及其他　193

法才流行开来。后来，越后屋更名"三越百货"，成为东京现代百货公司的先驱。

江户本地的町人被称作"江户子"，他们深以此身份为荣，不与悭吝又喜说教的武士阶级、乡民"同流合污"。江户时代中期，有见识的江户子被看作"粹"与"张"的体现。"粹"体现在对钱财的慷慨，诚实与不浮夸的作风，对艺术、风尚及游廓、剧院规矩与礼节的熟知。最精于世故的町人被称作"通"（即"高雅的鉴赏家"），是其他有文化追求者的楷模。意图成为"通"、举止却不够精细者，如衣着昂贵却过时，或行为浮夸傲慢的人，会被谴责为"半可通"（一知半解、不懂装懂之人）或"野暮"（庸俗迂腐之人）。"张"则以直截了当的本性、反抗精神与拒绝迎合他人为特征，人们对压迫性武士规则和其基于等级的限制性规定的厌恶催生了这种反抗精神。有时，人们也将娼妓和艺伎看作"粹"和"张"的象征，不过，更公认的女性理想特质是"媚态"，即迷人而懂得挑逗，充满情欲却绝不下作。

印刷文化

江户时代，印刷业大幅发展，推动了"粹""张""媚态"等品质的传播和流行，木版画和假名草子①均对这些主题进行了阐述。假名草子以白话文写就，使用假名，造福了大量仅具备基础读写能力的读者。17世纪，印刷技术发生变化，出版业得到发展。活字印刷术于16世纪由耶稣会士传入日本，然而，这一技术无法将文字与图画相结合，削弱了书法的创造力，因而

---

① 江户前期（17世纪初~17世纪80年代）兴起的一种几乎全用假名书写的通俗文艺作品，题材包括恋爱故事、佛教故事、笑话及日本、中国、印度的传说等。——译者注

让步于木版印刷。木版印刷可将文字和图画结合在一起，真正令印刷品做到雅俗共赏，这一点对确立大规模消费者群体至关重要。

17世纪初，借助印刷业，德川幕府发行了大量日本地图，明确了地方各国和主要城市的相关信息，介绍了道路网络及流行的出游线路，进而确立了自身政权并为之正名。很快，地图册、百科全书、词典、日历、年鉴、乡村地名词典、城市名录、游记、人员名册、传记汇编、工作手册、游乐手册、购物及当地商品指南和学校启蒙读本等商业印刷品大量涌现。[①]玛丽·伊丽莎白·贝利（Mary Elizabeth Berry）将平民可获取的海量新型数据称作"公共信息图书馆"。现代小说是广受都市町人欢迎的体裁，以町人为主要消费对象。通常，销路最佳的小说短短几月内便可售出一万余本。贷本屋（即租书屋）为无力购买图书的平民提供了海量阅读的机会。贷本屋老板或是身背大量书籍到平民家中"推销"，或是在街边招揽生意，以定价的约六分之一出租图书。1808年，江户约有650家贷本屋，大阪数量大致持平。一些贷本屋老板还前往乡村交易，由此，都市文化在全国传播开来。

17世纪及18世纪初，出版界以京都和大阪为中心。京都书店的分店占领了江户市场。该时代最受欢迎、最成功的作家当属大阪的讽刺作家井原西鹤（1642~1693）与剧作家近松门左卫门（1653~1725，本章后文有述）。不过，到了18世纪中期，极富创业精神的江户出版商渐渐崛起，创造出一些新体裁，如以大受欢迎的艳情"枕边书"为代表的插画故事。讽刺诗集和政治讽刺文亦出现在该时代，常常为作者招致牢狱之灾。江户出版商出版了大量兰学书籍，包括杉田玄白的《解体新书》和其他翻译自荷兰语的医学、物理及其他科学类书籍。江户出版商不顾传统的版权问题，重印竞争对手在

---

① Mary Elizabeth Berry, *Japan in Print: Information and Nation in the Early Modern Period* (Berkeley: University of California Press, 2007), 15.

上方地区带火的书籍。江户地区，销路最佳的当属全彩木版画"锦绘"。须原屋和茑屋书店等江户连锁书店专售各类文本和印刷品，终将京都的竞争对手逐出市场。除书籍和艺术品外，印刷业还出产广告、传单、指南和剧院及游乐场所的排名表。通过研习流行歌舞伎、人形净琉璃（即木偶戏）的剧本和评注，戏迷可在家中自行表演或与票友一同表演剧目。大量涌现的印刷品将都市文化的创造者与消费者紧密相连。

井原西鹤是一位高产的诗人及小说家，被称颂为"浮世草子"（与浮世相关的故事）的推广者。其人出身富商之家，游历甚广，与不少演员、妓女及富有的鉴赏家私交甚笃，并将这些人物写进了他的故事。井原西鹤最有名的创作手法当属滑稽模仿，通过这一手法刻画了町人的生活，突出了性、金钱和探访游廓等主题。人们通常认为井原西鹤的首部小说《好色一代男》（1683）讽刺了文学经典《源氏物语》。《好色一代男》的主人公世之介是位荒淫无度的享乐主义者，7岁初探性之奥秘，此后风流韵事不断，花甲之年又载一船春药与性具前去寻找传说中的"女人岛"。世之介还"男女通吃"，据其日记所载，他生平曾与3742名女子和735名男孩同眠。[1] 不同于出身上流社会的源氏及其平安时代的朝臣同侪，世之介对生活之美与悲凉毫无感触，只受性欲驱动。

一次，世之介遇到了一位侍女，这侍女在将军居城的内室服侍，共事的都是女性。流行文化中，大众多谣传这些侍女对性事极为饥渴，凡有休假之日，便前往剧院周遭寻觅"猎物"。世之介正是在剧院附近遇到了这名侍女，她称自己遭遇死敌，向世之介求救。于是两人退入附近的一间茶屋[2]：

---

[1] Howard Hibbett, *The Chrysanthemum and the Fish: Japanese Humor since the Age of the Shoguns* (New York: Kodansha America, 2002), 54.

[2] 本段译文出自井原西鹤：《好色一代男，好色五人女，好色一代女》中《好色一代男》部分，章浩明译，九州出版社，2000。——译者注

女人慢慢地取出了那只锦袋,说:"这个可以表示我的心情。请您过目。"话没说完,她就已经羞得把脸藏到衣领中去了。世之介解开红绳一看,原来是一个七寸二三分长、根部较细的阴茎模型,因长期使用,尖端已经磨秃了。世之介失望地说,问道:"这是……""因为,我用它的时候,那种心情简直就像要死了一样,这就是我的敌人,请您设法整治一下我这个仇敌!"说着,她紧紧地搂住世之介。世之介还没反应过来,便被她按在了身下,有什么东西甚至将三张草席润透了。女人站起来,从装小镜子的袋子中取出一包金币,交给世之介,并说道:"七月十六,我请假回家,到时我们一定再见面!"说完就走了。①

《好色一代男》销路极好。后来,井原又创作了一些类似题材的作品,如《好色一代女》(1685)。《好色一代女》写的是年轻健美的头牌妓女的生平,讲述其人在容颜渐衰之后,终沦为寻常站街女的故事。井原西鹤的另一作品《男色大鉴》(1687)则描述了武士、歌舞伎演员和佛教僧侣间司空见惯的同性恋事。那时,武士与僧侣群体中常见位高权重的长者与年轻男孩间的恋事,演员则常常嫖娼。书中,井原阐述了与男性恋爱胜于与女性恋爱之处:"女人似植物,纵花朵遍开,却卷须丛生,将人牢牢缠住。男子虽冷漠,却满溢难以言说之芬芳,若当季第一株梅。缘此,若比较爱恋男、女之益处,男子必会'弃女投男'。"②

这些作品似受到该时代厌女情绪的影响。井原的《好色五人女》

---

① Howard Hibbett, *The Chrysanthemum and the Fish: Japanese Humor since the Age of the Shoguns* (New York: Kodansha America, 2002),56.
② Donald Keene, *World within Walls: Japanese Literature of the Premodern Era, 1600-1867* (New York: Kodansha America, 2002), 54.

（1685）进一步深化了性别不平等感，在性事上为男、女设立了双重标准。《好色五人女》改编自真实生活中的丑闻轶事，并不循以娼妓为主角的惯例，而是将流行文化中坚忍、乏味、忠于丈夫和愿为家族事业献身的商人阶级女性作为描写对象。井原的作品中，这些女性强势而果断，对爱慕的男子大胆"出击"，却也为此付出了沉重的代价。五名女主人公中，四位都未能善终，有的因通奸或其他罪名被处决，有的被逼出家，有的自杀。下文节选自《好色五人女》，故事中，一群年轻男子正对女子的容貌评头论足。这有趣的一幕在今天也并不少见[①]：

那时，京城有一伙耽于冶游、无人不知无人不晓的号称"四大天王"的汉子，他们个个都风采超凡，引人注目……

戏园子散戏之后，他们一伙来到一个叫松屋的茶屋，并排而坐，声称："再没有像今天这样热闹的了。城市妇女相携出游了，说不定我们会看到我们一致认为漂亮的女人。"他们选定一位精明的演员当鉴赏美人的头儿，等着赏花归来从此路过的女人。这对他们来说也是另一种乐趣。

但是大多数女人是坐轿回来的，无法看见她们的容姿，他们颇感遗憾。溜溜达达徒步而行的女人们，虽然不是个个都丑，但是却没有足以使人注目良久的女子。"不管怎么说，先把好看的画下来吧！"于是他们把砚台和纸拉到跟前开始画美人像。这时有一妇人走来，看年纪也三十四五岁，后颈的头发长长的……眼睛大而有神，前额的发型自然且漂亮……贴身的是表里同一、薄而有光的白色丝绸内衣，中间穿的也是

[①] 本段译文出自井原西鹤：《好色一代男，好色五人女，好色一代女》中《好色五人女》部分，王丘明译，九州出版社，2000。——译者注

表里同一的浅黄色绸服，外面的是红黄色的薄而有光的表里一致的红黄色绸服……其情趣看来确实别具一格……戴头巾的斗篷是宫廷染法染出来的，白地上染着色彩鲜艳的果实、花草、风景等等，尺寸合适，式样相宜，别具风采。脚穿淡紫色绸袜，登一双三色袢带的竹皮草屐。走路没有声音，腰部的扭动极其自然。他们想，有这样妻子的男人真是幸福无比。这时候，这女人和她的随从张口说话，他们发现她缺一颗下牙，于是恋慕之感不禁大减。①

18世纪末及之后的幽默小说体裁被称作"戏作"，主要分为两种类型。其一为"黄表纸"，被视作最早以成人为受众的漫画，多按卷印刷，每卷十页，每个故事约两三卷篇幅，作者通常自己绘制插图，在图片空白处填充对话、旁白和角色身份。其二为"洒落本"，描述了游廓的规矩、语言与穿衣风格。江户当铺老板之子山东京传（1761~1816）可创作黄表纸和洒落本两种戏作。其黄表纸代表作《江户生艳气桦烧》（1785）刻画了极欲成为万人迷和"通"的年轻丑商艳二郎。艳二郎花钱雇女人在游廓追逐他，祈求父母像商贾之家常对待纨绔子弟那样剥夺其继承权，还与一位妓女上演了一出"假殉情"。书中角色包括同时期真实存在的歌舞伎演员、诗人和妓女。

审查法律禁止出版物中谈及时事、异说、谣言、丑闻、色情、政府官员及任何与德川统治者或皇室直接相关之事。为规避这一法律，山东京传多为书籍架设浅显的历史背景。不过，其人对社会地位和政治的辛辣讽刺引起了审查官注意，因此被罚戴手铐50日，其出版人茑屋重三郎也被罚去了一半

---

① Thara Saikaku, *Five Women Who Loved Love*, trans. W. Theodore de Bary, in Donald Keene, *Anthology of Japanese Literature: From the Earliest Era to the Mid-Nineteenth Century* (NewYork: Grove Press, 1955), 336-337.

身家。

十返舍一九（1765~1831）撰写的《东海道徒步旅行记》[1]是19世纪初最畅销的幽默小说之一，讲述了小人物弥次郎和喜多经由连接江户和京都的东海道前往伊势神宫朝圣，却因途中耽于饮酒作乐、寻花问柳而屡出洋相的故事。弥次郎和喜多来自江户，自认为身份高于途中所见的地方国之人，却在沿途的客栈屡屡出丑，愚蠢与低智展露无遗。两人曾在用浴缸时不慎烧着了自己，又在用餐时询问小厮送上的热石头该怎么吃，却没有意识到这石头是用来烹饪的，不得食用。弥次郎和喜多总想溜上女性旅者的床，因此惹上不少麻烦。《东海道徒步旅行记》可看作一本指南，对支撑江户时代旅游业发展的53家东海道驿站进行了介绍。

诗歌

俳句是一种按5—7—5格式排列的17音节短诗，是日本最具特色的诗歌形式。俳句出现于江户时代，是平民可欣赏并创作的朴素诗歌。古典和歌囿于规则形式已渐趋陈腐，主要以引用历代皇室诗集中名篇的能力论短长，主题和意象均受限。战国时代，名为"连歌"的诗歌活动流行开来，诗人们分成数组，每组需为上一组所赋诗歌作对，还需依照规则使用俏皮话、双关语或暗喻等手法。战国时代，共有两种连歌形式供不同人群消遣：一种为"有心"，由饱学之士依高雅的古典传统写就；一种为"俳谐"，由简单诗句构成，多含义下流、鼓吹粗鄙举止，是平民喜闻乐见的游戏，可达数百乃至数千句长。下面就是一副著名的俳谐对子：

---

[1] 原名《东海道中膝栗毛》。"栗毛"是一种马，"膝栗毛"就是用膝盖代替马，即徒步旅行之意。——编者注

此景虽苦涩，

竟也欢乐多。

病父将要亡，

我把屁来放。①

此处，第二位诗人将失去亲人的悲伤、沉重与身体失控的状况并置，展现了第一位诗人表达的冲突情绪。江户时代，平民所作的诗歌与小说中常见与排泄物相关的笑话。

后来，俳谐简短的开篇句发展为独立、完整的诗歌形式，若为幽默诗句，则称"川柳"，若为严肃诗句，则称"俳句"。川柳多带有愤世嫉俗之意，或含黑色幽默，如以下三例：

"伊只一只眼，

倒是美胜双。"

媒人如是说。

夫责妻不贤，

洗手煮羹汤。

邻家衣物脏，

---

① Wm. Theodore de Bary et al., eds., *Sources of Japanese Tradition, vol. 2: 1600 to 2000*, 2nd ed. (New York: Columbia University Press, 2005), 348.

浣妇果腹忙。①

毫无疑问，论及较为严肃的俳句，松尾芭蕉（1644~1694）乃创作者中当仁不让的翘楚。他放弃了武士身份，成为一名连歌大师及先生，教授的学生遍布各行各业。松尾芭蕉创作的这首俳句堪称举世闻名[②]：

> 古池碧水深，
> 青蛙"扑通"跃其身，
> 突发一清音。

芭蕉从未正式剃度出家，穿着打扮与生活方式却与僧人别无二致。他坚信，古代的"真诗人"拒绝世俗追求，生活简单清贫。为效仿这一做法，他搬离位于江户中心的上野区，在城郊的一间村舍住了下来。芭蕉向往中世时期隐士鸭长明的独居生活，然而作为一名连歌大师及先生，他需与大批诗人紧密合作。"芭蕉"指一种不结果[③]的香蕉树——曾有一名弟子向他献上芭蕉作礼物，他便为自己取了这样一个名号。

1684 年，松尾芭蕉踏上了漫长的旅程，投身一趟又一趟艰难的朝圣之旅，多去往偏远地带，危险重重。数世纪来，许多诗人正是因这样的朝圣而丧命。芭蕉的大作《奥州小路》将诗歌与游记相结合，记录了他在 156 天内北行约 2400 公里的经过。他的旅途以步行为主，有时也骑马或乘船。为致敬平安时代晚期的诗僧西行，芭蕉于 1689 年初，即西行去世 500 周年时

---

① Geoffrey Bownas and Anthony Thwaite, trans., *The Penguin Book of Japanese Verse* (London: Puffin, 1986; repr., London: Penguin, 1998), 125-127.
② 本俳句名为《古池》，由松尾芭蕉创作于 1686 年。译者为陆坚。——译者注
③ 此处作者理解有误，芭蕉树是有果实的。——编者注

出发,他希望拜访西行曾在诗歌中提及的所有地点,以此为自身创作重新注入活力。《奥州小路》开篇如是①:"日月如百代过客,去而复返,返而复去。艄公穷生涯于船头,马夫引缰辔迎来老年,日月羁旅,随处栖身。古人毕生漂游,逝于途次者屡见不鲜。吾不知自何日始,心如被风卷动的流云,漫游之志难以遏止。"②

  芭蕉记录下一路的见闻。回到江户后,他花费数年将这些见闻整理为一部著作,即《奥州小路》。书中,每个篇目均对拜访地点或目睹之事进行了抒情描述,并附上有感而发的俳句。其中,较著名的一节是关于平泉。平安时代晚期,藤原家族较强大的一支在日本北部边境打造了巨都"平泉",以此地为据点,城市人口逾10万。据称,平泉的规模与光彩可与京都匹敌,位于山顶的中尊寺内遍布宝库和雅园。藤原一族灭亡后,平泉式微,城内宏大的建筑与美名旋即衰败。这一篇渗透着佛教的"无常"思想,将人类、人打造的建筑与人之声名的无常、自然原始的再造能力进行对比:

  藤原氏三代荣华亦不过是南柯一梦。秀衡馆迹已荒芜成田野,只有金鸡山仍保留着昔日的姿容。先登源义经之高馆,北上川立即呈现在眼前。此河是从南部地区流来的大河。衣川绕和泉城流淌,在高馆下面汇入北上川。泰衡等旧址以衣关为前沿,紧缩南部入口,似乎为防御虾夷入侵而置。尽管当年那些精良骁勇的将士固守城池,浴血奋战,但亦不过功名一时,现已化作荒草莽莽。此情此景,不禁使人想起"国破山河在,城春草木深"的诗句。铺笠坐于地上,追思良久,悲泪涌流。

---

① 松尾芭蕉:《奥州小路》,陈岩译,译林出版社,2011。下文译文亦同。——译者注
② Matsuo Bashō, *Narrow Road to the Interior*, trans. Sam Hamill (Boston Shambhala, 2006), 1.

> 昔日动刀兵
>
> 功名荣华皆成梦
>
> 夏草萋萋生。[1]

芭蕉从未提出任何诗歌理论。不过，他的弟子将他教授的内容整理成文并进行了加工。芭蕉曾教导，好的俳句，其精髓必须体现变幻与永恒，应能挣脱时间与空间的束缚，承继过往优秀诗人的艺术追求，但也要时刻求新，杜绝古典和歌的僵化现象。如今，人们沿松尾芭蕉不朽的游历之路筑起大石碑，每座都刻有他为该地所赋的诗歌。

木版画

浮世绘是江户时代印刷文化的另一重要流行元素。不同于重花鸟的狩野、土佐派古典画作及宗教艺术，浮世绘更关注日常生活和游乐场景等新题材，尤以游廓妓女与受欢迎的歌舞伎演员为甚。这些版画中，人物作为中心意象而非点缀存在。

某种程度上，这些版画恰似江户时代的因特网，是帮助寻常百姓获取最新资讯及流行文化潮流的"新科技"，令人们知晓何为流行、何为过时。浮世绘与因特网的另一相似之处在于两者均为传播情色的主要媒介。"枕边书"中印有"春画"，对性事进行了生动描述。当时，连名气最大的艺术家也参与流行春画的创作。版画成本低廉，制作周期短，可大批量生产，因此可时时顺应最新潮流。平民消费不起独创艺术品，却可负担大批量生产的春画。出版商的店铺与街边小贩皆出售春画，人们购买春画装饰室内，或将它们纳

---

[1] Matsuo Bashō, *Narrow Road to the Interior*, trans. Sam Hamill (Boston Shambhala, 2006), 50-51.

入相簿或盒中收藏。

16世纪末，京都市场上出现了平民感兴趣的画作，以此为主题的版画应运而生。元禄早期的版画以黑白两色制板，再手工上色。18世纪30年代，版画家开始采用两色，通常为玫红和绿色。18世纪60年代，江户的版画家掌握了全彩制板法，在版画界打响了名声，开始力压京都的同行。江户版画反映出本地品位，依戏迷喜好，歌舞伎演员被刻画为男子气十足的荒事角色。不同于京都艺术家偏软的风格，江户版画中幽默与讽刺更多。

制作全彩版画时，雕刻师需为每种颜色雕出一块木头，有时一块木头是两面使用，以此节约制作成本。版画制作中有两个关键步骤，一是保证带颜色的木块表面处处雕刻精确，二是将每一带色木块与黑白底板对齐，保证颜色填充精确。制版工序需通力合作，大众通常将艺术创作视作"单打独斗"的过程，版画则不然。版画由出版商提出设计理念，委托一名艺术家为成品打样，随后，数名印刷师、雕刻师和绘师按打出的样大批量生产。18世纪时，"大批量"多指200个，到了19世纪，这一数字扩大为1000甚至更多。版画有两种标准尺寸，38厘米×26厘米（大判）和26.5厘米×20厘米（中判）。不过，随着时间的推移，人们又将版画制成扇子、卷轴、三联画、日历及新年卡片等形式，实现了版画尺寸的多样化。

画家菱川师宣（1618~1694）乃刺绣工之子，兼修狩野派与土佐派绘画。其人被尊为"浮世绘之父"，是最早将版画应用到图书插图之外并在作品上署名的艺术家之一。菱川师宣的作品跨度极广，上至构图复杂、描绘了歌舞伎剧院场景的屏风画，下至呈现了正宽衣解带的男女的低俗的黑白线条画。在平安时代的古典概念中，一丝不挂的人体毫无魅力可言，为呼应这一观念，春画中也极少见爱侣衣衫尽褪的场景。

浮世绘问世伊始，艺术家便将歌舞伎演员当作刻画对象，以此迎合消费

菱川师宣《吉原风俗图卷》，17世纪
图片来源：纽约大都会艺术博物馆

者的喜好。最初，演员画以橙色着色，采用"瓢簟足"和"蚯蚓描"技法夸张演员的腿部肌肉，彰显出力量。鸟居清信（1664~1729）是菱川师宣的弟子，擅长为扮演男性荒事角色的单个名演员创作版画并以此闻名。鸟居清信还为歌舞伎剧院创作广告牌和传单，他开创的鸟居派亦在后世的宣传画中大放异彩。

锦绘是一种版画形式，采用了10种或更多颜色。这一艺术形式的"走红"与艺术家铃木春信（1725~1770）密切相关。铃木春信坚持在每幅版画中使用三种以上色彩，开锦绘之先河，其版画色彩更厚更浑。他还尝试以更优质的樱桃木取代梓木。关于铃木春信的生平，人们知之甚少。不过，在去世前5年，铃木春信创作了至少1000幅不同的作品。其人过世后，人们纷纷模仿他的风格与技法。铃木春信的版画作品富有诗意、十分浪漫，男男女女兼具两性气质，身材修长赢弱，面上是不谙世事的优雅。他最喜欢创作的对象并非职业妓女,而是在茶屋或商店工作的本地美人,多在作品中捕捉她们在日常活动中的姿态。与同时期的多数画家相似,铃木春信有时也从古典艺术中取材,但将背景架设在该时期的江户。比如,铃木春信曾为平安时代的名诗创作了一系列版画,其中一幅上方镌刻着对应的诗句是:

俯瞰都城景,

绿柳枝交缠。

樱花红且软,

都城披锦缎。

画中,两位衣着入时的年轻女子身处江户,再现了诗中情景。由此可见,都市文化的新世界已取代旧日都城,化身风尚中心。

铃木春信《内室八景之台子夜雨》,1766 年
纽约大都会艺术博物馆
图片来源:Wikimedia Commons

18世纪80年代，喜多川歌麿（1753~1806）因风格大胆的美女肖像画而闻名。通常，以歌舞伎演员为主角的版画仅突出人物头部及上半身，喜多川歌麿将这一风格用于刻画女性，借此捕捉到不同社会背景女性的性格、气质差异，还可着重渲染其精致的发式和配饰。喜多川歌麿的版画中，人物表情并非泛泛、各有不同，以此传达从激情到疲倦等一系列情感状态。喜多川在画中巧设道具，以此营造出"惊鸿一瞥"的场景，如将美女的面容从透明的布帘后映出。其中最经典的，还属令女子面对镜子、背对观众，在镜中映出其面容。

创作女性肖像特写时，喜多川的灵感也许大多源于同时代的东洲斋写乐（化名）。1794年，默默无闻的东洲斋写乐声名鹊起，又在10个月后突然销声匿迹。对于此人，我们既不知其真实姓名，也不知其生卒年月。在短

喜多川歌麿《对镜梳妆七美人图之难波屋女侍》，18世纪90年代
纽约大都会艺术博物馆
图片来源：Wikimedia Commons

暂的活跃期内，他创作了约 140 幅版画，以展现戏剧高潮时歌舞伎演员面部表情的"大头画"闻名。东洲斋写乐并未美化歌舞伎表演者，而是将大鼻子和皱纹等面部缺陷如实、完整地呈于纸上。在东洲斋写乐的笔下，"女形"（扮演女性角色的演员）角色展现出男性特征，具有清晰可辨的男性身份。江户民众并不欣赏东洲斋写乐的现实主义，也许正因如此，他很快便在艺术界陨落。不过，其作品中展现的活力收获了后世观众的欣赏。

后期的浮世绘反映了幕府统治末期的社会动向。许多艺术家开始参考荷兰书籍，将其中阐释、描绘的欧洲画技及透视法应用到自身作品中。19 世纪初，版画的受众扩大，业界创作、复制版画的数量急剧上升。当时，国民对朝圣和旅游热情高涨，以江户内外风景与著名地标为主题的版画新主题问世，成为江户游客必买的纪念品。以风景画著称的葛饰北斋（1760~1849）

东洲斋写乐，演员第二代小佐川常世的肖像版画，1794 年
图片来源：荷兰国家博物馆

葛饰北斋"富岳三十六景"之《神奈川冲浪里》，19 世纪 30 年代
图片来源：Wikimedia Commons

绘画生涯逾 70 年，涉及风格甚广，笔下不乏演员、优雅女性、著名历史事件及传统花鸟等题材。为教授学生简单的绘画技法，葛饰北斋于 1812 年创作了一本写生集，以不同寻常的手法刻画了日常生活中的各类场景。该作品十分畅销。于是，葛饰北斋又创作了 14 卷，合称"北斋漫画"，其中不乏鬼怪、动物和富士山等题材。之后的浮世绘"富岳三十六景"令他声名更盛，该系列的第一幅也是名气最大的一幅版画《神奈川冲浪里》，展现了泡沫般的海浪环绕着雪顶富士山的场景。富士山出现在"富岳三十六景"的每幅画作中，是当仁不让的主角。画作均以不同光照、天气条件下坐落在远处的富士山为远景，近景则是其他著名景点或从事各类活动的人。

歌川广重（即安藤广重，1797~1858）是可与葛饰北斋匹敌的顶级浮世绘大师。他出身下级武士之家，父亲服务于江户的消防队。歌川广重研习狩野派画风，创作了大量花鸟版画。不过，像葛饰北斋那样，他最出名的还是风景版画。1832年，歌川广重跟随某大名的参觐交代行列从江户前往京都[1]，以旅途中的见闻为灵感，次年，他创作出艺术生涯中最著名的作品《东海道五十三次》，描绘了东海道沿途的53间驿站。这些宁静的乡村风光画极受追捧，成为史上最畅销的浮世绘作品。随后，歌川广重又推出了《木曾街道六十九次》，刻画了江户与京都两大都市间另一条较为崎岖的陆路沿途的驿站。1856年至1859年，歌川广重推出了著名的《江户百景》，将著名神社、寺院、庭园与店铺呈于纸上。

19世纪50年代，日本开始与其他国家通商（见第八章）。自此，日本的浮世绘和其他艺术、设计形式开始对欧美艺术家产生影响。很快，日本的纺织品、瓷器、掐丝珐琅器和铜器大受海外收藏家追捧。浮世绘被视作平民的廉价、低等艺术，起初并未被出口至别国，后来一位法国艺术家在一船日本瓷器中，偶然发现用来包裹瓷器的"北斋漫画"副本。此后，售卖日本商品的巴黎店铺开始出售浮世绘，收获了知名艺术家的狂热追捧。浮世绘色彩强烈、构图灵活，成为克劳德·莫奈、爱杜尔·马奈和埃德加·德加等印象派大师的灵感来源。文森特·凡·高收藏有大量版画，并在创作中模仿了其活跃的色调、非凡的视角与主题。凡·高的《日本趣味：盛开的梅树》(*Japonaiserie: Flowering Plum Tree*) 临摹自歌川广重的《龟户梅屋铺》，《唐基老爹》(*Le Père Tanguy*) 则以六幅浮世绘为背景刻画了艺术品店老板的形象。美国画家惠斯勒（James McNeill Whistler）亦是浮世绘的收藏者，常在作品中展现和服、折叠屏风、扇子和其他日本意象。除绘画外，弗兰克·劳埃德·赖特（Frank Lloyd Wright）和查尔

---

[1] 此处实为江户出发前往京都向皇室敬献御马的队伍，并非参觐交代。——编者注

斯·马金托什（Charles Rennie Mackintosh）等著名建筑师也借鉴了版画的结构并进行了模仿，有节制地使用自然材料、质地、光线与阴影，避免过度装饰。

剧院文化

都市文化的第二大舞台出现在剧院。借助版画，戏剧文化得以发扬光大。日本传统戏剧现存共有3种，分别为能剧（见第四章）、歌舞伎和人形净琉璃。能剧在中世时期受到武士与朝臣精英的欢迎，在江户时代仍受文人雅客追捧。人形净琉璃与歌舞伎则主要以市井百姓为观众。幕府为地位低微的平民指定了剧院与游廓两大娱乐场所，不过，随着时间的推移，两者成为日本传统文化的精髓。

人形净琉璃

日本对人形净琉璃最早的描述出现于11世纪，描述了巡回表演班子用小型手偶表演剧目和参与嫖娼的逸事。15世纪至16世纪的《平家物语》由盲眼诗人以琵琶伴奏并吟唱，受到观众欢迎。冲绳有"三味线"，是一种状似班卓琴（Banjo）的三弦乐器，随着该物被引入日本，新的吟唱形式应运而生。木偶戏（人形）与三味线伴奏的模式化吟唱（净琉璃）合二为一，形成了所谓的"人形净琉璃"。17世纪末，京都和大阪的人形净琉璃发展至巅峰，涌现出大阪独立剧院老板竹本义太夫（1651~1714）和该时期最富才华的剧作家近松门左卫门等人形净琉璃大师。

人形净琉璃表演由三个元素构成。首先是木偶及操作者。1727年，木偶开始拥有可抓握的手与可移动的眼皮、嘴等新技术特征，后来，木偶的眼球和眉毛也"动"了起来，可表现的表情就更丰富了。1734年，日本出现了约为真人三分之二大小、需由三人操纵的木偶。这些木偶并非由线牵动，主遣（主操作手）控制木偶的面部表情和右臂，两名辅助操作手分别操纵木偶的左臂和双腿。女性木偶下身掩藏在和服中，因此没有腿部，可通过操纵服装模拟运动效果。辅助操作手常身着黑色连帽制服，"隐身"于观众视线之外。主遣作为主操作手，则需身着仪式服装，且不戴面具。人形净琉璃的第二个元素是吟唱者。一名吟唱者负责台上男、女、孩童等所有木偶的配音，需具备广阔的音域，上至激越假声、下至沉哑低音，必得面面俱到。最后，人形净琉璃还需一名三味线乐手伴奏，掌控故事节奏，吟唱者与木偶操纵者均需与乐手做到节奏同步。

　　融入戏剧复杂性的人形净琉璃成为真正意义上的艺术戏剧。近松门左卫门出身没落武士家庭，因发迹无门转投剧作，将人形净琉璃推向新高度。近松门左卫门借鉴了能剧中的古典故事、诗歌和故事线，利用能剧的意象和文学技巧创作出表现历史题材的"时代物"和反映当代社会的"世话物"。其人最著名的历史剧为1715年上演的《国姓爷合战》，讲述了父亲为中国人、母亲为日本人的年轻海盗助明朝反击清军的故事。该剧大受欢迎，接连上演了17个月，远远超出了常规周期。同时代的本土剧多突出町人在"义理"与"人情"间的挣扎，下文将介绍近松门左卫门最受欢迎的两部剧本，二者均以"殉情"为主题，刻画了因无法克服社会责任与爱情间冲突而相约自杀的爱侣。殉情是17世纪晚期日本出现的新现象，可谓臭名昭著，幕府认定此行为有违律法，禁止书籍和戏剧涉及这一题材，町人却对殉情故事大加追捧。近松门左卫门利用了这一点，现实生活中发生殉情后，他仅用短短数月便改编成剧本并搬上舞台。他的两部世话物大作《曾根崎心中》（1703）和《心中天网岛》（1721）均讲述了商人与游廓女的爱恨情仇。

第七章　江户时代的流行文化：浮世及其他　213

人形净琉璃表演
图片来源：日本国家旅游局

《曾根崎心中》中，来自大阪的妓女阿初爱上了酱油店店员德兵卫，德兵卫早已答应娶店主女儿为妻，还收下了订婚金。德兵卫为人善良却愚蠢，将订婚金借给爱慕阿初的无赖朋友九平次。与阿初相恋后，德兵卫不愿履行迎娶未婚妻的承诺，便要求九平次归还订婚金，好返还给老板。[①] 谁知，九平次这无赖竟矢口否认借钱一事，还反咬一口，诬赖德兵卫伪造了自己的印盖在借契上。阿初担心九平次用这笔钱将她赎走。两人都面临无法承受的未来，阿初不愿与九平次共度余生，德兵卫亦无法履行对老板的承诺。这时，全剧的名场面出现了：在阿初工作的天满屋内，为躲避九平次，德兵卫藏到

---

① 此处部分剧情有误。德兵卫以已有恋人阿初为由，拒绝迎娶店主之女，店主（为德兵卫的叔父）在其不知情的情况下，擅自与其继母议定婚事，并留下订婚金。德兵卫与阿初相恋在前。为退掉这门婚事，德兵卫从继母处索回订婚金，在归还给店主前遇到九平次，才发生了借钱不还等一系列变故。——编者注

阿初的和服裙摆下①，悄悄握住她一只脚，放在自己脖子上，暗示愿一同赴死。这对爱侣决定当晚自杀。他们来到曾根崎神社附近的树林，停在松、梅共生的一棵树旁，仰望天空，发誓永世为夫妇。随后，德兵卫用一把剃刀割破了二人的喉咙。

《心中天网岛》的情节要更复杂一些。纸店老板治兵卫爱上了妓女小春，却无财力为她赎身。为免小春被可恶的富商太兵卫赎身，两人约定一同自杀。一天晚上，小春将与治兵卫的约定透露给一位武士客人，央求后者在约定自杀日来临前为自己赎身。门外的治兵卫听到了此事勃然大怒，他深感被欺骗，便以一把匕首刺穿纸门，试图杀死小春，却被武士制服。原来，这是扮作武士的治兵卫之兄孙右卫门。孙右卫门演了一出好戏，揭露了小春反复无常的本性，令治兵卫恢复理智，回归家庭，重拾家业。②

《心中天网岛》的第二幕发生在治兵卫的纸店中。治兵卫的妻子阿御称孙右卫门和治兵卫的姑母（阿御的母亲）听闻有商人将为小春赎身，两人十分担心，故打算前来拜访。亲友面前，治兵卫发誓已放弃小春，却在亲友走后为小春将落于可憎的太兵卫之手而痛哭。阿御担心小春不愿委身于太兵卫而自杀，便典当了自己的和服，筹资为小春赎身。然而，这一计划未能成功，治兵卫和小春相携出逃，一步步迈向死亡的命运。舞台上，两人穿过两道桥，此时是这样一段伴唱：

> 可怜的人儿啊，今日，他们将于《因果经》中寻得宿命。明日，治兵卫殉情之事将如花瓣般洋洋洒洒传入世人耳，刻入樱木之中，呈于

---

① 实际上，德兵卫是藏在日式房屋地板下（地板与地面之间的空间），并被阿初的华丽和服下摆挡住。——编者注
② 第一幕中，孙右卫门看到了一封治兵卫之妻阿御给小春的信，原来"反复无常"是小春为了保全治兵卫性命所演的一场戏。——编者注

画纸之上,纤悉无遗。治兵卫一心寻死……为疏于家业付出了代价。可谁又能责备他呢?心系过往事,无心奔前程,便是满月当空挂,亦难辨清身前路——他的心中又何尝不是漆黑一片呢?此刻天落霜,拂晓未至即融化,而将比这如人性般脆弱之物更快消失的,就是这对爱侣……①

最终,这对爱侣来到天网岛的一座寺院,决定在此殉情。两人剃度,发誓皈依佛门,于俗世再无未尽之责。治兵卫刺死了爱人小春,又自缢于附近的一棵树上。至此,全剧终。

近松门左卫门的戏剧代表了人形净琉璃的最高水平。18 世纪中期后,歌舞伎得势,人形净琉璃逐渐式微。如今,人形净琉璃仍得以留存,这很大程度上仰仗了政府的支持。对人形净琉璃从艺者而言,需花费 10 年时间练习操纵木偶的腿部和手臂,方能成为主遣。如今,少有年轻艺术家愿意忍受这般冗长的学徒期。

歌舞伎

歌舞伎不使用木偶,是由真人出演的戏剧。这一艺术形式与早先的能剧和人形净琉璃存在较多共同点,三种艺术形式都借鉴了经典作品《源氏物语》和《平家物语》中的情节设置方式,采用了精致的戏服,舞台场景美轮美奂、似出自仙境而非人世。像能剧一样,舞蹈亦在多数歌舞伎中发挥着核心作用。不过,歌舞伎和人形净琉璃均在都市发展起来,目标受众均为平民,也就更为相近。与人形净琉璃类似,歌舞伎分时代物和世话物,前者突出惊险刺激的"荒事"表演,后者则关注该时期开店的生意人、妓女和其他

---

① Karen Brazell, ed., *Traditional Japanese Theater: An Anthology of Plays* (New York: Columbia University Press, 1999), 357.

平民的生活，可令都市观众产生共鸣。像木偶戏那样，歌舞伎也展现了责任与欲望的争斗。

歌舞伎还与游廓存在着密不可分的联系。演员、娼妓、乐手与其他艺人都被认定为贱民，受到幕府的管控。不过，顶级歌舞伎演员与头牌妓女大受都市社会追捧，引领着时尚潮流，是流言蜚语的中心。演员和妓女催生了强大的粉丝文化，令歌舞伎得以凌驾于人形净琉璃之上——毕竟，无生命的木偶鲜少令戏迷产生情欲或迷恋，也不会在台下做出有辱风气之事。当局在大城市划出了专属地域，批准歌舞伎演员、妓女与其仰慕者在此活动。在京都，歌舞伎、人形净琉璃和说书的剧院集中在四条地区，其他娱乐设施则聚集在周边，不乏江户浅草寺可见的同类杂耍与表演。江户首家获政府批准的剧院出现于 1624 年，不过，政府划定的剧院区被迁移至平民生活区的周边地带。

据称，17 世纪早期，一位名为阿国的舞女在京都河原一带巡回表演滑稽舞蹈和短剧，这被认为是歌舞伎的起源。"歌舞伎"一词来源于动词"Kabuku"，即"倾斜，表现怪异，着装奇特"的意思。阿国在表演中大胆扮成男子模样，穿着织锦裤、兽皮衣等异国服饰，甚至还戴上了大大的基督教十字架。有时，她也身着凸显女性气质的精美和服，与男舞伴翩翩起舞。阿国的成功引得妓女班子纷纷效仿，连不少男艺人也参与其中。很快，歌舞伎表演便成为娼妓营生的"必备才艺"。1629 年，当局禁止女性登台表演，由俊俏的年轻男人扮演女角（也就是"女形"的前身），女性继续为娼，仍是被边缘化的群体。为抑制同性嫖娼行为的抬头，当局于 1652 年关闭了一众歌舞伎剧院。由于灭顶之灾当前，剧院老板同意严加控制旗下演员行为。当局允许剧院重新开张，提供"野郎"（青年男子）歌舞伎表演。官员们要求，青年男演员须将前额剃为成熟的男性发式，不得留成挑逗性的长刘海。演员们不得不用暗紫色丝绸方巾遮住剃秃的头顶，营造出头发茂密的"假象"。

18世纪，方巾被精致的假发所取代，扮女角的男演员改良了女形艺术，创造出一套体现理想女性气质的固定手势与台词。这些手势与台词并非以令男演员形似女性为目的，而是试图以夸张、"梦幻"的方式呈现出女性优雅、美丽的言行举止，以应和荒事角色夸张的男子气与浮夸的风格。那时，女形演员在台下也大多像女性般生活，穿时髦的和服、梳女性发式，甚至在公共浴室的女室入浴。江户时代，许多女形演员仍为男、女顾客提供收费的性服务。不过，当今的多数女形演员在生活中并不像女性，他们将异性恋视作常态，且会成家生子。

通常，扮演男角的荒事演员是歌舞伎中最大的腕儿，他们擅长追求女子，尤其是游廓妓女，并因此闻名。其服装、配饰及言行举止亦被戏迷大肆模仿。大腕们通过演出和"代言"化妆品、扇子、纺织品等物获得不菲收入。其中，以饰演助六（下文有述）闻名的第二代市川团十郎通过售卖水获利——在某部剧的高潮时刻，他扮演的角色藏入一只水桶中，演出过后，这桶水被分装成瓶出售给女戏迷，有的戏迷还会饮用。尽管身为贱民，大腕级别的演员与女形过着与大名无异的奢靡生活，身居深宅大院，仆从前呼后拥。如今，某些电影巨星要求化妆室内备好昂贵的珍馐或大牌饮用水，像他们一样，大腕演员与女形也对生活水平有着极高的要求。比如，演员坂田藤十郎的衣服洗过一次就不会再穿，为其烹饪前必须逐粒检查大米，避免小石子碰伤他的牙齿。戏迷热爱着偶像，对他们极尽宠溺之事。

剧院的建筑特征增进了演员与观众间的亲密感。起初，剧院面积较小，仅是简单地将有顶的舞台四周围起，允许付费观众进入。17世纪晚期，以江户"中村座"为代表的大型歌舞伎剧院可容纳逾一千观众就座，狭小处也安排了包厢座和楼上座位，因此，对许多观众而言，演员确乎"近在咫尺"。舞台上有一种名为"花道"的设施，是从舞台延伸至观众后方的通道，方便主角在观众间移动，按情节需要进场或离场。若演员台词精彩、亮相精神，观众会呐喊以赞美；若演员演技不佳，观众则哄之为"萝卜"，意为其表演僵硬无味。如此，观众也参与到表演中去。"戏迷会"多由从事相同行业之人组成，他们着装统一，在剧院比肩而坐，统一鼓掌、歌唱，为心仪的演员加油鼓劲。剧院和演员还可向戏迷会提出要求，由后者提供舞台大幕、重要道具等礼物。

　　大多数戏迷熟知喜爱演员的经典角色。顶尖演员通常会选定一系列经典剧作，将其作为保留剧目。其中，最出名的当属第七代市川团十郎（1791~1859）的"歌舞伎十八番"系列。市川乃演艺世家，直到今天还掌握着这些剧目的演出权，该系列的《劝进帐》是历史题材的大作，改编自能剧《安宅》，讲述了伟大武士源义经被镰仓幕府创立者、兄长源赖朝下令处死后出逃的故事。黑泽明的电影《踩虎尾的男人》（1945）也在一定程度上改编自该剧的内容。

　　《劝进帐》中，源义经、家臣弁庆与另外几人身着山伏的特色服饰，装作要去为修葺奈良东大寺筹集资金。谁知武士义博左卫门已收到源义经乔装出逃的消息，在关卡处拦下了一行人。弁庆叫主人源义经装成挑夫，自己与义博左卫门交涉起来。义博左卫门起了疑心，开始试探弁庆，看他是否是个真和尚，命他解释佛教经文，又问他山伏服饰的象征意义。弁庆本是山伏出身，应对这问题易如反掌。不过，当义博左卫门令他取出劝进帐，即修葺东大寺捐款者的名单时，弁庆不得不"信口开河"，演出了这出歌舞伎的名场面：只见弁庆取出一卷空白卷轴念了起来，仿佛面前是一张真正的名单。一

月冈芳年,《劝进帐》中饰演弁庆的第九代市川团十郎,19世纪洛杉矶艺术博物馆
图片来源:Wikimedia Commons

瞥之下,义博左卫门发现弁庆手中实乃白纸一张,为其胆色所折服,决定放众人一马。源义经本可脱身,谁知这时义博左卫门的一名卫兵认出了他,大声叫喊起来。为打消对方疑虑,弁庆殴打起乔装后的源义经,斥骂他给诸人增添这许多麻烦,还对义博左卫门说要当场杀掉这挑夫。家臣敢如此对待主人,实乃闻所未闻,但义博左卫门已看穿其中诡计。他为弁庆异乎寻常的大胆忠心之举所感动,决定放一行人通过。刚走出关卡,弁庆便涕泪横流,为刚才的不敬之举向源义经请罪。全剧最后一幕,弁庆退场,沿花道跳起了一段经典的舞。

经典保留剧目中,第二名当数《助六由缘江户樱》。该剧以江户吉原地区的游廓为背景,刻画了妓女与被称为"通"的男性鉴赏家形象。武士助六英勇而精通世故,与妓女扬卷相好。扬卷貌美惊人,乃三浦屋之花魁,发式精致、头饰精美,气质世上无人能出其右。助六很有魅力,是位风流浪子,头戴标志性的昂贵紫头带,常常打架滋事。事实上,助六的真正身份是为父

丰原国周《助六由缘江户樱》，中村芝翫饰意休，第九代市川团十郎饰助六，中村福助饰三浦屋花魁扬卷，19世纪
图片来源：美国罗德岛设计学院

复仇的武士曾我五郎。他打架滋事是为逼迫对手亮出武器，以辨认偷走他家传宝刀的仇人。剧中另有一年长武士意休，家境富裕却卑鄙下流，蓄白色长须。意休仰慕扬卷，是她的大金主之一。意休曾将助六骂作贼人，自此，扬卷再不肯接待他。

每每进入游廓，助六总是神气活现，不停转着他那把靶心图案的标志性阳伞，引得女性仰慕者纷纷簇拥四周、献上礼物。他自吹是世上最棒的武士，亦是最佳的情人。助六遭意休的家臣攻击，轻而易举地击败对方，又对意休使用激将法，希望意休亮出佩刀。谁知这老头拒绝了，称佩刀十分珍贵，不应为贼人之血所污。事实上，意休知晓助六的真实身份，后来还谴责助六不知为父报仇、终日四处浪荡。谈话间，为表强调，意休亮出了宝刀——他立即意识到不该如此，但为时已晚。宝刀揭露了意休的身份，证明他就是助六的杀父仇人。意休迅速逃离现场。该剧最后一幕，助六向意休发起挑战，夺回了家传宝刀。

第七章　江户时代的流行文化：浮世及其他　221

游廓

上文已述，从多重意义上讲，游廓是浮世文化的核心，也是浮世小说、戏剧和版画的主要题材。幕府一直致力限制铺张、多余的娱乐活动，采取措施管控妓院这门营生。妓院只能开在官府许可的游廓中，四面围着高墙，仅留一条通道出入。游廓内还有茶屋和歇脚的地方，供游人进食饮茶，可唤乐师、舞者和杂耍者前来表演，妓女和客人亦可在此相会。妓女需与茶屋签订契约，平日在屋内居住，在金主为其赎身前不得踏出游廓大门。江户地区的游廓建于1617年，名为"吉原"，容纳了6000名女性性工作者。大阪的游廓名为"新町"（建于1624年），京都的游廓则名为"岛原"（建于1640年）。富人在游廓一掷千金、日夜狂欢，美艳的妓女、艺人和仆从随侍在侧。官府未能将嫖娼行为完全控制在获得许可的游廓内，在澡堂、大街或是其他不受管控的区域，总有大量男性、女性性工作者在一切可能的地点招揽生意。

游廓不受江户社会的等级规约所限。武士欲进入游廓，必得先解下佩刀。此地，有钱就可获得平等，金钱是受到优待的唯一标准。为获得花魁青睐，商人敢于与大名竞争。事实上，比起受儒家简朴、中庸思想束缚的武士，豪爽的富商更受欢迎一些。官府不鼓励武士光顾游廓，明令禁止大名光顾游廓，但他们大多难敌诱惑。武士与大名乔装打扮，将面容掩在宽檐帽下，便可进入游廓寻乐。

花魁美貌惊人，通常还具备较高的文化修养，以此吸引见多识广的金主，令他们始终对花魁感兴趣。她们精于诗歌、绘画和多种高雅艺术。像歌舞伎演员那样，妓女们也引领着时尚潮流，其着装与配饰风格常能掀起新的风尚与文化趋势。妓女中等级最高者拥有"太夫"这一称号。游廓老主顾、茶屋妓院老板和官方监管者共同决定哪位妓女可获得这一称号。美貌、才智、文化修养、风度和营收水平构成了晋升太夫的主要标准。古文有述，太夫的标准应是："双眸大而不过分，黑瞳为主。双眉相近，面若西瓜子之状……手指甲与脚趾甲形状精巧，手指纤细柔软，手指关节宜极灵活……头顶应平而不尖。"[1] 无法接受的特质包括臀部低下，眼角下垂，龅牙，卷发和罗圈腿。

刺绣精巧的丝绸和服、美丽的织锦、带纹理的缎子及讲究的头饰是太夫和其他妓女最为重要的财物。太夫常领一队人向茶屋进发，形成一道亮丽的"风景"，起到营销的效果。到茶屋后，她们会与客人会面。队列中，妓女们身着最好的衣裳，通常为原创设计。她们缓慢前行，一旁有身着相配服装的侍女跟从。太夫行独特的"八字步"，着装上会用些心思，故意令红色内衣露出一条缝，白皙的脚踝或小腿在其中若隐若现。传言称，男人们只要瞥上一眼便会就此发疯，散尽千金只为见美人一面。随着时间的推移，这种被称为"花魁道中"的队列越来越浮夸，太夫的头饰极尽华丽之能事，木屐底越来越高。随从人数也不断增多，携长柄阳伞、灯笼和太夫的烟具前行。

太夫的行止需遵从严格的标准，如不能触碰钱币、不可在客人面前进食、不得言语粗俗等。相应地，她们也受到细致的规则保护，客人在第三次拜访前不得逾矩。与寻常妓女不同，太夫有权拒绝新客或不感兴趣的客人。若某位太夫的常客"脚踏两船"，一旦被抓，客人须接受惩罚。惩罚通常为削去顶髻——被削顶髻乃一件耻辱事，需戴上假发方可现身公共场合。

---

[1] Cecilia S. Seigle, *Yoshiwara: The Glittering World of the Japanese Courtesan* (Honolulu: University of Hawaii Press, 1993), 35.

参照今日标准，约见太夫一次需花费约 600 美元。此外，客人通常还需承担其他表演者、食物和酒水的费用，小费也是不菲。一次约会的总费用可达数千美元。修养良好的江户子会支付约见费用 9 倍的小费。他们将小费放在不起眼的地方，断不会炫耀这种大方之举。铺张如此，唯有最富有的商人与武士方负担得起。不少人因流连茶屋而负债累累，家徒四壁。有时，人们也将太夫称作"倾城"，意为她们能令大名仰慕者散尽家财。不过，妓女们需维持美貌并支付随从的费用，茶屋的债务又很难偿清，因此也面临沉重的经济负担。她们每日需完成定额"任务"，无论出于何种原因，即便是生病或家中有白事，只要误了一天工，便需自行将规定营业额补齐。

游廓亦存在"男版"太夫，即前文讨论过的"通"。这些花花公子优雅而世故，精于处世之道，体现了"粹"与"张"。理想的"通"应具备慷慨、谦恭、体贴、有才智、机敏、坦率、修养上佳和有都市气质等品质，对绘画、诗歌、声乐、茶道、花道和书法有所了解。负面评价称"通"为油头粉面的半吊子，然而，无论武士还是平民，只要是游廓的常客，没有人不希望成为"通"。18 世纪，教授如何成为"通"的洒落本"指南"十分畅销。歌舞伎男主角助六外表精致，举止得体，拥有无懈可击的品位，是江户男子的审美理想型人物。

18 世纪 70 年代，游廓出现了艺伎，即提供舞蹈及三味线表演的职业艺人，而在此前，游廓乐手皆由男性担任。艺伎的发式不若高级妓女那般精致，和服也没有那么华美，不过是质朴的单色和服，加上带有纹样的白色领子。艺伎以简单为美，凭借音乐、舞蹈技能安身立命，并以之为荣。在当时，各类艺人均提供收费的性服务，艺伎也不例外，但并不将此作为服务的必要环节。随着时间的推移，艺伎渐渐超越了高级妓女，令后者黯然失色。

大致上，人们对游廊女性有两种评价。一些人认为，游廊女身世悲惨，被父亲或丈夫卖至风月之地，遭重重看守、不得逃脱，常受性病与其他疾病的困扰，大多活不过二十几岁。另一些人则认为，都市社会中，没有任何女性能比游廊女更自由、更有权势，她们引领着风尚，赚取着可自由支配的收入，又无须背负养家糊口、料理家事的重任。不管怎么说，日本的性交易行业根据地点不同存在较大差异，在整个江户时代亦经历了较大变动。

乡村地带

通过观赏歌舞伎、艺伎的出游班子或前往城中，乡民亦有机会一睹江户丰富的都市文化。不过，与都市之人相比，乡民的生活相对封闭、少有变动。传统的德川乡村自治程度较高，只要缴纳了赋税，村内秩序如常，官府便将治理事宜交与村内长者和名主①。从多个层面来讲，乡村女性比城市女性自由度更高，她们是家中的重要劳动力，不仅与男性一同参与农事，还需操持家事。农妇在处理个人关系上亦相对自由，与武士不同，农夫并不要求妻子婚前保持处子之身。此外，武士娶妻好比"借子宫"，轻易不肯放手，农夫之妻却更易离婚并返回娘家。

乡村起义多因农民不堪忍受官府有意提高的土地税及农产税而起。此外，官府大肆征募免费劳力，命其参与建筑工程或担任交通要道旁的搬运工，也在一定程度上激化了起义现象。德川幕府时期，农民起义多为非暴力性质，且鲜少体现"革命性"——可以说，起义者并未打算从根本上改变政府治理结构或社会结构，而是试图求武士阶级统治者高抬贵手，以此实现在荒年、灾年少纳赋税等目的。为民请愿的殉道者被称作"义民"，他们的英

---

① 相当于今日的村长。——译者注

勇事迹在故事与歌声中代代流传。日本史上最典型的义民当属木内惣五郎（1605~1653）。作为名主，木内向藩内的大名请愿，要求减少令邻人苦不堪言的赋税。请愿不成，他便前往江户，直接向幕府请愿。当时，此举足以被判极刑。最终，木内的请愿获批，但他全家被处死。

不过，到了18世纪，农民起义的性质和结构均发生变化。起义不再是名主向当局提出简单请求，规模见长、暴力程度亦加深，牵涉若干藩内的数千农民。农民起义多与自然灾害、粮食歉收及饥荒齐发有关。18世纪80年代、19世纪30年代及19世纪60年代，农民起义大潮轮番上演。此外，起义不再只针对政府当局，多收地租、放贷及施行其他剥削行径的商人和村社富人也成为打击对象。

1867年，反抗幕府的势力日趋膨胀，这一年乡村暴动四起，席卷了日本中西部从广岛到横滨间人口密度较大的腹地，暴动有如狂欢。一日，天上突然降下神社、寺院形状的纸护身符，似是"神迹"，暴动由此展开。当时，人们已经历了几年粮食歉收，因食物、租金而起的暴动与乡村起义达到顶峰。时局动荡如此，民众便将从天而降的护身符看作"世道更新"的开端，在街上载歌载舞以庆祝，穿戴起怪诞的服装，或是扮成异性、或是裸奔。跳舞的人群大量闯入房屋及商铺，要求人们加入狂欢队伍，强迫附近的富人提供食物、酒水及娱乐活动。他们齐唱着"ee ja nai ka"，意为"这不很好吗！都好得很"。共有数十万平民参与了这场为期9个月的暴动。暴动在每一地仅肆虐几日，很快便"转移"至下一村庄。这种暴动方式看似离经叛道，但人们载歌载舞以"更新"世界，扫清邪恶，迎来乌托邦，这实质上是一种暗含政治意味的半宗教思想。暴动阻塞了交通要道，商业场所与城市中心因此瘫痪，农业活动被扰，政府公务与交通亦受到阻碍。当时，德川幕府已将穷途末路，这场暴动更是加速了这一进程。

总而言之，江户时代的文化发展大多反映了都市平民而非武士、朝臣等"上流人"的兴趣。印刷业急速发展，生产出町人可负担的印刷品，引发町人大肆抢购，其中不乏讽刺小说、参考书、旅行指南及大批量生产的流行演员、妓女肖像版画或风景版画，种类十分丰富。町人们观赏歌舞伎及人形净琉璃表演，重温过往的爱情故事，抑或从现世艰难中寻找共鸣。流行文化将慷慨、入时及反抗精神（这种精神有时与官方意识形态相冲突）定义为理想的男性特质。那时，社会等级间界限森严，但各等级男性均视上述特质为标杆。江户时代后，明治时代废除了律法中的诸多等级限制，但各等级、男女和城乡间仍在生活方式和机遇上存在较大差距。

推荐阅读

Berry, Mary E. *Japan in Print: Information and Nation in the Early Modern Period*. Berkeley: University of California Press, 2006.

Gundry, David J. *Parody, Irony and Ideology in the Fiction of Ihara Saikaku*. Leiden, The Netherlands: Brill, 2017.

Guth, Christine. *Art of Edo Japan: The Artist and the City, 1615-1868*. New Haven, CT: Yale University Press, 2010.

Ikegami, Eiko. *Bonds of Civility: Aesthetic Networks and the Political Origins of Japanese Culture*. New York: Cambridge University Press, 2005.

Matsunosuke, Nishiyama. *Edo Culture: Daily Life and Diversions in Urban Japan, 1600-1868*. Honolulu: University of Hawaii, 1997.

Pflugfelder, Gregory M. *Cartographies of Desire: Male-Male Sexuality in Japanese Discourse, 1600-1950*. Berkeley: University of California Press, 2007.

Screech, Timon. *Sex and the Floating World: Erotic Images in Japan 1700-1820*, 2nd ed. London: Reaktion Books, 2009.

Seigle, Cecilia S. *Yoshiwara: The Glittering World of the Japanese Courtesan*. Honolulu: University of Hawaii, 1993.

Shimazaki, Satoko. *Edo Kabuki in Transition: From the Worlds of the Samurai to the Vengeful Female Ghost*. New York: Columbia University Press, 2016.

Stanley, Amy. *Selling Women: Prostitution, Markets, and the Household in Early Modern Japan*. Berkeley: University of California Press, 2012.

Walthall, Anne. *Peasant Uprisings in Japan: A Critical Anthology of Peasant Histories*. Chicago, IL: University of Chicago Press, 1991.

Yonemoto, Marcia. *Mapping Early Modern Japan Space, Place, and Culture in the Tokugawa Period, 1603-1868*. Berkeley: University of California Press, 2003.

推荐影片

《雪之丞变化》，市川昆执导故事片，1963年。讲述了一名女形演员为被害双亲复仇的故事。

《情死天网岛》，筱田正浩执导故事片，1969年。本片改编自近松门左卫门的《心中天网岛》，将传统的人形净琉璃与真人实景拍摄相结合。

《乱世浮生》，今村昌平执导故事片，1981年。讲述了明治维新前夜都市平民间发生的狂欢与骚乱，为虚构故事。

《百日红》，原惠一执导动画电影，2015年。以才女葛饰北斋之女为主角的虚构故事，改编自流行漫画。

《西鹤一代女》，沟口健二执导故事片，1952年。改编自井原西鹤的小说《好色一代女》。

《歌女五美图》，沟口健二执导故事片，1946年。以艺术家喜多川歌麿为主角的虚构故事。

第八章
直面西方，接纳不同
19 世纪 50 年代 ~20 世纪

19 世纪中期，德川幕府建立的控制体系遭到重压。根据儒家思想，朝代每逢"内忧外患"必将陷落。农民阶级内部与武士阶级内部多有社会动荡，此乃幕府之"内忧"；西方帝国主义列强要求日本打开国门进行贸易活动，此乃幕府之"外患"。1853 年，美国海军准将马修·C. 佩里（Matthew C. Perry）率美国炮艇攻入日本国门，终结了日本长达数世纪的"自闭"状态。

面对列强的野蛮侵略，幕府无力护国，大批日本民众为之震怒。一些武士提出要推翻幕府，助天皇重新掌握权力。由此，明治维新于 1868 年拉开大幕，日本开始实行集权统治，集中利用资源，迅速实现政治制度现代化并推行工业化。通常，人们认为明治维新具有双重性质：一方面，它预示着日本向传统皇权的回归；另一方面，明治维新为日本社会与文化开启了变革、进步的可能。

明治时代（1868~1912）的两大口号体现了日本社会、经济、政治与文化的巨变。其一为"文明开化"，号召日本推行科学独立的自由探索精神，学习西方政治制度，以此接纳西方文明的政治、文化价值观。在大众看来，"文明开化"就是吸纳西方物质文化，接受西方的潮流、餐饮与建筑。其二为"富国强兵"，敦促日本发展国民经济与军事，保持独立国家地位，避免像许多国家那样沦为欧洲殖民地。为此，日本需建造铁路、船厂与学校，还需发展科学。日本可谓"新手上路"，凭借纺织业与铁路网络发展了财富与军事实力。明治时代的第三大口号为"立世出身"，鼓励个体不受身份限制，自由追求个人发展。该口号激励日本年轻一代进行自我教育，坚持不懈，努力在新世界出人头地。

政治与社会发展

19世纪中期，受压迫的平民与身为统治者的武士阶级均对幕府表现出日益高涨的不满情绪，此乃幕府之"内忧"。这一问题的根本原因在于商业化与经济发展。在农村地区，生产多样化为农民带来了新的收入来源。市场对靛青染料、油类作物、芝麻、棉花、烟草、纺织品及手工艺品的需求扩大，农户因此积累了收益。广大农民阶级提升了教育水平，可通过阅读农业手册改良种子、肥料和灌溉系统，进而提升产量。不过，农村的新增收入主要流向了最富有的农户，乡村地区的贫富差距因此拉大，成为社会不安定因素。

对德川幕府现状不满的不仅仅是农民，许多武士也囊中羞涩。大量下级武士依靠固定俸禄过活，无力负担日常生活开支，因此不得不向商人借贷，或是屈尊做苦力，或是逼迫家人做些手工活，勉强维持生计。武士享有最高的社会地位和道德水平，却比许多平民更为贫穷，为此他们怀恨在心。当时有一句谚语，"没饭吃的武士也要叼根牙签"——出于自尊，武士即便挨饿也要叼根牙签大摇大摆，做出饱餐后的样子，以此掩盖与社会地位不符的经济状况。当时，大名多见官阶高、收入低的情况，因此也对德川幕府不满。大名的等级取决于藩内的大米产量，其江户屋敷的面积与地点、在幕府诸大名中的排位、参觐交代的随行人员规模及仪式职责也由此决定。幕府仍沿用17世纪的田产评估结果，由此评定的官阶已难与多数大名的经济状况相吻合。一些大名难以负担高等级带来的附加开支，另一些则因无法显示财富、评定等级过低而感到不平。

18世纪下半叶，幕府面临新一轮"外患"。俄国本就不断侵袭日本北部边界，武器与交通技术的发展又在帝国主义列强间掀起新一轮扩张潮。1842年，英国通过鸦片战争迫使中国清政府接受不平等贸易条约，为日本敲响警钟。美国占领了太平洋的一块海滨，由此，加州与中国可直接发起贸易往来，日本成为途中重要的供应中继。海军准将佩里（1794~1858）肩负与日本签订条约的重任，于1853年7月率领小型舰队闯入江户湾，威胁日本若不满足美国要求，日后将携更多军队卷土重来。幕府官员面临两难境地，既要避免交战，又不能将国门彻底打开，否则，数世纪以来的锁国政策将毁于一旦。最终，佩里与日本政府签订了条约，后者同意开放下田和函馆两个港口，允许美国船只在此加油，落难水手可获更优待遇，还指定了一位美国领事。这一条约的签订不过是个开端，远非骨肉丰满的贸易条约。

佩里抵达日本之际，日本官员无法使用荷兰语以外的欧洲语言，因此，美国人求助于曾获美国捕鲸船救助的落难日本渔民，委托他们担任翻译。土佐藩渔民中滨万次郎（1827~1898）就是其中之一。1841年，他在海难中获一艘美国捕鲸船搭救，被船长送至美国马萨诸塞州的一所学校。1851年，中滨返回日本，受雇于土佐藩主，担任其顾问。佩里到达日本之时，中滨是日方的口译员。后来，中滨还出版了日本第一部英语词汇书。初探日本

第八章 直面西方，接纳不同　231

时，与佩里同行的美国船员无一人会说日语，佩里带上了被救的日本渔民山姆·派奇（Sam Patch）[1]，但后者拒绝与日本官员对话，担心被武士责罚。斯蒂芬·桑德海姆（Stephen Sondheim）创作的百老汇音乐剧《太平洋序曲》（Pacific Overtures，创作于1976年，2004年重演）即以中滨万次郎以原型。[2]

美国人为潜在的贸易机会而来，日本人却不愿仅因贸易就推翻锁国政策，政府亦将贸易贬为低微商人的勾当。事实上，佩里访日令大批武士及平民更为仇外，可谓事与愿违。仇外群体高举"尊王攘夷"的大旗，旨在替无能的幕府维护国家统一和民族传统。排外运动以平田笃胤的福音传教为基础，在武士活跃分子与草根农民间广泛传播。活跃分子们坚信，外国意图将日本打造为殖民地，耗尽日本的资源。与国学思想及水户历史学派相同，他们认为日本是天皇统治下的统一国体，天皇乃天照大神的直系后裔。这些观念影响了1868年的明治维新。

纽约商人汤森·哈里斯（Townsend Harris）是首位美国驻日本总领事。1856年，他受命前往日本，试图与日本政府签订真正意义上的贸易条约。朝廷不许幕府签订任何形式的条约，但在1858年，位高权重的幕府掌权人井伊直弼（1815~1860）未经朝廷许可与哈里斯签约。这一行为对天皇不敬，进一步深化了民众对幕府的忧虑。哈里斯签下的《日美友好通商条约》为日本与欧洲列强签订贸易条约立下了范本，日后，荷兰、俄国、英国及法国相继与日本签约。条约规定，两国需交换外交领事；日本需开放5个通商口岸，外国居民有权在这些口岸居住，贸易活动不受干扰；

---

[1] 本名仙太郎。山姆·派奇是美国人为他取的名字。——编者注
[2] 中滨万次郎在美国期间使用英文名约翰·蒙（John Mung），后来文化作品中通常称他为"约翰万次郎"。——编者注

外国居民享有领事裁判权,免受日本法律约束;开放江户和大阪进行对外贸易。此外,条约还设定了对日本不利的进出口关税。1860 年,《日美友好通商条约》获美国华盛顿特区批准,日本首次派遣大规模使团前往特区参访。此乃日本闭关两世纪后首次官方出访,共派遣 81 人。截至 1868 年明治维新,日本共 6 次向西方派遣使团,商讨条约并获取技术知识。使团的幕府代表中身份较低者大开眼界,开始质疑传统社会、政治秩序的合理性,试图从西方寻求新模式。

通商口岸

条约获批后,首要任务之一就是为外国人入境建立通商口岸。日本闭关锁国已有两个半世纪,此刻要将日本城镇转变为国际化贸易点,难度不可谓不大。幕府希望将外国人安置在远离本地人口的地方。开放为口岸前,横滨不过一个小渔村,坐落在东海道上繁荣的驿站小镇神奈川的海湾边。横滨

第三代歌川广重《横滨海滨大道之真景》,1870 年
纽约大都会艺术博物馆
图片来源:Wikimedia Commons

第八章 直面西方,接纳不同

形状狭长,东、西、南面环水,便于监控。美、英、法、荷均将领事馆建在繁华的神奈川。为吸引新来客定居横滨,当局赶忙建立起西洋风格的住宅、店铺与仓库。商人、店家与手艺人纷纷赴日,受横滨新设施吸引,在当地定居。

过去数世纪来,长崎一直是日本对外贸易的中心,这一地区此时也成为官方通商口岸。1860年,即开放为口岸一年后,长崎人口约达65000人,有100名欧洲人、逾400名中国人在此居住。1864年,长居长崎的外国人口达到7000人。新条约仅允许日本缔约国的国民登陆新口岸,因此,中国商人面临无法在日合法居住的难题。他们想出了一条妙计,扮作合法在日居住的外国人的仆从,在这层身份庇护下,一些中国人开始秘密从事赌博、走私等业务。通商口岸的官员难以辨别"仆从"的真假。

海关是通商口岸的关键机构,不仅管理关税,还提供货币、金条兑换和职业介绍服务,兼任联络处,负责处理外国人侵犯本国居民之事宜。海关官员甚至还肩负着为外国人寻觅情妇的"职责",另需查验"候选人"有无花柳病。

缔约在政治家引导下有序完成,履约的却是鱼龙混杂的外国人及日本人,他们与政府的关切并不一致。令当地领事失望的是,首批抵达新口岸的外国商人多是寻求利益与冒险的无耻之徒,令人不甚满意。长崎的一位天主教主教称来到长崎的是"加州投机分子,葡萄牙亡命之徒,逃亡水手,海盗和欧洲诸国的道德败类,都是些不守规矩的坏分子"。[1] 外国船只一入港,酒馆和妓院立即开门迎客。当局在横滨建立了专门接待外国人的妓院,名为

---

[1] Harold S. Williams, *Tales of the Foreign Settlements in Japan* (Tokyo C.E. Tuttle, 1958), 33.

岩龟楼。缔约国驻日外使常需从日本警察手中"解救"本国公民，还需为喝醉的水手或二流子的恶行负责，可谓十分头疼。

外国人被限制在以通商口岸为中心、半径约为 30 公里的活动范围内，少有机会观光，只有生病或受雇于日本人时方可离开此范围居住。欧美军人和商人百无聊赖，便开始兴建俱乐部、举行赛马，试图自娱自乐。1864 年，英国军队将犬类带入日本，成立了著名的"横滨捕猎俱乐部"（Yokohama Hunt Club），其月光活动（moonlight events）成为社会生活的亮点。捕猎结束后，俱乐部会安排精致的晚宴，席间还有军乐团伴奏。外国客人在俱乐部大肆猎杀野鸡、野鹅、野鸭、野猪及鹿，侵犯了当地人的感受，也冒犯了佛教中不得滥杀无辜的思想。

通商口岸的生活十分危险。排外活动贯穿了整个 19 世纪 60 年代，外国人和与外国勾结的日本人遭排外分子袭击、暗杀。为此，外国领事馆将卫兵和军队带入日本，一度曾有 1000 名英国士兵与 300 名法国士兵驻扎横滨。

明治维新

积极分子试图推翻德川幕府统治、复辟天皇制度，与幕府冲突不断。这一状态持续了整个 19 世纪 60 年代。萨摩与长州两个外样大名藩被幕府排除在权力之外，故而成为推翻幕府的主力。拥护"尊王攘夷"的年轻人策划了恐怖活动，甚至刺杀了汤森·哈里斯的荷兰秘书亨利·赫斯金（Henry Heuskin）。萨摩、长州的大名拉拢了这群积极分子，争取到他们的支持。在法国帮助下，幕府提升了军事实力，对反抗政府的诸藩进行打击。1866 年，萨摩与长州秘密缔约，承诺若幕府打击两藩中任一，另一藩必提供支援。萨摩与英国交易了大批军火，英国人希望借此对抗法国在日本的影响力。1865年，长州成立了一支农民军，但缺乏现代武器装备。土佐国的传奇活动家坂本龙马（1836~1867）促成了两藩间的秘密缔约。1866年夏，幕府意欲派军远征讨伐长州，萨摩拒绝出兵，另有几位大名亦如此。长州军队轻而易举地避开了幕府兵力匮乏的队伍。次年，新上任的幕府将军德川庆喜（1837~1913）计划进一步增强幕府军事实力，意图消灭反抗政府的诸藩势力。在相邻藩的大名及朝中支持者帮助下，萨长同盟开始施行推翻幕府的计划。1867年末，武装叛军向新选组严守的京都御所进发，新选组乃浪人组成的势力，受命于幕府，旨在防止朝廷与尊王派支持者们接触。[1]

1868年1月3日，倒幕派闯入御所，受到诸朝臣接待。时年15岁的太子睦仁已在一年前即位，称明治天皇，意为"向明而治"[2]。明治天皇下令废除幕府，恢复天皇亲政，创立了由朝廷贵族、大名和其他"有识之士"组成的新政府。至此，第三个也是最后一个幕府正式终结。然而，在此后长达一年多的时间里，德川幕府残余势力与政府军在江户、本州北部各藩和北海道缠斗不休，最终于北海道战败。这些战争合称为戊辰战争（1868~1869）。戊辰战争共造成约3500人伤亡，与其他国家的大型革命战争相比，这个数字并不算多，也正因如此，日本早年间的史学家将明治维新赞为"不流血的革命""自上而下的革命"。皇室夺取了江户，更名东京，年轻的天皇从京都迁往昔日的幕府居城。

1868年3月，明治天皇宣约400名官员至皇居，宣读了新国策《五条

---

[1] 1867年末至1868年初的数日内，新选组是跟随进攻京都的幕府军，在城郊鸟羽、伏见一带与萨摩、长州二藩激战（鸟羽伏见战役），并非守卫京都御所。——编者注
[2] 《周易·说卦》："圣人南面而听天下，向明而治。"——译者注

御誓文》，共有以下 5 条：

> 1. 广开审议会议，一切事宜需由公论决定
> 2. 诸等级无论高低，均应团结一致处理国事
> 3. 文武官员以及庶民，应顺其心意发展
> 4. 过往陋习应除，诸事依天地公道而定
> 5. 广习他国之术，巩固皇室之基 ①

《五条御誓文》为日本的治理及社会层面的全面变革奠定了框架性原则。第一条"委婉"建议萨长革命小团体与其同盟不要独断决策，要将其他有影响力的人物纳入决策团体，促进国家团结。第二条和第三条是对第一条的扩充，给予各类人群阶级流动和参与国家发展的机会。最后两条旨在打消外国列强顾虑，表明日本愿在"文明"的西洋列强教导下成为国际社会稳定而受尊重的成员。

明治领袖发起了具有变革性的改革活动，旨在确保国家独立，为未来之崛起打下地基。日本需先培养民族团结之精神、累积国力与财富，方有底气与外国重议令日本沦为半殖民地的羞辱性不平等条约。短短 30 年间，明治时代的领导者们重组了社会结构，建立了立宪政体和国会，迅速工业化以发展资本主义。很早以前，他们便采纳了西方列强的帝国主义视角，先"殖民"了虾夷（即北海道）与琉球（即冲绳），又于 1876 年以"炮舰外交"强迫朝鲜开放贸易。日本通过第一次中日战争②（1894~1895，见第十章）展

---

① Wm. Theodore de Bary et al., eds., *Sources of Japanese Tradition, vol. 2: 1600 to 2000*, 2nd ed (New York: Columbia University Press, 2005), 672.
② 即甲午战争。——译者注

内田九一《明治天皇像》，1873 年
图片来源：Wikimedia Commons

现出现代化军事的威力，很快，日本在战争中获胜，将台湾、澎湖列岛及辽东半岛变为殖民地（"三国干涉还辽"后归还辽东半岛），令其他国家瞠目结舌。

"文明开化"

政治改革

对明治维新的领袖而言，当务之急莫过于创立中央集权的政治结构，进而实现对全日本的统治。萨长领袖及其盟友成为"元老"，拥有主要的决策权。数十年间，萨摩的大久保利通（1830~1878）、西乡隆盛（1828~1877），长州的伊藤博文（1841~1909）、山县有朋（1838~1922）

与公卿岩仓具视（1825~1883）把控着国家政策。新政表面上将大政奉还天皇，实际上却是这群人引导着国家走向，年轻的天皇不过有名无实。元老们给予大名慷慨的经济补偿与尊贵头衔，说服后者放弃了传统的自治权。1871年，明治天皇宣布取消藩制，建302个县以代之，由元老指定新任皇室地方官。同年晚些时候，302个县缩减为72个，1888年又缩减为如今的47个。

1869年，元老们废除了德川幕府的"四民"等级制，取消了对职业和社会流动的限制。平民的生活发生了诸多变化，比如获得了姓氏使用权，等级间通婚与收养也被放开。武士们对此不甚满意，他们不仅失去了独占姓氏的权利，还被剥夺了佩刀权。最难忍受的是国家取消了武士的世袭俸禄，逼迫其接收定期付息债券，仅占国库年支出的一半。此外，征募军政策也令大批武士不满。起初，明治领导者们意图将旧武士打造成一支职业军队，然而，1873年出台的《征兵令》以欧洲现代军队实践为基础，要求所有男性年满20岁后服役3年，服役结束后还需保留4年预备役身份。明治领导者们希望借此激发平民对新政体的忠心。然而，被称作"血税"的强制服役制度剥夺了农村的必要劳动力，因此，乡村地区迅即爆发大规模反抗。一时间流言四起，人们被"血税"一词误导，竟真以为政府征兵是为了抽血，将士兵的血液用于给毛毯上色、涂抹电报线等各类目的。

失去特权后，许多旧武士心里很不是滋味，便也加入19世纪70年代的抗议大潮中。规模最大的一场抗议由明治维新的武家豪杰西乡隆盛发起。西乡眼见武士士气大衰，提议进攻朝鲜，借此发泄武士心中不快，但遭其他元老反对。西乡随即卸甲归田，回到位于九州鹿儿岛的家中，开办私塾，收数千年轻的旧武士为弟子，讲授军事战术和儒家经典。1877年，西乡与4万名追随者意图反叛中央政府，却在短短数月间被由30万征募军和旧武士组成的国家军队镇压，这就是所谓的"西南战争"。自此，武士阶级退出历

第八章　直面西方，接纳不同　239

史舞台。1878年后,明治领导者们不再受制于意图推翻新政府的暴力反动分子,开始自由发展。

好莱坞影片《最后的武士》(The Last Samurai, 2003)改编自西乡的故事,但具有较强的误导性。史实中,西乡发动叛变确是在保护"武士道",不过,其人叛变主要是因为丧失了作为武士的社会地位和世袭俸禄,而非维护模糊的"荣誉感"或传统的生活方式。西乡的军队操控着现代枪炮,身着西式军服,不到弹药用光不会使用武士刀。

西乡极有可能在战争接近尾声时自杀而亡,尸体被人们找回。西乡备受爱戴,被视作武士道德之典范。关于他的传言很多,有人称他去往印度与中国,与帝国主义势力斗争;还有人称他将携俄国沙皇同归,推翻明治政权。甚至还有一传言称西乡曾现身一颗彗星。许是出于对西乡隆盛的尊重,1889年,元老们赦免了这位已故的昔日同僚。实际上,此举效仿了过往平息怨灵的传统,就像对待菅原道真一样。

借鉴西方:御雇外国人和岩仓使团

明治维新的另一重改革体现在制度的快速西化。1868年,西方知识以洪水破闸之势涌入日本,十年间,数百日本人前往欧美学习。赴日的外国人则更多,他们受雇于日本中央及各县政府,教授日本人西方政治、医学、法理学、技术及教育。

"御雇外国人"为明治领导者们担任顾问,提供专业知识,通过技术转让及咨询帮助日本实现制度的现代化。30年间,政府雇用了逾3000名外国专家,私人聘用的数量更多。专家的薪水不菲,1874年,520名外国专家的收入占了新政府年预算的三分之一还要多。他们签订的多是时长3年的合同，不可续约，需在回国前培养起可接替其工作的日本人。不过，也有几位外国专家倾心于日本的魅力，最终定居日本。御雇外国人的制度终结于1899年。

御雇外国人中，影响最大的当属乔赛亚·康德（Josiah Conder, 1852~1920）、巴兹尔·霍尔·张伯伦（Basil Hall Chamberlain, 1850~1935）、拉夫卡迪奥·赫恩（Lafcadio Hearn, 1850~1904）和欧内斯特·费诺罗萨。这几位学习了日本艺术与文学的专业知识，大大影响了日本和西方对日本文化的看法。1877年，康德从英国来到日本，成为东京帝国大学的首位建筑学教授。他培养出日本第一代现代建筑家，还受聘设计了鹿鸣馆和东京丸之内地区的标志性建筑物，该地区效仿了伦敦商业区。康德对日本艺术尤其是花道和庭园规划兴趣浓厚，还以此为主题撰写了几本流行书籍，向西方读者推介。康德在日本度过了余生。张伯伦执教于日本帝国海军学院，不过，他最著名的功绩还是将大量俳句和《古事记》（1882）等日本文学作品译为英文。《日本事物志》（Things Japanese, 1890）是他最受欢迎的作品，汇编了武士、迷信、朝圣、陶艺等各类日本话题，为欧美游客打好了"预防针"。赫恩是一名记者兼东京帝国大学的英文教授，入了日本籍，娶了一位日本太太，还取了日本名"小泉八云"。赫恩因创作大量有关日本传说和鬼故事的书籍闻名，如《日本魅影》（Glimpses of Unfamiliar Japan, 1894）和《怪谈》（Kwaidan: Stories and Studies of Strange Things, 1904）。美国人费诺罗萨在帝国大学教授哲学，对日本艺术与佛教产生了浓厚的兴趣。明治时代早期，日本匆忙西化，许多传统艺术遭忽视，御雇外国人仅教授油画等西方艺术。费诺罗萨建议明治领导者们留存并保护传统艺术。费诺罗萨同弟子冈仓天心（1863~1913）盘点了国家艺术宝藏，并将清单提交政府。他与富裕的友人威廉·比奇洛（William Bigelow）收集了大量艺术品与古代佛教珍

第八章 直面西方，接纳不同

宝，并将之遗赠给波士顿艺术博物馆和华盛顿特区的史密森尼博物院弗利尔美术馆（the Smithsonian's Freer Gallery of Art）。费诺罗萨还帮助建成了东京美术学校与东京皇家博物馆①。

费诺罗萨与冈仓天心亦推动了日本画的创立与推广。作为一种新式绘画风格，日本画将艺术传统和材料与透视法、明暗法和现实主义等西式绘画技巧相融合。"日本画"这一名称就是为与纯粹的西式油画（即"洋画"）相区分而创造出来的。日本画用毛笔创作，画在和纸或绢上，分为水墨画和采用矿物、半宝石等自然原料上色的彩画。日本画最早作为挂轴、屏风或"襖"的一部分出现，随着时间的推移，逐渐转向西方式的框画形式。

御雇外国人帮助塑造着日本的未来，明治领导者们则希望亲自放眼看世界。1871年，公卿岩仓具视带领49名官员组成的政府代表团赴欧美进行长期考察。岩仓使团主要目的有三：向与日本建交的15国元首发起友好访问；询问重议不平等条约之事；学习外国制度、社会与文化，"窥得"西方进步之秘密。很快，使团意识到日本须改革国内法律制度，向缔约国看齐，成为真正的国际公民，否则，缔约国将不会考虑修订条约之事。使团大失所望，便加倍努力学习西方文明之要义。使团分为三个小组，分别以宪法与政治体系，工业、银行业、税收和货币等贸易经济，教育系统和哲学为主题进行学习。各小组参观了大量机构，遍访监狱和警局、学校和博物馆、铸币厂和商会、造船厂、纺织厂及糖厂等地，真乃"势不可挡"。

使团目睹了日本与"文明国家"在经济、社会层面的巨大差异。多数人认为，这一差距不仅由先进的科学与技术所致，也可归结于西方国家文化、社会价值观的先进性。使团亦开始理解到各国在"社会达尔文主义"（将达

---

① 今东京艺术大学与东京国立博物馆。——编者注

尔文的进化论与自然选择理论应用于人类社会的思想）层面的竞争。使团开始相信，人类世界奉行"适者生存"的法则，唯有发展现代技术、"文明"制度与西方自由价值观方能在国际社会胜出，反之，则将面临被殖民甚至亡国的命运。日本必得竭力获取国际社会的尊重，避免重蹈弱国之覆辙。

明治宪法

岩仓使团返回日本后，日本的领导者们意识到，只有确立选举制国会与宪法这两大西方政治文化的理想特征，才能重议不平等条约之事。于是，他们开始规划新制度，主要目标包括明确天皇的最高统治权并保持统治集团的中央集权，将实权最小限度下放给众议院。根据上述原则，与过往数世纪一样，天皇将"统而不治"。

如寡头集团所料，旧武士、知识分子与富农开始追求更多政治权力。19世纪70年代末，自由民权运动兴起，共有千余个组织、超过25万名成员参与，这些组织要求新成立的政治机构广纳各阶层成员，代表各阶级利益。民权组织传播着群众请愿书，有的甚至自行起草了"宪法"，提倡比寡头集团更开明的权力分配方式。为平息民权运动，明治领导者们采取了"胡萝卜加大棒"的策略，一边用法律压制，一边做出了战略性让步。1875年，政府通过了严格的法律，对媒体及集会进行管制，限制了民权运动者的组织能力。其中，《新闻纸条例》中止了一切可能威胁公共秩序的报纸的发行。所有公共政治集会均需警察在场，讨论内容需预先批准。此外，士兵、警察、教师、学生和女性不得参加政治会议。为安抚积极分子，1878年，当局同意成立县级、市级议会。1881年，当局又承诺在1890年前成立国会。

明治宪法于1889年2月11日颁布。当日，天皇身着古代宫廷服饰，

安达吟光《大日本帝国宪法发布式之图》，1889年
图片来源：Wikimedia Commons

一早便至深宫内的神社行神道教仪式，告知列祖列宗颁布新宪法之事。随后，天皇换上西装，移步装潢奢华的欧式接待大厅，在铺红毯的讲台之上颁布新宪法，尽展当代仁君之风貌。传统与西式仪式的并存突出了明治维新的双重性质——既回归了古代的统治形式，又为日本社会、文化的根本变革提供了跳板。

不过，明治时代早期，天皇仍是"居于庙堂之高"的人物，对普通民众来说遥不可及、无缘得见。为争取民众支持君主立宪，明治的领导者们将年轻的天皇派往日本各处视察。德川幕府的统治长达两个半世纪，在此期间天皇仅出京都3次，明治天皇在位45年，其间出行逾百次，包括19世纪七八十年代的6次"大巡幸"。因此，在新政府成立后最重要的头几十年，天皇远离权力之朝堂，不远万里去往每座大岛，接受农民的拥戴并留宿当地名人家中，此类人家甚至为皇室巡幸打造了专用厕所。为进一步培养以天皇为中心的民族主义感，明治领导者们参照欧洲君主的婚丧、战胜纪念大典，打造出日本本土的皇室盛典。

明治时代的物质文化

《五条御誓文》也宣告了抛弃过往"恶习"、国家与知识分子共同改革传统物质文化的必须性。1872 年，政府命官员改换西式服装与发式，以太阳历取代了支配各种仪式与农事的传统太阴历。政府出台了地方与国家法令，禁止可能给来访外国人造成不得体、迂腐或迷信印象的行为。零工在街上小便时不得脱兜裆布，女人不得在公开场合袒胸露乳。为推广西医，政府还将法师和萨满的许多传统疗法宣布为非法行为。上述种种意在向外国列强证明，日本是一个文明国家，不平等条约可被撤销。不过，百姓仍按往日传统过活，官方公告大多"遇冷"。

不过，西方物质文化的新元素成为城市、通商口岸居民眼中的时尚。男子多以短发与胡须示人，他们脱下和服，换上了时髦的西装与皮鞋。裁缝和鞋匠成为东京生意最火的商人。明治时代，民众竭力令外表西化，因此常见本土与外国风格并存的现象，如身着和服、头戴圆顶硬礼帽的绅士。若是某人配备了雨伞、金表或钻戒，则必然开明且富有。明治时代早期，外表西化多是男子特权，便是皇室也不例外，天皇通常以西装或军服示人，皇后则多着传统宫廷服饰。

西化影响还体现在饮食的改变上。面包、蛋糕和冰激凌由通商口岸向内传播开来，更多家庭品尝到这些美味。牛肉与啤酒成为受欢迎的时髦物。佛教一向禁止食用牛肉，农民也仅有少量用来耕地的耕牛。不过，1872 年，明治天皇鼓励日本民众食用牛羊肉，以使国民体格强健。经"本地化"处理后，炖牛肉和其他西式菜肴被纳入日本军队食谱。牛肉铺子数量激增，町人可在店铺品尝新潮的牛肉制品，食牛肉亦成为文明的象征。假名垣鲁文于 1871 年创作了短篇故事《安愚乐锅》，讽刺了急于拥抱外国风尚与潮流的

第八章　直面西方，接纳不同　245

町人。故事不长，刻画了一位"35岁上下的男子"，这男子喜用舶来品，为人浮夸，喷古龙水，带西式雨伞，常假借看时间炫耀自己的廉价手表。这男子在一家新式牛肉餐厅用餐，与一位食客攀谈起来，先是大发溢美之词，称"日本正稳步成为真正的文明国家，正因如此，我们这样的人竟也能吃上牛肉了"。[①] 接着，这男子又解释起电报和蒸汽机等西方发明的"奇迹"。不过，此人所说的内容多半驴唇不对马嘴，可见只是个无知之徒。

江户时代，在日荷兰人就享用着进口啤酒。明治时代早期，通商口岸的外国人仍在进口各类饮料。1869年，美国酿酒大师威廉·寇普兰（William Copeland）在横滨成立了麒麟啤酒公司的前身，这家公司后来发展为日本三大啤酒制造商之一。为刺激北海道经济发展，1876年日本政府成立了札幌啤酒公司的前身，如今亦跻身日本三大啤酒制造商。三大啤酒制造商中，最后一家为1889年创立于大阪的朝日。三家公司制造的均为德式拉格啤酒[②]，对于工薪阶层过于昂贵，但很受富有的都市人欢迎。1900年前后，"啤酒花园"式露天啤酒店与德式酒吧问世，主打廉价的大杯啤酒，将消费对象扩大至收入较低的日本民众。20世纪20年代，男工们常相约下工后小酌，将此作为一种社交手段。

再论建筑领域。西方建筑家与日本弟子设计了越来越多的新式建筑，城市面貌随之改变。东京中央的银座区曾紧邻寒酸的工匠商铺，1872年，银座毁于一场大火，后经重建，成为西方文明的"代言人"。重建后的银座红砖建筑林立，街道宽广，有煤气灯照明。其中，西药房、精致的咖啡馆和精工手表公司（创立于1881年）成为"文明开化"的物质体现。受政府委托，乔赛亚·康德打造了鹿鸣馆。这是一座临近银座的精美法式二层红砖建

[①] KanagakiRobun, "The Beefeater," in *Modern Japanese Literature: From 1868 to the Present Day*, ed. Donald Keene (New York: Grove Press), 31-32.
[②] "拉格啤酒"的名称源自德文"储存"，是一种桶底酵母发酵、再低温储存的啤酒。桶底发酵指酵母在发酵时沉在麦汁下方。——译者注

绳文时代的陶器

神话中，天照大神在众神的哄劝下离开岩洞，世间重获光明

一之谷合战屏风图，左为平敦盛，右为熊谷直实

南蛮船屏风图（局部）

"贝合"游戏中使用的贝壳

呈现"贝合"游戏场景的版画

凡·高临摹《龟户梅屋铺》的作品《盛开的梅树》

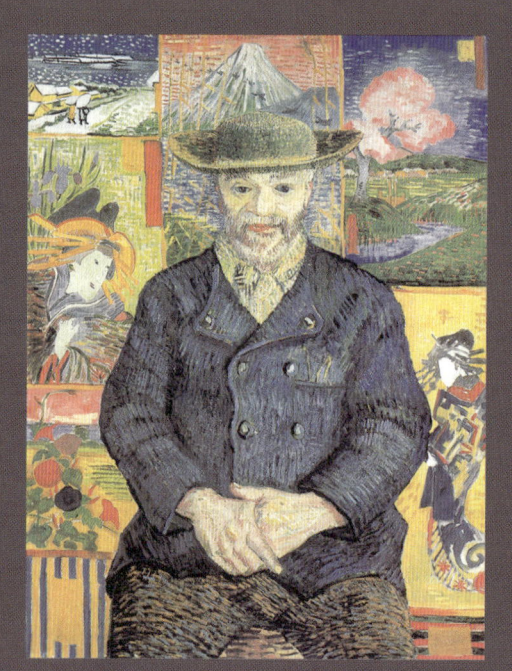

凡·高《唐基老爹》，背景中有多张浮世绘画作

歌舞伎剧目《义经千本樱》版画

歌舞伎剧目《忠臣藏》版画

横滨异人商馆，"异人"即外国人

专门招待外国人的横滨岩龟楼

明治时代的东京新桥车站

明治时代在上野公园举办的东京劝业博览会

1970年大阪世博会上冈本太郎创作的"太阳之塔"

南蛮屏风图

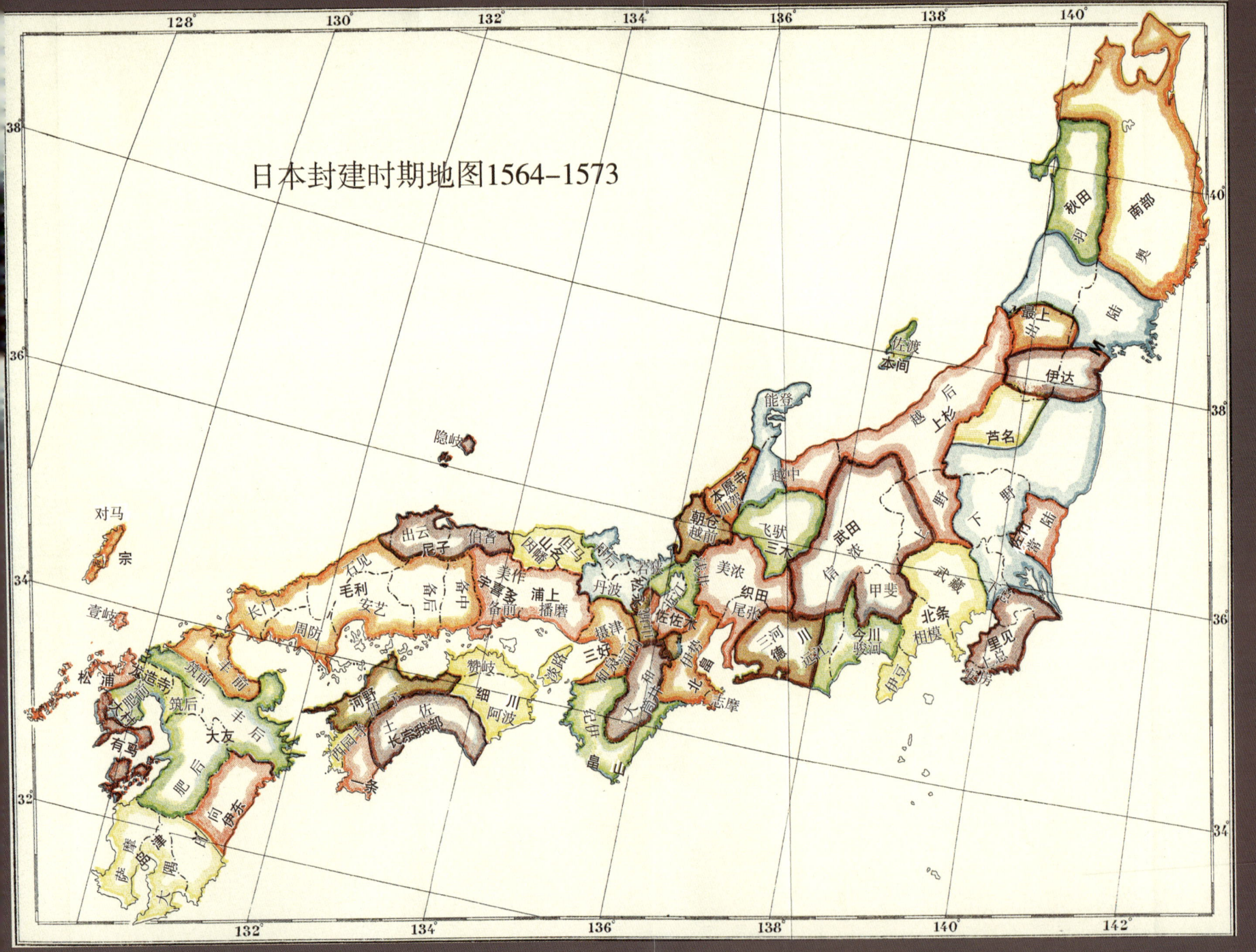

日本封建时期地图1564-1573

筑，配备有宽敞的餐厅和舞厅，甚至还有台球厅。鹿鸣馆象征着日本决心比肩"文明"帝国列强，进而加速重议不平等条约的决心，也成为日本上层男女的主要交际场。此间的男男女女身着进口的燕尾服与晚礼服，与外国友人翩翩起舞、侃侃而谈，享用法国美食与美国鸡尾酒，吸英国香烟。相传鹿鸣馆消费甚高、丑闻迭出，令许多保守人士大为震惊。一些外国访客亦对鹿鸣馆评价不高，法国海军军官、小说家皮埃尔·洛蒂（Pierre Loti）称鹿鸣馆的欧式舞会为"猴戏"，同样来自法国的乔尔吉·斐迪南·毕弋（Georges Ferdinand Bigot）则专门创作了一幅漫画，将他的日本上流顾客比作人猿。过度吹捧西方事物的风气令一些日本作家、漫画家十分反感，他们对日本"照单全收"西方文化的态度进行了讽刺。

"富国强兵"：火车与纺织品

明治时代早期，外国产品涌入通商口岸，日本经济前景低迷。比起本土的手工棉布，外国机造棉布更结实也更便宜。进口羊毛保暖性更佳，价格也公道。从种子中榨取的老式灯油不敌成本更低、效果更好的进口煤油。1868年至1881年，日本的进口量远超出口量。为平衡外贸状况，日本必须发展自己的经济，以本国产品替代进口产品，还要开发出理想的出口商品。

交通

明治领导者们认识到需建立与工业发展配套的基础体系，包括铁路网络、新型邮政系统及合理化的银行体系。铁路对工业的整体发展十分关键，对日本国防亦具有战略意义。与同时期的美国西部一样，19世纪的日本人也将蒸汽机车视作进步与文明的根本标志及现代工业实力的象征。铁路大大影响了日本社会，改变了人员、货物的陆上运输方式，帮助日本打造独立国之"气质"。铁路亦改变了日本文化，改变了公众对时间、空间、速度和休闲旅行的看法。

1854年，佩里准将为日本东道主送上了1∶4仿真的铁路模型，包括一台小型蒸汽机车、几节车厢与几英里长的铁轨。这份"大礼"代表了工业革命的机械"奇迹"。不到二十年后，1872年，明治天皇主持了日本第一条铁路"京滨铁路"的落成仪式，该线路每日往返东京与横滨之间。明治时代早期，"速度"一词令媒体十分着迷，火车被称作"给人类插上翅膀"的交通工具。有一名记者这般比喻：乘坐火车从东京新桥站到横滨"比痔疮患者解手还要快"。① 起初，火车乘客因高速感到不适，据说曾有某辆列车从东京新桥站出发，到达横滨后乘客却拒绝下车，因为难以相信竟如此之快。

铁路投入运营的第一年，近50万乘客（多为官员、商人和外国人）乘坐了京滨线。不过，对普通民众而言，车票的价格过于高昂。后来，铁路增设线路、降低票价、提升服务，选择乘坐火车出行者也越来越多。1890年至1900年，铁路乘客人次由2300万跃升至1亿1400万。

19世纪90年代中期，铁路成为文学作品的常见主题与场景。艺术家为火车创作了大量彩色版画，火车在其中即便不是主题，也多作为背景出现。东海道线与从东京到神户的传统驿站路线平行，承载了明治时代逾三分之一的火车乘客。过去，若是步行或乘轿，这条线路需花费12天到14天，新引入的轮船将旅程缩短至几天，火车又将这一数字缩减至短短20小时。乘客不仅节约了时间，亦省下了沿路住店打尖的费用。这种时间、空间的经济性改变了人们对时间、距离的观念。

---

① Steven Ericson, *The Sound of the Whistle: Railroads and the State in Meiji Japan* (Cambridge, MA: Harvard East Asian Monographs, 1996), 54.

歌川国辉《穿过东京汐留的蒸汽机车》，1872 年
图片来源：Wikimedia Commons

  铁路强调时刻表与精准，推动人们养成了准时的习惯，乘客更加珍惜时间的经济价值，人们的时间观念由此改变。德川幕府时代，人们对出行时间十分随意，并不上心，驳船从没有固定的时间表，等到船客足够多就开走。火车却是依照日程表行驶的，不会一直等待游客。铁路当局意识到，必须令乘客了解准时的重要性，还需为公众提供准确的时间。火车整点离开始发站，但并非在整点到达或离开停靠站，为此，人们引入了全新的时间观念，开始以分钟计时。明治时代初期，钟表和手表刚刚在日本出现，出于乘车需要，很快它们便无处不在。

  铁路亦改变了民众的旅行和娱乐观念。江户时代，观光旅游以朝圣为主，目的地多为著名的神社和寺院。有人看准了这一商机，成立了私营铁路公司，专门将朝拜者送往流行朝圣地点。19 世纪 90 年代末，民间开始流行周末度假，富有的东京市民在周末乘火车前往附近的镰仓、江之岛或箱根等游乐圣地。到了 20 世纪，火车推出了优惠的团体票，平民可也乘火车出游，铁路公司还推出了通往流行景点的旅游专列。1909 年，若工厂以 50 人及以上规模集体出行，票价折扣可达原价的 40% 到 60%。得益于票价折扣，许多本无缘旅游的民众得以与友邻、同学或工友结伴前往神社、寺院与景点游玩。铁路推出的分级服务令社会开始自主分化，却也为更多民众提供了参与旅行、分享体验的机会，推动了民族认同的产生，进而对社会分化起到了抑制作用。

人力车是明治时代的另一交通方式。江户时代，城市内禁行有轮车辆，上层人士乘轿子出行，有两名轿夫。人力车为轻型手拉车，车体安装在弹簧与两个轮子上，由一人拉动前行，更平稳也更舒适。1872 年，日本共有超过 4 万辆人力车，为都市劳动者提供了大量工作机会。欧美游客和在日定居者对人力车极为着迷，视其为古老的异域交通方式。很快，日本制造商开始向中国和亚洲殖民地出口人力车。人力车夫平均每小时可拉车行进 8 公里，一日可行驶 30 公里到 50 公里。起初，人力车要比火车经济得多，与二等火车票价相比更是如此。不过，随着火车乘客数量增加、票价下降，人力车夫变得难以与速度更快、乘坐体验更舒适的火车相竞争。20 世纪 30 年代，不需要人力驱动的机械交通方式得到进一步应用，人力车几乎销声匿迹。"二战"后汽油稀缺，人力车才短暂重现。不过，在日本内外，人力车已成为种族、阶级差异的象征，因而成为令人难堪的存在。

纺织品

以丝绸和棉花为基础的纺织业成为日本现代化力量的支柱，赚取了打造军事、工业实力所需的外汇。机器缫丝是首个催生出大量工厂的行业，从业者多为年轻女性。在日本工业化进程的头几十年中，缫丝女工占了日本劳动力的大部分。女工们为日本的现代化进程做出了双重贡献：纺织厂的利润为明治政府推动现代化提供了资金，与此同时，出身贫苦农家的女工们将薪水寄回家支付地租，地主又将收来的地租投资到其他产业和国家现代化进程中去。丝绸产业还提供了许多工厂之外的工作机会。农家多从事养蚕业，种桑树、养蚕茧，制出家纺线。对多数农户而言，养蚕是一门重要的副业，但需付出大量心力，毕竟嗷嗷待哺的幼虫可消耗自身体重三万倍的桑叶。一些农户将蚕茧出售给开办小型企业的富邻，企业多雇有十个或以上女性从事手工缫丝。其他农户则将蚕茧出售给丝绸商人，商人将蚕茧分配到农妇手中，让农妇手工缫丝。

明治元年，欧洲闹了一场蚕病，日本抓住良机，向国外出口丝绸，赚取了急需的外汇。明治政府率先采取行动，支持工业发展，提供了直接或间接的财政援助与技术支持，致力生产出口海外的高品质丝线。19世纪70年代，政府建立了工厂，雇用意大利和法国工人教授缫丝技艺。日本的现代缫丝业扬帆起航。其中，规模最大的一家于1872年建于富冈，教授400名女工现代机器缫丝技能。政府从体面的旧武士或富农家庭征募年轻女眷，为她们提供新行业的培训机会。富冈工厂招募来的女工受到优待，不但有新衣服穿、有固定的休息时间，还有充足的食物。她们住在宽敞的宿舍里，工厂还设有现代医院和美丽的花园。培训结束后，女工们回到各县，在当局或私人企业家资助下建厂。

19世纪80年代，欧洲产品卷土重来，日本又出台了严厉的通货紧缩政策，工厂的劳动条件大幅缩水。日本丝绸的质量仍不敌欧洲，其优势在于劳动力成本低，仅向年轻女工支付极少的工资。富冈缫丝厂等国有工厂被出售给民营企业，后者削减了工人配给、薪资和休息时间。为保持竞争力，私有丝绸厂制定了长工时制度，引入了煤气与电灯照明，让工人从早上4点一直工作到日落后，仅提供短暂的午餐休息时间。民营工厂的宿舍

歌川芳虎《东京筑地的进口缫丝机》，1872 年
图片来源：Wikimedia Commons

采取监狱式管理，宿舍四周围有高墙，墙头安插碎玻璃片或铁丝网，防止工人逃跑。宿舍狭小肮脏，厕所与洗浴设施有限，且限制使用时间。纺织工人常患肺结核等传染病，死亡率远高于其他人群。纺织业迅速扩张，不久便耗尽了可用的劳动力。劳工的工作环境逐渐恶化，体面家庭不再将女儿送入工厂，但在雇主的欺骗性高压策略下，许多债台高筑的贫苦佃农仍将女儿送进厂去，赚钱还债。1886 年，丝绸制造厂和商人勾结，单方面决定工人薪水，并为违纪或工作质量不达标等行为设置了严苛的罚款制度。

工人们因工作环境恶劣而士气低落。为此，工厂想出了"奇招"，专门创作了歌颂丝绸工人的爱国歌曲，赞颂他们为国家发展做出的贡献：

生丝，

纺，纺成线。

丝线是帝国的珍宝！

出口可换来数亿日元。

……

尽全力去工作吧。

这是为了你自己，

为了家庭，

为了日本。①

公司还分发课本对工人进行说教，强调个人对民族的责任和自我牺牲精神。这些课本将女工赞颂为和平年代的战士，称她们生产的纺织品出口国外，为日本积累了财富。书中还要求工人绝对遵从工厂规定，听从监工的话；要守时；吃、喝、言行要适度；要耐心、宽容、诚实、节俭。课本警告女工们，若不尽全力工作，"日本将愈加困顿"。②

工厂高举道德大旗，工人对祖国或血汗工厂却没有多少报效之心。一些工人屈服于命运的安排，另一些则奋起反抗，也创作起歌曲，明确表达了对恶劣工作环境的态度。比如：

《狱中哀歌》

做工好比阶下囚，

没有镣铐胜似有。

境遇不如笼中鸟，

宿寓破败如坐牢。

---

① E. Patricia Tsurumi, *Factory Girls: Women in the Threadmills of Meiji Japan* (Princeton, NJ: Princeton University Press, 1990), 93.
② E. Patricia Tsurumi, *Factory Girls: Women in the Threadmills of Meiji Japan* (Princeton, NJ: Princeton University Press, 1990).

> 自由好比卖身钱,
>
> 重重深锁不得见。
>
> 若有男工送秋波,
>
> 怕是骗财又骗色。
>
> 唯愿宿寓被冲垮,
>
> 工厂失火烧成渣,
>
> 守门之人害病死![1]

比起丝绸业,棉花业的现代化更为复杂,成本也更高,且需掌握许多其他技术。欧洲蚕害病,刺激了国际市场对丝绸的需求,日本的棉花业初期却表现欠佳。物美价廉的外国棉花经由不平等条约涌入日本,本土棉花被迫"应战"。到了1878年,鉴于外国棉花对本国棉花造成了威胁,明治领导者们决定开办政府工厂,并资助私营企业。他们从英国订购了10家工厂所需的装备,雇用贫穷的旧武士做工。在政府努力下,1886年现代棉纺工业在日本成型,不过大部分工厂规模较小。1882年,明治时代最成功的企业家之一涩泽荣一(1840~1931)创办了大阪棉纺厂,标志着棉花生产进入新时代。大阪棉纺厂共有纺锤10500支,是日本第二大棉纺厂的5倍之多。工厂并未雇用旧武士,也不提供住宿,而是雇用大阪本地的贫穷市民。为提高利润,工厂24小时连轴转,支付的工资也低于其他工厂。夜间事故与火灾十分常见。1892年,一场大火烧死了大阪棉纺厂内的95名工人,另有22名工人受重伤。

---

[1] E. Patricia Tsurumi, *Factory Girls: Women in the Threadmills of Meiji Japan* (Princeton, NJ: Princeton University Press, 1990), 98.

性别规范的变化

都市中个人主义现象尤甚,引起明治领导者们的警觉,他们设法将遵从与顺服的意识形态再次灌输给人民。保守派官僚担心个人将取代家庭成为社会的基本单位,希望恢复武士家庭曾奉行的强大父系权威。1898年,日本发布《民法典》,赋予大家庭具有法律约束性的法人地位。

按照规定,家族的男性大家长决策一切事物,负责为住宅选址,管理家庭全部财产与商业活动,有权在女儿25岁、儿子30岁前决定其亲事。女性完全附属于男性大家长,主要负责为家庭传续香火、负担家务。一旦嫁为人妇,女子便不可再出庭作证或提起诉讼,进行商业交易须丈夫同意,除极端暴力情况外,不得提出离婚。男性可对通奸的配偶提起离婚与刑事控诉,女性却不能。理想女性应为"贤妻良母",将孩子培养为有教养的现代儿童,为丈夫筑起远离职场竞争的避风港。"贤妻良母"的概念本质上以无须工作的中、上层阶级女性为目标。多数劳动女性对国家和主流社会提倡的维多利亚女性气质嗤之以鼻。

1872年,日本政府将初等教育规定为义务教育,又在1907年将其延长至6年。起初,女孩接受的教育在质量和出勤率上均落后于男孩。1889年,《女童高等教育法》出台,要求各县为已完成4年初等教育的女学生开设至少一所四年制公立中学。然而,这些学校的教育质量无法与男子学校相匹敌,且以教授道德、礼节和家政事务为主,旨在培养贤妻良母"预备役"。20世纪10年代,学校将茶道和花道也纳入课表。此二者一度被视作男性主导的艺术,此时却成为日本当代"精致女性"的必备技能。

有人对这种女性教育方式提出反对。作为岩仓使团最年轻的成员,津田梅子(1864~1929)6岁时前往美国,随后在那里度过了12年。1882年返回日本时，她几乎忘记了母语。女性在日本社会中的低下地位令津田愤怒。1885年，她入职一家面向贵族招生的女子学校，却对该校"精修学校"（Finishing school）①的定位颇有微词。后来，津田重返美国，在位于费城的布尔茅尔学院（Bryn Mawr College）就学。日本出台《女童高等教育法》后，津田在东京创办了女子英学塾，为各阶级女性提供博雅教育。

当时，外国社会将日本（以及其他亚洲国家）看作"阴柔"的弱国，以艺术、文化见长，而非"阳刚"的军事、经济大国。这种看法也体现在西方流行文化作品中。19世纪，普契尼创作了歌剧《蝴蝶夫人》，主人公即是被美国情人无情抛弃的日本女子；1885年，吉尔伯特与沙利文②创作了喜歌剧《天皇》（The Mikado），将日本刻画为未开化的落后民族。为扭转此类观点，明治领导者们提出要全盘吸收西方文明规范与物质文化。正因如此，明治人对"阳刚"特质的看法发生了变化，偏离了过往传统中作为主流"阳刚"范式的教养、道德、节俭、珍视忠诚与荣誉胜过个人得失等典型武士特质。

明治政府要求官员不仅从装扮上西化，还要接受独立及自我发展等西方价值观；自此，"阳刚"概念的表征出现了分化。一些男子学起摩登绅士的时髦做派，头顶高帽，穿长礼服，戴金边眼镜，拄长拐杖。他们喜戴浆洗过的白领，因此被称作"Haikara"（来自英语"High collar"）。国家官员也打扮成这副模样，出席鹿鸣馆举办的奢华西式派对。伊藤博文是明治时代最有权力的寡头政治家之一，其人尤喜西洋打扮，其政府也被嘲为"舞会内阁"。反对者为萨长领袖主导的集团政府创作了讽刺画，将身着华服的寡头们描绘

---

① 为富家女子学习上流社会礼仪开办的私立学校。——译者注
② 指维多利亚时代剧作家威廉·吉尔伯特（William Gilbert）与作曲家亚瑟·沙利文（Arthur Sullivan）的创作组合。两人共合作了14部轻歌剧。——编者注

成堕落、腐败、不靠谱的娘娘腔形象。与此相对的是名为"番长"的男性形象,"番长"男毫不时髦且以此为傲,穿木屐和边角磨损的和服,将袖子捋起、露出结实的臂膊。与追求个人财富的"Haikara"男不同,番长男大多奉行政治激进主义,为民族进步而战。20世纪早期,日本男性逐渐接纳了西服,番长男和"Haikara"男间的区别逐渐弱化,但始终存在。明治时代末期,"Haikara"一词的词义有所扩展,可指代所有时髦、新颖之物。女学生用丝带束发、骑自行车上学,因此也被看作"Haikara"一族。

明治时代的思想生活、文学与宗教

明治时代的领导者们敦促民众西化,知识分子对此表现出肯定。穆勒和托克维尔等西方政治理论家的作品被译成日文并广为流传,激励日本民众培养独立健全精神,突出表达自身政治观点的重要性。其中,流行译著包括丹尼尔·笛福的《鲁滨逊漂流记》,讲述了主人公独立自主的典型事迹;本杰明·富兰克林的作品;1845年塞缪尔·斯迈尔斯(Samuel Smiles)创作的畅销小说《自助》(Self-Help),号召劳动阶级接受开化教育,做文明人,成就伟业。儒勒·凡尔纳创作了《八十天环游地球》及《月球之旅》,迎合了该时代探索新景致与科学进步的精神。

福泽谕吉(1835~1901)是19世纪70年代影响最大的西方知识传播者,其人形象后来出现在一万日元纸币上。福泽出生于下级武士之家,曾学习荷兰语及英语。1860年,福泽谕吉为批准《日美友好通商条约》的大使担任译员。两年后,他随另一幕府使团前往英国、法国、荷兰、葡萄牙和俄国,一路上尽其所能学习西方文明。他总结日本之所以软弱落后,是因为日本传统文化并不鼓励对科学的好奇心、自立精神和实现自我成就的价值观。福泽谕吉希望将这些价值观灌输给同胞,便投身教育、写作事业,于 1868 年创立了庆应义塾大学的前身,创办了影响深远的《时事新报》,还撰写了逾百本书籍,其中《福泽谕吉自传》一书多次重印。福泽谕吉于 1901 年去世,这本自传写成于他离世前不久。书中,福泽称能亲眼见到封建特权与制度在日本被废除、日本取得第一次中日战争胜利,已是得偿毕生所愿。

《文明论概略》(1875)一书中,福泽提出一切文明需经历 3 个阶段:一是"野蛮"阶段,临时群落依赖自然获取食物和日常所需;二是"半开化"阶段,此时人们形成了固定群落、满足了日常所需,产生了基本的治理框架,但人们仍囿于传统,不具备原始生产能力;三是"文明"阶段,人们追求知识,独立行动,对未来有规划。福泽坚称西方国家文明程度最高,中国、日本与土耳其等亚洲国家为半开化国家,非洲与澳洲则"仍是一片原始大地"。他相信,一国之发展水平不单单取决于领导层,因为"文明与一国国民是博学还是无知无关,而是整个国家精神之体现"。[1] 下文选段中,福泽号召所有受教育者吸纳西方规范与价值观。在他看来,这些决计优于日本本土的成就[2]:

> 比较日本人与西洋人在文学、艺术、商业、工业等领域的智力水平,事无大小,例无多少,日本没有一样比得过西洋,没有一样能和西洋相比拟的……只有至愚之人方以为我国之学识、艺术、工商业可与西洋并驾齐驱。排子车怎可与火车相比,日本刀岂能折服洋枪……日本国

---

[1] Fukuzawa Yukichi, "An Outline of a Theory of Civilization", in de Bary et al., *Sources of Japanese Tradition, vol. 2*, 703.
[2] 本段译文出自福泽谕吉:《文明概略论》,北京编译社译,商务印书馆,2011。——译者注

民尊日本为神州，西洋人却已走遍全世界，发掘新地，建新国度。①

西方文学的引入鼓舞了日本的年轻作家，这些人开始吸纳、改造西方当代文学的传统与技艺。日本传统文学为古典风格，与白话并不相似，因此，这些年轻作家面临较大困难。此外，日本语言亦新增了许多舶来词。19世纪80年代，日本文坛出现了改革运动，提倡标准化写作风格，即"文言一致"。这种风格慢慢影响了日本人的写作习惯。1900年，日本教育部宣布将发起改革，标准化假名音节表、限制学校教授汉字的数量并标准化汉字发音，以此提升国民的写作、阅读水平。

《小说神髓》（1885）是首部号召当代日本文学抛弃"轻浮"的后江户时代传统与明治时代早期"戏作"小说的作品，具有开创性，其作者为坪内逍遥。在坪内逍遥看来，小说是一种严肃的体裁，应尽量表现现实主义、关注对人类情感和现代自我性的表达。人们多将二叶亭四迷的《浮云》（1887）看作日本首部成功的近代小说：主人公内海文叁是一位不得志的知识分子，爱慕着自己的表妹，表妹却更青睐他的朋友本田。本田其人野心勃勃，在人人争出头的明治时代颇有手段。这部小说探索了主人公四迷的精神痛苦，采用了文言一致的现代风格。

作家森鸥外（1862~1922）与夏目漱石（1867~1916）的作品深刻探讨了明治时代的现代化进程。两人均有海外学习经历，森鸥外曾作为大日本帝国陆军军官留德学医，夏目漱石曾作为文学学者游学大不列颠。海外经历与广泛涉猎外国文学的习惯对两人的生活和工作产生了影响。森鸥外颇为高产，擅长小说、文章与传记。1890年，他推出了自传体短篇小说《舞姬》，

---

① Fukuzawa Yukichi, "An Outline of a Theory of Civilization", in de Bary et al., *Sources of Japanese Tradition*, vol. 2, 706.

该书为自白体，属"私小说"体裁，很受读者欢迎。书中，主人公青年丰太郎居于柏林，与一位德国女孩相好。后来，他被邀请回国入职政府，便抛弃了怀孕的女友，后者因之精神崩溃。森鸥外的连载小说《雁》(1911~1913)中，为奉养年迈的父亲，年轻的女主人公选择给下作的高利贷主做情妇。她没能如愿过上富足的新生活，倒爱上了每天从阳台下经过的年轻医学生冈田。不料，冈田离开了日本，前往德国学医。

夏目漱石是日本最受尊敬的小说家之一，其肖像被印在日本的千元纸币上。他体弱多病，饱受溃疡与精神疾病折磨。夏目漱石毕业于著名学府东京帝国大学的英文系，后留校任英文教授。1906年，夏目漱石推出了两部广受赞誉的幽默小说：一本是《我是猫》，以一只自命不凡的猫的口吻对愚蠢的中产阶级"主人"及朋友品头论足；另一本是《少爷》，讲述了一名惹是生非的东京男孩成长为四国岛上一名教师的故事。《心》(1914)是夏目漱石最著名的小说之一，由两部分构成。第一部分中，年轻的男学生描述了自己如何在海边结识了内向的长辈"先生"（"先生"一词是对老师和年长者的敬称），并与之结为朋友。回到东京，男学生拜访了先生和其太太，却不能理解为何老友终日郁郁寡欢。后来，男学生被叫回乡下服侍垂危的父亲，在那里，他收到先生的一封长信，也是全书的第二部分，是一封遗书。信中，先生回忆年轻时自己与最好的朋友K同时爱上了小姐（即先生的太太）。先生获得了小姐母亲的首肯，将与小姐成婚，K认为遭到了背叛，遂自杀。自此，先生深感内疚，不知K死因的太太却无法理解丈夫的悲痛。先生解释了向男学生坦白的原因，但恳求他永远不要将真相告诉太太[1]：

---

[1] 夏目漱石:《心》，林少华译，青岛出版社，2005。——译者注

结果你——再逼我把我的过去，像画卷一样在你面前展开。那时，我才从心底里开始尊敬你。因为我看到了你那毫不顾忌地要从我胸中抓住一种活生生的东西的决心。你要剖开我的心脏，吮吸那还带着暖气还流动着的血潮。那时我还活着，不愿意死，所以就约了别的日子，而拒绝了你的要求。现在，我要自己破开自己的心脏，用鲜血来浇洗你的面庞。倘若在我的心脏停止跳动的时候，能在你胸中寄寓新的生命，那我就满足了。[1]

1912年，明治天皇去世。葬礼当夜，日俄战争英雄乃木希典将军选择了殉节（追随去世的主人而自杀的仪式）。先生称，有感于乃木希典，他本也想自杀。乃木希典之举触动了明治人的情感，引发了对传统荣誉礼法及当代武士道德的争论。天皇送葬队伍离开宫殿后，乃木希典切腹自杀。依照武士贤妻之惯例，乃木希典之妻切开颈静脉，结束了自己的生命。社会评论家争论起这类死亡的意义，一些人对这种行为表示谴责，称其为过时的封建法则于当代的野蛮残留；另一些人则辩称乃木希典是借此表达对道德价值观沦丧的厌恶。遗书中，乃木希典称自己戎马一生，身负多条人命，因此以死谢罪。后世，社会评论家多将乃木希典引为忠诚与自我牺牲的象征。

明治时代的宗教

明治维新彻底改变了日本的宗教氛围。德川幕府时期，佛教寺院为半官方性质，是反基督教律法的执行机构。那时，多数大型宗教寺院兼具佛教和

---

[1] Natsume Sōseki, *Kokoro*, trans. Edwin McClellan (Washington, DC: Regnery Gateway, 1957), 128-129.

神道教元素。然而，早期明治政府决心将天皇作为新国家的宗教根基，将神道教提升为官方国教，强烈反对佛教。批评者称佛教为舶来的异国宗教，迷信且不理智，也不像西方帝国列强的基督教，不参与社会和慈善活动。在批评者眼中，神道教代表现代化冲击下"纯粹"的日本精神，是官方宗教，因此不可再与佛教留存任何联系。官员采取了相关政策，将佛教与神道教强行分离，因此，日本大量佛教寺院、图像与文本在明治时代的头十年被毁。1868年至1874年，逾一千座佛教寺院"消失"。神道教神社本不将本土神灵与佛教神明区别对待，此时，神社中的佛教画像及仪式物品却被尽数清除。

政府收回了佛教寺院的土地，佛教僧侣被迫改信神道教或还俗。1872年，明治政府更改了与佛教僧侣相关的法律，将食肉、结婚、蓄发、穿世俗衣服与其他种种神职人员不得违反的条例合法化。在宗教政策巨变的影响下，日本佛教发展成如今怪异的形式，几乎所有男性僧侣均结婚，且可将寺院管理权传给儿子。尽管曾遭短暂迫害，佛教仍具有强大的经济与信众基础，很快便得到重振。

教育家井上圆了（1858~1919）领导的佛教派系试图令佛教与西方社会进化论思想看齐，以此呈现日本佛教进步与理性的一面。这一派系体现了日本佛教与东南亚、斯里兰卡盛行的传统上座部佛教之间的区别。研究上座部佛教的欧洲东方主义学者称，佛教具有无神论和偶像崇拜的特质，其中的消极思想导致亚洲发展相对滞后。日本佛教徒并不认同这一观点，称日本的佛教与启蒙运动理念相一致，是一种伦理信仰，与以神话为信仰基础的基督教恰恰相反。1893年，世界宗教大会（World's Parliament of Religions）在芝加哥召开。会上，日本"新佛教"领袖试图为本教正名，向犹太-基督教宗教领袖展现日本宗教的"文明"本质，可为在信仰与科学间犹疑不定的基督徒提供一条新出路。

明治维新后，神道教再度被当作天皇统一治理国家的手段，综合了敬神、祖先崇拜和家国集体主义等元素。作为天照大神后裔，天皇不仅是一国之主，还是神道教的最高领袖，负责例行仪式以保国家平安。神道教神官受命接受标准化训练，但他们大多不赞同官方神社中天照大神位列大国主神之上的安排。世人多认为大国主神与天照大神平起平坐，甚至地位高于天照大神。然而，这一观点对明治时代国家的正统性存在威胁，因此，当局决定将神道教仪式（由国家人员执行，被视作全体日本公民的责任）和神道教（关乎个人宗教信仰）信条分离开来。

为传播对神道教这一国教的正确理解，减少民众大规模改信基督教的可能，1869年至1885年间，当局发动了"大教宣布"运动，负责官员为平田笃胤学派的国学者，他们指定了由神道教及佛教僧侣组成的队伍，名为"教导职"的队伍成员被送往东京和各县接受培训，学成后，他们将融合了神道教神话与儒家道德的新民族信条讲授给当地人，在民众中激发爱国主义与对天皇的感激之情。为教授平民"文明开化"，授课内容还包括赋税、军事与对外关系等话题。"教导职"被禁止"传教"或参与主持葬礼、信仰医治（Faith healing）[①]等"宗教"活动。大教宣布运动前，人们在当地神社举行团体庆典，而非听人枯燥地布道，因此可料想，这场运动并不受欢迎。不过，该运动仍持续至1885年，之后，神道教教育成为初等学校的教育职责。

明治宪法第28条赋予日本民众在"不损害和平与秩序、不违背国民义务的范围内"自由信仰宗教的权利。此处，宪法措辞十分谨慎，既要保护新国教神道教的首要地位，又要维护宗教自由——对于极欲令日本民众改信基

[①] 通过改变三观和塑造信仰体系来治愈心理疾病的方法。——译者注

督教的帝国列强来说，宗教自由十分重要。[1] 依宪法之规定，神道教仪式与神道教教育乃国家伦理的一部分，需全体国民遵循。从该意义上讲，它们已不在"宗教"范畴之内。

一些神道教团体无法适应宗教教义与仪式转型为"国民责任"的事实，这些团体被单列出来，冠名"教派神道"。当时，官方承认的神道教派系共有13个，在信仰和仪轨层面差异较大。一些派系以山神崇拜为基础，另一些则基于洗罪、苦行或信仰医治，还有一些结合了儒教与神道教学说。官方承认的派系还包括黑住教、金光教及天理教等一系列19世纪创立于乡村的一神论新宗教。其中，一些新宗教反对明治政府的正统与权威，谴责愈演愈烈的天皇崇拜，展望着人人平等的社会文化秩序；这些救世派团体的创始人极富号召力，常因信仰医治能力或自称被神附体而闻名。

天理教创始人中山美伎（1798~1887）因医治天花和缓解分娩疼痛的能力而闻名。作为父母神的"载体"和喉舌，中山美伎具有预言能力，创造出包含音乐、舞蹈元素的修行形式。她本人虽贫苦，却乐善好施。天理教常做出与国家法律相抵触或违反法律的行径，因此，中山美伎屡次入监。后来，天理教逐步壮大，被主流媒体贬为非理性的异端宗教。中山美伎逝世后，其子对天理教教义进行了改革，令其遵从国家政策，因此，天理教获官方批准，成为神道教的第13个也是最后一个派系。此后，任何提倡神道教信仰的大众新团体均被视作异端宗教，受到国家压制。

1892年，目不识丁的农妇出口直（1836~1918）创立了大本教，这也是一门异端宗教。出口直对明治社会的变动感到不满，构想出一个人人耕种、纺布、建屋，凭借自然即可自给自足的人间天堂。这天堂不需要金钱，

---

[1] de Bary et al., *Sources of Japanese Tradition*, vol. 2, 747.

无人食肉，丝绸、烟草或西服均无迹可寻，糖果糕点不复存在，赌博更是销声匿迹。天堂的子民无须受教，因为一切事物都简单易懂。律法和警察亦无须存在，因为所有人都诚实恳切，心地纯粹。这一乌托邦式愿景公然反对明治政府推行的以城市为中心的西方资本主义模式。20世纪20年代，在出口直之婿出口王仁三郎（1871~1948）领导下，大本教在全国获得相当规模的信众。出口王仁三郎极富感召力，是一位颇具天赋的招魂术士，以"原始神道教"为基础创造了宗教仪式与活动。

新教在日本民间的传播标志着明治时代的又一宗教发展，日本人多将新教视作西方列强成功的因素之一。19世纪50年代末，新教传教士活跃于通商口岸。武士曾与德川幕府同一战线，因而在明治领袖处"遇冷"；对这些昔日的武士而言，基督教也许能指出一条"明路"，助其重拾地位，为国家开辟未来。其中，一些基督徒成为教育家，开办了私立学校。新岛襄是基督徒的出色代表，他另有一个外文名字约瑟夫·哈代·那斯玛（Joseph Hardy Neesima，1843~1890）。他曾在美国学习，后来在京都创办了同志社大学。在新岛看来，基督教、西化与文明相互不可分割，是民族进步不可或缺的元素。威廉·S. 克拉克（William S. Clark）是一位御雇外国人兼平信徒[①]传教者，应聘筹组了札幌农业大学。在他的影响下，新渡户稻造（1862~1933）转信基督教。在美国学习时，新渡户接受了贵格会[②]信仰，与一位美国贵格会信徒成婚。返回日本后，他在日本政府高层任职，亦担任教职，与人合办了东京女子大学。新渡户以作品《武士道：日本之魂》（*Bushido: The Soul of Japan*，1899）闻名，该作品以英文写成，向西方读者阐释了日本传统道德观，将"武士道"视作荣誉、忠诚、诚恳和自我控制等民族价值观之源。

---

① 基督教中没有圣职的人，又称为教友，也就是普通信徒。——译者注
② 基督教新教的一个派别，成立于17世纪。——译者注

内村鉴三（1861~1930）也受克拉克影响转信基督教。1891年，身为教师的内村拒绝向《教育敕语》[1]鞠躬，后因此不敬之举被迫辞职，自此"恶名"远扬。后来，内村察觉到西方基督徒间存在种族歧视，因此看清现实，开创了无教会运动。作为本土宗教流派，无教会运动不设置专职神职人员与圣礼，追求真正的基督徒生活。在著名文章《两个J》中（1925），内村如是说道：

> 我只爱两个"J"，一个是耶稣（Jesus），一个是日本（Japan）。
> 两者之中我不知更爱哪个，耶稣还是日本。
> 我因信耶稣而被同胞记恨，我因日本小国之民的身份而被外国传教士厌恶……
> 我知道，日本与耶稣相互增补，耶稣令我对日本之爱更烈更纯；日本令我对耶稣之爱更澄澈客观。若非对此两者之爱，我将不过是个做白日梦的狂热分子，泯然众生。[2]

基督教信徒不乏名流人士，但始终未能在日本发展出大规模信众。明治时代及之后，基督教徒不到日本总人口的1%。

总而言之，日本的经济在两世纪间的增长，对幕府将军展望的高度秩序化社会造成了威胁。1853年，美国要求日本开放贸易并与帝国主义列强签订对其十分不利的贸易条约。民众对幕府信任度进一步下降，最终天皇统

---

[1] 明治天皇于1890年颁发的关于国民精神和各级学校教育的诏书，内容包括仁爱信义、皇权一系、维护国体、遵宪守法、恭俭律己等封建道德，向民众灌输了皇室利益高于一切的思想，以此维护天皇制国体。——译者注

[2] Uchimura Kanzō, "Two Js", in de Bary et al., *Sources of Japanese Tradition, vol. 2*, 1167.

治复辟。全新的明治政府中，一小波寡头垄断了权力，在社会、经济领域发起了彻底变革，令日本足以应对领土进一步被侵蚀的威胁，具备了建立现代工业化国家的能力。寡头集团出台了御雇外国人、确立宪法和选举制议会等多项举措，希望借此证明日本乃符合西方规范的"文明"国度。日本都市人大多接纳了西方的食物、时装与建筑风格等物质文化元素，知识分子和作家敦促同胞一并接纳西方价值观。然而，明治的领导者们希望培养由爱国民众组成的强大父系社会，出台了限制个人权利的律法和措施，尤其限制了女性权利。

早期的现代化举措反映出日本倍感威胁与自卑的事实，亦受到19世纪种族和文明等级论等社会理论影响。之后几十年中，经济发展与教育缩小了日本与帝国主义列强间的可见差距。20世纪20年代，东京与日本其他大型城市已彻底转型为现代大都会，与其他工业化国家的城市齐名，也同样面临大众消费主义、大众媒体扩张、社会主义和共产主义等全球化趋势。日本当局倍感威胁。

推荐阅读

Cwiertka, Katarzyna J. *Modern Japanese Cuisine: Food, Power, and National Identity*. London: Reaktion Books, 2006.

Fujitani, Takashi. *Splendid Monarchy: Power and Pageantry in Modern Japan*. Berkeley: University of California Press, 1998.

Gluck, Carol. *Japan's Modern Myths: Ideology in the Late Meiji Period*. Princeton, NJ:Princeton University Press, 1987.

Howell, David L. *Geographies of Identity in Nineteenth-Century Japan*. Berkeley: University of California Press, 2005.

Jansen, Marius B. *The Emergence of Meiji Japan*. New York: Cambridge University Press, 1995.

Karlin, Jason. *Gender and Nation in Meiji Japan: Modernity, Loss and the Doing of History*. Honolulu: University of Hawaii Press, 2014.

Keene, Donald. *Emperor of Japan: Meiji and His World*, 1852-1912. New York: Columbia University Press, 2005.

Ketelaar, James E. *Of Heretics and Martyrs in Meiji Japan: Buddhism and Its Persecution*. Princeton, NJ: Princeton University Press, 1993.

Miller, Ian J. *The Nature of the Beasts: Empire and Exhibition at the Tokyo Imperial Zoo*. Berkeley: University of California Press, 2013.

Phipps, Catherine L. *Empires on the Waterfront: Japan's Ports and Power, 1858-1899*. Cambridge, MA: Harvard University Press, 2015.

Stalker, Nancy K. *Prophet Motive: Deguchi Onisaburō, Oomoto, and the Rise of New Religions in Imperial Japan*. Honolulu: University of Hawaii Press, 2007.

推荐影片

《啊,野麦岭》,山本萨夫执导故事片,1979 年。讲述了 20 世纪早期纺丝业年轻女工的艰难处境。

《浪客剑心》,大友启史执导故事片,2012 年。讲述了曾经杀人无数的主人公在明治时代四处流浪、扶弱助人之事,改编自流行漫画及动画。

《御法度》,大岛渚执导故事片,1999 年。该片讲述了德川幕府时代末期新选组中的同性恋故事。

《无法松的一生》,稻垣浩执导故事片,1958 年。讲述了 19 世纪末 20 世纪初,穷车夫收养中产阶级之子的故事。

《残菊物语》,沟口健二执导故事片,1939 年。这是一部讲述 1885 年前后东京、大阪歌舞伎演员家族的悲喜剧。

第九章
现代性及其造成的民怨
20 世纪~20 世纪 30 年代

大正时代的官方起止点为 1912 年至 1926 年,不过,一些史学家将这一时期大致扩展为 1900 年至 1930 年。该时期以世界主义和乐观主义为特征,民众受惠于义务教育与扫盲运动,越来越多地参与到政治与社会事务中。此外,大正时代亦见证了大众消费主义的快速增长、复杂大众媒体的发展与大众文化新形式的繁荣,这些多发生在城市。这些变化多与"现代主义"相关,体现在日本都市生活的巨大变迁和艺术、流行文化的变革性新运动中。东京是无可争议的日本现代主义中心,也是日本首个现代化都市,日本政府的大部分与文化机构多集中于此。

扫盲运动将时尚潮流与新的思维方式以图像与文字形式呈现给都市与乡村消费者,激发了后者对物质商品与别种生活方式的向往。人们常用两个术语描述这些新兴品位:一为"文化生活",即中产阶级消费者对物质尤其是卫生舒适的住宅与装潢的渴望;另一为"情怪废言"①,关乎堕落、

---
① 原文为"Eroguronansensu",是日本人用英语单词创造出的词语。其中,"ero"代表"erotic",意为"情色的";"guro"代表"grotesque",意为"怪诞的";"nansensu"代表"nonsense",意为"废话"。此处截取了三部分词汇的意思,译为"情怪废言"。——译者注

异常、怪诞或荒谬的文学、艺术与娱乐。情色、嬉闹与喜爱新事物等都市文化特性贯穿了江户时代,却在严肃的明治时代一度"失宠"。到了 20 世纪二三十年代,平民重拾对小说、戏剧和艺术中情欲、滑稽、转折等元素的兴趣,江户都市文化特性再次"走红"。这些"复古"潮流令许多保守人士大为惊讶,他们试图借此助日本本土价值观与规范"复辟"。日本实现了与西方列强平起平坐的目标,因此这时一些日本民众开始拒绝将西方现代性作为范式,提出日本应以"东西结合"的方式引领世界,也就是所谓的"日本主义"。

上述发展令日本"变身"为他国眼中的军事经济大国,还拥有了自己的殖民地。关于殖民地,我们将在第十章进行讨论。

政治与社会发展

1912 年 7 月 30 日,明治天皇逝世。明治天皇的一生与其任期内日本社会的变革高度契合,因此,他的逝世代表了一个时代的终结。大正天皇的任期始于 1912 年,终于 1926 年,其人心力不足、身体虚弱,因此 1921 年皇太子裕仁(1901~1989)以摄政身份接替他执政。1926 年,裕仁登基,史称昭和天皇。昭和天皇 87 岁逝世,生时未曾退位,始终是在任天皇,见证了日本作为大国的兴衰与战后重建。

在政治领域,该时期涌现出强大的政党,劳动力与妇女运动登场,民主政治思潮激增。1890 年 7 月,日本首次投票选举国会众议院的 300 个席位。国会乃依明治宪法设立的两院制立法机构,其中,呼声较高的政党占据了大部分席位,共 171 席。这些国会新成员谴责明治寡头组成的"小集团"式政府,但除斟酌国家年度预算外,国会并无实权。然而,其后 30 年,政党耐心地从寡头手中夺取了对国家的掌控权，开启了政党政府的时代，开创了主要政党领袖担任首相并任命内阁的惯例。政党成员持续在选举中胜出，占据众议院的多数席位，使得老一代领袖重新审视自身对政党政府的消极态度。1896年，首相伊藤博文任命自由民权运动前领袖板垣退助为内相。两年后，立宪改进党总理大隈重信（1838~1922）成为日本首相，亦是首位担任首相的政党领袖。

伊藤博文甚至自创了政党，这一党派拥护政府、支持国家统一，于1900年与立宪改进党合并为"政友会"。1908年至1915年，政友会成员占据了国会的绝大多数席位。1918年，"伟大的平民"、政友会领袖原敬（1856~1921）成为首位当选首相的国会成员。原敬为政党赢得选票，靠的是传统的"猪肉桶政治"：他承诺将帮助为政友会投票的地区修建学校、公路和铁路。政友会因投假票和篡改选举结果为人所诟病。为对抗政友会，1913年山县有朋（亦属于当权的萨长集团）的弟子桂太郎（1848~1913）成立了政党"立宪同志会"。眼见政友会节节胜利，另有几家小政党加入了桂太郎的党派，于1916年形成立宪民政党。

1918年，"米骚动"席卷全日本，成为内阁向"政党主导式"变迁的主要导火索。1914年至1918年，"一战"引起通货膨胀，消费品价格大幅攀升，1918年米价增长了60%。暴怒的消费者采取了行动，1918年7月，一间小渔村因米价过高引起当地妇女抗议，打响了骚动的"第一枪"。很快，这场骚动如野火般蔓延至大阪、神户、名古屋及其他西日本工业中心。愤怒的民众逼迫米贩折价出售存货，与警察和军队当街缠斗，持续了整整一夏。这一系列骚动堪称近代日本史上规模最大的群体示威，共有百万甚至更多民众走上街头。国家调动了十万大军，对百余个地区的骚动进行压制。抗议者大批被捕，逾五千人因轻罪被严惩。不过，官员们惧怕民众骚动升级，还是应允了暴动者的大部分需求，从日本在朝鲜半岛、台湾岛的殖民地（见第十章）进口了更多低价米，颁布法律降低通胀价格泡沫可能性，同意任命原敬为首相。如此，掌管国家的大权交到了政党出身的首相手中，两大主流强势政党登上舞台。以此为标志，以政党为基础的民主政府诞生。

明治时代早期，工厂工人仅占日本劳动力的小部分，约三分之二受雇劳动力仍从事农业活动。19世纪70年代，工厂工人仅有数千名，主要从事纺织业。后来，工厂工人数量激增，到19世纪90年代已超过40万名。不过，男性仅占其中不到半数，且通常在金属加工、造船、机床、军火和化学品等技术行业做工。比起纺织女工，技术工人薪水更优，社会地位也更高。"一战"期间，重工业急剧发展，同盟国向日本订购产品，市场机遇增多，日本经济得以全线扩张。不过，这些机遇大多出现在钢铁、造船与重型机械等领域。1914年至1918年，日本工厂工人数量增加了63%，多为重工业的男性工人。

受"一战"大潮驱动，20世纪20年代，日本经济实现了几次腾飞。国内生产总值中，制造业的份额超过了农业。日本的制造业为双层结构，上层为利润可观的重工业企业、财阀和其他大型纺织、化妆品及制药公司，下层为生产消费品的中小规模作坊及为上层企业提供部件的小型分包公司。20世纪30年代，零售店中至少70%为小规模家庭运营企业，通常生产和出售豆腐、榻榻米垫等单一产品。对于下层小企业主及工人而言，生活十分不易。若遭遇周期性经济滑坡，工资削减、裁员及破产不过家常便饭。

好景不长，第一次世界大战后，西方国家再次与日本争夺起亚洲贸易市场，日本经济由此衰退。薪水跟不上通胀的步伐，越来越多的工人开始参与工会运动，发起罢工、对抗管理层，要求提高薪水并改善工作环境。许多蓝领工人亦因管理层能享受公司住房、利润分红和医疗福利等补贴感到不满。

更令他们愤懑的是工人在都市遭受的歧视。1913年，在致报社的一封信中，一位工人抱怨主流社会缺乏对工人阶级的尊重，他说为免遭歧视，许多工人离家前需乔装打扮，在通勤路上扮作商人或学生，直到进入工厂才换上制服。致信者还称，若工人们在公众场合身着制服，"人们不仅会惊叹人数之巨，更会被其素质所折服"。①

管理层员工隶属城市"新中产阶级"，区别于商人或手工业主组成的旧中产阶级。其中，多数人曾在明治时代成立的公、私立大学取得学历，以此获得管理职位。男性白领工人被称作"上班族"，1920年全日本约有150万上班族。上班族享受着与蓝领同事截然不同的地位与生活水平。20世纪前30年，市面上出现了教导读者如何成为中产阶级上班族的"指南"，一经问世广受欢迎。这些指南指导读者如何在大规模的新型公司中处事，比起智力更强调遵从规则的重要性。书中称温顺、守序与和睦是取得成功应有的品质，不应表现出特殊或激进的一面。可见，遵从和温顺的品质回归日本舞台，明治早期追求个性与自立的风气正淡去。新兴的中产阶级还包括东京、大阪和名古屋等大城市的政府官员、医生、教师、警察、军官及银行家。"一战"期间及战后，女性也开始从事护士、教师、售货员、接线员、公交售票员、办公室文员和接待员等白领工作。不过，对绝大多数女性而言，嫁个好人家仍是进入中产阶级的最佳方法。

1924年，日本出现了一款双陆棋盘游戏，直观地对比了男性和女性通向人生成功（或失败）的路径。棋盘中央即终点处是一位漂亮的裸身舞女，男性玩家可经由右手边的商业或政治路径抵达，女性玩家则只能通过嫁给成功男士到达终点，且我们无从理解舞女缘何成为女性玩家的奋斗目标。

---

① Thomas C. Smith, *Native Sources of Japanese Industrialization, 1750-1920* (Berkeley: University of California Press, 1988), 242.

第九章　现代性及其造成的民怨　273

以民主、社会和无政府主义为代表的自由思想与激进主义在知识分子间大量涌现，为工人运动提供了支援。资本主义体系剥削社会底层，广大知识分子对其丧失信心。东京帝国大学的知名法学教授推广了自由民主的思想，对社会产生了极其深远的影响。这些学者的学生任职于日本最重要的政府机构，常常接受来自官员的咨询或受邀加入政府委员会。许多学者与左派人士统一战线，对言论自由、性别平等和加大民众参政力度等观点深信不疑。吉野作造（1878~1933）教授提出了基于民本主义的民主思想，主张男性应具有普选权。根据明治宪法，只有年过 25 岁、拥有财产并达到特定纳税门槛的男性才享有投票权。1890 年，符合条件者仅占总人口的 1%。1925 年，投票权的适用范围放宽至全国所有年过 25 岁的男性。宪法学者美浓部达吉（1873~1948）推广了增强政党权威的"天皇机关说"。美浓部称，国家是

高畠华宵《双陆游戏之人生起伏》，1924 年
图片来源：《讲谈俱乐部》杂志

274 神奈川冲浪外：从传统文化到"酷日本"

由天皇、内阁、国会和官僚体制等独立机构或机关组成的法人，每个机关都需正常运行，保持国体康健。不过，机关间相互独立，国会代表人民最高意志、不仰仗天皇获得权力。

马克思主义哲学提供了分析一切国家如何从封建主义过渡到资本主义、再从资本主义过渡到社会主义的系统方法论，因而吸引了大批知识分子、教授和学生。马克思主义以综合视角看待社会问题，为多数人眼中日本的"腐败资本主义"与"压迫政府"提供了一条理想的出路。社会主义者与共产主义者均从马克思主义思想中取得了灵感。1901年，日本首个社会主义政党①昙花一现，支持和平主义和减少军备，主张普选权。1926年，该政党的"加强版"问世，进一步直击经济问题与工人阶级的关切，并在1928年的国会选举中赢得了4个席位。该党政纲谴责了资本主义体系，主张基础产业国有化、为佃户家庭重新分配土地，立法保障福利，主张妇女选举权。1922年7月，由记者和政治活动家组成的小团体秘密成立了日本共产党。该党被政府列为非法组织，亦受派系争端所累，多从事地下宣传与教育活动。"二战"后，日本共产党成为合法政党。

政治活动家中，最激进的当属立志煽动民众"直接行动"、推翻政府的工团主义者。记者幸德秋水（1871~1911）与伴侣管野须贺子（1881~1911）曾策划发起运动，立志推翻政府，将所有政治权力交与民众，废除土地、资本的私有制。1905年，幸德拜访了旧金山的美国无政府主义者，返回日本后，他深信只有组织工人大规模罢工、采取"直接行动"，方能推翻政府，将经济政治权力交到工人阶级手中。自1909年起，管野须贺子开始与幸德同居。1910年，有人密谋炸死明治天皇未遂，史称"大逆事件"。事件发生

---

① 应为社会民主党。下文的"加强版"为劳动农民党。——译者注

第九章　现代性及其造成的民怨　275

后，管野须贺子、幸德及大批与政府政见不同者被逮捕。24名无政府主义者被宣判死刑，其中12人被实际执行，包括幸德与管野。大逆事件后，颠覆性意识形态运动遭到进一步压迫。事件发生时，一位极具影响力的无政府主义者大杉荣正在监狱服刑，因此逃过一劫。1923年发生关东大地震，震后日本一片乱象，大杉荣与爱人、女性主义杂志《青鞜》的编辑伊藤野枝被警察逮捕。两人及大杉荣6岁的侄子被殴打致死，尸体被投井。大杉荣因主张自由恋爱而闻名，曾与多名女性交往。他与伊藤的关系引起了情人、作家神近市子的妒忌。1916年，神近市子曾给过大杉荣一刀，这桩丑闻成为1969年影片《情欲与虐杀》的原型。

1923年9月1日，东京发生了关东大地震，致逾12万人死亡，超200万人无家可归。地震造成了大规模毁灭性打击，东京多处地区亟待重建。旧式木制建筑被缺乏人情味的混凝土建筑取代，小街的碎石铸成了新的大道，建于江户时代的护城河曾为民众提供城市交通与夜间娱乐，如今被填平，其上建起了更多公路、铁路和地下铁道。流离失所的中产之家逐渐迁居东京市郊。震前的东京保留了昔日大名府邸中的大片庭园绿景，重建后，城市绿色空间大幅缩减。1945年大轰炸后，东京再次重建，绿野几乎销声匿迹。

关东大地震之时，电影导演黑泽明还是个男孩；成年后，他在作品中祭奠了这场对他影响深远的天灾。那天一早，黑泽明来到日本最大的外文书店丸善书店，那时他尚不知几小时后此处将化作一片废墟。黑泽明回忆道，他听到大地隆隆作响，看到附近一间仓库的墙壁倒塌下来："接着，我们看着两间当铺仓库的墙皮脱落下来。仓库震颤着，屋顶的瓦片抖落下来，厚重的墙壁随后也倒下。顷刻间，两间仓库沦为两尊'木骨架'。"[1] 黑泽明还描述

---

[1] Akira Kurosawa, *Something Like an Autobiography* (New York: Knopf Doubleday, 2011), 48.

了夜幕笼罩四野、城市处处失火的情景,整座城市彻底断电,令人心生恐惧与疑虑。对居住在东京的朝鲜人而言,这场地震可谓灭顶之灾,治安会认为朝鲜人向水井投毒,因此对其大肆屠杀。黑泽明回忆道,人们说不可从用白粉笔做了特殊记号的水井中饮水,据说这些是朝鲜人写的"密语",用于提示同胞井内有毒。那时,黑泽明自己就曾胡乱画过这样的符号,因此意识到对朝鲜人用私刑的依据十分可疑。为了克服对死亡的恐惧,黑泽明的兄长拉他去亲眼见证火灾后的惨象:桥上和阴沟中,烧得焦黑可怖的尸体堆成小山,河水亦被浮尸染成了棕红色。

新大都会

参觐交代制度与武士俸禄"供养"了大批江户商人及工匠。明治时代早期,随着两者的消失,东京人口急剧下降,1873 年已低于 60 万。不过,东京重建后成为全国工业、商业、娱乐与消费中心,人口再次膨胀,1898 年时已接近 140 万,1908 年则超过 200 万。如同 17 世纪早期的江户时代,19 世纪 90 年代,人们渐渐从农村前往城市的新工厂、造船厂与其他受国家工业政策扶持的产业工作,东京和其他日本城市见证了城市化的快速进程。大阪、名古屋、神户和横滨等城市发挥着对外贸易中心的职能,与国家交通系统相连,因而发展迅速。19 世纪 90 年代至 20 世纪 20 年代,城市人口增加,出现了与之匹配的都市生活模式,发达的交通体系、大众消费导向的企业及现代形式的大众娱乐应运而生。从乡下来到城市的"新鲜人"无法继续像农民那样自给自足,食品、衣服和日用品都要靠买。此外,他们还需花费不多的金钱找找乐子,发泄工厂与办公场所带来的压力与枯燥。大众文化、大众消费与战时的繁荣景象齐头并进。1923 年地震后,东京多处需要

第九章 现代性及其造成的民怨

重建，又推动了大众文化与大众消费的加速发展。

像其他领先国家一样，日本的现代主义亦以"速、声、光的新技术：汽车、飞机、电话、收音机、转轮印刷机和电影"为特征。[1] 这些技术以都市消费者为目标，实现了商品和服务的大规模营销。不过，现代主义品位并未完全取代传统偏好，多数都市人在传统与新潮间自由切换，在老式服装和时装、传统食品和进口珍馐、古老消遣与有声电影间实现了"雨露均沾"。

现代企业与机构簇拥在东京的各个地区。银座巩固了其明治时代早期零售、银行业中心的地位，街边立着百货大楼、时髦的精品店和咖啡馆。人们常在银座的橱窗前流连忘返，甚至创造出了"漫步银座"（Ginbura）一词。新宿和涩谷也是新兴的娱乐、消费中心。作为江户时期的大众娱乐中心，浅草新添了影院、滑稽剧和其他娱乐元素，保持了自身优势。东京的霞关地区是政府所在地，最高法院的红砖大楼、警视厅和多数国家部门均坐落于此。20 世纪 20 年代，顶尖公司与大型企业开始将总部迁往丸之内。

属私人的绿色空间不复存在，政府便开始建设公园。1873 年，东京东北部建起了上野恩赐公园（此地本为佛教寺院，是德川幕府捍卫者背水一战之地），是日本首座公园。上野恩赐公园内有一间动物园和几家艺术、科学博物馆，均坐落于风景如画之地，可供游园者娱乐放松。银座附近的日比谷公园建成于 1903 年，曾是阅兵场地，是东京首座"西式"公园。此地，游园者可观赏东京最古老的树木，得见旧时江户城的护城河。日比谷有大量新颖设施，如为新兴的骑行潮开辟的骑行区、会喷水的巨型"仙鹤"与纪念喷泉、周日及假日提供交响乐演出的现代室外乐台和西餐馆等，引得大批民众前来"尝鲜"。20 世纪 20 年代，日本首批职业棒球队问世，都市出现了职

---

[1] William J. Tyler, ed., *Modanizumu: Modernist Fiction from Japan, 1913-1938* (Honolulu: University of Hawaii Press, 2008), 19.

东京地铁入口照片，1929 年
图片来源：Wikimedia Commons

业棒球公园及其他用于观赏、参与体育运动的公共设施。

随着电车、铁路线及地铁网络的发展，新的工作场所、购物区与娱乐场所之间相互连通。明治时代早期，马车一度十分常见，1903 年电车引入日本，马车渐渐淡出历史舞台。服务偏远及郊区地带的私有铁路公司在东京内部打造了大量铁路线，还在郊区的民居地建起房屋，如此，居住者虽需跨越较远距离到市内上班、购物，但可享有更宽敞、更时尚的居住条件。私有铁路线沿着环绕东京中心的山手线设置了地理条件便利的终点站。私有铁路如东京的东急、西武和大阪的阪急、阪神，经营者在终点站开设了大型百货商厦，方便通勤者在归家前选购食物或杂货。日本的首条地铁建成于 1927 年，连通浅草与上野，总长仅 1.6 公里，被誉为"东方第一条地下铁路"。此后，此路线几乎每年都会扩充新站段。1940 年，线路已东西延展至横跨整个东京市，连通了浅草与涩谷，东京市民可避开地上交通、快速通勤。

对渴望成功的中产阶级而言，在都市觅得称心如意的住房十分困难。国家与地方当局为市民建起改进型供水、污水排放、煤气和电力等现代公共设施，但多数老房仍缺少室内厕所或洗浴设施。工人阶级仍栖身于逼仄的廉租连栋房，没有厨房、厕所或浴室，依靠廉价的小吃摊和公共浴室满足每日所需。"一战"后新建的郊区住房提出了以家庭为中心的"文化生活"理念，有供夫妇休息的独立卧室、带地板的厨房及浴室。这种资产阶级的室内空间布局将西方与传统日式风格相融合，兼具时尚和便利性，又遵从了日本人的生活习惯。招待客人的客厅通常配有西式座椅、沙发和桌子，多为重量较轻的竹或藤制成，可放置在小地毯上，不会对下方的榻榻米垫造成损害。客厅装饰有裱框画和枝形吊灯，通常还配有留声机和收音机。室内其他区域则保留了日式特征。夜间，多数住户仍在榻榻米上铺开可折叠收纳的蒲团床垫，白天再将床具收起。玄关仍是必不可少的元素，方便人们在此处脱鞋。用餐时，人们不再各自使用托盘，而是将菜肴放置在矮脚圆餐桌上，家庭成员围坐桌边的拜垫上，不会用到椅子。

百货商厦就是都市人的购物"天堂"。明治时代早期，大型商铺遵从江户时代的传统，只出售纺织品，但逐渐增加了商品种类。江户时代的店铺越后屋更名为"三越"，这间店铺察觉到顾客对西式服装的需求，便引进了一名法国设计师，成立了新的服装部门，开始储备外国商品。20世纪早期，三越成为创意广告先锋，在火车站张贴真人大小的海报，展示新风尚。三越亦开设了目录销售部门和送货上门服务。1904年，松阪公司（东急的前身）开始出售珠宝、行李箱和食物，还提供摄影等服务。松阪公司在报纸发布广告，宣传一站式购物获取海量商品的便利性。1911年，松阪公司建起4层大厦，安装了日本首部厢式电梯。三年后，三越建起了高达5层的文艺复兴风格旗舰店，据说是苏伊士运河以东最大的建筑，采取中央供暖，拥有日

展现"文化生活"室内装潢的画作：
和田圣香《T女士》，1932年
火奴鲁鲁艺术博物馆
图片来源：Wikimedia Commons

本首部自动扶梯和大量厢式电梯，还设置了一排排玻璃橱窗。售货员为统一着装的年轻女性，起初穿和服，"一战"后逐渐改穿女式西装，搭配帽子和手套。

在这些大型商厦中，顾客可了解、欣赏并购买最新的本土、进口商品，印刷媒介种类不断扩充，商品的宣传进一步到位。商厦将相当多的面积分配给服饰与配饰商品，亦出售化妆品、钢笔、餐具、家具及风扇、加热器和缝纫机等小型电器。其他楼层出售杂货、成品食物和赠亲友的食品，有精美的进口巧克力与焦糖，也有老式品牌的高级时令茶点。除供应商品以外，商厦也输出文化，内设画廊与大量餐馆，通常位于顶层。顶层甚至兼具娱乐功能，为儿童提供游戏厅、游乐园和迷你动物园等设施。简言之，大型百货商厦能兼顾各类顾客的喜好，对一家老小而言，周日逛一次商厦是值得翘首以盼的事。从前，顾客通常需在商厦门口换上专用拖鞋，1923年大地震后，商厦将榻榻米地板换成大理石和木头，顾客无须换鞋，可快速进出商场。

产自巴黎、美国的"时髦货"或糖果未必最受追捧，传统商品和食物亦在生产、广告方式上有所革新。1907年成立的电通广告公司承接为新旧产

风间四郎为东京新宿伊势丹百货绘制的宣传海报，1936 年

图片来源：Wikimedia Commons

品设计标签、广告和海报等彩色图像的业务，堪称业界先锋。名牌清酒、味噌、米果、泡菜和其他传统食品大受欢迎。和服的式样发生着迅速的变化，低价铭仙绸和丝绵问世，女性可根据不同季节和风格购置大量和服，亦有琳琅满目的披肩、手提包或镶嵌皮毛、金子、宝石的可拆卸衣领可供搭配。

  百货商厦提供着出色的服务，但人们仍倾向在家附近购置生活用品。同今日一样，那时多数都市社区有自己的供应商，出售蔬菜、豆腐、茶、大米、鱼及其他日常食品。社区还大多设有出售传统草药和现代西药的药房，供应墨水、毛笔、手制纸、钢笔和笔记本的文具店，五金店及瓷器店。多数人的日常消费生活体现传统与现代元素的无缝融合。此外，现代品位固然常受西方风尚影响，多数"洋货"仍被大幅"改造"，以迎合日本人的偏好与需求。

　　该时期食物的种类不断扩充。明治时代引入的外国食品大多加入了本土食材以迎合本土口味，因此迎来了更多受众。人们认为西餐和中餐荤腥大、油水足，可提供更多营养，还能为餐桌添些新花样，不管家中还是餐馆，异国菜肴的"曝光率"都越来越高。中国面条与日本的传统乌冬面、荞麦面口感、质地不同，起初以"强棒"（日语意为"混合"）的形式在长崎流行开来，由剩菜中的肉、汤和面条混杂而成，价廉而味美。第一次中日战争后，逾十万中国人赴日求学、做工，聚居在横滨、神户、札幌和东京部分地区，售卖中餐的廉价餐馆数量大增。一些餐馆改变了饭菜口味，令其更贴近日本人的偏好，又发明了以日本方式烹饪的中国面条，即拉面。主妇们也开始将流行的中、西菜肴端上餐桌，丰富家常菜肴的多样性。20世纪早期，市面上发行了大量的女性杂志及食谱，以简单易懂的语言指导新手制备菜肴。许多都市人不再遵循早餐吃米饭饮茶的传统，改为食用更易制备的面包和咖啡。

　　1923年，东京约有5000家西餐馆，多占据着百货商厦的一到两层空间，带来了一系列餐饮风尚。比起日式餐馆，中餐、西餐馆更方便舒适，也无须脱鞋或坐在地板上。此外，传统的日式餐馆多服务男性食客，女性进入时多感不适，为此，百货商厦是女性在外就餐的最佳选择。高端的西餐馆中，餐桌上铺着白色的桌布，顾客在桌边的木椅上就座，食牛排、饮进口红酒。实惠一些的餐馆对西餐进行了改动，通常以白饭搭配头菜，迎合了日本食客的口味。其中，最受欢迎的菜品为猪排、咖喱饭和可乐饼。蛋包饭是一道广受欢迎的"杂糅"菜肴，用蛋皮包裹住米饭，上浇番茄酱。蛋包饭1902年诞生于银座的"炼瓦亭"餐厅，该餐厅至今仍在营业。上述菜式含肉量不高，多数人都负担得起。

在东京，人数众多的工人阶级也常光顾提供廉价日式快餐的新餐馆。1899年，吉野家成立于日本桥地区的鱼市，以提供牛丼（酱油调味的炖牛肉盖饭）闻名，很快就开遍了东京和其他城市，更成为全球首家快餐加盟店（美国最早的加盟品牌为1916年成立的A&W，第二家是1921年成立的白色城堡）。寿司也广受欢迎，寿司店还推出了自行车送货上门服务。《特里的日本帝国指南》(Terry's Japanese Empire)是1914年出版的一本英语旅游指南，这也许是第一本向外国读者介绍寿司的书籍。书中称寿司的做法为"将银鲑鱼用醋调味，与大米一起烹饪"。书中还称，寿司"不招外国人稀罕，却是日本人的心头好"。①

另一较有影响力的都市餐饮场所为咖啡馆，最早于20世纪10年代出现在东京。光顾咖啡馆的多是艺术家、知识分子和时髦的年轻人，他们在此相聚，畅所欲言的同时喝下一杯杯咖啡、红茶、鸡尾酒或"弹珠汽水"（碳酸柠檬汽水）等新式软饮。咖啡馆象征着现代解放精神，但也被视作"堕落"的代表。通俗作家常将咖啡馆用作故事背景。

改变中的性别规范

女招待是咖啡馆的核心元素，是咖啡馆的"花与灵魂"。在东京，不同地区的咖啡馆女招待各有特色，银座区的精致优雅，多以和服扮相示人，新宿区的作西式打扮，更敢于挑逗，也比银座的同行教育水平更高。女招待没有固定工资，收入全凭小费，还需向店主缴纳餐费并自行购置和服或制服。

1923年大地震后，更为考究的咖啡馆如雨后春笋般涌现在都市的娱乐地带。早先的咖啡馆以欧洲小餐馆和沙龙为原型，新近开办的则多为数

---

① T. Philip Terry, *Terry's Japanese Empire* (New York: Houghton Mifflin, 1914), 368.

层高的建筑，挂有多彩的霓虹灯标识，装修得富丽堂皇。馆内有爵士乐助兴，男性白领纷纷前来，希望以不高的价格亲身体验时尚的现代生活，与年轻的女招待交往，再无须忍耐茶屋和艺伎昂贵又耗时的规矩。严格说来，卖淫并非女招待的"标配"服务，不过，像江户时代的艺伎和陪浴汤女那样，许多咖啡馆女招待也为顾客提供性服务，将此作为赚取外快的手段。20世纪二三十年代，咖啡馆的性服务愈加猖獗，为招揽顾客，店主要求女招待提供"地铁服务"（允许顾客将手探入其裙子的缝隙中）或"管风琴服务"（女招待躺在几位顾客大腿上，允许顾客像对待键盘般把玩其身体）等"福利"。

1929年起，各城市出台了法令，意图将愈发有伤风化的咖啡馆限制在特定地区，却未能遏制咖啡馆的激增。20世纪20年代末30年代初，日本咖啡馆和酒吧的数量快速增长，在1934年突破了37000家，堪称史无前例，无论廉价的后街小巷抑或奢华的银座地区，咖啡馆和酒吧无处不在。便是囊中羞涩的年轻男学生，也能找到可负担的地方，享受一夜软玉温香。提供性服务的咖啡馆大受欢迎，堪称江户游廓的翻版。咖啡馆女招待、舞女、现代女演员及"卡巴莱"①舞女等都市新职业为社会所不齿，既无法与主妇、农妇、家族事业女性甚至妓女等传统职业画上等号，又不比工厂、医院、办公室、百货商厦或学校中的女性职业那般体面与受人尊重。

作家谷崎润一郎称咖啡馆本质上乃"肮脏怯懦之地"，"表面上是供人吃喝的地方，实际上吃喝是次要的，跟女人厮混才是主业"。② 其首部中篇大作《痴人之爱》（1924~1925）讲述了年轻富有的工程师让治迷恋上15岁

---

① 卡巴莱（Cabaret）指餐馆、夜总会提供的晚间歌舞表演。——译者注
② Junichirō Tanizaki, *Naomi*, trans. Anthony H. Chambers (New York: Alfred Knopf, 1985; repr., New York: Vintage, 2001), vii-viii.

第九章　现代性及其造成的民怨　285

咖啡女招待的故事。像《源氏物语》中源氏收养紫姬那样，主人公让治决心将女招待娜奥密培养成完美伴侣，打造出一位魅力四射的西式女性。他安排娜奥密参加英语、音乐和舞蹈课程，常带她去影院及剧院。娜奥密颇擅长操纵人心，最终彻底"征服"了让治，逼迫他购买贵重的礼物，还要忍受她与其他男子有染。娜奥密常被看作"摩登女孩"的典型例子，被大众媒体刻画为迷恋时尚的自私滥交女。

摩登女孩的特征较明显，大多穿短到不可思议的裙子、露出光裸的腿部，留波波头。与摩登女孩相对的是摩登男孩，后者偏爱默片明星哈罗德·劳埃德[①]标志性的大背头和"劳埃德式"角质架眼镜。摩登女孩和摩登男孩常光顾银座、新宿和浅草等娱乐场所，是啤酒馆、卡巴莱舞厅和爵士俱乐部的常客。他们了解最新的电影、舞步和风尚，常在银座著名的百货商厦流连忘返。

20世纪20年代，只有极少数日本女性出门着西服，大众媒体却夸大着"摩登女孩"在都市社会的存在感。摩登女孩的面孔和身段占据了啤酒和香水等商品的广告海报。报纸、杂志书写着关于摩登女孩或真或假的冒险与爱情故事。她们波浪状的波波头被看作情欲的象征，然而，许多梳短发的女性并非在"兜售"自我，相反，她们只是生活忙碌、无暇打理复杂发式罢了，短发可将她们从耗时的传统发式中解放出来。

官方的性别意识形态要求女性做"贤妻良母"，摩登女孩挑战了这一传统，象征女性话语权的提高。街头的摩登女孩随心所欲，将自身的性魅力"昭告"天下，不为陈旧的性别规范所缚。对主流社会而言，她们既是威胁

---

① 哈罗德·劳埃德（Harold Lloyd，1893-1971），美国导演兼电影明星，其作品多为滑稽电影。——译者注

又是诱惑。公众对现代女性恐惧不断,却又对"情怪"①之事存在猎奇心理,媒体和民众对阿部定事件的"痴迷"恰恰是这种矛盾心态的体现。1936年,女招待阿部定绞杀了已有家室的情人,将其生殖器切下后随身携带,以此纪念两人永恒的爱情。1976年,法国、日本艺术家携手将这一狂热的情爱故事搬上银幕,成就了电影《感官世界》。

20世纪10年代,女性出版物开始关注女性处境的变化。在日本,《青鞜》杂志(青鞜意为"蓝袜子",用于描述欧洲知识女性)打响了第一枪。该杂志发行于1911年,由小说家平冢雷鸟(1886~1971)牵头,专注提升女性地位和福利。创刊号封面上,一位希腊长相的女性站在一套和服前,生动展现了Art Deco风格②;杂志开篇即是平冢雷鸟的名言:"天地之初,女子为日。"杂志成员与读者多以"新女性"自居,穿西服,受教育,有主见,坚持婚恋自由。《青鞜》以大量生动的观点讨论了婚前性行为、合法卖淫、堕胎及女性选举权等女性话题。

女性选举权运动始于1918年,那时全世界仅有4个国家赋予女性选举的权利。男性普选权也是在1925年才被通过。1922年,政府撤销了禁令,允许妇女参政并出席政治集会。记者市川房枝(1893~1981)是《青鞜》的创始人之一,为争取女性政治权利和反腐事业不懈奋斗。战后,宪法允许女性参与国会选举,1953年市川房枝在国会中获得一席,直到20世纪80年代初一直在国会任职。战后出现的另一女性国会成员为加藤志津绘(1897~2001),20世纪20年代,她极力提倡计划生育,并于1948年参与创办了计划生育协会(Planned Parenthood)的日本分会。加藤曾六次邀

---

① 见上文"情怪废言"。——译者注
② 字面意思为"艺术装饰风格",源自19世纪末流行于欧美中产阶级的新艺术运动。该风格偏爱感性的自然界优美线条,也不排斥机器时代的技术美感。——译者注

札幌啤酒宣传海报上的摩登女孩，约 20 世纪 20 年代至 30 年代
图片来源：Wikimedia Commons

请活动家、性教育家玛格丽特·桑格（Margaret Sanger）赴日，提升日本民众的生殖权意识。

与此同时，全职主妇的角色亦有所扩展，呈现出职业化趋势。明治时代，多数中产、上层阶级家庭雇用女仆打扫、烹饪；到了现代，这些责任转移到主妇身上。现代主妇需掌管家庭收支，为家人准备营养可口的饭菜，还要保持家中整洁。在家庭支出上，主妇取代丈夫成为主要决策者，负责配置家具与室内装潢等事宜，而在此前，这些都是丈夫的分内事。人们希望年轻主妇掌握现代文明生活所需的各类家务技能，因此，"新娘百科"成为好帮手。百科多达 20 卷，每卷关注一个主题，如日式、西式服装及窗帘等物的制备，传统配菜、西餐及中餐的做法，家政学，礼节与审美，家庭花道与茶道，编织与钩织，打扫与洗衣技巧及家庭用药等。主妇间甚至流行起名为"割烹着"的服装，即干净的白色围裙罩衣，能将和服与长袖子罩起，以免做家事时碍手碍脚。

大众传媒与大众文化

大正时期，新型大众传媒激增，现代都市生活的信息与图像广泛传播。报纸、杂志成为业界"新宠"，可迎合不同受众的品位。摄影、录音、广播和电影等科技产品成为寻常之物，开始影响普通人的生活。

义务教育施行了数十年。1930年，近90%的日本成人至少接受过6年的基础教育，日本民众的文化水平已不容小觑。印刷业海量输出，满足大众的阅读需求。1920年，日本已有逾千种报纸，订阅者达600万。其中，《大阪每日新闻》是规模最大的，1912年该报纸发行量为26万份，到了1921年数字攀升至67万，1930年150万。报纸的性质也发生了变化，明治时代拥护特定政治事业的小报社发展成拥有大批大学学历记者的大规模复杂企业。大型报社拥有大额资金，因此多对国家事务采取保守态度，避免与官方审查纠缠不清，以免招来当期被禁止发行或报纸被勒令停印的风险。

全日本共有10000家零售书店，出售书籍和杂志。日本的数千种杂志各有特色，迎合了不同性别、年龄和偏好的读者。关注"正经事"的读者可在以知识分子为读者群的《中央公论》或更大胆、更具批判性的《改造》中读到当代政治讨论与连载文学小说。创办于1894年的《太阳》是日本首个明确定位中产阶级的期刊。1927年，连载娱乐小说《王》成为日本首部销售额达百万的小说。女性杂志如《妇人公论》和《主妇之友》等种类繁多，以担任"家庭采购主力"的主妇为读者。这类杂志的文章多鼓吹"贤妻良母"的官方意识形态，提倡为婚姻、家庭生活和家政付出努力，杂志中的其他文章却敦促女性开发人类潜能，勇于追求职业或艺术事业。儿童也能找到像《少年俱乐部》和《赤鸟》这种专为他们打造的出版物。各类杂志成为重要的广告平台，以特定人口为广告投放对象，进一步将消费主义作为身份象征推行到社会各阶层。

唱片公司推出了迎合各类品味的音乐作品，从爱国进行曲到爵士，一切音乐类型均可从收音机和留声机中获得。1925年，东京、大阪和名古屋出现了广播电台，最早的广播节目包括古典音乐和广播剧。次年，三家独立广播公司合并为国有广播电台日本放送协会（NHK）。NHK效仿了英国广播公司（BBC），此后20年间，日本广播公司仅此一家。广播很大程度上是一种都市媒介，拥有收音机的家庭95%居住在城市。作为"文化生活"的一部分，中产之家齐聚客厅，欣赏着收音机中的贝多芬名曲或名作家专为广播节目创作的剧目。1928年，NHK开始在晨间播放健美操短节目，这后来成为国家电视台每日的保留节目。

1903年，日本首家固定影院"电宫"于浅草区开业。电宫本是用来展示电学实验、摄影术和X光技术等科学"怪相"的地方，改造为电影院后，人们在建筑表面挂上了横幅，又将名电影中的场景制成壁画。很快，公众接受了这一艺术形式，各大城市的影院数激增。像美国影迷那样，日本影迷也狂热地追捧着查理·卓别林、鲁道夫·瓦伦蒂诺和哈罗德·劳埃德等明星。当时出现了名为"辩士"的特殊表演者，专为默片念日语旁白。他们遵从人形净琉璃的念白传统，以夸张而有辨识度的语调为不同演员配音、解释场景上下文或社会背景，尤其是观众不熟悉的异国情景。

1899年，也就是电影放映机被引入日本两年后，日本人开始制作属于自己的电影，又在次年开始制造摄像机。早期日本电影多采用歌舞伎演员扮

《妇人画报》，1908年1月刊
图片来源：荷兰国家博物馆

演男、女角色，或将武术与剑术作为展示内容。20世纪10年代中期，日本已有数十家电影工作室，每年可创作逾百部影片。其中，最受欢迎的体裁为剑戟片（即武士故事，如长盛不衰的《忠臣藏》）及打情骂俏的轻喜剧。20世纪20年代，工作室开始创作当代现实主义戏剧，剧本也愈加精良。20世纪30年代，工作室推出了有声电影。1940年，日本已有2363家电影院，平均每人每年观看6部影片。多数影院坐落在城市，不过，地方小镇也有电影院的踪迹，20世纪20年代，偏远的九州佐贺就有4座电影院。随着时间的推移，日本的工作室体系不断精进，产出了大量名片，较著名的导演包括小津安二郎（1903~1963）和黑泽明（1910~1998）。小津安二郎的《东京物语》（1953）和《晚春》（1949）与黑泽明的《七武士》（1954）和《罗生门》（1950）是全球50部最佳影片名单上的"常客"。放眼全球，日本是获奥斯卡最佳外语片奖数量第三多的国家（前两名为法国和意大利）。

电影不仅是一种娱乐媒介，纪录片或正片前播放的新闻短片在观众心中燃起爱国热情，可为日俄战争、明治天皇葬礼及日本殖民台湾岛、朝鲜半岛（见第十章）等举国大业争取民众支持。新宗教团体大本教雇用专人前往各地传教，在偏远乡村播放电影，以此吸引潜在信众。电影亦是前卫艺术的重要媒介，1926年衣笠贞之助推出了默片《疯狂的一页》，故事场景为疯人院，影片采用了双重曝光和叠印等实验性电影技术，对比了精神失常者眼中的模糊景象与现实。

现场表演的传统形式和新形式均大放异彩。说书和歌舞伎依然拥有大批观众。江户时代，歌舞伎被视作町人的下等艺术，武士阶级若是"好这口"，还需乔装打扮一番方可前往观看。20世纪，西方观众对日本的这种异域传统热情更甚，于是，像浮世绘一般，歌舞伎也被奉为独特的文化珍宝，代表了日本的审美认同。新的戏剧形式也涌现出来，与歌舞伎和能剧模式化的舞蹈-戏剧形式产生区别。"新剧"采用了自然的表演风格和当代主题,由女演员扮演女性角色。希腊悲剧、莎士比亚及年代更近的亨利克·易卜生、安东·契诃夫的古典、现代外国剧目受到都市观众的喜爱。杂耍表演和滑稽讽刺表演亦受追捧,如1929年创立于浅草的卡基诺·胡奥里剧团[1],该剧团迎合了人们对"情怪废言"的好奇心,表演中不乏性与荒谬元素。另一新型剧团为宝冢歌剧团,全部由女性组成。1913年,宝冢歌剧团由阪急铁路董事长小林一三在温泉胜地宝冢市创立,这里是大阪出发的一条阪急铁路线的终点站。宝冢歌剧团的舞台上演着华丽的音乐剧和时事讽刺剧,数百名女演员同时出演,效仿了好莱坞群星璀璨的华丽阵容。宝冢家的明星被誉为"男装美人",是歌舞伎表演中"女形"的反转,亦是年轻女粉丝的偶像与"芳心纵火犯"。很快,宝冢歌剧团便在东京开设了第二家大剧院。

　　浅草是江户时代的平民娱乐中心,这里将传统与新型娱乐形式成功地结合在一起。杂技、耍猴和以年轻美女招揽游客的射箭摊仍保持着高度吸引力,但旋转木马、水族馆、滑稽剧院和爵士俱乐部等现代娱乐形式与之并存,更不消说还有14家电影院了。川端康成的现代主义小说《日兮月兮浅草红团》(1929~1930)曾描述道[2]:"在浅草,一切都是生猛新鲜的。欲望在赤裸裸起舞。一切种族、阶级相互混杂,形成深不见底的无尽洪流,日夜川流不息,不知所止亦不知所终。浅草是生动的……人们常常在此相聚。浅草是一间铸造厂,旧模具常被熔成新的。在浅草,一切的一切都展现着它原始的状态。人类的各种欲望赤裸地跳着舞。所有的阶级和人种,混捏在一起成为一股巨大的潮流。从早到晚,它无边无际地、深不见底地涌流着。浅草活

---

[1] 此处剧团译名沿用了中国社会科学出版社1996年出版,陈薇、金海曙和郭伟合译的《日兮月兮浅草红团》中"浅草红团"部分(金海曙与郭伟译)的译法,原文为意大利语Casino Folies,"卡基诺·胡奥里"为音译。该剧团于1929年诞生于浅草。——译者注
[2] 译文出处同上。——译者注

第九章　现代性及其造成的民怨

着——民众一步一步前进。大众的浅草是熔化一切事物的旧形态，并使之成为一种新形态的大熔炉。"[1] 小说还称，每年有一亿人光顾浅草，体验该处的各类娱乐项目。[2]

文学与艺术中的现代主义

20世纪20年代，川端康成等日本作家深受各类西方文学、哲学和艺术影响。当时，几乎所有外国名家作品均能在日本找到价格低廉的译本。受益于此，现代知识分子得以阅读普鲁斯特、卡夫卡和乔伊斯的小说，斯特林堡和布莱希特的戏剧，以及里尔克和艾略特的诗歌。他们熟知欧洲流行的讽刺、超脱及乱序叙述等文学风潮。川端康成、谷崎润一郎、冈本加乃子和侦探小说先锋江户川乱步（此为笔名，取自埃德加·爱伦·坡）等日本现代主义作家反对明治文学的自然风格，这一风格以平铺直叙的自白式"私小说"为代表，不带任何风格地记述现实状况。现代主义作家也不赞成直接模仿西方风格，而是试图发出自身特有的真实、现代的声音。日本现代主义作家的作品以行动为出发点，高度模式化，呈现世界主义[3]特点，多设置外国角色和场景，令读者体验电影场景般鲜明的视觉感受。

川端康成是首批被推介至英语国家的日本作家之一，也是日本首个诺贝尔文学奖得主（1968年获奖）。川端康成最著名的作品为《雪国》，不过，

---

[1] Yasunari Kawabata, *The Scarlet Gang of Asakusa*, trans. Alisa Freedman (Berkeley: University of California Press, 2005), 30.
[2] Yasunari Kawabata, *The Scarlet Gang of Asakusa*, trans. Alisa Freedman (Berkeley: University of California Press, 2005), 120.
[3] "世界主义"从正义概念出发，主张包容世界各民族间差异，试图建立"人类社区"。——译者注

他的《浅草红团》模仿了旧时的对话、歌词和词条,才是日本文学现代主义精神的最佳体现。《浅草红团》的主人公是位浪荡子,终日流连浅草,与"船小鬼"和"左撇子阿彦"等盲流厮混。小说场景切换迅速,不过进出几个简短有力的俚语,便突显了时尚的重要地位与对都市最新潮流的熟知。不消直接对比,江户时代的游廓与现代浅草的呼应关系昭然若揭。在译者艾丽莎·弗里德曼(Alisa Freedman)眼中,《浅草红团》的主题在于"既哀叹今非昔比,又乐见旧日厅堂凋敝、今日广厦起"。①

论及艺术领域,该时期的现代主义团体 MAVO 创作了具有开创意义的概念性作品,预示了"二战"后具体美术协会(Gutai)和高红中心(Hi-Red Center)等著名前卫团体的诞生(见第十一章)。MAVO 存在时间不长,由约 15 名艺术家、活动家组成,成员希望以激进政治助燃现代主义美学。MAVO 成立于 1923 年,领导者为村山知义。村山曾在魏玛共和国学习,其间接触到达达主义和建构主义,认为两者在社会层面具有极大潜力。MAVO 对国家威权主义、资产阶级规范、商品文化和官方艺术机构持反对态度,团体的首次集体行动即是打碎了二科会(Nika Art Association)年展展厅的玻璃屋顶。二科会乃精英主义团体,成立于 1914 年,以推动当代"高雅"艺术为宗旨。在政治问题上,MAVO 与无政府主义者和马克思主义革命者政见一致,声援无产阶级。他们自称"文化领域的无政府主义者",宣称"慵懒如猪、如野草、如欲望来临时的轻颤,我们是抛向思想犯的最后一批'炸弹'"。② 团体成员从事绘画、建筑、

---

① Yasunari Kawabata, *The Scarlet Gang of Asakusa*, trans. Alisa Freedman (Berkeley: University of California Press, 2005), xxxix.
② GenniferWeisenfeld, *MAVO: Japanese Artists and the Avant-Garde, 1905-1937* (Berkeley: University of California Press, 2001), 95.

行为艺术和插画等活动，以拼贴（Collage）[①]和集合（Assemblage）[②]为主要艺术形式，将鞋子和机器碎片等庸常之物用作创作材料，令艺术更贴近无产阶级的日常生活。MAVO亦参与街头游行和前卫风格的舞蹈、戏剧表演。像现代主义作家和范围更广的"情怪"文化潮一样，MAVO的作品轰动一时，有时还能带来不错的商业效应。除政治含义较强的作品外，他们也创作广告、设计商品及绘制漫画。

反抗西方

大正时期，哲学领域出现了新思潮，民众对西方的批评之声渐起。"一战"结束后，日本民众多认为整个西方对日本独立性及文化自主性存在威胁。日本崛起为"强国"、成为亚洲最强大的国家，一些日本作家和知识分子盼望日本终有一日超越西方，引领世界走向东西融合的更高层次文明。为此，一些人提倡保护日本纯粹的本土文化，避免再遭西方科学、技术等"毒瘤"污染。这种思想被称作"文化派"或"日本主义"，称日本与亚洲各国面临西方种族歧视与殖民地剥削等共同困境，应深化彼此间联系。数世纪来，日本一向对外国采取"先学习，后拒绝"的模式，文化民族主义的复现恰恰是其体现。日本在奈良时期大肆引入中国文化，又在平安时代实现了中国艺术的本土化；在德川时期采取锁国排外政策，又在明治时代积极学习西方制度与文化，没有一次不是如此。不同于福泽谕吉主张的日本必须"走出亚洲"、成为西式文明国家的观点，文化民族主义者号召日本统治亚洲，保留传统文化，抛弃西方规范与价值观。按照此观

[①] 将纸张、布片等材料贴在二维平面进行创作的艺术形式。代表人物为毕加索。——译者注
[②] 将各种元素组合起来，特别是将许多现成物整合成一件作品，以求创造三维空间的艺术创作形式。毕加索的《苦艾酒杯》是集合艺术的第一件作品。——译者注

点,作为亚洲第一强国,日本应负起责任,消除西方帝国主义对亚洲的影响、"教化"未开化的亚洲国家。文化主义者还认为"纯粹"的本土文化是可以从现代性中抽离出来的。

作为厄内斯特·费诺罗萨的弟子,艺术史学家冈仓天心是最早提出"泛亚洲"观点的人之一。担任波士顿美术博物馆馆长期间,他用英文写作,向美国观众传达日本文化优于西方各国的观点。在《东洋的理想》(The Ideals of the East,1903)中,冈仓天心称"亚洲乃一体。喜马拉雅之分裂不过是为突出两大文明之特色罢了,一为中国的儒家大同,二为印度的吠陀个人主义"。[①] 这句话意在说明亚洲各国共享着精神和美学世界观。冈仓天心指出,日本仅凭一己之力就成功地将亚洲理想与欧美的竞争、科学精神同化。在他看来,日本的使命就是引领世界走向更高层次的东西融合。

冈仓天心的《茶之书》(The Book of Tea,1906)直到今天仍深受赞誉。书中提出,茶道浓缩了日本哲学与美学,证明日本文化优于西方。书中解释道,茶最早来自中国,是世界通行的珍贵商品,也是英国人生活中不可或缺的部分,然而只有日本发展出了复杂的品茶艺术。中国已是战败国,无力保护亚洲遗产,欧美又奉行物质至上的观点,是简单粗暴的商业思维,因而无法培养高雅的审美水平。西方世界的东方学专家们急切接纳了冈仓天心对日本的溢美之词,似乎忽略了他对欧美的辛辣抨击——《茶之书》中,冈仓天心将日本茶室的精致装潢与西方进行对比[②]:

[①] Okakura Kakuzō. *The Ideals of the East*, in Wm. Theodore de Bary et al., eds., *Sources of East Asian Tradition, vol. 2: The Modern Period* (New York: Columbia University Press, 2008), 549.
[②] 本段与下段译文均出自冈仓天心:《茶之书》,高伟译,四川文艺出版社,2016。——译者注

在西方人的家里，常常能看到我们觉得似乎是无谓重复的东西。有时候，当我们正试图与主人交谈时，他本人的等身画像却在其身后注视着我们，让人心生困惑，到底哪个才是真的他呢？正在说话这个，还是画中那位？我们不禁冒出一个有趣的念头，觉得两者之中必有一个是假货。很多时候，我们坐在他们的餐桌凝望精彩纷呈的墙壁，暗暗觉得有些倒胃口。挂着的画上有我们平时追捕和戏弄的猎物，墙上还有精致的鲜果和鱼类雕刻品，可为什么要把它们放在这里呢？又为什么要展示传家餐具呢？这不是让我们想起他们那些曾在此用餐的已逝前辈吗？[1]

在描述花道的一段文字中，冈仓天心称，西方不尊重环境、滥用自然资源，日本则对自然秉持尊重态度，因此，日本优于西方。

与东方花道家相比，西方社会更是在肆意糟蹋花儿，他们滥用鲜花的方式更为骇人听闻。欧洲和美国每天剪下数目惊人的鲜花，用于装饰舞厅和餐桌，却在次日就会将其扔弃。如果把这些花串起来，也许可以做成足以圈围一个大洲的花环。他们对待生命是如此漫不经心，相比而言，花道家的罪孽倒显得微不足道了。后者至少还知道珍惜自然资源，会事先做出设计，精心挑选，而且还会对鲜花死后的残骸献上敬意。西方展示花卉的方式似乎只是为了炫耀财富，展现一个短暂存在的缤纷意象。在狂欢盛宴结束之后，所有这些花儿究竟又去了哪里呢？一朵黄枯

---

[1] Okakura Kakuzō, *The Book of Tea* (Boulder, CO: Shambhala, 2003 reprint), 72.

萎的花被毫不怜惜地抛在粪土之上，还有比这更令人悲哀的事吗？[1]

1919年，巴黎和会拒绝在《凡尔赛条约》中加入日本提出的种族平等条款，反西方情绪在日本愈演愈烈。战后，日本民众多担心新成立的国际联盟（联合国前身）将继续奉行"白人至上"主义。国际联盟中的日本代表为《凡尔赛条约》起草了一项条款，要求成员国不因种族或国籍相互歧视，且要保证本国内外国居民的平等地位。若采纳这一条款，将破坏帝国主义的既定规范，包括以殖民方式征服白人以外的人种。其他成员国拒绝支持日本的提议，引发日本国内民愤。时任国际联盟主席的是伍德罗·威尔逊（Woodrow Wilson），因此，日本民众的情绪主要指向美国。

为保持美国白人的"同质性"，1924年美国出台了移民法案，日本民众反美情绪更甚。移民法案偏向北欧人，向他们开放了大量移民配额，留给东欧和南欧的名额则较少。法案还禁止亚洲人移民美国。1882年，美国就已出台法案反对中国移民，因此，此次的移民法案矛头直指日本。许多日本人视其为严重的种族侮辱，无异于"白种人"向"黄种人"宣战。当时，为反对美国移民法案，日本境内发生了一起高调的自杀事件，激发了各种形式的民众抗议。媒体铺天盖地地报道着美国的种族歧视行径。受此影响，1924年夏，日本民众组织了大量反美集会，抵制美国商品与电影。

新涌现的反西方情绪引发了社会对大众消费主义的谴责，人们将本土的乡村生活奉为抵制外国堕落风尚的灵丹妙药。保守派官员与知识分子认为消费是不道德的铺张之举，敦促民众厉行节约，学会自制。在这些人眼中，理想的生活应如农民般节俭，只可消费传统商品。他们警示民众，都市生活将

---

[1] Okakura Kakuzō, *The Book of Tea* (Boulder, CO: Shambhala, 2003 reprint)93.

第九章 现代性及其造成的民怨

导致道德的腐败与堕落。不过，20世纪二三十年代，以大众消费与娱乐为特征的新型都市人口仅占总人口的20%。都市生活富裕而多彩，乡民十分愤恨。乡村的现代医疗设备、洁净饮用水与污水排放系统等基础设施仍不足，存在较大缺口。农民享用不到外国舶来的新食品，饮食单调乏味，大多营养不良。明治时代，民众通常仍需将大米与大麦、小米等便宜粮食混在一起食用。到了20世纪20年代，即便是需将收入大半用于果腹的贫穷佃户，也吃得起符合"文明餐"标准的"一汁三菜"①了——不过，配菜多是豆腐渣、萝卜叶或野菜制成的咸菜。酱油、味噌和糖等都市常见的食品在乡下十分金贵，需俭省食用，猪排、面包、冰激凌等城市司空见惯之物更是想都不敢想。农民占全国人口的80%，城乡生活差距成为农民不满的主因。20世纪30年代，受不满情绪驱动，农民开始支援军部派系侵略亚洲大陆，以此提升农村生活水平。

思想家称乡村是日本遗风留存的净土，20世纪一二十年代，提倡民俗的怀旧运动此起彼伏。柳宗悦（1889~1961）发起的"民艺"运动和柳田国男（1875~1962）引领的民俗运动并不拘泥于艺术和文学这两个传统精英领域，而是试图从乡民的日常生活中追寻日本本土精神。柳宗悦和柳田国男均毕业自东京帝国大学，饱学西方文学、艺术与哲学，二人探寻日本独特身份的方法因此深受西方模式影响，可谓十分讽刺。柳宗悦还将英国工艺美术运动用作参照对象，该运动由威廉·莫里斯（William Morris）领导，与工业革命对立。在英国艺术家伯纳德·利奇（Bernard Leach）的指导下，柳宗悦和陶艺家滨田庄司、河井宽次郎发起了重新评估乡村手工艺的"民艺运动"，评估对象包括手工织物、实用陶器、编筐和简单的家

---

① 一道汤、一道主菜和两道配菜。——译者注

具。数世纪前的茶师十分看重"侘"的美学，相应地，柳宗悦等人青睐不规则和存在瑕疵的作品。在《民艺论》一书中，柳宗悦批判了工业品，如是描述了手工艺品的价值：

> 回顾过去，不得不说工业主义将价廉质优的商品送入寻常百姓家，造福了人类，但作为代价，工业化夺走了人心、温情、友爱与美感。相形之下，手工打造的物品虽昂贵，却可供代代观赏……机器制品是人脑的产物，并无多少人情味。此类制品传播越广，人类存在的价值就越少。①

柳田国男被尊为日本民俗与乡村人类学之父，其人深受19世纪以安徒生与格林兄弟为代表的欧洲民间故事与童话热潮影响。明治时代，御雇外国人如小泉八云和巴兹尔·霍尔·张伯伦搜集了大量日本民间传说与神话，并将之译为外文。柳田国男希望将偏远乡村的民间故事进行系统化整理。柳田官场得意，历任多个要职，但他最出名的功绩还属20世纪二三十年代对乡村生活的大量考察。1910年，柳田出版了首本民间故事集《远野物语》，讲述鬼怪故事及日本北部偏远地区的风土人情，谨以此书"献给外国友人"。柳田记录的民间故事来自当地说书人佐佐木喜善的口述，柳田自感有责任将粗粝的语言打磨一番，令其风格贴近欧洲民间故事。佐佐木发现，自己的故事经柳田加工后面目全非，便于1935年自行出版了故事集。下文就是其中的一个故事，向读者解释了地方的禁忌：

> 山中时见一根生两树干，其中，有两树干交缠者。逢第十二月之

---

① Sōetsu Yanagi, *The Unknown Craftsman: A Japanese Insight into Beauty* (Tokyo: Kodansha, 1972), 107.

第九章　现代性及其造成的民怨

十二日，山神清点领地内树木，每逢千、万，便将一树之两干相缠绕，以计整。故唯逢十二月之十二日，周遭居民不得入山，若被山神计之为树，则遇不测。①

柳田笔下的乡村生活引人入胜，其人对农民和乡村却漠不关心，看不起乡民逢迎、屈服权贵的态度，鄙视其无知与露怯。看待乡村和都市生活方式时，柳田采取了双重标准，认为农民消费现代商品或奢侈品是不必要的挥霍行为，应被禁止；而对于像他这样的都市上流，奢侈之物则十分可取。

基于传统乡村价值观与习俗，柳宗悦和柳田国男分别为构建现代"日本性"做出了努力，为日本研究开辟了重要的新领域。然而，二人的巨大成就恰反映出日本城乡差别之巨。城市知识分子远离乡村的原始信仰，无法体验农民每日所处的困境，为此，他们一边念旧地美化着乡村，一边对农民的现实困境视而不见、对其争取更公平生活条件的诉求充耳不闻。

作家川端康成和谷崎润一郎（1886~1965）代表了反对西方的另一股势力。两人均是文学现代主义的拥护者，但随着年龄增长，川端康成和谷崎润一郎转而投向更为传统且偏重本土美学的叙事方法。谷崎润一郎在小说《各有所好》（1929）中将两类人进行了对比：一类是过着西式"文明生活"、终日闷闷不乐的斯波要和美佐子夫妇，一类是遵循传统的美佐子之父。美佐子之父如同江户时代的商人一般，穿传统和服，以收集人形净琉璃木偶为乐，还养了一位"黑齿"情妇，甚是自得。通过斯波要常光顾的欧亚混血妓女露易丝等人物，小说似在批判日本文化的混杂性。随情节推进，斯波要

---

① Ronald A. Morse, ed., *Folk Legends from Tono: Japan's Spirits, Deities, and Phantastic Creatures* (London: Rowman &x Littlefield, 2015), 85.

渐渐不再欣赏美国文化、英国文学和异国妓女,转投日本过往的艺术与美学。后来,谷崎润一郎还创作了随笔《阴翳礼赞》(1933),哀叹供暖、照明等现代生活必需品破坏了日本传统建筑美学,还为传统日式厕所唱起"赞歌",称木制厕所虽然又冷又暗,却能带给人"难以言喻的情致"[①]:"这种地方必定远离正居,建在绿叶溢芳、青苔幽香的草木深处。"[②] 在谷崎润一郎眼中,铺着瓷砖的西式洗手间泛着白光,"粗鄙无味",将难以启齿的身体活动暴露在"过分的照明"之下。

总之,大正时期,东京和日本其他城市加速了城市化进程,推动了公共交通、消费主义和大众传媒的快速扩张。1923 年的大地震摧毁了首都面貌,经灾后重建,东京涌现了大量现代设施,街道变宽了,巨型百货商厦也拔地而起。有知识的民众渐渐为自身利益摇旗呐喊,参与各类政治、劳工及女性运动。论及物质文化,中产阶级在食物、住房、服饰和装潢方面呈现"东西结合"之品味,舶来品开始迎合本土人士的口味和审美。收音机和留声机、特别是电影等新技术带来了现代娱乐体验,但歌舞伎等传统娱乐形式未被取代,昔日的"情色茶屋"也化身为现代咖啡馆。日本发展着自身经济,又征战海外,国民对本土文化顿生认同之心,这一方面体现在国民的反西情绪,另一方面体现在民众对乡村生活的怀念与称赞中。民族主义者鼓吹文化例外原则[③]和种族独特性,为日本的扩张策略及控制东亚邻国的行径"正名",这一点我们将在下一章重点讲述。

[①] 此处译文出自谷崎润一郎:《阴翳礼赞》,陆求实译,陕西师范大学出版总社,2016。——译者注
[②] Jun'ichirō Tanizaki, *In Praise of Shadows* (New Haven, CT: Leet's Island Books, 1977), 5-6.
[③] 为保护本国文化不被其他文化侵袭而制定的一种政策,由法国人在 20 世纪下半叶提出。——译者注

推荐阅读

Gardner, William O. *AdvertisingTower: Japanese Modernism and Modernity in the 1920s.* Cambridge, MA: Harvard University Press, 2006.

Gerow, Aaron. *Visions of Japanese Modernity: Articulations of Cinema, Nation, and Spectatorship, 1895-1925.* Berkeley: University of California Press, 2010.

Harootunian, Harry D. *Overcome by Modernity: History, Culture, and Community in Interwar Japan.* Princeton, NJ: Princeton University Press, 1987.

Minichiello, Sharon, ed. *Japan's Competing Modernities: Issues in Culture and Democracy 1900-1930.* Honolulu: University of Hawaii Press, 1998.

Sand, Jordan. *House and Home in Modern Japan: Architecture, Domestic Space, and Bourgeois Culture, 1880-1930.* Cambridge, MA: Harvard University Press, 2003.

Sato, Barbara. *The New Japanese Woman: Modernity, Media and Women in Interwar Japan.* Durham, NC: Duke University Press, 2003.

Schencking, J. Charles. *The Great Kantō Earthquake and the Chimera of National Reconstruction in Japan.* New York: Columbia University Press, 2013.

Silberman, Bernard S., and H.T. Harootunian, eds. *Japan in Crisis: Essays on Taishō Democracy.* Ann Arbor: University of Michigan Press, 1999.

Silverberg, Miriam. *Erotic Grotesque Nonsense: The Mass Culture of Modern Times.* Berkeley: University of California Press, 2006.

Young, Louise. *Beyond the Metropolis: Second Cities and Modern Life in Interwar Japan.* Berkeley: University of California Press, 2013.

推荐影片

《疯狂的一页》，衣笠贞之助执导故事片，1926 年。以前卫派默片的形式刻画了疯人院的生活。

《情欲与虐杀》，吉田喜重执导故事片，1970 年。以无政府主义者大杉荣为主角的虚构作品，被看作日本最具代表性的新浪潮作品之一。

《我出生了，但……》，小津安二郎执导默片，1932 年。讲述了一对年轻兄弟目睹父亲谄媚上司而认清现实的故事。

《感官世界》，大岛渚执导故事片，1976 年。披露了臭名昭著的阿部定与其情人间的故事。

《阳炎座》，铃木清顺执导故事片，1981 年。讲述了 20 世纪 20 年代一位剧作家与亡妻投生的美丽女子相识的故事。

《蟹工船》，萨布执导故事片，2009 年。改编自无产阶级文学运动中的著名短篇小说，描绘了蟹工船工人因工作环境恶劣而奋起反抗的故事。

第十章
帝国与战争文化
20世纪~20世纪40年代

昭和天皇（1926~1989）在任的"昭和时代"见证了日本军事实力的大起大落。19世纪，帝国主义的领土掠夺接近尾声，日本在这一时期凭借殖民行径成功加入强国"俱乐部"。为实现领土扩张，日本与其他强国不断爆发冲突。日本效仿了此前帝国主义列强的做派，也采取了开发与镇压并存、建设与摧毁并举的殖民地管理办法。

帝国主义强大的塑造力不仅施用于被占领土，亦对宗主国本身发挥着作用；殖民者与被殖民者都为殖民经历所影响。帝国的领土改变了日本经济，大和民族很快因之自豪感顿生，开始发起"瘾症"。电影、文学和媒体展现了殖民地的生活与奇特经历，为流行文化注入了活力，亦推动了殖民地的旅游业发展。殖民领土成为大规模移民的目的地，日本国民前往帝国各个"触角"工作，殖民地民众则自愿或被迫前往宗主国、填补劳动力需求。

政治和社会发展

日本在第一次中日战争中取胜,这一事实出乎欧美帝国列强意料,使日本获得列强称赞。日本收获了首个大型殖民地台湾,由半殖民地国一跃跻身帝国主义国家行列。第一次中日战争发生在朝鲜。朝鲜半岛临近九州岛,若俄国或其他大国掌控此地,要"拿下"日本可谓易如反掌,因此,朝鲜半岛号称"指向日本心脏的匕首"。为激励东亚邻国效仿其强国和现代化之举,日本借用了海军准将佩里的策略——1876年,日本以"舰炮外交"强迫朝鲜签订不平等条约并开放通商。1894年,朝鲜爆发了名为"东学党起义"的大型宗教起义,朝鲜王朝遭到威胁。日本以及朝鲜一直以来的宗主国中国都介入了此事,帮助镇压起义,中日两国间又爆发冲突。世人皆以为大清将大败嚣张的后起之秀,谁知,凭借此前对现代军事训练和设备的高额投入,日本竟不到一年即取胜。日本逼迫清朝签订了十分严苛的条约,包括大额赔款并割让台湾、澎湖列岛和辽东半岛。

此战之后,日本领导人、大众媒体及国民一派欢欣鼓舞。然而好景不长,其他国家出手干预,令日本与其他列强的不平等地位进一步固化。辽东半岛是个岬角,具有重要的军事战略意义,因此法国、德国和俄国强迫日本将该岛控制权归还中国,这也就是历史上的"三国干涉还辽"事件。

不过,鉴于日本已变身为帝国主义国家和现代军事强国,日本领导人终于有底气重议不平等条约,于1899年成功终结领事裁判权,并获承诺将于1911年前全面重获关税自主权。中国爆发的义和团运动是一场反对外国入侵的群众宗教反抗运动,1900年驻北京的外国公使在运动中遭袭,国际势力协作打击义和团,日本是主力。日本卖力的表现赢得了英国的尊重,两国于1902年结成英日同盟,英国承诺若日本与第三国发生冲突,英国皇家海军将援助日本。英日两国均视俄国为最大的潜在威胁。"三国干涉还辽"后，俄国控制了辽东半岛，义和团运动后，俄国大军又拒绝退出中国东北地区，威胁朝鲜独立地位。日本国内，战斗呼声一浪高过一浪，沙文主义媒体叫嚣着要教训教训俄国这只"恶熊"。

背靠英日同盟，日本于 1904 年 2 月向停靠在亚瑟港[①]的俄国船只发起进攻，就此宣战。两国间激战不断，均损失惨重。奉天（辽宁省旧称）的街道上堆满了俄国、日本士兵的尸体。1905 年春，日本方面已有近 5 万士兵丧生。随后，日本在一场海战中大胜，海军上将东乡平八郎（1848~1934）率舰队在朝、日间的对马海峡"守株待兔"，成功伏击了俄国舰队，将所有战舰和大部分巡洋舰击沉，自身则仅损失三艘鱼雷艇。局势自此扭转，日军开始占上风。

对马岛战役改变了世界史进程。战败的事实对俄国执政的罗曼诺夫王朝造成沉重打击，由此引发的群众政治、社会动荡为 1905 年的俄国革命埋下伏笔。俄国的战败严重动摇了欧洲的权力平衡，开启了"一战"的序幕。此外，沙皇的式微亦推动了 1917 年的十月革命，数年后苏联成立。在世界各国看来，日本对俄的胜利标志着日本成为世界主要大国，这一战还特别引起了别国殖民地的民族主义者关注。以中华民国（1912 年成立）国父孙中山（1866~1925）和越南独立运动领袖胡志明（1890~1969）为代表的阿拉伯、印度和亚洲民族主义领袖均为日本的胜利欢欣鼓舞。一时间，举世的殖民地民众为亚洲首次在现代战胜西方强国、力克白人至上主义而奔走相告。民族主义者从中看到了推翻殖民领主的希望。

1905 年 8 月，经美国总统西奥多·罗斯福周旋，精疲力竭的两国代表

---

① 即旅顺口。——译者注

在新罕布什尔州的朴次茅斯签署了和平协定，罗斯福本人亦因此举获诺贝尔和平奖。协定的谈判过程十分艰难，考虑到日俄双方无力继续应战，日本最终做出了让步。通过《朴次茅斯条约》，日本获得了本属俄国的辽东半岛亚瑟港租借权、沙皇位于中国东北的铁路和采矿权及对库页岛南半部的控制权。库页岛位于北海道以北，日本人称之为"桦太岛"。战争大大削弱了日本的财力，日本本希望获得像与清政府开战那次一样的大笔赔款，但未能遂愿。

日本大众对《朴次茅斯条约》感到不满。此前，沙文主义媒体仅宣传了日本惊人的战绩，却对战争造成的损失轻描淡写。媒体宣发了大量木版画，不断输出着照片，这些视觉材料向大众昭告着战争的最新资讯，为战争带来支持，杂志、报纸和新闻短片又大量"借用"了这些图像。爱国同胞购买了数以千万计的战争明信片。与战争相关的图像不仅出现在印刷物表面，还被用在扇子、蛋糕、灯笼、织物、玩具和其他产品上。作家小泉八云就曾不无惊讶地发现，连小女孩身上的丝绸裙都印有海战、燃烧中的战舰和鱼雷艇等战争景象。

日本大众援战情绪高涨，不惜将儿子送上战场，用积蓄购置战争债券，为军队折纸祈福。他们自感是战争的一分子，希望日本能从中获得大笔赔款或大片割让领土，如西伯利亚。民众以《朴次茅斯条约》为耻，条约将签署之日，大批民众聚集至东京的日比谷公园，很快人群暴动起来，遍及整个东京及其他城市，持续了数天。政府宣布实行军事管制以恢复秩序，然而此时，仅东京就已有250座建筑被毁，包括公使住所、亲政府派报社和警局。日比谷事件中，民众对日本扩张主义的支持态度一览无遗。

战争胜利后，日本试图将自身对朝鲜的统治"合法化"，逼迫朝鲜代表签署协议，承认朝鲜为日本的被保护国，移交朝鲜在国际外交、警务和法律体系领域的主权。1910年，日本彻底将朝鲜侵占为殖民地，对其政治、教育和社会结构进行了大刀阔斧的改革，可与明治时代早期的快速变革相类比。殖民地当局建起了铁路、公路、海港及电报系统，为支援故土日本的经济发展，又打造了现代邮政系统。当局还建立了现代医院和现代教育体系，取代了注重儒学经典的传统学校。作为日本天皇的子民，朝鲜人理应与日本人享受同等地位，实际却被当作战败的低等人种，失去了集会、言论和媒体自由。

德国在"一战"中战败后，日本"接手"了德国的部分领土和殖民地，包括德国在中国山东省和南太平洋马绍尔群岛、加罗林群岛及马里亚纳群岛的租借地。日本将南太平洋的三个群岛统称为"南洋"。20世纪10年代末，在大正民主运动大潮下，日本对殖民地的政策和态度开始受到政治自由化的影响。政党强烈要求提升国内政策的民主化程度，改善殖民地人口待遇。1919年，日本残酷镇压了朝鲜的非暴力游行活动，招致世界各国批评。为此，日本首相原敬开始改革殖民地管理，重视将朝鲜民族彻底同化入大和民族。对朝同化政策存在几种形式，包括在学校教授日本语、强制参拜神道教神社及强迫抛弃朝鲜名字、改取日本名等。变革的速度很慢，且常因其摧毁朝鲜传统文化的意图被深深厌恶。

20世纪30年代初，日本民众产生了一种危机感，质疑起资本主义，怀疑政党及以政党为中心的内阁能否解决社会、经济积习。这种民族危机感的原因有二：一为大萧条，二为下文有述的1931年九一八事变，即总部位于亚瑟港的日本关东军未获东京指挥官许可、自行侵占中国领土之事。30年代初，变节士兵还煽动了另外几次事件，确立了日本在中国的扩张路径，终致两国再次交战。九一八事变之际，全球大萧条正席卷日本。1929年至1931年，日本出口额降低一半，工厂和设备投资额降低三分之一。城市中，大型企业缩水，中小企业破产，逾百万人失业。大量人口返回农村，却发现乡下的日子更苦。30年代，伴随国家危机感的蔓延，日本的政策渐渐呈现独裁及军国主义趋势。

农场与村庄数年饥馑之下元气大伤，是大萧条最大的受害者。将人口大规模"安置"到海外似乎为解决农村的经济危机提供了可行出路。此前，日本曾在北海道和朝鲜有过类似举措。关东军的许多年轻军官来自农村，认为侵略中国大陆可解决日本农村的危机。若能掌控中国东北丰富的自然资源，日本将获得新的"生命线"。

关东军军官向东京指挥部提出了针对中国东北的扩张方案，却被告知要等中国先起事端方可行事。于是，关东军决定自行制造"导火索"——1931年9月18日，他们炸毁了奉天市附近的一段"南满铁路"。关东军将这一行径"赖"到中方身上，借机武力侵占了中国东北。九一八事变惊动了东京内阁。陆军大臣向中国东北发送电报，命令关东军不得再轻举妄动，但后者继续扩大对中国东北的领土控制，并要求获得现场指挥权，好名正言顺地采取行动。日本民众和大众媒体大赞关东军豪勇，完全相信九一八事变是中国人挑起的事端。国际联盟对日本入侵中国东北表示了谴责，于是日本退出国际联盟，置与列强签订的条约和协定于不顾。1932年，日本建起亲日傀儡政权"满洲国"，将侵占领土纳为国土，将1911年辛亥革命中被废黜的清帝溥仪（1906~1967）立为"满洲国皇帝"。1945年，已有近30万日本移民在"满洲国"定居。

20世纪30年代初，日本涌现出数千个学生、活动家和军官组成的激进小团体，对自私自利的政党政治家与大企业进行批判。这些小团体希望发起"昭和维新"，承继明治维新之精神，推翻腐败无能的政权。以樱会和血盟团为代表的社团密谋发动国内革命，暗杀剥削农民、贫苦工人以肥私的政商界领袖。1932年爆发了"五一五事件"，11名年轻的海军军官闯入首相犬养毅的府邸将其射杀。这些人原计划一并刺杀当时在日的影星卓别林,谁知当日,犬养毅的儿子带卓别林去观看相扑赛,两人因此逃过一劫。活动家发起的各项运动中,最具戏剧性的当属1936年的"二二六事件",21名初级官员意图率领1400余名士兵推翻政府,以失败告终。暗杀小队射杀了几名要员,首相冈田启介将将逃过一劫,扮作女人逃回家中。军队占领了东京市中心,要求政府组建更能理解其关切的内阁。天皇对高官被杀之事十分气愤,命令军队镇压暴动,叛乱很快终止。"二二六事件"平息了日本民众的狂热,1936年后,日本再无意图推翻国家政权的大型暴力事件。

三岛由纪夫(1925~1970)曾以"二二六事件"为主题创作了中篇小说《忧国》(1960)。文中,年轻的中尉受命讨伐叛乱的昔日同僚,在忠义间进退两难。最终,中尉决定切腹自尽,要求妻子做见证人,妻子却发誓与他共存亡。1966年,三岛由纪夫将《忧国》改编为一部高度模式化的影片,搬上了银幕。三岛本人是狂热的民族主义者,曾自行创立右翼民兵组织。1970年,三岛由纪夫组织军事政变失败,遂切腹自杀。

当时的报纸与广播营造出国民在政府统治下团结一心的假象。少数人表达了不同的看法,反对日本在海外施行侵略政策,然而在审查制度与同辈压力下,他们愈加难以发声。主流大众媒体鼓励人民团结起来,支援战争和扩张活动。社会主流人士要求保持"国体"的呼声越来越高——所谓国体,即是圣君与忠民间要建立家人般的联系。1937年,教育部出台了官方手册《国体之本义》,旨在向日本民众深化爱国价值观,平息社会动乱。保守派人士与无法认同其意识形态者之间的分歧渐渐加大,这其中就包括学者美浓部达吉,其人于大正时代提出了"天皇机关说",称天皇不过是国体中一机关罢了。早在之前的10年,这一观点就被政治家广泛接受,谁知美浓部达吉在1935年被指控对君主不敬,其理论也被国会点名批评。

日本政府无法再忍受任何持不同政见者挑战其权威,为此,内务省特别高等警察课显著增强了对左右翼政治、宗教团体的监视与压迫。共产主义者、社会主义者和激进右翼团体均被逮捕,被迫公开放弃政见。参与无产阶级文学运动的作家被疑支持共产主义,也被逮捕并遭酷刑。1933年,被监禁的共产党领袖佐野学决心"转向"[①],放弃了共产主义信仰,转而发誓效忠天皇,由此引发了一波"变节潮"。政府亦打击了非官方宗教团体,将影响范围最大的运动领袖逮捕起来。作为一门新教,大本教号称有800万拥护者,成立了自有的爱国社团,其中不乏国会成员和军队高层。警察担心大本教可将分散的右翼力量联合起来,于是在1935年12月针对大本教采取了大动作,逮捕了五百余人,摧毁了价值数百万美元的资产。随后,国会通过了《宗教组织法》,允许当局解散任何被判定与国体不容的组织。依照该法律,另有两家大型非官方宗教分别于1938年和1939年被摧毁。

1937年夏,日本在中国的军事扩张升级为全面战争。同年7月,北京周边爆发了卢沟桥事件,战争由此打响。得知此事后,东京指挥部命令事发当地的指挥官提出解决方案。他们认为,在中国举战无异于陷足泥潭,不仅会消耗大量人力和资源,还将令日本无力抗击其他帝国主义列强的威胁。中国国民党领袖蒋介石(1887~1975)拒绝谈判。毛泽东领导下的共产党向蒋施压,号召蒋共筑"统一战线",抗击日本侵略。卢沟桥事变10日后,蒋发表了激动人心的演讲,总结道:"如果放弃尺寸土地与主权,便是中华民族的千古罪人。"如此,卢沟桥事变升级为需两国政府解决的争端。作为回应,日本组织了一场兵力演示,本意是希望蒋"知难而退",却引发了两国间的暴力对抗。8月,日军占领北京。中国的民族主义者轰炸了日本位于上

---

① "转向"一词在日语中指受到反动政权的压迫,左翼分子被迫放弃思想立场、甚至转向右翼分子的转变。这一概念由日本司法当局提出。——译者注

第十章 帝国与战争文化

海的据点和海军设施。为此，日本向中国派遣了更多军队，引发了长达8年的全面战争，以日本被同盟国击败告终。1938年末，日本发现战况进入僵局。战争进入艰难的消耗阶段，死伤人数不断增加。1941年，近30万日本人和100万中国人因战争死亡，已然如预期般泥足深陷。抗日战争是亚洲20世纪规模最大的战争，死伤人数占"二战"亚洲战场的一半以上。

蒋介石背靠美国的强大势力，蒋夫人宋美龄出身富裕的传教士家庭，就读韦尔斯利学院期间结识了大量举足轻重的人物。蒋夫人数次前往美国，为中国抗击日本的民族大业争取支持。1943年，她在美国国会两院发表演讲，是首个在此演说的中国人，亦是第二个在此演说的女性。出版界大鳄亨利·卢斯（Henry Luce）也是宋的友人，其父母曾在中国传教。为支持宋，卢斯的《时代周刊》（Time）和《生活》（Life）杂志发表了大量反日挺中的文章。

日本的鹰派媒体颂扬着战争胜利，民众却对日军在中国犯下的种种暴行一无所知。1937年12月，日本夺取了国民政府所在地南京（那时，蒋介石已逃离南京，后迁都重庆），堪称浩劫的南京大屠杀就此拉开帷幕——在长达6周的时间内，日军烧杀抢掠，犯下了滔天罪行。时居南京的外国人、中国幸存者与记者目睹了当时的惨状，亦留存了照片为证，记录了日军对中国平民犯下的暴行。如今，南京大屠杀造成的死伤人数仍是敏感话题，是中日关系绕不过去的一道坎。外国观察家估计死亡人数在4万左右，后经史料证实应为30万。日本的一小撮民族历史修正主义者十分嚣张，甚至否认大屠杀的存在，称当时在南京被杀的均为中国军人。

然而，南京并非唯一生灵涂炭之地。当时，日军受令在中国各处烧杀抢掠。中国北方，一些村庄被疑支持共产党，农民惨遭日军折磨，有的被活活烧死，孕妇被刺刀刺死，儿童则被迫以身涉险、进入雷区探雷。当时，臭名昭著的 731 部队在哈尔滨犯下了种种罪行，该部队在活人身上进行生物战实验和化学实验，被害者不仅包括被俘军人与罪犯，还包括婴孩、老人及孕妇。731 部队先用瘟疫、霍乱、天花、梅毒和肉毒等病菌感染实验对象，再由科学家进行活体解剖、截肢和器官摘除等操作，以此研究疾病对人体造成的影响。其中，约 1 万到 4 万名受害者死于手术台，另有 20 万到 60 万受害者死于野外实验。日军可谓战罪累累、惨无人道，但在"二战"后美国占领日本期间，道格拉斯·麦克阿瑟将军（1880~1964）仍决定不起诉 731 部队高层，以此换取后者对美国情报事业的贡献。

1940 年，日本官员宣称要建立"大东亚共荣圈"，以日本、"满洲国"和中国为中心，亦包括法属印度支那和荷属东印度。日本的资源很大程度上依赖于时任中国盟友的美国，需从美国进口原材料、机床，特别是石油；因此，日本希望从上述太平洋及东南亚殖民地获得资源。1940 年，日本燃料的近 80% 来自美国。东南亚坐拥丰富的原材料，如能获取，日本便可在资源层面免受关系日渐恶化的美国掣肘。同年 9 月，日本签署了《三国同盟条约》，与轴心国德国、意大利结盟，开始侵占印度支那北部。为此，美国对日本采取了经济制裁，提出只有日本从中国全面撤军方可解除制裁。撤军意味着放弃 50 年来得之不易的战果，日本无法接受。美国对日本采取了全面禁运石油的政策，引得其他几国效仿，因此日本若不能从东南亚进一步获取资源，其在中国发起的战争将无以为继。日本领导人认为与美国难免一战，在他们看来，若日本从中国全面撤军，中国将落入共产党之手，朝鲜、"满洲国"与日本自身均将涉险。此外，日本人不相信美国胆敢在欧洲和太平洋两战线同时开战。若日本能迅速打击美国位于夏威夷的舰队，获取东南亚的石油及资源，便可发起自卫战争，最终实现议和的目的。

最终，日本提出了从印度支那和中国撤军、仅保留中国北部小部分领土的议和方案。美国拒绝了这一方案，为日本开战提供了绝佳理由。日本向夏威夷派出了舰队，命令舰队于 1941 年 12 月 8 日黎明袭击珍珠港。当日，在灵巧的零式战斗机护航下，日军飞行员最终大获全胜，可谓出乎全世界意料。他们共击沉、破坏了美军 8 条战舰，毁灭了近 200 架飞机，造成近 4000 人伤亡，自身则仅损失几十架飞机和 64 人。珍珠港事件爆发不过几小时，日军飞行员便摧毁了美国位于菲律宾的绝大部分飞机；两天后，日军又用轰炸机击沉了马来半岛沿岸的英国战舰。圣诞节当日，日军占领了香港，又于 1 月 2 日攻入马尼拉，接受美军及菲律宾军队投降。数月间，日军似乎势不可挡。2 月，日军占领了新加坡，这里原本号称英军"坚不可摧的堡垒"。日军控制了苏门答腊的油田，占领了荷属东印度的首府巴达维亚（今雅加达）和英属缅甸的首府仰光。不过，到了 1942 年末，美国的反攻也火力全开。

"大东亚共荣圈"体现了日本反对英美霸权主义的思想，凸显了对抗白人世界帝国主义的泛亚洲种族理想主义，提倡亚洲国家团结一致、互利互惠。日本这一理念曾经受到众多亚洲殖民地的支持。起初，缅甸、印度支那和印度尼西亚的民族主义活动家将日本看作挣脱殖民领主的典范。日本利用了殖民地民众的期望，在占领缅甸、菲律宾等国后授予其"独立"地位。然而不久后，许多民族主义领袖发现日本与此前的殖民者同样残忍、善剥削，战后艰难时期更是如此。日军控制着被占国经济，优先动用资源生产能源、战争物资。荷兰东印度公司的石油解了日本燃眉之急，菲律宾和缅甸则提供了金属和矿产，泰国与印度尼西亚贡献了橡胶和锡。日本对物资的调用仅以日本本土和日军的需求为考量。至此，日本早期的支持者大多已认清事实。

被占国女性惨遭"慰安妇"制度蹂躏。所谓"慰安妇"制度，即日本官方纵容军人发起的嫖娼行为，为军人提供"乐子"且为其管控性病风险。起初，妓女是被征募到军队的，可人数太少、无法满足军队需求。为此，征募者欺骗、胁迫被占国的年轻女子，名义上带她们去国外做工，实际上却将其送往简陋的妓院，逼迫她们每人每日"服务"50名军人。朝鲜女性构成了慰安妇群体的主力，中国、菲律宾、马来西亚和荷兰女性也被迫参与了这一屈辱工作。共有25万名女性为慰安妇制度所害。菲律宾女性玛利亚·罗莎·亨森（Maria Rosa Henson）在自传中亲述了作为性奴的年轻慰安妇惨状：

> 在很短的时间内，我接连被12名士兵强暴，休息半个钟头后，还需应付另外12人……大出血令我疼痛不已，甚至无法站起身……我不能反抗，否则可能被杀……一日结束时，我只是闭目哭泣。士兵的精液在碎掉的裙子上干涸成褶，刺痛着皮肤。我以热水沐浴，用布擦身，这样才算干净了。我用布紧紧压住下身，以此缓解疼痛和肿胀。[1]

战时，日本在被占国大肆杀戮，生灵涂炭。菲律宾共有12.5万名平民及士兵死亡。日本统治下，印度支那饥荒蔓延，数十万人丧生。联合国发布的一份报告称，约400万印度尼西亚人被日军所杀或死于饥饿、疾病与不完备的医疗条件。中国的死亡人数难以精确统计，约有900万至1200万[2]士兵、平民丧生。这就是日本泛亚洲盟国理想的残酷现实。由于战时曾对各国平民施暴，如今，日本与亚洲邻国尤其是朝鲜和中国的关系仍如履薄冰。

---

[1] Maria Rosa Henson, *Comfort Woman: A Filipina's Story of Prostitution and Slavery under the Japanese Military* (Lanham, MD: Rowman & Littlefield, 1999), 36-37.
[2] 根据中国学者的统计，这一数字超过2000万。——编者注

日本殖民主义

明治时代，日本当局扩大了对北海道阿伊努土著和冲绳琉球岛民的控制，开始推行"国内殖民主义"。1869 年，北海道开拓使厅成立，鼓励国民移居北海道，同化当地的阿伊努人。该厅号召旧武士家庭定居北部边境，如此，外国会将北海道视作日本不可分割的一部分。为此，开拓使厅承诺为旧武士家庭提供置地所需的贷款，还为移居家庭提供房屋、工具、农耕设备和 3 年口粮。在政策驱动下，近 8000 名旧武士移居北海道。19 世纪 90 年代，开拓使厅将目标受众扩展至日本社会各阶层，为迁居者免费提供 10 年宅地，造成迁居者数量激增。

日本要求阿伊努人放弃耳饰与文身，逼迫其接纳日式服装和发式，希望借此同化阿伊努人。阿伊努人被迫采用日本名字，说日语，还需参拜神道教神社。日本试图根除阿伊努人的狩猎 - 采集生活方式，教会他们放牧、分给他们小块土地，可移居此地的日本民众常将这些土地从阿伊努人手中骗走。大批阿伊努人最终走上了在渔场做工、在城中贫民窟度日的道路。明治时代末期，北海道已成为日本毫无争议的一部分。1908 年，阿伊努人仅占北海道 150 万人口的 1.25%。日本官方政策要求将阿伊努人同化，主流民众却仍将北海道看作异域观光之地，阿伊努人村庄也常成为官方的人类学展览对象，以其野蛮的生活方式凸显日本的文明。

南部的琉球群岛历史上曾建立独立王国，向中国进贡。德川幕府时代，琉球群岛受萨摩藩统治，萨摩藩从琉球与中国和东南亚的贸易往来中获益良多。为避免与中国发生争端，日本一直未染指琉球名义上的主权地位。1871 年，明治政府出台了废藩政策，便"接手"了琉球群岛的主权。1879 年，琉球最后一任君主被迫退位，琉球被正式纳入日本，成为冲绳县。如同北海道和日后的其他殖民地，冲绳人被迫与日本人同化，本土语言、文化与宗教遭压迫。然而，他们从未真正与日本本土的民众平起平坐。

对于最早的海外领土，日本参照西方先例规划了殖民地政策与行动。不过，日本帝国与其竞争对手存在几个较大的差异。首先，日本帝国"出头"较晚，本身就曾因不平等条约沦为半殖民地。日本最大的忧虑在于国家战略安全。日本深知自身与帝国主义列强的实力差距，便将获取新领土当作在混乱的地缘政治环境中保持国家独立的手段。日本领导人希望建立"缓冲带"，保护国土和新殖民地。其他帝国主义列强则不同，这些国家殖民的最大动因为经济，希望借此开拓新市场、开发新的海外投资机会。欧洲殖民地的建立多是为保护发达的经济利益，英属印度和荷属东印度就是很好的例子。日本的帝国主义扩张步伐则是由于资本短缺而非资本过剩。第二大差异在于日本帝国尺寸较袖珍，英国、法国和荷兰的殖民地则遍布全球。日本帝国经济、军事资源有限，为实现资源的最大化利用，日本主要将东亚邻国作为殖民对象。日本与帝国主义列强的最后一个差异在于能带给殖民地人民文化亲和性，日本人与殖民地人民系同一种族，有着相同的文化宗教信仰、价值观和行为方式，如台湾岛和朝鲜半岛——这一情况在帝国主义列强中十分罕见，在塑造日本对殖民统治的态度上发挥了重要作用。

殖民地的生活可简述为合作与抗争，但这种二分法的描述不足以准确反映许多殖民地人民的生活现实。丧失主权的人民不免感到悲伤愤懑，但通常仍选择向逼迫其同化的势力低头，以此换取生存机会或有利条件。若想在殖民地成功开办企业，必得一定程度上获得殖民地的合作与支持。出于无法承担财产损失或企图借机上位、获利等原因，殖民地的多数上流人士与富贾大多选择与日本官员合作，他们大多并不认为自己是叛国。不过，殖民地独立后，当年"勾结"外国统治者的行径就变得极为尴尬了。

以阿伊努熊节为主题的明信片，1902~1918
图片来源：美国拉法耶特学院斯基尔曼图书馆，特殊收藏及学院档案，东亚图像收藏

　　日本领导人将获取海外殖民地看作其文明水平的体现。像德、美等较晚跻身帝国行列者一样，明治时代的领导人以欧洲殖民地的行为模式为研习、模仿对象，用相同的语言侮辱其殖民地，称殖民地肮脏、喧闹、野蛮、未开化。日本领导人还效仿国际先例，援引国际法律为日本统治其他民族"正名"，派出"开化使团"，为蒙昧落后之地送去文明福音。不过，日本殖民主义与西方存在较大不同。欧美殖民者在本国人民与殖民地人民间划分了清晰的界限，强调被殖民者的"异"，日本的殖民政策和宣传手段则强调本国民众与被殖民者的"同"。民众也许并不认同、流行文化中也未必体现这一点，但至少口头上做足了样子。日本将东亚邻国和南洋岛屿变为殖民地，自称是殖民地人民的手足兄弟，共享种族与文化根源，且同为西方帝国主义的受害者。

人种论和人类学等新兴学科也为日本帝国的扩张做出了合理化解释。日本学者与知识分子不再将日本看作与世隔绝的群岛，而是亚洲大陆和太平洋岛屿中的一部分。比起南洋，日本更易借着共同的文化遗产与东亚殖民地人民"认亲"。知识分子提出理论，称太平洋群岛是日本民族的诞生地，史前时期太平洋群岛的岛民跨越太平洋，成为日本岛上的原住民。因此，日本人可说与南洋殖民地民众系出同祖，有义务帮助后者文明开化、自我发展，日本帝国的扩张也就名正言顺了。

台湾

第一次中日战争后，台湾被割让给日本。那时，明治政府尚无管理殖民地的经验，对台湾岛也无实质上的长期规划。中国官员似乎并未将台湾岛看作巨大损失——据称，在清朝慈禧太后面前，政治家李鸿章曾将台湾描述为"鸟不语，花不香，男无情，女无义"之地，表示割让之事无足挂齿。

日本当局计划重新发展台湾，尤其是要将首府台北打造为"模范"殖民地，提升日本在帝国列强中的地位，进而重议并修改不平等条约。日本官员研究了大量欧洲殖民地政策，大规模实施现代化举措，在当地建起教育体系、医院和交通、通信基础设施，台湾一扫昔日落后的景象，变身现代殖民地。自此，台北拥有了林荫道、公园和喷泉。然而，彼时的日本帝国羽翼未丰，殖民地的土木工程造成了不小的经济负担，为此殖民地需尽快实现经济自立。通过对糖、樟脑和其他农业产品施行政府垄断，这一目标得以实现。

日本企图赞助殖民地代表游访日本，为后者提供近距离接触日本现代生活的机会，进而争取殖民地领导人支持。然而，1895年至1915年，台湾民众反日统治情绪高涨，世界各国亦发出疑问，质疑像日本这样的非西方国家是否有能力有效管理殖民地。1897年，日本国会内部发起辩论，讨论是否应将台湾卖给法国。最早反抗日本的是早年间移居台湾的汉人，他们采用游击战术对抗殖民统治。制服汉人后，殖民地政权开始镇压大山里的少数民族。1909年，日本发动了针对少数民族的种族灭绝运动，时长5年。汉人和台湾少数民族拥有相同的宗教信仰，认为自身对现代武器具有"免疫"功能，为此双方携手攻击了位于台湾的日本警察局，史称"1915年礁吧事件"。殖民地当局采取相应措施改善了其统治，但少数民族部落仍采取抵抗姿态。1930年爆发了雾社事件：为表对强制劳动政策的抗议，6个村庄的村民在一所学校的运动会上发动袭击，134名日本人被杀。台湾都市的知识分子也为地方自治权与平权发起运动，但均为非暴力形式，从未与殖民地秩序产生大规模冲撞。

关于日本应如何治理台湾，共有两种不同观点。第一种观点为内务大臣后藤新平（1858~19292）所倡导，主张汉人及台湾少数民族是不可能彻底同化，日本也不可能像治理本国一样治理台湾岛。另一观点与之相对，由政党领导人原敬与板垣退助提出，认为可将中国人彻底同化、实现平等。在原敬与板垣看来，台湾人（以及之后的朝鲜人）与日本人足够相似，因此，应在殖民地推行日本国内的法律与统治手段，殖民地人民应与日本国民享受同等权利、履行同种义务。

后藤新平曾接受医学培训，历任多个政府职位，包括"南满铁路"首任总裁、东京市第七任市长、NHK首任会长、内务大臣及日本童军总会领袖。在其人看来，日本应依台湾当地风俗习惯建立特别政策。当时，鸦片成瘾是个大问题，但后藤新平并未禁烟，而是创立了官方供应售卖的鸦片专卖制度，为殖民地政府赚取了巨额利润。殖民政权向持合作态度的台湾上流人士授予鸦片专卖许可，嘉奖其忠诚。1898年至1918年，台湾的殖民政策以后藤新平的理念为主。日本当局通过了特殊法律，彻底控制台湾的行政、立法与军事权力。日本殖民者享受着高度特权，坚决杜绝授予台湾民众同等权利的可能性。谁知"一战"后，世界对殖民主义的看法发生了巨变，开始支持"民族自决"，世界各殖民地独立运动开展得如火如荼。为此，多数殖民地当局对殖民地民众做出更多让步。

1918年，原敬成为日本首相。他为台湾指定的首任总督并非军人，而是平民出身。原敬提倡同化，将台湾看作日本国土之外延，认为应对台湾民众进行教育，使其了解身为日本国民的角色和责任。其后20年中，殖民当局在台湾建立起当地政府，在国会参议院中为台湾留出了席位，禁止定居台湾的日本人以藤条击打台湾岛民或施行其他体罚。此前的行政部门在台湾建起铁路和污水排放系统，他们关心的是如何展示日本的文明影响力，并不关心台湾人在自己的土地上是否沦为二等公民或惨遭日本殖民者虐待。同化措施旨在减少不平等现象。当局为台湾人建起公立学校新体系，鼓励并以物质激励当地人使用日语。到了1941年，57%的台湾人口已掌握日语读写技能。1937年，抗日战争爆发，日本进一步深化了对台的"日本化"举措。台湾民众被迫改信神道教，取日本名，在大日本帝国陆军和海军服役。

朝鲜

1905年，明治寡头之一的伊藤博文被任命为日本保护国朝鲜的首任统监。对于出身长州的伊藤博文而言，这是他漫长政客生涯中的最后一次任命。明治维新时期，伊藤博文与一众寡头创造了辉煌战绩，他希望在朝鲜重现这一幕。在数千日本官员协助下，伊藤博文在朝鲜强制推行现代化政策，但朝鲜朝廷对他表示憎恶，对其举措采取抵抗态度。高宗皇帝寻求国际援

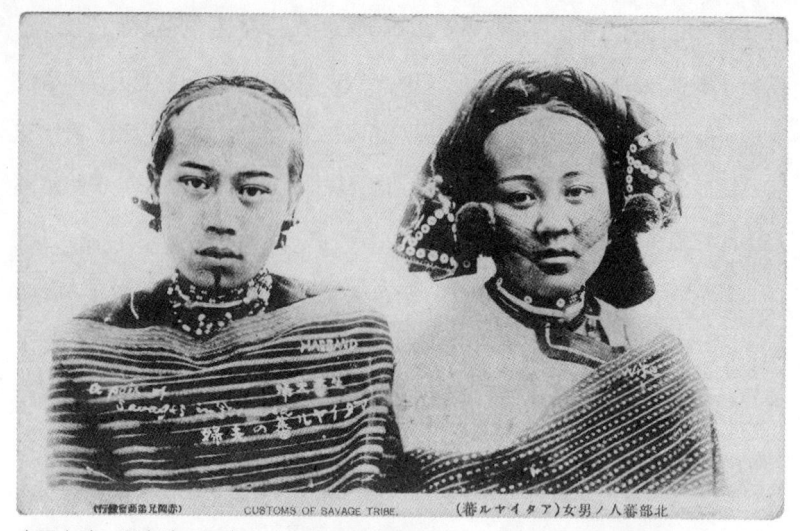

森丑之助,以台湾"野蛮人"为主题创作的明信片,1902年至1918年
图片来源:美国拉法耶特学院,斯基尔曼图书馆,特殊收藏及学院档案,东亚图像收藏

助,希望恢复统治朝鲜的权力,还派代表参加了1907年的海牙和平会议,寻求外国政府帮助。伊藤博文命高宗皇帝退位,扶持其年轻软弱的儿子纯宗(1874~1926)继位。日本竭力发展朝鲜经济与国力,却难以像明治维新那样获得民众高度支持,毕竟,相同举措背后是不同的目的——于日本是为了国家独立,于朝鲜却是为了占领国自身利益。

对帝国主义列强而言,日本在朝的一系列举措并不出乎意料,也不值得为此焦虑。相反,日本国力本就远强于朝鲜,因此一切都显得顺理成章。按照1905年的"桂太郎-塔夫脱密约",美国承认日本对朝鲜的控制权,以此换取日本承认美国对菲律宾的控制权。如同在台湾,殖民政府在短时间内大刀阔斧地改造着朝鲜的政治、教育与社会结构,建起了铁路、港口设施、公路、现代电报与邮政系统,发展着朝鲜经济。殖民者还引入了现代医药及医疗设施，改善了公共卫生状况，并用现代教育体系取代基于儒学经典的传统学校。小学入学率从 1910 年的 1% 攀升至 1943 年的 47%。不过，朝鲜的发展为日本殖民者和朝鲜民众带来的红利并不均等。1940 年时，朝鲜境内的所有日本居民住所都享有电力服务，而每 10 户朝鲜家庭中仅有一户通电。

通过控制朝鲜，日本不仅获得了战略优势，还在经济层面有所获益。捕鱼、伐木和矿产开发权被殖民政府分配给日本企业，便于日本从朝鲜进口食物与原材料；棉布、手表、纽扣、眼镜、火柴和煤油灯等日本轻工业制品则被强制输入朝鲜市场。此外，朝鲜殖民地还为日本人提供了新的工作机会，1908 年已有逾 12.5 万名日本人在朝鲜定居。除官员和军人外，日本工人也占据了殖民地的大量工作岗位，他们担任建筑工程的临时工，或是做军队的挑夫。小商贩则在军营、乡村集市或上门兜售日本商品。一些日本人选择在朝鲜长居，开办了生产皮革商品和瓷器的小型工厂。朝鲜上流人士的土地被强制转给日本农民，朝鲜本土农民沦为佃户，有的不得不移居日本或"满洲国"，成为劳工。日本移民在朝鲜城市开办了餐馆、茶屋和妓院，为日本侨民提供服务。当时，几乎全部工商业都由日本企业或个人控制，因此，经济发展极少惠及朝鲜人。

非洲、印度、东南亚和南美等西方殖民地多由不同的部落或种族构成，受控于强大的殖民者。朝鲜则不同，作为统一国家，朝鲜的历史绝不比日本短。此外，朝鲜与殖民者日本皆可从中国寻得文化、宗教和语言的根源。部分朝鲜上流人士对日本的现代化举措表示欢迎并热情配合，其他人则不接受这种由占领者带来的现代化，奋起反抗。反抗的方式多种多样。朝鲜成为被保护国后，一些朝鲜高官选择自杀。伊藤博文解散了朝鲜军队，1907 年，一部分被解散的军人发起了游击抵抗活动，成立"正义军"，与日本警察、军队和携带武器的殖民者冲突不断。18000 名朝鲜人和 7000 名日本人因此丧生。1909年，一名年轻的朝鲜爱国主义者在"满洲国"的火车站枪击了统监伊藤博文。经由这一暗杀事件，东京领导人意识到朝鲜不会听任日本统治家园，是时候采取更为严厉的手段了。1910年，日本全面吞并朝鲜，并任命铁腕将军寺内正毅（1852~1919）担任朝鲜第一任总督。

"一战"结束后，受美国总统伍德罗·威尔逊提出的"民族自决"原则影响，殖民地民众发起了抗议运动。1919年3月1日，大批朝鲜民众在汉城的塔洞公园发起集会，宣读《己未独立宣言》。《己未独立宣言》控诉了朝鲜民众遭受的种种歧视，包括缺乏公平的教育和职业选择机会、遭到殖民者和官员的不公对待及日本强制废弃朝鲜风俗与语言等。集会人群走上街头，发起暴动，全国各地均出现了示威游行，估计约有200万民众参与其中。日本宪兵无法压制暴动，只得向陆军、海军求助，在后者帮助下对示威民众进行镇压。数千名朝鲜人在暴力镇压中丧生。

美国和欧洲各国领导人为运动中的暴行所震惊，强烈谴责日本殖民政府。为此，总督发起了一系列"文化治理"改革，强调同化而非胁迫。文化治理赋予民众有限的媒体自由，容许劳工运动和政治运动的存在，许诺民众更优的教育与工作机会。残暴的宪兵被平民警察所取代。如同在台湾，期望独享特权的日本殖民者强烈反对任何改善被殖民者生活的手段。

朝鲜中上层接受了日文教育，适应了日本掌控下的大众媒体，开始认同殖民地的现代性文化，享受着广播、电影等大都会的娱乐手段。20世纪20年代末，民众的抗议声有所减退。像在台湾一样，20世纪三四十年代的抗日战争令日本加强了对朝控制，大力发展在朝重工业。同化政策的执行变得更为严格，学校与公务机构禁用朝鲜语，民众必须使用日本名、参拜神道教神社。四百多万朝鲜人或被征募、胁迫、绑架至日本和"满洲"做矿工、厂工，或是成为慰劳日本军队的慰安妇。

与强制同化并行的还有日本反复重申的"同一性"话术,这一话术称朝鲜与日本同祖同根,打出了"内鲜一体(日本朝鲜一体)"的官方口号。据称,朝鲜人与日本人是无法通过颅骨和身材分辨的,因此有学者称日本和朝鲜民众属同一种族、文化群体,该群体起源于远古时代的太平洋,亚洲北部居民多属这一群体。

南洋

"一战"期间,日本夺取了太平洋的几组岛屿,包括马里亚纳群岛、卡罗琳岛、马绍尔群岛和帕劳群岛。自 19 世纪末,这些岛屿一直为德国所统治,因战略位置绝佳令各国垂涎三尺。这些岛屿统称为"南洋群岛"。南洋群岛的岛民相对温顺,因此,日本海军占领群岛时并未遭到多少实质性抵抗。南洋群岛自然资源匮乏,又与日本相距太远,因而极难采取措施实现大幅经济发展。

南洋群岛的平民政府远不如台湾、朝鲜的殖民政府独断专制。日本在该地发起的教育、语言项目被多数岛民所接受。不过,南洋群岛地理上较分散,不同岛上的居民对日本的态度相差很大。塞班岛和帕劳岛对日本的憎恨之情不断升级。日本人在塞班岛发展糖类作物种植园经济和渔业,需要大量劳动力,但他们认为当地居民并非理想人选,便从冲绳和朝鲜引入劳工。经过长达 30 年的统治,日本殖民者与塞班当地居民的人数比达到 10:1。帕劳岛是殖民政府所在地,也容纳了大量日本移民,引发当地冲突。1943 年,"二战"的战火蔓延至太平洋群岛,军队人口进一步膨胀,对岛民提出了更严苛的要求。

"满洲国"

与上述诸例不同,"满洲国"从未成为日本的正规殖民地。这一傀儡政权是为掩盖日本控制中国东北诸省而虚构出的产物。为给傀儡政权"正名"，辛亥革命年间被废的清朝末代皇帝溥仪被任命为"满洲国皇帝"。"满洲国"即清朝开创者满族人的故土。然而，满人仅占"满洲国"人口的少数，人口最多的还是汉人。除汉人外，朝鲜人、日本人、蒙古人和俄国人是"满洲国"常见的少数群体。

1932年的《日满议定书》确立了"满洲国"的"国家地位"，达成了共同防御的协议，允许日本军队无限期驻扎"满洲国"。日本企业斥巨资开采"满洲国"丰富的自然资源，"满洲国"很快成为日本工业发展的动力，是能力挽狂澜、解救日本于经济衰退的"生命线"。"满洲国"的"立法委员会"大致上有名无实，是关东军发布决议的"缓冲带"。关东军司令是日本"驻满洲国大使"，对溥仪或其"内阁"的决策拥有否决权。日本之所以营造出"满洲国"独立的假象，是出于对国际社会看法的考量，彼时国际社会已不再纵容直接侵占领土的行为。日本希望令帝国主义列强误认为日本并非试图扩大在华势力，而是被占领土的民众自愿从中国分离出来、回归溥仪皇帝统治，日本只是顺应其要求罢了。

溥仪是中国近现代史上最具悲剧色彩的人物之一。他3岁登基，短短几年后便被中国爆发的民主革命赶下台。起初，人们还允许他在紫禁城生活，领一份津贴，可到了1924年，溥仪便被驱离紫禁城。1931年，溥仪致信日本陆军大臣，表达了重返皇座、担任"满洲国皇帝"的愿望——他的愿望"成真"了，但一举一动都受到关东军的严密掌控。1946年，溥仪在东京审判中做出对日本不利的证明，否认曾与日本勾结，称写信一事乃杜撰，且自己曾被绑架。后来，溥仪在自传中承认当时做了假证，称此举是为自保。1949年，中华人民共和国成立，溥仪接受了10年的劳动改造。改造结束后，他在一个普通的编辑岗位上走完了后半生。1987年，贝纳尔多·贝托鲁奇拍摄了电影《末代皇帝》，将中国末代王朝最后一任皇帝的悲喜人生娓娓道来。

作为日本的"生命线"，"满洲国"的建立对日本社会产生了深远的影响，也在大萧条时期为日本提供了重要的经济、就业机会。马克思主义者和自由主义知识分子不被日本社会接纳，他们成百上千地来到"满洲国"做官或从商，追求社会进步。移居"满洲国"者中，多数人来自贫穷的佃农阶级。日本政府计划发起殖民项目，意图将500万日本贫农"输出"至"满洲国"。这一目标最终未能实现，不过，仍有逾30万农民迁居"满洲国"，其中多数来自战争中受打击惨重的日本东北诸县。"南满洲铁道株式会社"（"满铁"）是一间半私有化机构，几乎涉及日本经济发展的各个方面。该公司创作了一本宣传册，鼓吹殖民者为扩张日本帝国疆域不惜直面匪徒、不畏艰险的"英雄主义"。宣传册中不乏狂妄之言："我们就是日本圣土下凡至'满洲国'的信徒。古时，天子下凡神灵之家；如今，我们也要在'满洲国'一角建立神之家园。"[①] 从这些说辞中不难看出，尽管日本官方宣称亚洲各种族平等、机会均等，许多日本民众仍认为不同文明间存在等级。他们自视优于亚洲其他民族，因此认为日本"应该"发起侵略性扩张。

殖民地文化

日本记者、小说家与官僚效仿西方作家、官员之风格，在文学作品中对本国殖民地的原始居民展开了想象，多以异域风情和殖民地的荒淫妇女为描写对象。像作家罗伯特·路易斯·史蒂文森和艺术家保罗·高更那样，前往

[①] Louise Young, "Colonizing Manchuria: The Making of an Imperial Myth," in *Mirror of Modernity: Invented Traditions of Modern Japan*, ed. Stephen Vlastos (Berkeley: University of California, 1998), 102.

第十章 帝国与战争文化

南洋探险者心中多怀有浪漫的希冀，希望短暂逃离现代文明，探索原始热带风情。关于南洋和台湾的流行文学作品中多展现当地的异域文化，殖民地的土著仅占总人口的2%，却成为文学、媒体中当仁不让的主角。"蛮族"意象令作家与艺术家在殖民地创造了另一个"自我"，仿佛穿越到远古时代。文学作品中描写了各类殖民地"蛮族"，既有令人闻风丧胆的"台湾食人魔"，又有南洋快乐无忧的"小人"。殖民地政策与宣传策略称日本与被殖民者存在种族亲缘关系，然而文艺作品对"蛮族"的描述令日本人感到殖民地的落后"亲属"身处另一个时代，过的是日本远古时的生活。因此，一些作家称"台湾食人魔"是高贵的"蛮族"，具备日本过往武士的勇气与武技。

文学

在台湾的日本作家笔下，台湾殖民地及民众颇具浪漫主义色彩。这些作家向日本读者展现了高山族原始、暴力与迷信的一面。1923年佐藤春夫创作的《魔鸟》即改编自台湾本土传说，传说萨满法师世代豢养一种红爪白鸟，专用来杀人，被疑豢养此鸟者多被迫害或残杀。佐藤听说一户人家因此被害，便将此事记录下来：残酷的安抚运动中，日军每到一个村庄，便将村中的所有成年男性逼到一间屋内，再将屋子整个烧掉。一次，日本军接近一个村庄时，村民们将厄运怪罪到一户疑似信萨满教的人家。村民将这户人家逼进一间小屋，将屋子付之一炬。这家未成年的儿女逃了出来，躲进森林中过活。女儿去世那天，天上彩虹绽现，据说是要助她踏着彩虹桥与豢鸟的祖先相见。1939年，中村地平创作了短篇故事《雾之蕃社》，改编自1930年的雾社事件，这篇故事将原住民的起义描绘为一群"天真单纯之人"的垂死挣扎。中村地平用熟悉的比喻描述了雾社事件的动机："在瞬间迸发的残存野性驱使下,这些蛮夷向文明发起最后反抗,反抗着与自身不符的生活方式,不论这种反抗是何等的于事无补。"①

经历数十年殖民教育政策后,台湾本地作家成为一个特殊的现代知识分子阶级,受日文教育,却保有中华文化之魂。他们通过写作探索自身杂糅的身份,台湾作家与日本作家的作品共同出现在《台湾文艺》等当地杂志上。台湾本地文化圈存在两股不同势力:一派在20世纪二三十年代尤为活跃,保留了中华文化之根,对殖民地政策持批判态度,但在严苛的审查制度下,其批评言论多隐晦;另一派于20世纪40年代"上位",提倡接受同化政策,成为真正的日本帝国子民。

杨逵是第一派势力的代表人物,其作品着重体现台湾殖民地的社会、经济不平等现象,体现了反对帝国主义的思想。其短篇小说《水牛》描述了殖民政府没收本土农民的家养水牛并将之送往南洋支援种植园发展的事。故事以暑期返乡学生的视角展开,学生与一名年轻女孩交好,女孩家里的牛被充公。家中生计既断,女孩的父亲便计划将女儿嫁给学生的父亲为填房。吕赫若1935年创作的小说《牛车》也是类似的题材:日本汽车与卡车涌入台湾,一名牛车夫因此失业。为筹款买地耕种,车夫之妻被迫卖淫。故事结尾,牛车夫因在新路上拉旧车被罚款。上述故事中,本地人士遭受着殖民地压迫性经济政策与中国父系社会习俗的双重打击。接受日文教育的台湾精英眼见种种惨状,对殖民地不平等现象与封建传统表示不满。

20世纪40年代初,部分台湾作家开始思考如何成为更称职的日本帝国子民。这些作家接受的全部为日文教育,其中多数曾在日本生活,因此认定殖民者对台湾具有善意、寻求着殖民者的认同。因勾结外国势力,这些作家

---

① Faye Yuan Kleeman, *Under an Imperial Sun: Japanese Colonial Literature of Taiwan and the South* (Honolulu: University of Hawaii Press, 2003), 30.

在后殖民时代颇受鄙薄。周金波创作的获奖小说《志愿兵》就是文学界"皇民化运动"①的实例。周金波童年在日本度过，1923年关东大地震后返回台湾。小说《志愿兵》中，主人公在日本完成学业后重返台湾，因家园文化的落后性感到不适，他与童年好友就台湾日本化的最佳途径发生了争论。主人公认为应提高本土文化水准，好友却提倡加入爱国青年旅，通过参拜神道教神社与日本神明实现心意相通。这之后不久，好友志愿加入日本军队，赢得主人公的敬重。这篇小说展现了台湾的军队征募体系，入伍起初为自愿，却逐渐演变为一种胁迫。战时，没有志愿参军者将被逐出学校，强制参与工厂劳动、支援战争。

像台湾作家一样，许多朝鲜殖民地作家也对自身文化的混杂性抱有复杂的心态。他们当中多数人曾在日本高等大学接受高等教育，既研读了西方文学理论，也了解日本现代主义写作，致力打造独特的朝鲜文学。他们因民族和种族的差异遭日本殖民者歧视，为此感到焦虑，但自认文化与才智并不输日本人。作家李光洙（1892~1950）的长篇小说展现了殖民地知识分子身份复杂、不稳定的一面。李光洙曾是1919年运动②的领导者之一，曾就读于东京著名的早稻田大学。他似乎注定要成为一名民族主义领袖。然而，20世纪20年代，他却突然从日本返回故土，退出独立运动。1937年，他因民族主义运动被捕，随后开始热情鼓吹日本统治，是最早改用日本姓名者之一，敦促朝鲜民众志愿加入大日本帝国陆军，赞颂日本神风队飞行员的牺牲。朝鲜独立后，李光洙被斥为叛国贼。朝鲜战争期间（1950~1953），朝鲜人民军曾短暂占领汉城，将包括李光洙在内的叛国者一并送往北方监狱。

---

① 台湾日据时期的强制教化政策，试图"改造"台湾居民，令其成为对天皇与日本高度忠诚的子民。——译者注
② 指1919年3月1日朝鲜半岛爆发的大规模民族解放运动。——译者注

332　神奈川冲浪外：从传统文化到"酷日本"

1950年，李光洙死于平壤狱中。

李光洙1917年创作的《无情》多被看作朝鲜首部现代小说。《无情》连载于殖民地唯一一份朝鲜语报纸上，一经刊登即引起轰动。小说围绕着一段三角恋展开，年轻的主人公在中学担任英语教师，是名害羞的纯洁青年。他在两名女子间游移不定，一位是导师家恪守传统的女儿，却因家门不幸沦为妓生（与艺伎类似，为客人进行歌舞与乐器表演），另一位则出身基督教家庭，是计划前往美国留学的现代青年女性。妓生惨遭强暴，自感不洁，无法嫁与青年，便决意自杀，但被火车上偶遇的一位现代青年女性劝阻。与李光洙其他早期作品一样，《无情》突出了传统理念与殖民地现代性之间的冲突。小说高度抨击了包办婚姻的习俗，正是这一习俗导致男子纳妾、与妓生厮混，家中备受压迫的妻子则希望自尽。

作家廉想涉也曾在东京接受教育，他于1924年创作了短篇小说《万岁前》。小说中，旅居异国的朝鲜人被迫回归殖民地子民身份，因此倍感焦虑与悲伤。主人公在东京上学，突然收到家中电报，称妻子将撒手人寰，要他务必返乡。动身返乡前，主人公在东京四处游荡，拜访了相好的咖啡店女招待，又到百货商厦购买了礼物。他从东京先到下关，再到釜山，一路上因混杂的身份遭到种族歧视。乘火车离开东京时，他尚可伪装成日本人掩人耳目，离开下关，与各种族的三教九流一同登上渡轮后，主人公无意中听到有人在侮辱朝鲜人。不过，比起见钱眼开、企图通过剥削朝鲜资源与劳动力获利的日本人，他仍自感"优越"。在朝鲜的一座火车站，主人公目睹被日本警察押解的朝鲜罪犯在哀号，其中还有一名背负婴孩的女人。主人公不禁大呼故土已为墓园："真是座涌满蛆虫的坟墓！……一切都将为蛆虫所分解、回归尘土，再进入你我口鼻之中……消失吧！把他们带走吧，一枝一芽都不要留下！坍塌吧！毁灭吧！万事终结后，也许人会获得新生。"①主人公的妻子将死，然而其家族墓地又与殖民地法律相冲撞，深化了故土已为墓园、朝鲜国在殖民统治下逐渐瓦解的主题。

日本流行文化将南洋描绘为原始的热带天堂，激发出民众天马行空的想象力。自20世纪早期起，日本人开始前往南洋探险并找寻宝藏。明治时代的教育家新渡户稻造视日本征服南洋为天定的命运，他曾以日本家喻户晓的桃太郎传说比喻日本的扩张之举。桃太郎生于一颗桃子中，被一位膝下无子的老妪收养，后来离家前往鬼岛找寻宝藏。新渡户稻造将鬼岛看作日本不断外延的边境线，将桃太郎的鬼岛之旅视为"还乡"，鬼岛的居民则是日本民族的原型。

《冒险弹吉》是一部20世纪30年代流行的男孩漫画，拥有同名动画片，刻画了日本在南洋担当的角色。弹吉是个普通男孩，在与老鼠朋友"卡利公"钓鱼时坠入梦乡，醒来后两人发现飘到了一座遥远的南洋小岛上，岛上住着黑皮肤的原始人。弹吉扔掉了身上的校服，但保留了象征先进文明的鞋子和腕表。他的智力和创造力令岛民十分惊异。岛民推举弹吉为王，但弹吉无法辨别这些名叫"菠萝"或"香蕉"的黑皮肤子民。为此，他用橡胶树的汁液在子民胸口标注白色数字。对当时的观众而言，弹吉代表着将文明输送给愚民的愿望，象征着日本的优越性。批评者称，以《冒险弹吉》为代表的故事将非洲、印度、南美和南太平洋多种多样的动植物及人口随意拼接在一起，为南洋殖民地塑造了与现实高度不符的刻板印象。

---

① Jiwon Shin, "Recasting Colonial Space: Naturalist Vision and Modern Fiction in 1920s Korea, *Journal of International and Area Studies* 11, no. 3 (2004): 51-74. Another translation of the story is available in Sunyoung Park and Jefferson J.A. Gattrall, trans., *On the Eve of the Uprising and Other Stories from Colonial Korea* (Ithaca, NY: Cornell University Press, 2010).

电影

电影被广泛看作威力强大的宣传媒介。政府利用电影和其他媒体实现了民众万众一心支援战争的效果，亦为自身对亚洲各国的不义行为开脱了罪名。以宣传为目的的影片传递了两大信息：一是日本对西方宣战乃"圣举"，为的是解放亚洲人民，令各国得以享受太平；二是西方的价值观不道德，带有种族歧视，在文化领域推行帝国主义，且有统治东方的意图。为确保民众正确理解这两大信息，官员增强了对大众媒体的控制，严格审查带有民愤和消极主义的影片。印刷、广播和电影都被用作宣传手段，甚至连儿童文学也不例外。这些宣传手段成为强有力的武器，以情动人，鼓励日本国民从思想和行动上支持国家的战时目标。

20世纪10年代起，日本主要的电影工作室开始在台湾和朝鲜开设电影院。1945年末，仅台北就有16家影院。朝鲜的电影工作室更为活跃，日本三大工作室巨头日活、松竹和帝影均在汉城开设了分部，从事发行和制片业务。殖民地官员相信，电影是教化殖民地子民及塑造殖民地国际形象的有效手段。与文学或戏剧不同，殖民地人口无须掌握日语即可理解电影内容，他们可以亲眼看到日本的现代化生活，进而欣赏殖民者的优越性，展望美好未来。当局支持的影片多为教育片和故事片，教育片负责向观众阐释殖民地的结构，将警察、教师等角色刻画为乐于助人的形象，赋予其教育、开化殖民地的职责。朝鲜殖民电影局每月约拍摄两部影片，用以"向朝鲜民众介绍日本，帮助其熟悉母国"。[1]

然而，以台湾和朝鲜为主题的故事片并不受日本观众欢迎。20世纪20

---

[1] Michael Baskett, *Attractive Empire: Translational Film Culture in Imperial Japan*, (Honolulu: University of Hawaii Press, 2008), 23.

年代起，讲述着土匪和叛国贼出没的"狂野西部"边境故事、实地拍摄的"满洲"影片倒是极受欢迎。半官方性质的"株式会社满洲映画协会"，也称"满映"，成立于1937年，很快便成为亚洲规模最大的电影机构，阵容强大，还运营着一份电影杂志。在"满洲国"的"本土市场"，"满映"的作品可与日本、中国和欧洲影片相抗衡，因其影片由"满洲国人"制作、服务"满洲国人"的品位，且以娱乐而非宣传为目的。

1941年前后，日本电影业提出了"大东亚电影圈"的构想，希望拍摄代表正统"东方精神"的影片，保护亚洲电影市场不受堕落的好莱坞作品腐蚀。与"大东亚共荣圈"一样，日本也希望担任"大东亚电影圈"的领导人。"大东亚电影圈"的作品多以中国为背景，刻画了建设现代铁路和运河、帮助欠发达地区落后人民过上好日子的日本主人公。其中，较为经典的是1940年的《热砂的誓言》，讲述了日本工程师杉山被送往中国修建北京到西安间铁路的故事。影片中，杉山和中国同事杨站在长城上，望着长城下行走在沙土间的骆驼。杨称长城是"无用的庞然大物"，因为"人们无法驾驶卡车开过去"。杉山回答："为何不打造一座可以驾驶卡车的长城呢？不妨打造一座可与我们脚下长城媲美的'新长城'。"影片的主旨很清晰，即日本的科技与工程成就已超越中国远古时期的辉煌，日本掌握着中国未来发展的命脉。

凭借《热砂的誓言》及其他以中国、"满洲国"为背景的影片，女星山口淑子（1920~2014）声名鹊起。她是长于"满洲国"的日本人，比起山口淑子，她的中文名"李香兰"更为人所知。这位美人精通中日双语，歌喉动人，通过改变着装和语言，可扮演中国人、"满洲国人"、朝鲜人甚至俄国人。很快，李香兰成为亚洲影坛的红人。"满映"隐瞒了其日本人的身份，以此提升对中国和"满洲国"观众的吸引力。李香兰常出演表现跨民族恋情的悲喜剧，这类影片剧情如出一辙，多为强壮的日本男子赢得顽强的殖民地美女芳心，隐喻日本称霸亚洲的愿望。1940年的《支那之夜》中，李香兰饰演上流社会女孩桂兰，日本炮火炸死了桂兰的双亲、炸毁了她的家，桂兰只得在上海街头乞讨。桂兰鄙视日本人，因此不肯接受日本船长长谷的善意，为使桂兰清醒，长谷打了她一耳光。后来，桂兰与长谷相恋。根据放映国家不同，影片推出了不同的结局：中国版的桂兰和长谷过上了幸福的生活，日本版的桂兰最终选择自杀。

1939年，《电影法》出台，对与性有关、内容轻浮或评论敏感话题的电影下了禁令，规定影片应提升爱国情操，适当呈现战时情景。拍给后方民众的宣传影片往往刻意营造伤感的氛围，刻画战争造成的苦难与折磨，企图激起观众的同情心。美国的宣传影片赋予美军战无不胜的形象，日本宣传影片却常将日军刻画为弱者。常见的故事主线是一家人如何通力合作支援上前线的儿子或父亲，抑或是家中男人光荣地战死沙场、为国捐躯。1938年的《巧克力与士兵》就是一个经典的例子。影片刻画了中日战争期间的一对日本父子，在前线作战的父亲常常寄巧克力给儿子，作为回报，儿子则为父亲所在的排级单位绘制活动地图。父子间的相互奉献触动了观众的心弦，激起他们心中支援战争的意愿。战时电影的另一常见主题为自我牺牲，为了集体的利益放弃个人愿望。黑泽明的宣传影片《最美》(1944)开篇即是"攻击并摧毁敌人"这行大字，展现了年轻女工在工厂生产战争用光学设备、晚上住在宿舍的生活。片中，女工们即使生病或亲人去世也绝不肯误工，表现出对国家的热忱。每个清早，女孩们都要重温一遍誓言，"今天，我们将竭尽全力助国家摧毁英美"。其他影片试图令观众对前线战士产生同情，1939年的《战斗的士兵》和《土地与士兵》就表现了日本士兵在中国的无聊生活与情感创伤。

动画片也被用于歌颂日本的开化使命和对抗邪恶西方的战争。史诗级作品《桃太郎：海之神兵》（1945）以狗、兔、熊、猴等动物形象指代日本军队。在日本受训后，这些军队驻扎在某个太平洋岛屿，在象征当地人的象、豹、鳄鱼等帮助下建起空军基地。岛民心地单纯，十分乐于与富有魅力的新朋友分享食物与资源。片中用一个重要镜头刻画了一名士兵试图教授野生动物们日语音节结果引发骚乱的情景。然而，当士兵为教学内容配上音乐时，岛民们开始理解教授的内容，边唱边配合起士兵，帮助这些显然"高人一等"的日本精英洗衣做饭，负担各种累活杂活。日本将军桃太郎向同盟国前线发起进攻时，懦弱的英国士兵陷入慌乱，即刻向日本投降，接受日本统治。

博物馆

日本帝国将博物馆作为歌颂日本国功绩、展现艺术管理水平及殖民地资源的手段。通过各类展品，日本将自身呈现为先进、文明的宗主国，将朝鲜、台湾和其他殖民地置于日本之下的次等位置。台湾首间博物馆开设于1908年，旨在令公众了解岛上的自然资源与工业发展前景。展品多与自然科学领域相关，如地质学、植物学、动物学和海洋资源，弱化了台湾与中国的历史联系。然而，博物馆的展品与日本本土博物馆台湾展厅内的并不相同，后者更为突出台湾岛上生活原始、异域的一面，展现了从吸食鸦片到土著猎人头等一系列风俗。1915年，博物馆纳入了更多与土著群体和其"远古习俗"相关的人类学材料——在日本文明的影响下，这些习俗渐渐不复存在。20世纪二三十年代，殖民当局在殖民地内构筑起州、市博物馆网络，整体代表了日本帝国版本的台湾史与文化遗产。这些博物馆将台湾呈现为自然、原始之地，与日本的文化与现代性形成对比。

日本人在朝鲜的汉城宫殿建起三座博物馆,将原本居住在此的皇室驱逐出去,将此前大门紧闭之地向公众开放。这三座博物馆的展品大多体现了日本和朝鲜在远古历史上的联系及朝鲜王国近代的衰落。1909年开放的李王家博物馆展出了书法、佛教图像等古代展品,其中的陶瓷器更是别具一格,以"朝鲜艺术之精髓"——高丽王朝(918~1392)的青瓷为主,揭示当时执政的李氏王朝应为朝鲜艺术的衰落负责。[1] 作为被日侵占的"祭奠",朝鲜总督府博物馆于1915年即朝鲜被占五周年对外开放。该博物馆内的考古珍宝揭示了古代日本与朝鲜半岛间的渊源。1938年,一份关于该博物馆的英文官方报告中提到:

> 朝鲜是东方最古老的国家之一,一度十分发达,日本曾从该国习得大量艺术与工艺……日本一贯愿向朝鲜伸出援手,助其保持独立地位、提升民众福利。然朝鲜政府多年不治,官府腐败丛生、民风衰败,朝鲜已全然无法自立……鉴于此,日本定夺,救亡朝鲜最佳之法乃纳之为保护国。[2]

1933年,原皇帝居住的德寿宫内开设了李王家美术馆。该博物馆陈列着画作、雕塑和精细的手工艺品,皆为当时的日本艺术家创作。李王家美术馆宣称其宗旨为引导、教育朝鲜艺术家中的有志之士,但实则突出了日本人与朝鲜人在地位和物质成就水平上的差异。

在台湾4家、朝鲜6家博物馆的基础上,1932年日本在殖民地库页岛

---

[1] Noriko Aso, *Public Properties: Museums in Imperial Japan* (Durham, NC: Duke University Press, 2013), 114.
[2] Kenneth J. Ruoff, *Imperial Japan at Its Zenith: The Wartime Celebration of the Empire's 2,600th Anniversary* (New York: Columbia University Press, 2014), 121.

和位于中国广东的日控领土上也开设了博物馆，展出了没收自贵族家庭、寺院和少数民族的工艺品，从事为日本扩张主义"正名"的研究。

旅游业与消费行为

旅游业与消费行为也拉近了日本民众、殖民地子民与日本帝国间的联系。日本和殖民地的百货商厦常见被占领土的"特产"。1939年，东京伊势丹百货商厦展出了实物大小的库页岛传统村庄透景画，台北和"满洲国"的百货商厦曾展出朝鲜商品。展区旁设有旅游咨询台，可协助顾客规划前往该地的旅游计划。日本皇室成员对歌曲《阿里郎》等朝鲜民俗艺术、音乐产生了极大的兴趣。对朝鲜民俗文化的热情反映出日本民众的怀旧心理，日本的"优良传统"已在现代生活中销声匿迹，民众希望从朝鲜觅得过往回忆。

旅游业蓬勃发展，生产了大量旅游出版物和宣传片，激发了民众赴国内与殖民地参观帝国遗址的热情。日本境内，各县竞相争取被官方列为帝国遗址（多与神话相关），如传奇皇帝神武天皇统一日本大业的起点等。交通领域的发展对日本帝国境内的旅游业起到了推动作用，富裕的日本游客可搭乘商业航班，仅需6小时便可到达朝鲜、9小时便可到达"满洲国"。蒸汽客船和详尽的铁路网络系统则提供了价格更为亲民的出行方式。

殖民当局推广着此类出游活动，认为这为日本帝国子民体验异域文化提供了一种安全的途径，出游的目的地多为受日本控制的领地，配有日式餐馆、温泉和百货商厦等日本常见的便利设施。若是渴望探索朝鲜，可到金刚山感受未被破坏的自然原貌。汉城大街上的观光巴士内，身着传统服饰的女性导游将景点逐一介绍给游客，既有汉城的南大门、塔洞公园等名胜古迹，又有朝鲜神宫等地标式日据建筑，还有没收皇室土地后改建的博物馆和花园。在这里，游客可尽情体验异域风情，可前往游廓观看传统妓生歌舞表演，品尝烤肉和烤牛肋等朝鲜特色美食，还可购买当地手工艺品。身穿当地服饰拍摄纪念照亦大受游客欢迎。可见，日本官方的同化辞令强调"同一性"，作为消费者的民众却渴望体验文化差异。

20世纪初，"满洲"成为广受欢迎的旅游胜地，主要游览景点为中日战争及日俄战争遗址。其中，最重要的景点当属亚瑟港，正是在这里，日本投身帝国主义列强的命运一锤定音。大城市的战场纪念碑提醒游客战争牺牲之巨，是日本理应控制"满洲"的"铁证"，被视作"圣地"。夏目漱石、芥川龙之介、与谢野晶子和谷崎润一郎等著名作家乘坐"满铁"在东北亚游历，将在"满洲"和蒙古国的见闻写成游记或文章发表。1931年，九一八事变爆发，日本随后占领东北，建起大量旅游设施。"满洲国"的新都新京（即今天的长春）有日式、中式、朝式及西式风格的宾馆和餐馆供游客选择。大批游客在此打高尔夫或赛马。游客喜在奉天各市购买异国小玩意、纪念品并参观清代皇帝的陵墓，亦乐于在大连街头吵吵嚷嚷的传统市集购物。

后方文化的其他层面

在日本后方，国家组织劳动力支援战争相关产业，以控制薪水的方式将劳动者输送至具有战略重要性的经济领域。然而，当务之急是满足军队的兵员需求。截至1945年8月，已有720万人被征入伍。工厂劳动力不足，便采用胁迫手段征募工人。经《国家总动员法》授权，国家有权将16岁至59岁的男性及12岁至39岁的未婚女性登记为潜在的工厂征募对象。女性从未真正被征募入厂，但迫于重压"自愿"投身战争相关产业和重工业，人数之巨可谓史无前例。劳动力短缺不断加剧，国家便将眼光投向了学校，将数百万中学生征募为劳工，送至军工厂劳动。战犯和来自朝鲜及其他殖民地的强制劳动力替代征募工填充了挖煤等高危、艰苦行业的空缺。

为争取大众对战争的支持，国家机构开始创立群众组织。"产报"，即"大日本产业报国会"是专为产业工人成立的组织，旨在确保工人理解生产目标、运营消费者合作社并将多余份额的清酒和大米分发给勤奋的雇员。1940年，该组织成员数为350万；战争收尾时，这一数字攀升至近650万。为效仿"产报"的成功，人们为日本各行业、年龄段与性别建立了各类爱国组织。农民、作家和花道教师被"分门别类"分至相应的组织之中。大日本青年团由1400万名10岁至25岁的男性组成，负责清理公园和修缮道路、学校。大日本妇人会要求年过20岁的单身女性及全部已婚女性加入，该组织共有近1900万名成员，负责组织为上战场的士兵送行、为前线战士准备补给包并参与国防活动。成员们发誓放弃享乐，力行节俭，不再梳需要固定头发的发式，以节省宝贵的化学品，还为家人制备"旭日升"便当做午餐——这便当不过是白米饭中间放一颗象征日本国旗的红色腌梅。一张鼓励女性参与国防活动的明信片如是写道："来吧，敌人的飞机，我们等着你！勇敢的衬裙姑娘们正等着救火呢！天空有她们守护，我们很安全。"

佛教机构也为战争动员提供了协助。世人眼中，佛教徒无论何时都应秉持和平与非暴力的价值观，因此，其战时行为也许令人感到震惊。不过，从本质上讲，佛教徒的援战行为与"二战"期间及之后基督教堂对美国军事行动的支援无异。需注意的是，战争开始前，日本的佛教机构与国家就已存在超过千年的"牵绊"。佛教曾在明治早期遭压迫，后来多数佛教领袖表达出对帝国扩张的强烈支持。日本佛教哲学家歪曲了"无私"的信条，将其解释为对国家不加质疑的忠诚，鼓励士兵毫不犹豫、毫无悔恨地为国捐躯——若不这么做，将面临宗教惩罚。

针对儿童的宣传手段包括课本、漫画杂志和"纸芝居"。纸芝居是一种讲故事的形式，巡回纸芝居艺人在街角竖起画架，以一系列插画板为道具讲故事。艺人们向观众中的儿童售卖糖果，以此营利。纸芝居的价格低于电影，又比广播易获得，因此成为说教的绝佳工具。据称1933年时，日本共有2500名纸芝居艺人，仅是东京的艺人，每人每天便能表演10次之多。纸芝居艺人向数百万儿童宣扬了英雄战士为国捐躯、成为"战神"光耀门楣的光辉事迹，在孩童心中树立了战争的光辉形象。纸芝居艺人也讲述更为实用的故事，教授儿童如何应对空袭预警，鼓励儿童节俭、孝敬父母、保持强健的体魄以维持斗志。日本还为殖民地儿童特别制作了纸芝居，赞颂了殖民地在日本治理下"天堂"般的生活。

总之，日本通过战争和其他手段夺取了殖民地，提升了本国的经济水平与相对主要列强的国际地位。治理殖民地时，日本效仿了其他国家，剥削当地劳动力和资源，建立起惠及国内外日本民众的各类设施。不过，日本的殖民方式与其他列强存在不同，推行彻底的同化政策。日本自称与殖民地间存在种族和文化相似性，因此似乎存在彻底同化的可能。20世纪30年代，大萧条与农村危机驱使日本进一步在亚洲大陆扩张领土，日军夺取了中国北部几个省份，建立起傀儡政府，以便让日本从中国获取宝贵的自然资源。1937年，中日冲突升级为残酷的全面战争，随后日本与反对其扩张政策的美国及盟军上演了太平洋战争。为支援战争，日本向殖民地和在东南亚新占的领土提出了愈加苛刻的要求。

各阶层、各年龄段的日本民众欣然接受日本世界强国的新角色，认为

第十章　帝国与战争文化　343

日本注定要一统亚洲。在国家鼓吹与媒体渲染下，民众对日本大业的正当性深信不疑，人人皆为战争出力。受同辈压力与当局威胁，难有人发出质疑之声。多数日本人并无异心，是日本帝国忠诚的支持者。然而，少有人能想象日本战败将带来毁灭性后果。

推荐阅读

Aso, Noriko. *Public Properties: Museums in Imperial Japan*. Durham, NC: Duke University Press, 2014.

Baskett, Michael. *Attractive Empire: Transnational Film Culture in Imperial Japan*. Honolulu: University of Hawaii Press, 2008.

Ching, Leo T. S. *Becoming "Japanese": Colonial Taiwan and the Politics of Identity Formation*. Berkeley: University of California Press, 2001

Duus, .Peter. *The Abacus and the Sword: The Japanese Penetration of Korea, 1895-1901*. Berkeley: University of California Press, 1998.

Fujitani, Takashi. *Race for Empire: Koreans as Japanese and Japanese as Americans during World War II*. Berkeley: University of California Press, 2013.

Henry, Todd A. *Assimilating Seoul: Japanese Rule and the Politics of Public Space in Colonial Korea, 1910-1945*. Berkeley: University of California Press, 2014.

Kleeman, Faye Yuan. *Under an Imperial Sun: Japanese Colonial Literature of Taiwan and the South*. Honolulu: University of Hawaii Press, 2003.

Soh, C. Sarah. *The Comfort Women: Sexual Violence and Postcolonial Memory in Korea and Japan*. Chicago, IL: University of Chicago Press, 2009.

Tansman, Alan. *The Aesthetics of Japanese Fascism*. Berkeley: University of California Press, 2009.

Tierney, Robert. *Tropics of Savagery: The Culture of Japanese Empire in Comparative Frame*. Berkeley: University of California Press, 2010.

Uchida, Jun. *Brokers of Empire: Japanese Settler Colonialism in Korea, 1876-1945*.

Cambridge, MA: Harvard University Press, 2014.

Young, Louise. *Total Empire: Manchuria and the Culture of Wartime Imperialism.* Berkeley: University of California Press, 1999.

推荐影片

《日本鬼子》，松井稔执导纪录片，2001 年。该片采访了曾在中国犯下战争罪行的日本士兵。

《千年女优》，今敏执导动画片，2001 年。以 20 世纪 30 年代迁居"满洲国"的女演员藤原千代子为原型，讲述了其生平故事。

《南京》，比尔·古登泰格（Bill Guttentag）执导纪录片，2007 年。片中，演员朗读了南京大屠杀期间西方传教士和商人写下的日记和书信，展示了幸存者的影像与访谈。

《战场的女人们》(*Senso Daughters*)，关口佑加执导纪录片，1989 年。该片调查了巴布亚新几内亚的慰安妇被剥削的内情。

《做人的条件》，小林正树导故事片三部曲，1959 年至 1961 年。改编自五味川纯平的系列小说，讲述了一位和平主义者迁居"满洲"、被征募加入关东军后的艰难生活。

《末代皇帝》，贝纳尔多·贝托鲁奇执导故事片，1987 年。改编自溥仪自传，讲述其童年、日本政权压迫下的中年及被中国共产党释放后的晚年故事。

第十一章
战败与重建
1945年至20世纪70年代

第二次世界大战日本以悲剧收尾,遭受了毁灭性损失。国家基础设施与经济大幅被毁,国土也为昔日的敌人所占。纵观日本史,同盟国军事占领时期(1945~1952)与德川幕府统一全国、明治维新并列为日本的重要转折点。与现代世界史中任一革命时期一样,盟军占领的7年中,日本也经历了深远、迅速的变革:人民权利得到宪法保障,军队职能被限制于国防目的,大规模土地、劳动力改革改善了工人阶级的前景。然而,这段岁月亦见证了日本民众遭受的苦难与掠夺,在本国被贬作二等公民成为日本民族无法遗忘的创伤。

1956年,日本政府发表了著名的宣言,称战后时期"已结束"。的确,自20世纪50年代末起,经济发展开始惠及大众,寻常百姓的生活获得肉眼可见的改善。人们开始购买电器和时装,饮食变得丰富多样,肉类、奶制品和加工食品比重上升,标志着美国电影、电视中宣扬的"光明新生活"就此到来。日本由享受相同生活方式的中产阶级构成这一观点盛行起来,中产阶级使用同样的消费品,参与相同的休闲活动。这一"中产大众"构成的社会受到赞颂，被视作日本在打造民主、平等社会过程中取得的成就。然而，这一意象忽略了自战前流传下来的保守性别规范，也未顾及心怀不满的那部分民众，后者为此在此后数十年间发起数次大型抗议。

政治与社会发展

1942年6月，中途岛海战爆发，日本帝国海军丧失了四艘无可取代的航空母舰。新制造的军舰与新培训的飞行员不足以填补战损缺口。美国工业界则对战争需求保持着高度响应，战争行业产出的武器可达日本的10倍。

资源耗尽后，日军孤注一掷，牺牲将士性命来拖延敌军脚步。此举颇具英雄主义色彩，却实属悲剧。1944年秋，日本成立了特攻队，以特攻队担当国土最后防线成为国家战略。特攻队以"神风敢死队"之名闻名，所谓"神风"，指的是13世纪日本神明为驱逐入侵的元军引发的风暴。23人自愿加入特攻队的初次任务，驾驶载有炸弹的零式战斗机俯冲向美国战舰，成功撞沉一艘、撞坏几艘航空母舰。很快，政府组建了更多敢死队，以装载炸弹的迷你潜艇和摩托艇等新工具发起袭击，但鲜有成效。在战争的最终阶段，神风敢死队成为主要的自卫手段，但队员的牺牲未能拖延美军的脚步。战争结束时，近五千名年轻人为执行敢死队任务献出了生命。

进入日本国土的攻击距离后，美军向日本民众发起残酷袭击。以工业目标为打击对象的B-29轰炸机多在高空作战，此时却低空飞过日本主要城市，向平民投掷燃烧弹。日本的居民区建筑排列紧凑，存在大量易燃物质，燃烧弹造成的后果十分惨重。无辜平民在袭击中丧生、走向毁灭，美军希望借此新策略打击日军士气。1945年2月，美军发起了第一轮突袭，炸毁了东京约2.5平方公里的区域。3月9日及10日，逾300架B-29汇聚在人口众多的东京浅草区上空，投下近400万磅燃烧弹，东京近40平方公里的区域毁于一炬。一夜间，东京五分之一的产业荡然无存，逾百万人无家可归。燃烧弹产生的热量竟令河水蒸腾、钢梁熔化。柯蒂斯·李梅（Curtis LeMay）将军曾回忆称燃烧弹的受害者"被活活灼烤至死"。

随后，美军又驾驶B-29轰炸了大阪、神户和名古屋。日军防御力量所剩无几，无力抵挡美军进攻的脚步。1945年夏，日本共有66座城市遭燃烧弹轰炸，其中大多被夷为平地。全国四分之一的房屋被烧毁。近25万日本人丧生，30万人残疾或受伤。当局敦促军工厂以外人员离开主要城市。儿童被迫离开家人，被转移至乡村的空置客栈和寺庙，而且不得不在附近的农场帮工。

1945年4月，美军到达冲绳，开始进攻日本本土。冲绳战役持续了82天，战况空前激烈，致4.9万名美军死亡，堪称美军史上死伤最惨重的一役。日军伤亡更甚，逾12万冲绳民众死亡，1.1万人成为俘虏。由于无力接受美军可能带来的浩劫，成百上千人自杀以逃避命运。冲绳诸岛大部分成为焦土荒地，以首里城①为代表的重要文物与建筑也被毁。

日本内阁决定请求苏联做说客与美国达成和解，谁知苏联领袖斯大林早已与英国首相丘吉尔、美国总统杜鲁门商议日本投降之事。7月26日，同盟国发布了《波茨坦公告》，要求日本无条件投降，否则将面临彻底毁灭。公告中未提及将如何处置天皇。日本固然希望终结战争，却无法接受条件不明的投降、外国军队入驻日本、帝国体系分崩离析，更无法容忍神圣天皇沦为寻常战犯。日本没有回应同盟国要求。于是，美国总统杜鲁门批准使用美国昂贵的新武器——原子弹。

---

① 15世纪至19世纪琉球王国的都城和王宫。——译者注

348　神奈川冲浪外：从传统文化到"酷日本"

8月6日早8点15分,"艾诺拉·盖"号("艾诺拉·盖"是飞行员母亲的名字)B-29轰炸机向广岛投掷了一枚3米长的原子弹,名为"小男孩"。"小男孩"产生的能量等同于1.5万至2万吨炸药的威力,爆炸中心温度超过7000摄氏度,将半径2公里内的一切事物悉数烧毁。原子弹的冲击波形成一道"墙",以声速从爆炸中心向外扩散,摧毁了混凝土建筑。地面零点[1]的风速比最强飓风产生的速度还要快5倍。关于这枚原子弹造成的死亡人数,人们无法得到确切数字,但估算在14万到20万人之间。两天后,苏联向日本宣战,进攻"满洲"和朝鲜。为阻止苏联攻击亚洲,美国又在长崎投下原子弹"胖子",致7.4万人死亡。在日本再次投放核武器是美苏冷战序幕的一部分。美国投放原子弹之举共造成近50万日本平民死亡。值得注意的是,当今世界的核武器威力要比1945年投放的两枚原子弹强大千倍。

原子弹爆炸的幸存者遭受严重辐射,相继出现呕吐、脱发、血细胞减少和暂时性不育等症状。遭受高剂量辐射者在两三个月后因骨髓障碍疾病去世。许多急救者及轰炸结束很久后才进入广岛、长崎的民众也受到辐射影响,出现病症。

日本内阁中多数人主张投降,但数百万大军仍在中国战斗得如火如荼,为此,军队领袖拒绝投降。最终,天皇打破了僵局,要求军队接受投降的提议。天皇录制了一段语音(即《终战诏书》),于次日在全国播放。这是史上天皇首次直接对话国民。日本举国聚集在收音机旁,天皇的声音伴着静电的噼啪声倾泻而出。由于他音调较高,且使用了正统的古代日语,人们大多未能完全理解其意。邻人间互相"翻译",解读出日本战败的噩耗。昭和天皇并未明确说出"投降"或"战败"字样,而是将日本投降阐释为拯救人类

---

[1] 原子弹爆炸的正上方、正下方或爆炸点。——译者注

之举①："及今，敌军更使用新式之残虐炮弹，频杀无辜，生灵将受何等残害，实难逆料。如若交战持续不休，则我民族终将招来灭亡，人类之文明亦将被破坏殆尽。"②天皇号召子民"忍所难忍，耐所难耐"，也就是允许外国军队对日本进行军事占领。

《终战诏书》播放两周后，美国的道格拉斯·麦克阿瑟将军率同盟国部队入驻日本，麦克阿瑟被任命为驻日盟军最高司令官总司令部司令。其人有时也被称作"蓝眼天皇"，有权解散国会、审查媒体、解散政党，还可下令出台法律，权力之大堪称史无前例。驻日盟军最高司令官总司令部中有5000人供麦克阿瑟差遣，全日本则驻扎有逾35万美军。美军立即控制了东京中部，攫取了几乎全部残存的建筑。

盟军领袖希望阻止军国主义抬头，同时抵抗共产主义在日影响力。在日盟军势力中美国占主导地位，因此，麦克阿瑟的民主化举措以美国为范例。盟军占领期间（及之后），美国大众传媒常以"性别"或"成熟度"来描述美日关系：日本不成熟且孩子气，需要美国父亲般的教导方能成长为"真正"的现代资本主义民主国家。有时，日本也被设想为臣服于美国男性欲望的异域"艺伎"。麦克阿瑟与昭和天皇首次会晤时曾拍下一张照片，日本的新权力结构在其中展露无遗。天皇着正装出现在这一历史性时刻中，在正视镜头、目光严肃、姿态随意的麦克阿瑟身边显得僵硬而矮小；麦克阿瑟则身着卡其装，显然不认为这次会晤值得穿军礼服出席。

1945年至1947年是盟军占领日本的第一阶段。在此期间，盟军以横扫一切的态势，集中推行"三化"政策，即"非军事化""民主化""财富、

---

① 此句译文节选自小岛毅：《东大爸爸写给我的日本史2》，郭清华译，北京联合出版公司，2016。——译者注
② Wm. Theodore de Bary et al., eds., *Sources of Japanese Tradition, vol. 2: 1600 to 2000*, 2nd ed. (New York: Columbia University Press, 2005), 1016.

道格拉斯·麦克阿瑟与昭和天皇，
1945 年
美国陆军照片，加埃塔诺·法伊拉切（Gaetano Faillace）中尉摄
图片来源：Wikimedia Commons

权力分权化"。麦克阿瑟先是结束了日本的殖民帝国，摧毁了日本发动战争的可能性。驻日盟军最高司令官总司令部剥夺了日本除四大主岛以外的所有领土，废除了日本的陆军和海军，启动了涉及 500 余万军人的大型复员项目，其中近半数军人仍在海外。

丧失殖民地后，当初被日本帝国以管理者、企业家、农民和工人的身份输送至殖民地的 300 万平民也需遣返回国。1945 年，日本主岛总人口的近 9% 居住在帝国的前哨基地。相应地，数百万迁居至日本的前殖民地子民也被遣返原国。总司令部的遣返和驱逐之举造就了许多具有种族同质性的东亚国家。日本不再是东亚的多种族帝国中心，转而成为位于美国影响力边缘的单一种族国家。

非军事化采取了"肃清"手段，将军国民族主义者从国家机构中移除。

第十一章 战败与重建 351

逾 20 万警察、报纸出版业人士、记者和政界人物被迫失业。全日本约有 6000 人因战时暴行被驻日盟军最高司令官总司令部判为战犯，逾 900 人被处以极刑。1946 年 5 月，东京战争罪行法庭（Tokyo War Crimes Tribunal）成立，起诉了 28 名高级政府、军队官员，包括内阁成员。经过两年的审议，法庭判处包括战时首相东条英机（1884~1948）在内的 7 人死刑。一些批评家称就国际法而言，参与一国发动战争的决定并不能被定义为战争罪，因此，东京审判不过是胜利者对失败者的审判（即复仇、辩白和鼓吹）罢了。来自印度的法官拉达宾诺德·巴尔（Radhabinod Pal）对此观点表示赞同，他不认同所有罪行的裁定，否认整个法庭的合理性。在他看来，美国投放燃烧弹和原子弹、肆意毁灭平民生活和财产的行为才更称得上人神共愤的战争罪。麦克阿瑟希望日本皇室帮助稳定战后局势、鼓励民众遵从驻日盟军最高司令官总司令部的指示，因此，昭和天皇及全部皇室成员被宣布无罪。

盟军早期的"三化"政策中，第二"化"乃民主化。为保障公民自由，美国领导人认为应重新修订明治宪法。麦克阿瑟组建了由二十余名美国军官、律师、教授、记者和商界人士构成的委员会，负责形成模范宪法。为战败的敌国改写国家宪法堪称史无前例，由此形成的宪法文件更是令日本领导人大为震惊。宪法的第一条便剥夺了天皇的统治权，将君主变为无实权的"国家及人民统一的象征"，仅保留仪式职能。第九条即著名的和平条款放弃了通过战争、武力或以武力相威胁解决国际争端的权利。现代史上，从无任何国家放弃发动战争的权利。新宪法的其他条款增进了公民权利，赋予民众普选权、集会自由及新闻自由。

"三化"政策中的第三"化"为财富、权力分权化，包括解散财阀（即与军队共举帝国扩张大业的多产业集团）、组建工会及发起土地改革。财阀占据了战时四分之三的工商活动。总司令部解散了三菱、三井等大型公司，这些公司后来以新形式重组。麦克阿瑟希望工会运动能发展壮大，进而帮助形成稳定的中产阶级，支持总司令部的改革举措。新劳工法规定了最低收入和最长工时，规定了带薪假期，强制要求工厂采取安全措施和员工培训。在新劳工法推动下，大批日本工人动员起来。1948 年，近半数劳动力，即 670 万人已分属 3.3 万个不同的工会。土地改革极大程度上改变了农村人口的生活，后者仍占日本人口的近半数。佃农耕种着超过三分之二的农田，将约半数收成上交给地主。总司令部没收了在外地主的土地，以低价出售给佃农。常住本地的地主则仅被允许保留自身耕种能力范围内的土地，另可保留 30 亩地出租。1950 年，300 万贫穷佃农获得了属于自己的土地，富裕地主掌控下的农村权力结构瓦解。

宪法明确规定民众享有言论和新闻自由，最高司令部却仍在日本广泛施行审查制度，其麾下的民间审查部（Civil Censorship Detachment）雇用 6000 余人，负责监控报纸、广播脚本、杂志和其他媒体内容。对总司令部、美国或其同盟国的批判，同盟国军队犯下的罪行，原子弹相关报道，对黑市、饥荒及同盟国军人与日本女性过从甚密的讨论皆属禁忌话题。媒体不得提及盟军占领给日本造成的巨额损失，也不得探讨美国宣扬的自由、民主与实际情况的出入。美国人过着纸醉金迷的生活，日本民众却忍饥挨饿、备受剥削和歧视。最具讽刺性的当属此项——媒体不得提及审查制度本身。

20 世纪 40 年代末，毛泽东领导下的军队在中国取得胜利，苏联在东欧生成卫星国[①]势力，朝鲜形成南北敌对态势，共产主义的影响逐渐增强。美国领导人开始重新审视总司令部的当务之急：若欲将日本培养为对抗东亚共产主义的坚定盟友，便需采取多种手段保持日本政治稳定、振兴其经济。美

---

① 国际关系中，卫星国指名义上完全享有主权，但国内政治、军事和外交受强权干预的国家，卫星国可能出现政治变革时，宗主国将使用武力干涉。——译者注

国这一政策上的重定向十分独特，以至于部分史学家称其为"倒退路线"。1948年至1952年的新战略放弃了1945年至1947年的"三化"政策，转向了重建经济、限制劳动力、平反被肃清者及重新武装军队四大新政策。

总司令部的新战略获得了以吉田茂（1878~1967）为代表的日本保守派领导人的青睐。吉田茂脾气暴躁，曾任日本驻英国大使，于1946年至1947年、1948年至1954年两度担任日本首相。吉田茂认为，占领军应仅针对复苏经济和恢复日本国际社会地位发起程度较轻的改革。早先，吉田茂曾讽刺驻日盟军最高司令官总司令部总部的缩写GHQ（General Headquarters）代表"Go Home Quickly"（赶紧回家吧）。担任首相期间，他主张复苏经济和依靠美国军队保护，甚至不惜牺牲日本在外交事务上的独立性。这些观点统称为"吉田主义"，对冷战及其后的日本外交政策产生了深远影响。在吉田领导下，早期惠及劳动力的总司令部法律被废除，让路于恢复领导层权力和令国家凌驾于工会之上的法律。

1951年9月8日，日本被盟军占领的岁月随着两项条约的签署终结：其一为《旧金山对日和平条约》，规定盟军需撤出日本，恢复日本的完全主权，声明日本具有自卫权且不限制其日后经济发展；其二为《日美安全保障条约》，在日本被称作ANPO，允许美国在日本无限期驻军，且日本不得为任何第三国提供军事特权。多数日本人对《旧金山对日和平条约》表示支持，但对《日美安全保障条约》表示反对，担心后者会令日本的国防需求受制于美国政策，损害日本主权。批评家称吉田茂领导下的日本仅有"依附他国的独立"，大众亦对这一说法表示赞同。1952年的一次民意调查显示，仅18%的日本民众认为ANPO赋予了日本真正的独立地位。

1955年，吉田茂领导的政党与另一政党合并，成立了自由民主党。自由民主党掌控日本政坛近40年，党内共有15名成员接连出任日本首相，牢牢把控着权力。该党派秘密接受着来自美国中央情报局数百万美元的经济援助,支持日本境内的保守派亲美势力,破坏左翼政治。自由民主党带来的稳定局势有助日本战后的财政复苏,20 世纪 50 年代末至 70 年代,日本经济显著增长,常被称作"经济奇迹"。60 年代伊始,日本的国民生产总值(GNP)位列资本主义世界第五;60 年代末,日本的产量仅次于美国。然而,日本经济的迅速复苏称不上什么"奇迹",比起德国和西欧其他国家,日本花费了更久才恢复到战前的人均国民生产总值水平。日本回归世界强国行列并非获得神助,靠的是战前良好的商业基础、精明的国家规划、国民的求胜意志及对经济起到推动作用的意料外因素。

战后复苏进程中,日本遭遇的首件大事乃朝鲜战争(1950~1953)。日本公司收到价值近 20 亿美元的订单,负责为在朝作战的美国及联合国军队生产纺织品、木材、纸张、钢铁及车辆等产品。为此,日本投资了新的工厂和设备,经济能力尽数恢复。20 世纪 60 年代中期,在越南战场激战正酣的美国向日本下了新一轮采购订单,日本经济发展再获大助力。此外,战时美国制造业专注生产战争物资,无法满足电子器件、汽车配件、化学品和机械的消费需求,日本相关产品的出口量得以增加。

自由民主党、官僚与大企业(也称"铁三角")间关系紧密,也为日本的经济增长做出了贡献。上述三个群体通力合作,确保经济增长为国家第一要务。由专家组成的内阁级委员会对日本国力进行了评估,针对未来商业及进出口策略提出建议。该委员会的报告由其他政府机构、政治家及指定公司予以贯彻。在此协作指导模式下,1960 年至 1967 年,日本国家收入水平翻了一番。20 世纪 50 年代,造船与钢铁行业是国家指定的增长重头行业;60 年代,汽车、电子等可推动出口贸易的行业成为经济计划重心。因此,丰田、日产和其他汽车制造商实现了工厂的自动化,改进了库存控制,

第十一章 战败与重建 355

hold the future in your hand with **SONY**

索尼便携电视广告，20世纪60年代

推出了时髦的新车型。受 70 年代石油危机影响，美国消费者开始尝试体积更小、节油效能更高的日本车。1980 年，日本汽车产量全球第一。截至 1989 年，日本控制了美国汽车市场的近四分之一的份额。50 年代，松下和索尼等电子公司开始大放异彩。松下与荷兰制造商飞利浦公司携手，先后以"National"和"Panasonic"为公司名大批量生产了一系列家用电器，两者向国内外家用电器市场发起猛烈进攻，无论冰箱、吸尘器还是洗衣机，只有想不到，没有做不到。电子巨头索尼的创始人盛田昭夫（1921~1999）被《时代》杂志评为 20 世纪全球最具影响力的 20 大商业奇才之一。索尼的第一款大热产品为经济实惠的晶体管收音机。数十年来，索尼一直致力生产具有创新性的高品质音、视频设备，包括电视、录像机、随身听和游戏机等。

可见，日本战后的经济增长并非奇迹，而是由国家推动特定产业优先发展和大型企业创意实践等多重因素所致。中小企业也填补了产业结构中的重要空隙，大企业将零件生产分包给这类企业，不需额外投资便可获得高质量零件。鼓励自由贸易的全球氛围与日美间关系亦为推动日本经济发展做出了贡献，在安全条约庇佑下，日本用于国防的资金不及国家预算的1%。此外，不可否认日本过往拥有良好的基础，劳动力受教育程度较高、技能过硬，战前还有良好的商业实践基础，这些对战后经济的快速增长来说都功不可没。最后，国内消费者市场对日本商业成功的影响也不容小觑，随着收入水平提高，日本中产阶级购置了大量舒适家庭生活所需的家用电器及其他消费品。

抗议运动

20世纪60年代，由于美国意欲延长《日美安全保障条约》，加之越南战争登场，民众发起了抗议运动。最终，普通民众生活水平的提高有效延缓了不断膨胀的大众抗议运动。当时，国会正考虑批准《新日美安全保障条约》，为拖延这一进程，左翼反对党发表了冗长的演说、发动了静坐示威。曾被控为战犯的首相岸信介以高压方式通过了法案，命令警察从国会会议室中直接拖走反对者，又组织剩余的自由民主党支持者仓促完成了投票。这一举动罔顾民主程序，全国范围内，愤怒的劳工发动了罢工，数十万学生涌上街头抗议。抗议者创造出一套独特的"蛇舞"，游行队伍喊着号子、像蛇般呈"之"字形前进。抗议期间一名年轻女性在学生和警察的肢体冲突中丧生，民众怒火进一步升级。

反对越南战争是大规模民众抗议运动的另一导火索。1965年6月，日本爆发了一场全国规模的集会，吸引了逾十万民众参与。此后直到1973年末，日本每月都有示威活动上演，每次规模可达7万人。1967年至1969年，共有近1900万民众参与反战集会和示威活动，规模较大的一次发生在1968年1月，因一艘美国核动力航空母舰抵达日本援战而起。作为回应，时任首相的亲美政客佐藤荣作（1901~1975）公布了日本的"无核三原则"，即日本将不制造、不拥有、不引进核武器。佐藤荣作后因此立场获诺贝尔和平奖。

1970年，《日美安全保障条约》面临延长，再次引发大规模的民众抗议。与1960年相比，这一轮抗议范围更广、性质更复杂，也更为暴力，还将触角深入大学校园。抗议策略包括秘密策划并迅速占领羽田机场或国会大厦等地标式建筑。60年代末，政府召集了29000名警察组成精英警队，主要职责为控制学生暴动和收集学生组织情报。

日本政府不遗余力地优先推动经济快速增长，由此造成了大范围污染和环境破坏。公民们成立了数百个团体，抗议运动扩散开来。在政府优惠政策支持下，工厂污染空气和水却不受任何责罚，工业城市居民罹患呼吸道疾病，污染水域沿岸的居民暴露于化学毒剂中。由于监督不力，日本爆发了两次大规模的食品污染事件。1955年，森永乳业出售的砷污染奶粉致使约12000名饮用者出现腹泻、发烧症状或罹患白血病，逾百名婴儿因此丧生。1956年，由于居民食用了被汞污染的鱼类，水俣病爆发，受害者超过一万人，数千人死亡。

水俣湾位于九州岛南部，以盛产多种鱼类而闻名。智索化工制造厂正位于此地。战后，生产食品成为当务之急，智索凭借化肥和农业化学品成为行业领头羊。该厂的化学废物未经处理便倒入水俣湾。20世纪50年代中期，该地渔民发现捕捞到的鱼类数量大减、质量下降。水面上飘着死鱼，当地的猫则举止怪异、动作扭曲，一些竟纵身投入大海。人们也患上一种未知的怪病，肢体严重痉挛，断断续续失去意识，出现失心疯的症状，最终陷入长期昏迷或死亡。所有受害者均曾大量食用捕捞自水俣湾的鱼类，多数人认为智索就是罪魁祸首，却因智索是当地经济支柱而不敢直言。在长达数十年的时间里，智索与日本政府紧密合作，否认与此事有关。随着证据不断浮现，智索同意为受害者提供小额赔偿，条件是受害者放弃诉讼。1971年，谈判中断，一群受害者发起了长达 18 个月的静坐示威，堪称日本有史以来时间最长、规模最大的静坐罢工行动。水俣事件至今仍未完全解决，可谓是政企勾结、坑害民众的典型实例。

水俣事件只是众多工业污染案例中的一个。1965 年，新潟也曝光了类似的汞中毒事件；1967 年，位于三重县的三菱下属工厂排放硫黄烟雾，致使慢性哮喘大规模爆发；1968 年，富山县灌溉稻田的污水造成镉中毒。以上 3 个事件与水俣病并称日本"四大公害诉讼"，引发了民众激烈的反污染运动。民众的行动推动了反污染法律在日本的出台，放眼世界，这些法律可称得上最为严厉。1980 年，日本成为全球将国民生产总值用于反污染份额最高的国家。

其他公民运动反对在乡村发展工业或在城市建造"遮天蔽日"的摩天大楼。六七十年代，当地农民强烈反对在成田建造东京国际机场。当局开始强制征收农民土地，为此，部分农民闭门不出，建起加固营房，拒绝离开家园。学生和反越战人士也加入了抗议行列，与警察发生激烈冲突。成田机场终在 1978 年建成，比原计划晚了 7 年。不过，由于一群暴徒手持土制燃烧弹强攻控制塔，机场的实际开放时间有所延后。开放当日，逾 6000 名抗议者向机场安保力量投掷石块和燃烧弹，警察则以高压水炮"回敬"。成田机场的斗争堪称旷日持久，为此，建造大阪关西国际机场时，政府放弃在人口密度较大的区域征地，改用填海造陆的方法。

盟军占领时期的文化

物质文化

1945 年秋，多数日本民众陷入物资短缺的困境中，房屋、食物、药品与希望同等匮乏。战争令日本丧失了三分之一的总财富和四分之一的房屋。与此同时，近600万士兵与平民从帝国各处返回本土，面临着凋敝的国民经济和因之而来的残酷的职场竞争。人们千方百计地生存下去，勉强度日，有的成为无家可归的酒鬼，有的加入了"极道"犯罪团伙，从事起贩毒、卖淫、赌博和敲诈保护费等非法活动（如今，"极道"仍活跃于日本社会，成员因全身布满繁复的刺青图案闻名，有些刺青图案需花费一生方能创作完成）。许多女性以卖淫为生，为占领军提供服务，一些是寡妇或战争孤儿，另一些则是家中长女，通过出卖身体喂养整个家庭。这些女性大多不是以性服务直接换取金钱，而是接受客人馈赠的烟卷或酒，再到黑市上以物易物或出售。

那时，饥饿或营养不良致死的情况很常见，日本投降后，仅三个月便有约1000名东京市民因病去世。战争接近尾声时，美军的攻势阻断了日本从殖民地进口食物的可能，食物严重短缺。当局敦促民众食用橡实、锯末以补充碳水化合物，以蚕蛹、昆虫和啮齿动物补充蛋白质。日本投降后，境况进一步恶化。美军提供的定量口粮多为小麦，仅能提供每日所需热量的三分之一到二分之一。小麦多被制成拉面或饺子皮，由从中国回来的人在小摊上出售。1949年前，极度饥饿仍是绝大多数日本人生活的常态。定量口粮以外，人们还从黑市购买食品，但黑市定价极高，且黑市交易为政府所禁止。盟军驻日的头三年，每年有逾百万平民因黑市交易被捕。1947年，一名负责起诉黑市交易的法官发誓仅食用定量口粮，可他很快就饿死了，享年33岁。这一事件令人震惊，彰显出食物危机已到紧要关头。城市居民前往乡村以物易物，从农民手中换取大米或其他作物。他们的处境被比作"竹笋"或"洋葱"，为了交换食品不得不含泪"剥去"一层层衣服、首饰或其他财物。

通常，黑市是唯一可购买食物、必需品及谋生的场所。截至1945年

10月,日本境内共有17000家露天集市,多在大城市,待售商品总值超过日本的年度国家预算。在这里,食品和饮品摊可谓应有尽有,既有美军基地的炖卷心菜,也供应酒精勾兑的廉价酿粕①,饮用后可能致盲或致死。其他小摊出售、置换家庭制作物品或服装。聪明的业主将军用物品改制为好用的炊具,如用刀剑制成餐具、将头盔制成烹锅等。退役军官和贪官污吏通过出售偷来的煤、汽油、烟卷、水泥和钢等军用物资大发横财。整体而言,黑市被牢牢掌控在"极道"手中。

美军的炸弹摧毁了工人阶级的居住地,富人的社区则大多完好无损,因此,住房短缺成为工人阶级面临的最大问题。棚户区容纳了数万个无家可归的家庭,人们用焦木、波浪状锡板和废墟中找出的其他可用物品搭建起临时棚屋,在其中蜗居度日。烧毁的电车和公共汽车、火车站的地下通道,甚至碎石下的洞穴都成为容身之处。20世纪50年代,数百万人仍没有体面的住所。

疾病令日本进一步衰败。战败后的日本脏乱不堪,肺结核、霍乱、腹泻和脊髓灰质炎等传染病激增,医疗系统已大幅被毁,患者处于缺医少药的窘境。1945年至1948年,约65万人死于此类疾病。

占领日本的最初几个月,盟军对民众采取了恐吓策略。仅在入驻神奈川县的头10周,美军便犯下了1336桩强奸案,犯人无一受惩,有关士兵强奸和抢劫的消息被封锁。女性失节之事惊动了日本官员,他们迅速做出回应,开始为占领军提供性服务。职业妓女的数量不足以满足需求,为此,寻常人家的女性也被"诚邀日本新女性参与慰劳占领军之大业,应征者可提供服装及伙食"②这样模糊的宣传语吸引而来。许多女性并不了解战时的军队慰

---

① 原指用酒糟再次发酵后蒸馏制成的烧酒,战后物资紧缺时期,被用来指代用米和山芋粗制的劣等酒。——译者注
② John W. Dower, *Embracing Defeat: Japan in the Wake of World War II* (New York: W.W. Norton, 2000), 127.

第十一章 战败与重建　361

安妇体制是怎么一回事，为了活下去，她们前来应征。知晓需尽的义务后，多数人选择离开，但仍有1360名东京女性选择加入。这就是日后的"特殊慰安设施协会"（Recreation and Amusement Association，RAA）。像战时的"前辈"那样，战后的慰安妇每日被迫接待15名至60名"顾客"，部分人心生绝望，最终选择自杀或逃走。然而，东京很快便加开了逾30个RAA中心，东京以外，另有20座城市开办了更多。据估计，RAA一共雇用了7万名女性"慰劳"占领军。

特殊慰安设施协会存在的时间不长。迫于美国国内反对嫖娼行为的压力，驻日美军性病感染率又激增，1946年麦克阿瑟解散了特殊慰安设施协会，将嫖娼定为违法行为。然而，作为历史最悠久的行当之一，妓女不太可能因一场大型军事占领而消失。军事基地周边的红灯区内，仍有妓院秘密开业，名为"潘潘女郎"的站街女遍及城市各个角落。对当时的女性而言，站街远比多数工作挣得多，成千上万女性走上街头"创收"。在美国宪兵眼中，任何一个日本女性都可能是妓女。他们会定期在深夜里将街头所有女性聚集起来，逼迫她们接受耻辱的性病检查。多数潘潘女郎尚是青少年，服饰鲜艳、面带浓妆，因此极好辨认。像20世纪20年代的摩登女郎一样，潘潘女郎既造成公众恐慌，又成为媒体猎奇的素材，因结交美国人和自我放纵的糜烂生活、消费主义为人诟病。

在大众眼中，潘潘女郎主要分为两类：一类不加拣选地流连于不同客人间，被称作"蝴蝶"；另一类则只忠于一位主顾，被称作"唯一"。不论是否已婚，许多美国士兵都养有情妇，这已是公开的秘密。他们供给情妇酒、香烟和巧克力等"好货"，还有唇膏和尼龙丝袜等女性喜爱的小玩意。当时，驻日美军中有一份名为《星条旗》（Stars and Stripes）的报纸，其上刊登的卡通《宝贝桑》（Baby-san）刻画出人们对潘潘女郎的刻板印象：贪财，

比尔·休谟（Bill Hume）《宝贝桑》（Baby-san），1952 年

奸诈，用蹩脚的英语向客人讨东西。不过，她们性感、温顺的特质亦令美国大兵欲罢不能。当时，美国的许多州仍执行反异族通婚法，将跨种族婚姻视作非法行为，潘潘女郎就成为盟军占领日本时期的"蝴蝶夫人"，如玩具般被丢弃在日本。

黑市和潘潘女郎成为盟军占领时期流行文化的主要素材。约翰·道尔（John Dower）的里程碑式作品《拥抱战败》（Embracing Defeat，2000）就对该时期进行了描述，该书后来获得普利策奖。书中记录了当时的儿童游戏，折射出令人酸楚的社会现实：玩具短缺，孩子们便玩起一些角色扮演游戏，扮演美国大兵与潘潘女郎、模拟黑市和示威游戏最受欢迎。在火车游戏中，盟军专列的"售票员"会挑选部分"乘客"上车，被拒者只得搭乘"普通火车",在"车厢"内相互推搡、大声呼号。

日本民众缺乏容身之处,没有足够的食物和医疗资源,为了生存,许多人被迫走上犯罪、卖淫的道路。与此同时,美军成员及家属却过着奢侈的生活,他们的住所或是没收自被肃清的日本上流人士,或是由日本政府出资、依照美国标准建造。他们的房屋装有最新的现代化电器,有些甚至配有泳池,住宅区则设有学校、教堂、商店、俱乐部和电影院等设施。军人家庭享受着远超美国国内水平的生活,每家雇有一名或多名仆人,周末可在日本境内所有被军队征用的豪华酒店度假,享用牛肉寿喜烧。美国人可以在百货商厦购置珍珠、古董和纪念品,日本人却被禁止购买。餐馆、剧院和其他预留给占领军的设施执行着类似吉姆·克劳法①的隔离制度,张贴着"日本人不得入内"的标识。一些人为日本的贫困感到惋惜,占领军却为新获得的特权欣喜若狂,坚信日本人乃次等人,应对美国的仁慈心怀感激。然而,美国大使乔治·凯南(George Kennan)对占领军的行为表示谴责,称这些寄生虫对日本民众的"苦难"表现出"史无前例的冷漠"。在乔治·凯南看来,占领军"垄断了所有舒适、优雅与奢侈之物",其"游手好闲与无所事事"与"战败国被毁后的挣扎困境"形成鲜明对比。②

盟军占领时期的宗教

入驻日本一月后,麦克阿瑟开始推行一项招募计划,将2000名美国传教士及布道者送至日本,帮助日本填补"精神空白"。像多数美国人那样,麦克阿瑟将军相信战时的日本人是真心实意将昭和天皇奉为"活着的神明"。

---

① 吉姆·克劳法泛指1876年至1965年间美国南部各州、边境各州对有色人种(主要针对非洲裔美国人)实行的种族隔离法律,强制规定公共设施须依照种族不同隔离使用。——译者注
② Michael Schaller, *The American Occupation of Japan* (New York: Oxford University Press, 1985), 125.

招募计划耗力不少，基督教却未能在日本取得多少进展。盟军占领接近尾声时，日本的基督教徒约占全国总人口的 0.5%，并不比珍珠港事件前多。不过，战后的日本民众并非全盘反对宗教。战后宪法保证了民众的宗教自由，大量新宗教运动涌现，其中几个快速发展，成员达百万人。一位作家将该现象称为"百神争鸣"。驻日盟军最高司令官总司令部加强了针对宗教的法律保护，避免其他宗教遭受 20 世纪二三十年代大本教曾遭受的压迫。对占领军而言，宗教乃要务。日本当局由于担心在这方面失策，便决意不插手宗教事务，任由宗教团体在保有免税特权的同时参与可疑的筹资计划和政治活动。

像以往的宗教那样，战后的新宗教通常以富有人格魅力的人物为中心，多涉及治愈或招魂活动。新的宗教团体数量众多，竞相举办考究的活动，建立壮观的总部，通过大众传媒大量征募信众，以此吸引新成员加入。部分新宗教存在逃税和贪污现象，为此，主流媒体和大众对其十分鄙夷。新宗教的信众遭受着平民的讥讽和差别对待。然而，战后大众普遍希望破灭，生活困顿或失去了全部家人，几个大型宗教团体"趁虚而入"，发展出数百万信众。主流宗教和国家、地方机构无法提供真正的社会援助，新宗教却为成员构建了一个社团，配备了大量设施，组织着了不起的活动，其权力与成功不言自明。许多人加入宗教小团体是为自省或寻求建议，疏解日常生活中的挫败感。因此，尽管新宗教常被诋毁，却也帮助许多日本人在迷茫的新时期重拾自我认同。

其中，"起舞的宗教"——天照皇大神宫教可谓臭名昭著。创始人北村佐代（1900~1967）是一位农妇，被尊为"大神"。她自称被天照大神附身，要向世人传千年福音，以唱歌和狂舞的形式在街头布道。1947 年，她开始引起媒体注意。"大神"颇富个人魅力，穿男装，公开以粗鄙之言

第十一章　战败与重建

谴责天皇和麦克阿瑟。其他战后新宗教皆为旧教的派生物。属神道教派的大本教曾在1935年遭受压迫，战后这一宗教开始恢复元气，但很快便不敌前大本教成员组建的新宗教。新宗教不仅"借用"大本教的教义，还照搬了其修行形式。其中，规模最大者为世界救世教、PL教团和生长之家，20世纪50年代末，据称这三家宗教的信众已逾150万人。灵友会、立正佼成会和创价学会等几家大型新宗教则均源自日莲宗（见第四章）。

1930年，教育家牧口常三郎（1871~1944）和户田城胜（1900~1958）成立了创价学会，两人希望改革日本的军国主义教育体系，使之更为人性化。1943年，两人因拒绝在家中供奉神道教物品而被捕入狱。牧口常三郎死于狱中，户田城胜最终获释，带领创价学会重整旗鼓。创价学会采用"折伏"的激进宗教转化策略，不断"骚扰"家人朋友，鼓动其加入，若拒绝则以患病或遭不幸等天谴相威胁。1958年，户田城胜去世，仰仗"折伏"，创价学会已吸纳百万信众，但也因此为主流社会所不齿。1960年，池田大作（1928~）成为创价学会领导人，开始推行主张世界和平、文化、教育和海外扩张的运动。在池田大作领导下，创价学会扩散到190个国家，共有1200多万信众。创价学会亦高度参与政治，于1962年成立了公明党，后来在大选中成功动员信众支持候选人。起初，公明党的政纲为反对腐败和核武器，大致上支持社会党的立场。1971年，创价学会和公明党在法律层面上分离开来，但仍紧密相连。随着时间的推移，公明党渐渐偏向右翼，贴近社会保守主义，并与自由民主党构成了执政联盟。

20世纪四五十年代的文学和电影

战后，在占领军审查制度下，大批作家开始将反战主义作为作品主题，其中部分小说被改编为电影。1946年，竹山道雄创作了小说《缅甸的竖琴》，后被导演市川昆于1956年和1985年分别改编为黑白和彩色电影。小说和电影刻画了在缅甸作战的一队日本士兵。得知战争结束的消息，士兵们选择向英军投降，军队的竖琴手水岛被选为送信人，向藏身山中洞穴的一群日本兵传达了战败的消息。水岛劝说士兵们接受战败的事实，却遭到激烈反对。后来，洞穴遭受攻击，多亏一名僧侣相助，水岛幸免于难。水岛一心想回到战友身边，便偷了僧袍、扮成僧人模样，还将头发剃了个精光。返回的路上，他眼见日本军队尸横遍野，便决意留在缅甸，让逝去的日本军人入土为安并研习佛法。不知情的水岛战友疑心水岛已背弃他们，便训练了一只鹦鹉，反复教它说"水岛，咱们一起回日本吧"，又请村妇将这鹦鹉送给一位他们认为是"地下同志"的僧人。村妇带回了另一只鹦鹉，这只鹦鹉说"不，我不能回去"。村妇还带回了水岛的一封信，信中，水岛解释了决意留在缅甸的原因是为了完成维护和平的新使命。

市川昆还将大冈升平1951年创作的小说《野火》改编为同名电影（1959），刻画了菲律宾丛林中丧失希望的日本军人。主人公一等兵田村患了肺结核，被部队当作"包袱"遗弃了。他开始"自力更生"，为了生存偷起东西，还杀死一名菲律宾女孩。为了逃避敌军，田村与一群挨饿的士兵逃往某疏散点。他遇到了两名前战友，战友称正食用"猴子肉"度日，但田村很快发现战友食的是人肉。影片结尾有些隐晦：田村走向远方平原的野火，以为这是疏散点的信号，认为到了疏散点就能回归"正常生活"，然而，尚未走到终点他便倒下了。故事中，人们以生存之名犯下了一桩桩阴郁、可怖之罪，传达出令人恐慌而无法忘却的反战信息。

原爆文学是战后文学的另一体裁，由原子弹爆炸的幸存者和非亲临者创作，包括实证文学、诗歌和小说。诗人原民喜的回忆录《夏之花》写于美国轰炸广岛之后，开篇即单刀直入："当时我在厕所，因此逃过一劫。"亲历原子弹爆炸的作家中，大田洋子名气最大。她愤而提笔，以广岛原子弹事件为主题创作了小说四部曲。首部小说《尸之街》完成于1945年秋，该书三年后出版，经驻日盟军最高司令官总司令部审查，删减了大量内容。

然而，原爆文学最著名的作品来自未曾亲历该事件的作家。井伏鳟二的《黑雨》是原爆文学中口碑最佳者，小说写成于1966年，主角为爆炸中幸存的一家三口。全书以三人的日记交叉出现的形式，讲述了一对农村夫妇的侄女遭到放射性"黑雨"辐射、无人敢与之结婚的故事。1989年，今村昌平将该小说改编为电影，获得日本电影学院奖的最佳电影、最佳导演、最佳女演员奖及其他奖项。诺贝尔奖得主小说家大江健三郎的配图散文集《广岛日记》（1965）探讨了幸存者身上的人性光辉与英雄主义，歌颂了不惜患辐射病也要救死扶伤的医护人员以及为反核事业敢于公开拥抱被辐射者的社会活动家。原爆文学中，国际影响力最大的当属中泽启治的《赤足小子》。《赤足小子》本是漫画（1973~1985），后被整理成书并译成十几种语言出版，销量达650多万册。1983年，《赤足小子》被改编为动画长片。《赤足小子》为自传体故事，开篇即以战争最后几个月的广岛为背景，讲述了6岁的主人公源与家人挣扎求生的故事。原子弹爆炸后，源目睹了人们因辐射而死亡、破相的惨状，但作品整体的基调仍偏向希望。《赤足小子》抨击了日本战时军国主义和盟军对日的掠夺行为，传达出强烈的和平主义思想。

本多猪四郎执导的流行电影《哥斯拉》（1954）也以反核思想为主旨，是"哥斯拉"系列的首部影片。影片开端，一只渔船被氢弹实验唤醒的古代生物所毁，事实上，这是以日本发生过的真实事件为蓝本的。1954年3月，美国热核设备在马绍尔群岛附近的比基尼环礁进行测试，不幸发生核泄漏，日本渔船"福龙丸"号上的 23 名船员均遭严重辐射，其中几人死亡。美国试图掩盖事实，不料这出惨剧竟引发了草根阶级的强烈反核抗议，逾 3000 万日本民众联名上书反对核试验，"日本反原子弹氢弹委员会"亦因此事件成立。片中，"哥斯拉"（Gojira）一词由英语的"Gorilla"（大猩猩）和日语中的"Kujira"（鲸鱼）组成，暗喻原子弹造成的恐慌及毁灭性后果。人类试图阻止哥斯拉的暴行，却徒劳无功，它突破自卫队竖起的带电高围栏，在东京各地肆虐。片中，哥斯拉造成的都市惨状与原子弹爆炸后留下的照片如出一辙。这部"哥斯拉"序曲反映了战争和原子弹武器的威胁，基调阴暗而忧郁。后来，影片以《哥斯拉：怪兽之王》（1956）一名在美国上映，内容被大量重制，弱化了其中反对核武器和战争的信息。"哥斯拉"的后续影片中，怪兽哥斯拉"反客为主"，取代了反核和反战思想，成为影片中心，在一系列媚俗、低成本的影片中大战魔斯拉、拉顿和三头怪基多拉。哥斯拉共出现在 30 多部日本、美国电影中，包括 2016 年日本票房最高的实拍影片《新哥斯拉》。

  20 世纪 30 年代，黑泽明就已涉足故事片领域，不过直到推出《罗生门》，他才驰名国际影坛。《罗生门》荣获 1951 年威尼斯电影节金狮奖，是首部打入国际市场的日本电影。20 世纪 50 年代及 60 年代初，黑泽明保持着每年一部影片的产量，推出了《七武士》（1954）和《用心棒》（1961）等经典作品。其后几十年间，他继续创作国际驰名影片，1990 年获奥斯卡终身成就奖。黑泽明的《我对青春无悔》（1946）、《泥醉天使》（1948）、《野良犬》（1949）和《生之欲》（1952）等早期战后电影尽管受到驻日盟军最高司令官总司令部的审查，却仍捕捉到时代的社会思潮。《我对青春无悔》批判了战时的政治压迫。主人公幸枝是一位年轻女性，其父任大学教授，在 20 世纪 30 年代因反法西斯主义思想被迫辞职。

本多猪四郎执导影片《哥斯拉》的海报，1954 年
版权所有：东宝株式会社
图片来源：Wikimedia Commons

幸枝与父亲的激进派学生野毛相恋。后来，野毛被捕入狱，在狱中接受特别警察的"转向"处理。野毛去世后，幸枝前往他故乡的村庄，野毛的双亲正因儿子"叛国"遭受迫害。战后，幸枝的父亲被平反，野毛则因反战活动被追赠荣誉并嘉奖。《泥醉天使》是黑泽明与活力十足的三船敏郎（1920~1997）首次合作的产物，讲述了嗜酒、暴躁的年长医生为年轻的"极道"恶徒治愈肺结核的故事。总司令部的审查机构禁止电影中出现社会批评，但黑泽明悄悄保留了潘潘女郎、黑市惨状等几个影射被占领岁月的桥段。《野良犬》一片中，三船敏郎饰演的新手侦探村上被扒手偷去了手枪，年轻的扒手用这把枪谋财害命。村上扮作一位赤贫的老兵，在东京的小巷寻觅着罪犯。影片在这里运用了一组纪录片风格的经典镜头，借侦探视角展现了惨遭战争蹂躏的邻里。《生之欲》中，厌倦工作的中年官员渡边（志村桥饰）确诊胃癌晚期，只余不到一年光景。起初，他终日流连于声色场所，但很快意识到这些消遣并不能令他满足。后来，渡边被年轻女职员投身玩具业的热情所感染，决心用剩余的时间敦促效率低下的官僚建起一座游乐场。总而言之，黑泽明以盟军占领时期为主题的电影真实传达了普通民众经历的痛苦与社会错位感，也展现了新时代带来的希望与机遇。

小岛信夫（1915~2006）、野坂昭如（1930~2015）和大江健三郎（1935~）等人的作品表达了日本民众在被占时期遭受的屈辱与无助。这些作品中常见黑色幽默，直到审查制度终结方得以发行。1948年，小岛信夫创作了短篇故事《火车之内》，由于故事并未直接评论驻日美军的所作所为，因此获驻日盟军最高司令官总司令部审查通过。故事中，因战争一贫如洗的教师乘坐火车从乡下回城，他带着从乡下的黑市弄到的一些大米，却被扮作其友人的旅客抢走。《火车之内》展现了被占领时期日本社会"人吃人"的自私境况，粉碎了"一亿人万众一心"这样的战时口号营造出的团结假象。

黑泽明执导影片《泥醉天使》的海报，1948 年
版权所有：东宝株式会社
图片来源：Wikimedia Commons

相比之下，他的另一部作品《美国学校》(1954)则更直白地展现了盟军驻日时期美国人与日本人在经济、社会层面的不平等。故事围绕三位日本籍英语教师展开，他们受命去参观占领军为美国儿童开办的学校，走在难行的长路上。伊佐老师对美国人又恨又怕，他自感英语欠佳，便避免与美国人交谈。他的对头山田老师推崇民族主义，是个喜欢欺凌弱小的马屁精，为与美国人交好，山田希望以英语授课，以此展示自身娴熟的英语技能。作为三人中唯一的女性，美智子老师英文水平最高，收到了开吉普的美国大兵送上的礼物和口哨。《美国学校》极具讽刺性，揭示了两种文化间的误解，对比了日本民众的苦难与美国占领军的奢侈生活。

大江健三郎的短篇故事《人羊》(1958)表现了占领军的轻侮行径带来的切肤之痛，加之部分日本人轻贱同胞，更是不堪。故事的主人公是位年轻男子，他登上一辆拥挤的公共汽车，同车的还有一群醉醺醺的美国大兵和他们同样醉醺醺且头发凌乱的日本女伴。这女伴挑逗起主人公，并用日语辱骂美国大兵。出于报复，大兵们强迫主人公脱下裤子、弯下腰，将屁股暴露在噬骨的寒风之中。随后，他们强迫另一些乘客和司机做出同样的屈辱姿势，自己则一遍又一遍地唱着"打羊，打羊，啪！啪！"的曲调。一番嬉闹后，大兵们觉得无趣，便携女伴离开了。受到侮辱的乘客竭力恢复镇定。谁知，在一位教师的鼓动下，未被羞辱的乘客们聚集过来，对受害者遭到的不公表示愤怒和不适，要求受害者将此事报给警局，好"给这些畜生们点颜色瞧瞧"。此时，故事是这样描述主人公内心的："我们身边的乘客像猎兔的狗般怒嚷着。我们这些'羊'顺从地垂下眼，静静地坐着，忍着。"[①] 未受辱的乘客继续喧闹着，要求"羊"们采取行动。这时一只"羊"站起身来，一拳打

---

① Kenzaburō Ōe, "Sheep", trans. Frank T Motofuji, *Japan Quarterly 17*, no. 2 (April-June 1970): 171.

在教师脸上，旁观者方才安静下来。教师回到座位上，随后却跟随主人公下了车，将他拖到附近的警局报案。年轻的主人公拒绝开口，教师便向警察讲起这件丑事，警察却不愿招惹美国大兵。主人公不肯表露身份，他逃离警局，教师却追了出来。文末，教师如是威胁道："别担心，我早晚找到你……我要让你和那帮美国大兵一起蒙羞，让你生不如死……你逃不掉的。"[1]

批评家们将《人羊》看作一则寓言，认为它暗喻了希望忘却过往不幸、却因反核活动者的压力而无法如愿的原子弹爆炸受害者。《人羊》亦展现了作家们在青少年时期因日本被占领而遭受的心理创伤。这样的作家除大江健三郎之外，还有短篇小说《萤火虫之墓》与《美国羊栖菜》的作者野坂昭如。《萤火虫之墓》刻画了战时一对死于饥饿的兄妹，《美国羊栖菜》的主人公则是20世纪60年代一位成功的电视制作人——盟军占领日本时，正值青少年的制作人曾在日本女孩和美国大兵间充当皮条客，当年的屈辱与奴性始终如影随形，历历在目。

20世纪50年代至70年代的文化

盟军驻日结束后，日本境况有所改善，政策制定的重点转向经济，由此实现了迅速、大幅的经济发展。1964年，日本举办了东京奥运会，标志着日本走出了战败的阴霾，重回世界舞台。为筹办奥运会，日本耗资逾十亿日元，大举改善了高速公路的基础设施，开发了新干线和地铁新线路，安装了供水和污水排放新系统，东京因之焕然一新，呈现现代而洁净的市容。羽田机场和先进的广播设施亦拔地而起。

---

[1] Kenzaburō Ōe, "Sheep", trans. Frank T Motofuji, *Japan Quarterly 17*, no. 2 (April-June 1970): 177.

借助奥运会的国际和平、友善理念，日本得以洗脱帝国主义、战争和战败等国家象征。奥运主场馆建在代代木公园，这里原本是美军驻扎旧址。美军旧址总能引起被占时期的痛苦回忆，因此，清除其上的设施就是告别过去。奥运会开幕式上，昭和天皇致辞，放飞的鸽子体现了战后昭和天皇象征和平的新形象。富有争议的国旗"日之丸"飘扬在各国国旗间，标志着爱国主义和日本身份。开幕式上，75000名观众坐满了国家体育馆，自卫队驾驶喷气式飞机在天空描绘出奥运五环，来自近90个国家的7000名运动员阔步走向赛场。当"原子弹男孩"坂井义则手持奥运火炬小跑入场时，观众起身静默致意——时年19岁的大学生坂井义则出身广岛郊区，生于美国向广岛投放原子弹当日。除他之外，又有谁更有资格证明日本已走出战败的阴霾？东京奥运会是史上首次向全球观众直播开幕式的一届奥运会。日本民众通过电视密切关注赛事进程，为本国运动员摇旗呐喊。本届奥运会中，日本共获16枚金牌。在激动人心的女排决赛中，日本队战胜苏联队，95%的日本国民都观看了该场比赛的直播。

　　东京奥运会6年后，1970年日本又举办了大阪世界博览会。这是亚洲首次举办的世界博览会，日本借此举进一步向世界展现了自身的繁荣发展。本届世界博览会的主题为"人类的进步与和谐"，展品着重体现了科学技术的进步与对未来的展望。世界博览会场馆、单轨电车与日本馆的建设共花费20亿美元，令人叹为观止。三井、东芝和马自达等大型制造商为自家展馆额外投资了数百万元。本届世界博览会吸引了超过6000万名游客，其中逾95%为日本人，他们从日本诸岛的各个角落蜂拥而来，亲眼见证了"日本工业奇迹长达数月的壮景"。[①] 日本的一些建筑师和艺术家借此次世界博览

[①] Angus Hone, "Expo'70: A Japanese Fair", *Economic and Political Weekly 5*, no. 38 (September 1970): 1564-1565.

会提升了国际影响力：建筑家丹下健三（1913~2005）和矶崎新（1931~）负责此次博览会的主方案和节日广场设计，后来成为20世纪最著名、获奖最多的建筑师之二。前卫艺术家冈本太郎（1911~1996）设计的拟人雕塑"太阳之塔"高70米，成为世界博览会的象征。

物质文化

20世纪60年代，日本经济得到发展，推动了人民生活水平的提高。为此，人们广泛认为日本是同质的中产阶级社会。调查显示，90%的日本民众自认为是中产阶级。收入水平前20%者，其收入不超过末尾20%者的三倍，可见日本的收入差距相对较小，也就印证了日本是"同质中产阶级社会"的观点。高速发展的经济加速了城市化进程，越来越多的农民、矿工和渔民离开乡村，在城市中心内外从事制造或管理行当。1950年，38%的日本人口居住在城市；到了1972年，城市人口比例几乎翻了一番，达到72%。如此一来，近乎一半的人口"蜷缩"在仅占国土陆地总面积6%的城市中，超过1500万居民居住在京都-大阪-神户的"三角地带"，另有3900万人在东京都市区的"夹缝"中生存。在这些大都市中心，战后最初几年的暗淡景象很快被消费主义的"光明生活"所取代。20世纪50年代末，日本的经济繁荣开始在住房、饮食和时尚方面有所显现。人们生活富足了，基本支出占家庭收入的比例降低，家庭也就有更多的资金可用于休闲、旅游和教育。

日本人口集中在为数不多的城市中心，由此引发了严重的住房问题。东京更是如此，那里的绝大多数家庭无力购买独户住房。20世纪50年代中期，公共住房当局开始在城郊建起名为"团地"的混凝土公寓楼，楼中配有抽水马桶和不锈钢水池等现代便利设施，还为父母和子女提供了独立卧室。民众的住房缺口大得惊人，需要抽签决定能否入住。1957 年在东京外围的千叶县，团地的中签率为 25000：1。决心购置独户住房者渐渐搬离城市，在远离城市的地方抵押贷款购房，平均贷款额为年收入的 10 倍。为了给亲人一个家，一家之主大多需忍受拥挤的通勤，路上仅单程就需耗费两小时。

日本民宅中配有大量新电器，最穷的家庭也购置了收音机、熨斗和面包机。到了 1960 年，多数家庭又购置了吸尘器和电扇，以及被戏称作"三大件"的冰箱、洗衣机和黑白电视机。很快，日本推出了彩色电视节目，人们便以彩色电视机替代了黑白电视机。70 年代，"三大件"演变为汽车、空调和彩色电视机。其他家庭必备电器展示出日本国内市场的独特喜好，如东芝公司在 1955 年推出的自动电饭煲以及家人在冬天围坐的电热矮桌，即"被炉"。

战前，日本男士穿西装上班，多数女性则将穿着传统和服的习俗贯彻到战时。不过，战争结束后，几乎所有女性都开始着西式服装，家庭中制作西式服装耗时短、成本低，比和服更舒适也更易清洗。1949 年，日本国内纺织业开始复苏，布料配给制则在 1951 年终结，自此西式服装制造业呈现爆发式增长。东京服装店由 1943 年的约 1300 家增长至 1955 年的 15000 家。产业发展催生了对女裁缝师的需求，制衣学校因此激增，向准新娘、家庭主妇和寻找有偿工作的女性教授实用技巧。那时，几乎所有家庭都配有缝纫机。50 年代，主妇们每日需花费近三个小时满足家庭缝补需求，亦有不少主妇在不耽误家务的前提下在家进行计件作业、赚取外快。

食品消费发生了重大变化。20 世纪 30 年代，大米提供了多数民众每日所需热量的 70% 还要多。随着饮食结构的多样化，大米的食用量显著降低，肉类、奶类、面包和加工食品占比增加。1946 年到 80 年代末，民众的日均摄入热量翻了一番。许多家庭将早餐和午餐的米饭分别替换为吐司和三明治，但大多仍遵循"一汁三菜"的"标配"晚餐。不过，"三菜"渐渐演变为加工菜或预先制备好的菜肴，包括各类腌菜、速食味噌汤和罐装或冷冻食品。老一辈仍以大米、蔬菜和鱼为主食，年轻一代则减少了碳水摄入，食用更多蛋白质。因此1989年时，日本青少年的身高平均比祖父母多出了10厘米。

战后，台湾人安藤百福（1910~2007）留在了日本并于1958年发明了速食拉面。战后日本食物短缺，当局鼓励大众食用美军剩下的小麦制成的面包，但在安藤看来，日本人更喜欢将小麦制成更为熟悉的面条食用。他立志发明一种美味、价廉、易制备且保质期长的加工拉面产品。经过数年实验后，安藤成功研制出可快速炸制的波浪状干面条，易于吸水并可由一包小料调味。这种速食拉面一炮而红，安藤名下的日清食品快速发展。很快，安藤的拉面经由海路出口至亚洲其他国家及美国。杯面是安藤继速食拉面后的又一重大发明，将速食面装在可冲泡的泡沫聚苯乙烯杯中出售，这样一来，连碟子都不需要了。杯面在海外的销路甚至超过了速食拉面。如今，速食拉面已成为廉价的方便食品，由全球范围内的少数公司生产。为迎合当地消费者口味，生产商推出了各类化学增味剂，不论是比萨、冬阴功还是经典的马萨拉口味，应有尽有。2015年一年，全球共消耗近一千亿份速食面。速食面中钠含量与热量较高，并不健康，但南亚和东南亚的贫困人口仍将其作为廉价的主食。

日本饮食习惯的另一重大改变体现在民众外出就餐的频率上。人们外出就餐的频率越来越高，且多以家庭为单位。20世纪五六十年代，对多数中产家庭而言，下馆子尚属"奢侈"；到了70年代，可支配收入高了、空闲时间多了、私家车又普及开来，日本家庭开始定期前往连锁式家庭餐厅就餐。日本的连锁餐馆中，最早之一为美国连锁餐馆"丹尼"，提供带彩色图示的大菜单，食客可自由选择各类西式、日式美食。家庭餐厅价格相对实惠，还有专为儿童准备的菜单和玩具，十分受家庭青睐。很快，美国快餐连锁店风靡日本。肯德基是最早来到日本的一家，于 1970 年大阪世界博览会期间开设了第一家门店，并在其后两年增开了 100 家。1990 年，全日本的城镇中共有一千余家肯德基分店。1971 年，麦当劳在银座开设了日本第一家门店，扩张速度甚至比肯德基还要快。肯德基和麦当劳是最早在全球实现本地化的企业，按照日本消费者口味对食谱进行了更改，开发出针对日本市场的特别产品，如麦当劳的照烧风味食品和搭配月亮造型煎蛋的月见汉堡。肯德基和麦当劳已在日本开遍大街小巷，多数儿童并不将其看作"洋快餐"。喜客比萨（Shakey's Pizza）也来自美国，于 1973 年在东京开设了第一家门店，其"维京式"午餐广受食客欢迎。这是一种吃到饱的自助餐，被许多其他类型的餐馆模仿，一直流行至今。与此同时，日本也开发出乐天利（Lotteria）和摩斯汉堡（Mos Burger）等极具竞争力的本土快餐连锁品牌，这两个品牌均成立于 1972 年，都将触角成功深入东亚各个角落。摩斯汉堡是继麦当劳后的第二大快餐连锁店，以独特的米汉堡为主打食品——两块压实的米汉堡间是金平牛蒡等传统美食。

性别规范

20 世纪 50 年代到 70 年代，男性向往成为"上班族"，也就是终身服务于大企业的白领。上班族是振兴日本的企业先锋，是取得大学文凭的男性最向往的身份。这一身份最早出现于明治时代晚期，不过 50 年代末起，成为白领的难度有所降低，白领人数也有所增加。上班族并不容易，需要一心扑在公司上，日日加班，下班后还需陪老板、同事在酒吧或女招待俱乐部小酌。有时，上班族还需接受短期调动，离开东京前往地方分支机构工作。为了不影响孩子的教育，这种调动通常不带家人前往。不过，牺牲的回报十分丰厚，上班族可终生受雇于同一家公司，且不论实际表现如何，公司的年资体系将保障其薪酬增长和晋升。周末或假日，上班族会打上几杆高尔夫，或带家人前往与公司有固定合作关系的旅游胜地度假。上班族每年分红甚多，退休后又有不菲的退休金。总而言之，上班族的生活稳定又富足，且具有较强的现实操作性，因此成为日本男性的理想工作。

通常，上班族希望配偶遵从"贤妻良母"的女性传统，可比起包办婚姻，他们更向往自由恋爱。上班族的薪水足以支撑家庭花销，因此，配偶可做全职主妇，负责营造舒适的家庭环境，服务家庭所需。主妇终日忙于打扫、采购与烹饪，还需掌管家中开支、支付账单，打理家庭储蓄。丈夫常常不在家，主妇几乎是凭一己之力养大子女（日本家庭的理想"配置"是两个孩子）。老派的日本母亲被戏称为"教育妈妈"，需在夜间督促孩子完成作业，确保后代可沿教育阶梯一路升入名牌高中、大学。中产阶级主妇的生活沮丧又欣慰，丈夫工作、通勤太久常令她们感到懊悔。不过，大众传媒多将全职主妇宣扬为理想的女性典范，认为她们坐享稳定的经济条件，还因培育下一代而倍感自豪。

上班族与教育妈妈希望子女走上与自己相同的道路。对男孩而言，这意味着要努力学习、顺利通过严苛的入学考试，为此男孩常需在课余前往补习学校。若毕业后无法考入理想高校，他们会花费一年或更久全职学习，为来年参试做好准备。这样的学生常被称作"浪人"（即无主武士）。女孩的成长路径则有所不同，女性的职业选择极少，因此多数父母将短期大学看作女孩理想的高等教育终点。短期大学毕业生多成为办公室女郎，负责文书工作或为男同事处理泡茶、削铅笔等杂事。若想成为理想新娘，年轻女子还会修习花道和茶道等礼仪艺术课程，就如战前一样。

大众文化：电视与漫画

电视的诞生可谓意义重大，为日本打开一扇窗，令民众了解到理想的生活方式与价值观，有助于重塑民族自豪感。1953 年，日本生产出首批商业电视，但售价较高，民众大多"无福消受"。为"培养"电视受众，政府在繁忙的车站、大型寺院神社和百货商厦门前等人流较大的室外公共场所以及上野、浅草等都市娱乐地带安装了数百台电视。此外，都市社区共有两万到三万家小型电器行，其中多数在橱窗处安装了一台电视。多达百万民众聚集在这类"街头电视"前，观看棒球赛和职业相扑赛等流行电视节目。相扑手力道山（1924~1963）生于朝鲜，以摔跤起家，后来成为日本电视界的第一颗超级巨星。1951 年，力道山以职业相扑手的身份亮相，凭借绝招"空手劈击"击败了一干臭名昭著的美国对手。力道山晓得，相扑比赛需要一些表演成分来"助兴"，其成功标志着日本终于在某方面击败了无所不能的美国，他也因之成为日本的英雄。

20 世纪 50 年代末，电视价格变得更为亲民，餐馆、酒吧和咖啡馆开始引入电视以吸引顾客。中产家庭也开始购置电视。早期的电视节目多引进自美国，有《我爱露西》《老爸最知道》《灵犬莱西》等节目及《大力水手》《摩登原始人》等卡通片。通过真人秀，日本民众得以一窥美国诱人的生活方式，了解美国中产家庭标配的电器与消费品。1959 年的皇室婚礼与 1964 年的东京奥运会引发了公众关注，进一步激发了日本家庭对电视的需求。明仁皇太子与媒体昵称为"米奇"（Mitchi）的富家平民之女美智子订婚，引

专业相扑选手力道山
《朝日画报》，1955 年 9 月 21 日
图片来源：Wikimedia Commons

发了媒体报道的狂潮。婚礼前一年，日本共卖出超过 200 万台电视，其中多数人正是为观看婚礼直播。婚礼当日，从早上 6 点到晚上 10 点，电视台跟踪报道了婚礼的队列、仪式和其他相关内容，许多观众通过新购置的电视持续观看了至少 10 小时。明仁皇太子追求真爱，与平民出身、受过高等教育现代女性成婚的故事，堪比真人版"灰姑娘"，引发了大众的高度关注。在民众看来，这桩婚事象征着日本已转型为进步、民主的社会。经历战败和被占岁月后，民众对皇室的忠诚与感情大幅受损，明仁皇太子的婚事推动民众与皇室"重修旧好"。

明仁皇太子与美智子婚礼的照片，1959 年
日本宫内厅供图，刊于《Sunday 每日》
图片来源：Wikimedia Commons

  20 世纪 60 年代，日本本土节目的数量与质量均有所提升。1961 年，NHK 推出了晨间剧，这种全年每日播放 15 分钟的电视小说，至今仍广受欢迎。1963 年，NHK 开始以年为单位，在周日晚间播放大河剧①，以著名历史人物为主角，将以现代之前为背景的流行小说搬上荧屏。动画片则多改编自流行漫画，不仅面向儿童，也适合全家一起观看。1969 年上映的《海螺小姐》是全球播放时间最久的动画片，该片至今仍稳居播放量前十名。《海螺小姐》的主角是一名全职主妇，与丈夫、幼子、双亲和弟妹一同住在郊区，堪称多代同堂。动画片讲述了家庭的日常生活和一家人在

---

① 大河剧一词乃日本人创造，指长篇历史电视连续剧。"大河"二字取自法文中的"roman-fleuve"（大河小说），即以家族世系的生活、思想为题材的系列长篇小说。——译者注

职场、学校、邻里关系上遭遇的问题，表现了日本民众对理想家庭生活怀念、保守的一面，刻画了上班族丈夫、专注家事的太太和勤奋有礼的孩子等形象。片中，一家人庆贺新年、樱花季、夏祭和节分①的情节教导观众如何庆祝传统佳节。《海螺小姐》播放伊始，电器制造商东芝便成为其主要赞助商，片中常出现海螺小姐使用吸尘器、电饭煲和其他电器的镜头，因此广告效应极好。

《铁臂阿童木》（1963~1966）是另一部反映日本民族价值观的动画佳作，改编自著名漫画家手冢治虫（1928~1989）的作品，讲述丧子的科学家打造出机器人男孩以寄哀思的故事。机器人男孩阿童木尽职尽责地与恶势力斗争，展现了科学的力量和勤劳、合作等传统美德。另一科学主题动画片《奥特曼》（1966~1967）则在全球掀起了一股"奥特曼风"。故事发生在20世纪90年代，主人公是一位来自外星的超级英雄。他心地善良，与威胁地球和平的巨型怪兽和邪恶外星人斗争到底。《铁臂阿童木》和《奥特曼》均制作了多个版本多次上映，还衍生出大量具有收藏价值的手办和其他产品。《面包超人》（1973~2013）面向儿童，主人公是个长着红豆面包头的超级英雄，战绩累累，好不威风。《面包超人》寓教于乐，教导孩子们卫生、礼节和人际关系等知识，主角面包超人和死对头细菌小子、好友吐司面包超人的形象更是出现在各类儿童玩具、服饰和零食中。《面包超人》的漫画销量超过5000万册，全日本更是有5家面包超人主题博物馆。

20世纪五六十年代，日本漫画的体裁和风格骤增。学界就漫画是否有历史根源产生了争论，持肯定观点者认为漫画的前身可能为《鸟兽人物戏

---

① 2月3日，是冬季的最后一天、立春的前一天。为祈求消除一年的灾祸，人们会先撒豆驱鬼，再将豆子吃掉。——译者注

画》绘卷（见第四章）、江户时代的"黄表纸"和木版画、纸芝居及明治时代的连环画等，持否定观点者则认为漫画是大众文化的一种新体裁，多受迪士尼电影和美式漫画等美国青年文化影响。日本当代漫画、动画"教父"手冢治虫的作品就极大程度上受到华特·迪士尼及贝蒂·波普、大力水手和超人的创作者麦克斯·弗莱雪（Max Fleischer）的影响。据称，单是迪士尼的《小鹿斑比》（1942）一片，手冢就看了8次之多。像这两位一样，手冢笔下的角色大多形态可爱圆润，有着闪闪发亮的碟形眼睛。手冢治虫共创作了七百多卷漫画和五百多集动画。1947年的《新宝岛》是他最早的大热漫画，采用了激动人心的声效示意和特写、淡出及蒙太奇等电影手法，生动的故事跃然纸上。接下来，手冢创作了号称迪士尼"狮子王"原型的连载漫画《森林大帝》（1950），1965年该漫画被改编为动画。现象级动画片《铁臂阿童木》起初是漫画（1952~1968），1963年同名动画片开始放映。手冢还推出了另外两部史诗级漫画作品，一为长达14卷的《佛陀》（1972~1983），将释迦牟尼的生平娓娓道来；二为长达12卷的《火鸟》（1967~1988），各卷时间背景皆不同，在远古与未来之间反复切换，讲述了不同的主人公追寻传说中象征因果轮回的"火鸟"、希望获得永生的故事。第一卷的故事发生在史前，主人公为邪马台国女王卑弥呼，第二卷则跳转至3404年，讲述了年轻男子和幻形生物女友对抗核战争的故事。后面几卷还涉及奈良时代和12世纪源氏、平氏两大家族发起的源平合战。手冢将《火鸟》视作毕生的事业，不过，他1989年去世时，《火鸟》系列仍未完成。

　　五六十年代的漫画书以尚未到青春期的儿童为对象，直至今日，这些漫画仍连载在纸质粗糙的厚本杂志上，一本杂志可同时连载多达15部不同的漫画。一些漫画风格可爱、事物形状圆润，另一些则采用了更为真实的"剧画"①风格。王牌杂志每期可卖出一百多万册。少年漫画以冒险、武士、科幻、黑帮和运动为主题，运动类漫画教会男孩合作与团队的重要性，颂扬勇气、毅力和面对困难不屈服、不气馁的男性特质。《巨人之星》（1966~1971）以真实存在的棒球明星和日本最受欢迎的棒球队"东京巨人"为主角，讲述了年轻的投球手凭借自身努力成为"一代宗师"的故事。拳击题材漫画《明日之丈》（1968~1973）是最受欢迎的运动漫画之一，讲述了主人公矢吹丈在赛场上的起起落落。《明日之丈》以矢吹丈在一场冠军赛中身亡收尾，这一颇具争议的结尾引发了大众媒体的热议。

少女漫画亦涵盖科幻、历史和运动等题材，但更侧重浪漫性。手冢治虫的《缎带骑士》（1953~1956）是少女漫画中的佼佼者，塑造了骁勇善战、女扮男装保家卫国、化身暗夜幽灵与恶势力斗争的蓝宝石公主。到达一定年龄的女性漫画家加入创作队伍后，少女漫画呈现多样化趋势，内容渐趋复杂。浦野千贺子创作的《女排No.1》（1968~1970）蹭了奥运会女排的"热点"，讲述了一位颇具天赋的年轻女排选手克服重重困难脱颖而出的故事。《女排No.1》是首部改编为动画的女子运动类漫画，后续又推出了4部动画长片和一部真人剧，为之后的网球、柔道等许多女子运动类漫画、动画提供了灵感。

漫画用大量特定惯例来表现声音和风格。表现声音时，漫画家会画出一个框并填入粗体的拟声词——比如，"guooo"代表燃烧的呼啸声，"aguagu"代表欢快的咀嚼声，"shiiin"则代表"别出声"或"不要动"。在视觉呈现上，少女漫画大多也采用标准惯例，将女性角色刻画为纤细的长腿美女。这些角色的面部大同小异，都是翘鼻子、尖下巴，格外大的眼睛里闪

---

① 20世纪50年代至70年代间日本流行的一种黑白写实漫画。——译者注

当代女性漫画角色示例，展现出此类角色的典型特征："Niabot 是一个理智的人，知道假正经是行不通的。"
图片来源：Wikimedia Commons

耀着星星。为区分不同角色，作者在角色的着装和发式上花了不少心思。

  如今，漫画的读者涵盖了各年龄段的不同人群。不过，80 年代的巅峰期一过，漫画销量开始下降。根据弗雷德里克·肖特（Frederik Schodt）的报告，1984 年一年，日本共出版了 10 亿本漫画，也就是说，包括日本男性、女性及儿童在内，人均 10 本。① 为迎合不同目标受众，漫画家推出了新的漫画类别，包括主要表现暴力、色情或内心痛苦的青年漫画及多以人际交往尤其是美男同性情缘为主题的女性漫画——不过，后者时有强奸和对女性施暴等阴暗内容。

---

① Frederik L. Schodt, *Manga! Manga! The World of Japanese Comics*, 2nd ed. (New York: Kodansha USA, 2012), 17.

视觉和表演艺术

个体和家庭的收入有所增长,使得民众能够将多得的可支配收入用于休闲娱乐。大量新兴中产阶级开始注重提升个人修养,修习英语口语、音乐和传统艺术类课程。20世纪50年代中期到60年代中期,日本参加传统文化活动的人数创下新高,因此,这段时期有时也被称作"昭和元禄",以此呼应江户文化黄金时期都市平民渐渐参与艺术活动的现象。当时的女性多修习花道,不过,传统的日本舞蹈、三味线和日本筝(一种十三弦琴)等乐器及茶道亦大受欢迎。20世纪60年代中期,花道发展至巅峰,全日本共有3000多家花道学校,规模最大的三间,每间都有百万名学生。男子修习盆栽、武术等各类艺术活动。1964年,柔道被列为奥运会官方项目,因此极受追捧。1971年,卡拉OK机问世,男子开始学习声乐课程,希望在与上司、同事下班小聚时"一鸣惊人"。书法和诗歌则是男女都会修习的内容,特别是俳句。

战后,传统文化得以复兴。这是保守派国家形象"重塑"策略的一部分,希望将日本包装为和平的"文化国家",一改往日大肆侵略的军事强国形象。日本政府发起了"多战线"的政策和项目来支持面子工程,包括1948年将11月3日定为国家文化日、开设各县文化祭及1950年立法保护"活着的国宝"即掌握传统技艺的在世艺术家、表演家和工匠。日本推动着因异域特征为西方青睐的现代之前的文化,与此同时,快速扩张的日本都市中产生活却渐趋"美国化",可谓对比鲜明。

许多现代艺术家尝试将传统艺术和毕加索、克利[①]、杜尚引领的现代主义

[①] 保罗·克利(Paul Klee,1879-1940),瑞士画家,代表作为《亚热带风景》和《老人像》。——译者注

形式相融合，希望自身作品更契合国际艺坛的主题。长谷川三郎和森田子龙的实验性书法将文字与抽象画结合在一起，通过空间和传统材料的使用为作品注入明确的日本特质。八木一夫和辻晋堂将抽象艺术的大胆风格与细致概念注入传统技艺制就的瓷器中。敕使河原苍风在花道界推行前卫手法，将非植物材料用作"花"，又将少见之物用作容器。

不过，同时期的其他艺术家倾向于创作原创性更强或更具政治、社会批评性的作品。冈本太郎、草间弥生和横尾忠则等艺术家，寺山修司和大岛渚等电影制作人，细江英公和东松照明等摄影师，Group Ongaku 等音乐即兴创作团体和土方巽、大野一雄等舞者创作的作品既顺应了全球潮流，又对资本主义横行霸道、文化和政治均被美国影响渗透的日本之殇进行了批判。

20 世纪 50 年代初期，以山下菊二（1890~1973）为代表的画家将苏联社会现实主义风格用于城市宣传壁画，刻画了社会不公和美帝国主义带来的的影响，列举了从乡村贫困、都市困境、原子弹爆炸遗留的创伤到美军基地周边城镇的艳俗等景象。冈本太郎极富影响力，号召年轻艺术家"穿透"社会现实主义者的恐惧与无助、"越过"东方学专家对日本之美的传统观念，将日本的真实情况传播出去。冈本太郎刻意在其超现实主义雕塑、画作中体现对抗性和怪诞的艺术风格，比如在作品《丛林法则》（1950）中，他描绘了各类奇异生物从怪兽大口中逃生的场景。

20 世纪五六十年代，具体美术协会、高红中心和新达达（Neo-Dada）等激进艺术团体合作进行了艺术实验，旨在通过原创手段展现原创视角——正如具体美术协会创始人吉原治良（1905~1972）提出的著名口号"做别人没做过的事！"[①] 那样。这些团体利用垃圾和实用物品展开即兴表演，模糊了

[①] Ming Tiampo and Alexandra Munroe, eds., *Gutai: Splendid Playground* (New York: The Guggenheim Foundation, 2013), 45.

艺术和日常生活的界限，试图扩大艺术在战后日本的定义。比如，高红中心的作品《一公里长的绳子》（1963）就是一条从东京都美术馆出发、经上野公园到商业火车站的寻常绳子。其他作品则展现了艺术家本人与庸常材料间的"互动"。具体美术协会的成员用相机捕捉人在泥浆中打滚和破大型纸屏风而出的场景。新达达成员筱原有司男（1932~）用沾了墨水或颜料的拳击手套任意击打长条帆布，创作出一系列"拳击画"。

前卫艺术家多痴迷于性、愤怒与巨型物体等主题，呼应了战前的"情怪废言"派，意欲表达保守主流社会压抑下的原始欲望。土方巽（1928~1986）是"舞踏"的创始人之一，舞踏是一种舞蹈形式，因令人痛苦的肢体运动、夸张的面部表情和无遮掩的性内容而闻名。土方巽在乡间度过了贫苦的童年，舞踏的灵感来自乡间的痛苦与生殖元素。土方巽希望舞踏能超越西方现代舞和停滞不前的传统舞蹈。他的作品阴暗而具有颠覆性，力求彰显日本根植于本土条件和美学概念中的艺术现代性。插画艺术家横尾忠则（1936~）为土方巽和许多其他60年代的前卫表演家及展览创作了海报。横尾忠则的作品颓废而迷幻，将江户时代的情欲春画、老派广告、民族主义象征和美国符号等互不关联的图像拼贴在一起，传递出日本社会的动荡和陈腐。草间弥生（1929~）惊世骇俗的裸体表演与密密麻麻布满男性生殖器形状软雕塑的艺术作品传达出女权主义者对日本男权社会压迫的愤怒。草间弥生被诊断为强迫症患者，其作品以极简风格图案的重复与堆积为特征，表现出其心理状态。

当代艺术界高度重视上述日本艺术家的开创性作品。近年来，纽约市和华盛顿特区以具体美术协会和草间弥生为主题举办了一些展览，均大获成功。各国游客蜂拥而至，体验展览的趣味与视觉冲击，却少有人思考作品中折射出的五六十年代的社会、情感动荡。

390　神奈川冲浪外：从传统文化到"酷日本"

总而言之，日本曾经历被外国势力侵占的痛苦过往，消费主义主导的富裕生活则接续其后。受美国常态影响，中产阶级生活方式在日本兴起。20世纪50年代至70年代，战后宪法赋予了公民自由，社会上弥漫着乐观精神，各类新宗教和社会运动发展壮大。娱乐、文化形式的种类、数量增多，且越来越易获得。与此同时，保守派势力仍强调理想的性别规范，继续掌控着政治和经济。优先发展经济的政策对环境造成了破坏，不加限制的工业发展引发民众反对。日本对《日美安全保障条约》的态度体现出对美国一贯的屈服姿态，激起民愤和暴力抗议。不过，多数中产阶级努力工作、认真顾家，因此提升了生活水平并感到满足。

横尾忠则《29岁达到高潮后，我死了》，丝网印刷，1965年
纽约现代艺术博物馆
图片来源：Art Resource

推荐阅读

Avenell, Simon A. *Making Japanese Citizens: Civil Society and the Mythology of the Shimin in Postwar Japan.* Berkeley: University of California Press, 2010.

Barshay, Andrew E. *The Gods Left First: The Captivity and Repatriation of Japanese POWs in Northeast Asia, 1945-1956.* Berkeley: University of California Press, 2013.

Bardsley, Jan. *Women and Democracy in Cold War Japan.* London: Bloomsbury, 2014.

Dower, John W. *Embracing Defeat: Japan in the Wake of World War II.* New York: W.W. Norton, 2000.

Francks, Penelope. *The Japanese Consumer: An Alternative History of Modern Japan.* New York: Cambridge University Press, 2009.

Gordon, Andrew. *The Wages of Affluence: Labor and Management in Postwar Japan.* Cambridge, MA: Harvard University Press, 2001.

Kushner, Barak. *Men to Devils, Devils to Men: Japanese War Crimes and Chinese Justice.* Cambridge, MA: Harvard University Press, 2015.

Munroe, Alexandra. *Japanese Art after 1945: Scream against the Sky.* New York: Harry N. Abrams, 1994.

Partner, Simon. *Assembled in Japan: Electrical Goods and the Making of the Japanese Consumer.* Berkeley: University of California Press, 2000.

Watt, Lori. *When Empire Comes Home: Repatriation and Reintegration in Postwar Japan.* Cambridge, MA: Harvard University Press, 2010.

推荐影片

《反安保：艺术之战》（*ANPO: Art X War*），琳达·贺伦（Linda Hoaglund）执导纪录片，2010年。记录了《日美安全保障条约》引发的民众抗议与艺术界反应。

《肉体之门》，铃木清顺执导故事片，1964年。讲述了战后废墟中潘潘女郎的生活。

《巨人与玩具》，增村保造执导故事片，1958年。讽刺了三大焦糖制造商间的残酷竞争。

《水俣病患者及其世界》，土本典昭执导获奖纪录片，1971年。讲述了水俣湾汞中毒事件。

《东京奥林匹克》，市川昆执导纪录片，1965年。记录了1964年日本东京奥运会，影片评价较高。

《东京物语》，小津安二郎执导故事片，1955年。讲述了一对老年夫妇前往东京看望成年子女的故事，被推崇为有史以来最好的影片之一。

《无仁义之战》，深作欣二执导系列故事片，1973年。真实还原了"极道"成员的回忆录。

第十二章
作为文化超级大国的"酷日本"
20 世纪 80 年代 ~21 世纪 10 年代

20 世纪 80 年代，日本继续发展其经济，但开始有选择地分配经济红利，作为"同质社会"主体的大和民族才是受益人，其余人口则被边缘化。到了 90 年代，经济泡沫破裂，日本面临一系列严重危机：阪神大地震造成了毁灭性后果，个别宗教团体在日本国内施行恐怖主义，社会快速老龄化带来人口威胁。不过，日本同时期的流行文化开始受到赞誉，在全球吸引了大批新受众。从流行音乐到电子消费品，从建筑到时尚，从动画到美食，日本的全球影响力蒸蒸日上。撕掉了 80 年代"经济超级大国"和 30 年代末"帝国主义军事强国"的标签，如今的日本更像是一个"文化超级大国"。

经济社会发展

80 年代，日本经济继续发展，尤以银行、保险、大众传媒和房地产等服务业为甚，雇用了超过 60% 的日本人口。制造业尤其是汽车和电子业，也保持着蒸蒸日上的发展势头，日本最大的 25 家企业中，有 14 家来自汽车和电子业。1980 年，日本成为全球第一大汽车制造国。1974 年到 1989 年间，日本汽车产量几乎翻了一番，从 700 万辆增长至 1300 万辆。其中，40% 出口欧美，导致欧美的本土汽车制造商大受冲击。80 年代早期，美元十分强势，美国人大肆抢购日产汽车及电子产品，造成长期贸易失衡。1985 年至 1987 年，贸易逆差额由 490 亿美元增长至 870 亿美元。美国贸易保护主义者呼吁限制进口，保护本国制造商抵御来自日本的竞争。随着贸易摩擦升级，丰田、日产和本田开始在美国和其他国家投资建厂，避免贸易壁垒。电子设备制造商生产着工业机械、办公设备和家用器具等一系列产品。70 年代末，许多日本企业成功扩展了生产线，开始制造计算机和相关设备，这些企业也开始在海外大量建厂，避免市场限制并利用当地廉价劳动力。

零售业方面，日本各地逐渐出现便利店和大型超市，成为小型社区商店和豪华都市百货商厦的"折中选择"。7-11、罗森和全家等便利店通常全天营业，随处可见。除了基本的零食和杯面，便利店还提供饭团、三明治和便当等多种多样的餐饮选择，借助复杂的计算机库存系统，便利店每日补货可达 9 次之多。多数便利店还出售啤酒、葡萄酒、清酒和威士忌等酒类，电池、洗发水和雨伞等各类日常必需品及摆满架子供顾客阅读的杂志、漫画。如今，便利店还提供电影、音乐会及其他活动的票务服务，账单支付，照片打印和复印、传真服务。可以说，便利店已成为当今日本生活中不可或缺的一环。西友、吉之岛和唐吉诃德等大型超市类似美国的塔吉特或沃尔玛，出售各类经济实惠的杂货、服饰、家具、电器及其他商品。不过，随着收入水平提高，消费者开始青睐路易威登、香奈儿和古驰等国际设计师品牌，因此，大型超市的快速发展并未对豪华百货商厦或高端精品店造成威胁。年轻的消费者将目光投向无印良品、Loft 和东急 Hands 等主打生活品位的品牌，在那里购置时装、室内装饰品和其他喜爱的商品。

第十二章　作为文化超级大国的"酷日本"　395

简言之，80年代以炫耀性消费和商品、服务的市场细分为特点。"新贵"消费者沉迷于购置高档汽车、昂贵的高尔夫俱乐部会员身份、价值上百美元的瓜果和掺了金箔的清酒。1980年，田中康夫创作了小说《总觉得，水晶样》，描述了年轻一代以消费为导向的生活方式和物质主义价值观——作者称之为"水晶"生活。书中记录了一名女大学生的两周，歌颂了其不加限制的消费行为。全书情节薄弱，倒称得上是一本"指南"，向读者推介了最佳品牌、时尚品、最时髦的餐馆及咖啡厅。主人公因"势利"与"做作"而自傲，喜欢提"科黑金"①购物袋出街，吃下午茶要在"法式咖啡馆"，"配白葡萄酒"而不是蒸馏咖啡。《总觉得，水晶样》传达的信息十分矛盾，一方面似乎批判了消费即身份象征的观点，书中借某角色之口说"我猜，说到底我们还是没法抵挡大牌的诱惑。我们这一代。也许不光我们这一代，全日本都是如此"；②另一方面，作者又在书中给出了数百条详细注释，推荐了许多知名品牌的商品和餐馆。该书一出版即售出80万册，引发媒体轰动，亦引起人们对社会价值观改变的争论。

被资本冲昏头脑的企业也大有"一买定乾坤"之势。1987年，日本的一家保险公司以3990万美元的价格买下了凡·高的《向日葵》，创下了全世界艺术品售价的新高。索尼和松下分别花费数十亿收购了好莱坞工作室、哥伦比亚影业和美国音乐公司。其他日本企业则控制着洛克菲勒中心、哥伦比亚唱片公司和美国高尔夫球公开赛场地之一的圆石滩球场。美国媒体针对日本的收购行径发出警告，似乎这些已构成日本"入侵"美国的迹象，然而

---

① 安德烈·科黑金（Andre Courreges,1923-2016），20世纪60年代法国著名设计师，"超短裙之父"。——译者注
② Norma Field, "Somehow: The Postmodern as Atmosphere", in *Postmodernism and Japan*, ed. Masao Miyoshi and Harry Harootunian (Durham, NC: Duke University Press, 1989), 178.

便利店中出售的常见便当
图片来源：Wikimedia Commons

事实上比起日本，英国和荷兰控制的美国公司和房地产要多得多。

随富足生活而来的是民族主义的复苏。日本从战后废墟中崛起，再次成为可与西方国家匹敌的强国，为此，日本人民深感自豪。一些文学作品将日本的成就归因于独特的种族、文化特征，这一写作倾向被称为"日本人论"，也就是对日本性的反思。许多作品称西方的习俗又"硬"又"干"，因此西方人不团结，像一盘散沙；日本之道则又"湿"又"软"，因此社会成员如饭粒般牢牢粘在一起。盟军占领时期，群体主义和社交放纵被视作"消极"和"封建"的代表，此时却登上"神坛"，被看作令日本人过上富裕生活并优于其他国家的价值观。放眼学术界，"日本人论"的推广者主要有两个人，一是精神分析家土居健郎，其人称日本社会以纵容和依赖他人（Amae）为基础，这一基础根植于母子关系；二是东京大学经济学家村上泰亮，其人称日本企业的成功源于武士的家庭结构，这种家庭结构强调集体而非个体，重视人际关系和组织技能。"日本人论"中的伪科学作品有时会给出十分荒谬的论断，如日本的蜜蜂要比其他国家的更具群体性，或是日本人的生理机能与外国人不同，因此无法消化外国牛肉或使用外国避孕药等。

1989年，自由民主党政治家、日后的东京都知事石原慎太郎撰写了《日本可以说"不"》，直接展现出日本的新民族自信。人们普遍认为日本政府对美国过于卑躬屈膝，应在外交和商业领域采取更为独立的姿态，标题《日本可以说"不"》恰是对这一观点的反映。文中批评了美国的偏见，预测美国终将衰落，又"指导"日本应采取哪些举措方能成为世界新秩序的主要驱动力。文中称："美国历史不过短短数百载，从未经历重大历史转折。美国人称霸世界不过数十年，发迹时已接近现代尾声。来自东方的日本将在主要领域取美国而代之，这也正是令美国忧心不已的地方。"[①] 在多数美国人眼中，日本的这类言论傲慢又具有侮辱性，令人不无惊恐地回想起日本的帝国岁月。美国人虽感受辱，却并未担心太久，因为日本的泡沫经济和刚刚建立的自信即将崩盘。

1989年，昭和天皇去世，开启了日本此后十年的衰败与灾祸。昭和天皇是日本历史记载中任期最长的君主，见证了日本的大起大落。昭和天皇于1926年即位，那时日本正开始展现其军事力量，很快便发展到可威胁美国的地步。20年后，日本国力被大大削弱，历史上首次被外国军队侵占，当时的国家前景一片惨淡。不过，日本在短短几十年间恢复了元气，成为领先的经济强国，跻身世界最发达国家行列。昭和天皇在重病缠身数月后逝世，

---

① Shintarō Ishihara, *The Japan That Can Say No*, trans. Frank Baldwin (New York: Simon & Schuster, 1991), 30.

日本大众媒体在此期间每日跟踪报道天皇的健康与治疗情况，基调忧郁而敬重。天皇离世后，为配合国丧，电视台停放了三日的常规节目。天皇逝世引发了大众对其战时责任和皇室制度存在价值的思考。昭和天皇之子明仁皇太子继位，取年号"平成"，这一古典词语代表一种对世界和平的期盼。然而，明仁登基未几，日本即遭遇经济萧条，自由民主党首次下台。苏联解体又改变了冷战格局，美国主导下的日本繁荣就此终结。日本遭受了政治和经济的双重动乱。

日本经济陷入萧条常被描述为"泡沫破裂"。放眼80年代的日本国内外投资，资金多来自具有风险的银行贷款。土地和房产领域的投机行为造成的通胀令人难以置信，按纸面价格计算，东京中央的皇居占地面积不到八平方公里，竟比加州所有的房地产还要值钱，日本全部土地的总价值要比全世界剩余土地的总价值高出一半。为控制经济过热现象，1990年日本政府提高了利率，造成信贷紧缩。贷款到期时，大量投机者既无力偿还贷款，也无法变卖迅速贬值的资产。房地产市场崩塌，价值亿万美元的纸面资产效力尽失。日经指数暴跌超过80%，此后再未升回原值。企业破产创历史新高，大量日本家庭丧失了储蓄金，国内消费额暴跌。为恢复金融稳定，大型银行接受了6000亿美元的纳税人救市金。

1995年，日本又先后遭受了一场天灾和一场人祸，经济进一步恶化。1月17日，阪神大地震席卷了神户三分之一地区，中央商业区大部分受灾。这场里氏7.2级的地震造成6200多人死亡，日本损失超过1000亿美元，相当于国内生产总值的2.5%。高速公路坍塌，港口和铁路线被毁，救援人员难以进入。超过32万名居民被迫栖身于临时疏散避难所中，有的人一住就是4年多。预警系统未预测到阪神大地震的爆发，所谓的"防震"建筑技术在地震中被证实无效。此外，政府的应急响应不够迅速，甚至拒绝了别国伸出的援手。在国家未能提供有效救援的情况下，个人、非政府机构和企业动员起来，为灾民提供了援助。令政府难堪的是，首批向受灾群众提供食物和饮用水的团体之中，有一家是神户的某"极道"组织。新宗教发动数千志愿者赶赴灾区成立救援中心，右翼团体亦有舍粥济民之举。日本大众传媒有选择性地对震后状况进行了报道，主要宣传了灾民相互合作、不懈努力的积极一面，略过了大灾过后的劫掠暴力事件。日本媒体受审查制度制约，这种"报喜不报忧"的报道模式在2011年的东日本大地震和核泄漏事件中亦有所体现。

1995年3月20日，阪神大地震"余韵未消"，名为"奥姆真理教"的新宗教又在日本发动了丧心病狂的恐怖主义袭击，在东京地铁内施放了致命的沙林毒气，造成12人死亡、5500多人住院治疗。奥姆真理教由麻原彰晃（1955~2018）创立，成立之初是一个冥想、瑜伽活动组织，加入者需放弃一切外部牵绊，苦心清修。20世纪80年代，奥姆真理教顺应大潮，与其他新宗教一同发迹，如之前的宗教一样，新宗教以富有人格魅力的领袖为中心，多强调精神治疗。一些新宗教利用了泡沫经济造成的低迷氛围，称可助信众获得财富，其中多数通过精彩的活动和庆典吸引大众媒体关注，利用漫画和动画来吸纳信众。此前的新宗教对佛教、神道教、儒家思想和基督教等多种宗教及思想的信仰与实践进行了"混搭"，"新时代"的新宗教则变本加厉，将民间的鬼神之说、不明飞行物传说、失落的姆大陆传说和亚特兰蒂斯传说也吸纳进来。奥姆真理教的教义就借鉴了印度教和藏传佛教。

1985年，麻原彰晃的一张照片刊登在杂志上，从此"恶名远扬"：照片中，麻原彰晃以莲花座姿态"飘浮"在半空。奥姆真理教发展了一系列利润可观的商业活动，下设数家拉面店、一家电话交友俱乐部、一家保姆服务中介所和数家电脑店。这些店铺均由信众出资并照看，不需要什么成本。

1990年，奥姆真理教成立了政党，意图推举包括麻原在内的25名候选人参加众议院选举。该政党的参选造势十分怪诞，信众们带上"古鲁"①或印度教象头神伽内什的面具载歌载舞，引发媒体大肆嘲讽。最终，25名候选人无一人胜出。政治道路被阻，麻原开始传递暴力信息，宣称哈米吉多顿②即将到来。奥姆真理教开始收集武器并研发化学、生物武器，做好"准备"。一名帮助姐妹逃离此教的会计被教徒杀害，经过调查后，警方准备对奥姆真理教总部发起突袭。沙林毒气事件似乎就是为阻止这次突袭而发动的。毒气事件之后的10年，189名奥姆真理教成员被审判，其中11人被判处死刑，包括麻原彰晃。不过，行刑因法律纠纷而被暂缓。巅峰时期的奥姆真理教拥有约4万信众，其中绝大多数并不知晓该宗教的暴力活动。后来，多数信众试图回归正常生活，但有超过千人仍继续在奥姆真理教秘密团体中修行。

毒气事件后数月，大众媒体以铺天盖地之势报道着该次袭击事件和奥姆真理教的邪恶活动。大众惊异地发现，麻原的高级副手中竟不乏顶尖大学毕业的高才生，这些人本该在其他领域有所作为，却选择加入这一激进的邪教。无穷无尽的文章和电视圆桌讨论都在诘问：日本到底哪里出错了？日本民众一向视本国为全世界最安全、最稳定的国家之一，笃信发生在别国的灾难和罪行断不会在日本上演。因此，经济衰退、阪神大地震和之后的奥姆真理教事件令日本社会大为震惊。许多民众呼吁加强对宗教团体的监管。然而，人们应铭记，奥姆真理教事件是一种反常现象，并不能将之归因于日本社会的内在问题或是新宗教运动。千禧年的邪教多相信一场灾难性战争将迎来人间天堂，因此倾向使用暴力。麻原其人有妄想症，麾下不乏具备武器制

---

① 指印度教或锡克教的宗教导师或领袖。——译者注
② 哈米吉多顿（Armageddon）是《圣经》中世界末日时"兽国"发起列国混战的最终战场。——译者注

造能力的科学家，信众又被强制与外界隔绝、践行斯巴达式的群居生活，种种这些共同"引导"奥姆真理教走上暴力犯罪之路。

人口变动也为日本社会带来危机感。日本人口迅速缩减并呈现老龄化趋势，到2025年，日本将成为全球最"老"的国家，65岁以上人数将占总人口的36%。20世纪70年代起，日本出生率快速降低，预计到2050年人口将减少至1亿，且平均每位年过65岁的公民将仅有1.5个人提供照料。出生率的降低一定程度上可归因于女性不断发展壮大的"不婚"趋势，社会期待女性承担起养育者和主妇的角色，但女性对此表示憎恶与拒绝。日本的育儿设施相对缺乏，母亲享受不到完善的支持机制，因此许多女性不愿生育。此外，分娩的费用并不包含在国家医疗保险中，而在日本，抚养一个孩子的成本又极高。低出生率还与日本结婚率的降低有关，数十年来，日本的结婚率稳步下降，下降幅度自2000年起变得尤为明显。2005年，三十出头的日本男性中未婚者占21%，到了2015年却增长至接近50%。越来越多的年轻女性开始践行独身主义，努力工作并为自己购置公寓。

人口骤减为经济发展带来了产量下降、消费市场缩水、税率飙升和存款骤减等严重后果。可以预见，未来的劳动力短缺将导致依靠低成本劳动力生存的中小企业破产。为避免这一结果，未来50年中，日本每年需增加50多万名工人。过去数十年间，政府官员一直在讨论如何增加工人数量和限制未来税收负担，但这需要提高外来移民率、为希望追求职业发展的女性和少数群体提供平等的工作机会才能有望实现。这些做法有悖日本一直以来的政策和态度，因此需要做出一些调整。

其他国家不乏愿意赴日工作的劳动力，可满足日本的劳动力需求，但日本政府的举措令多数外国人难以在日本合法工作。大量有移民意向者以游客身份入境，居留至签证超期后，便祈祷不会被抓。外国工人常常受雇于建筑和制造业的"食物链"末端，服务于规模极小的企业或从事重复性强的工厂工作。来自欠发达国家的女性常在日本从事性交易或担任看护老人的住家保姆。日本的劳动力需求不断增长，民众却普遍对移民持排斥态度。在媒体煽动下，民众相信外来移民都是潜在的罪犯，将对他们理想中的无罪社会造成威胁。此外，日本民众一向将日本看作是由单一种族、文化构成的社会，若允许外国工人在日工作，势必动摇这一同质社会的稳定性。随着经济不断衰退，民众开始指责外国人抢走了他们的饭碗，可实际上，鲜少有日本人愿意去做移民被允许做的活计。

　　日本现存的少数群体也填补了日本中产阶级不愿接触的脏、累及危险岗位。在日本战后的经济奇迹中，少数群体并未平等参与红利分配。日本人口有4%为少数群体，但民众常常刻意忽略他们在战后经济增长中扮演的角色。日本的"同质性"概念将部落民、阿伊努人、朝鲜人、冲绳人和日系人（即移民南美的日本人后裔。20世纪80年代起，日本允许日系人归化，以此填补劳动力需求）等各类少数群体排除在外。

　　部落民是现代以前的"贱民"，也是日本人数最多的少数群体，约有300万人，主要聚居在6000个社群中。部落民不是少数人种或少数民族，而是因过往的卑贱地位受到民众长期歧视的群体。20世纪60年代，某委员会展开的调查显示，部落民社群如同贫民窟，缺少下水道、自来水、街灯和消防等基本公共服务设施，社群的学业成就远低于国家平均水平，就业率和福利水平也显著低于平均标准。60年代，政府通过立法方式特别拨款，用以改善部落民的居住环境、提供教育机会，但各类有违法律的歧视现象仍存在。大型公司要求应聘者提交户籍信息，将家住部落民地区者剔除。公众认为少数群体很"脏"，因此，他们中鲜少有人能在商店或餐馆等从事服务业。少数群体在婚姻方面也一直备受歧视，日本家庭有时会雇用私人侦探调查准

第十二章　作为文化超级大国的"酷日本"　　403

儿媳或准女婿，以免子女与部落民后代成婚。

朝鲜人是日本少数民族中规模最大者之一，共有70多万朝鲜人在日本生活。"二战"之前及期间定居日本的朝鲜被殖民者，其下一代、第三代和第四代被称作"在日朝鲜人"，以此区别于当代的韩国移民。战后，日本殖民帝国瓦解，留在日本的朝鲜人被剥夺日本国籍，他们没有选举权，不得任公职，亦不可在公共教育机构中担任教职。这些人多数生于日本，将日语作为第一或唯一语言，可尽管如此，他们仍因外籍居留者的身份而权利受限。日本法律是根据父母的国籍而非本人出生地确定其公民身份。生于日本的朝鲜人若想归化，需办理正式手续，不过出于政治原因，他们中的多数并不选择归化。在日朝鲜人依据认同的是韩国还是朝鲜进行划分。朝鲜在日团体十分热衷保留朝鲜语言及文化，赞助了一百多所私立学校，包括一所大学——这一点是必要的，因为朝鲜人高中的毕业生无法参加多数日本大学的入学考试。

在日朝鲜人生于日本、长于日本，却鲜少被雇用为大公司的工会工人或固定工，也被禁止担任政府公职。他们供职于收入微薄的服务与娱乐业，出没于没有工会的小型分包公司，或是在建筑业担任非技术工种工人。在这些企业中，他们也未被充分代表。比起做同类工作的日本人，在日朝鲜人的薪水平均要少30%。为避免遭受此类歧视，许多在日朝鲜人成为小业主，以经营烤肉店、弹珠店和小型建筑公司闻名。像部分部落民那样，一些在日朝鲜人试图"鱼目混珠"，他们更名改姓，模糊掉民族出身。多数在日朝鲜人认为自己就是彻头彻尾的日本人，与朝鲜并无联系，也因此为不断遭受的歧视感到苦恼。

据官方统计，日本共有25000名阿伊努人，此外还有20万阿伊努人的后裔。"阿伊努人"指虾夷地区即今日北海道的原住民。德川幕府时代，阿伊努人的捕猎-采集生活方式开始发生改变。17世纪，阿伊努人开始用兽皮和鱼产品交换日本烟草、清酒、大米、工具和其他物品，他们常是交易中吃亏的一方，渐渐丧失了自治权，耗尽了自然资源。到了明治时代，阿伊努人的处境已十分不乐观，无力拒绝日本的同化要求，其语言文化因之岌岌可危。

日本从未正式承认阿伊努人是日本原住民，因此，虽然其他工业国家为被迫搬离家园的原住民提供了经济、社会补偿，阿伊努人却未得分文。像其他少数群体那样，阿伊努人也多担任建筑工人，教育水平也低于日本主流群体。20世纪60年代起，阿伊努人开始与国际上其他被压迫的原住民群体对话，如美国的印第安人和因纽特人。近几十年间，他们开始寻求参与政治活动的保障及教育、语言和文化等权利。

冲绳人是日本人数最多的少数民族，冲绳岛上有130万人，还有30万冲绳人散落在岛外。冲绳人的母语和文化与日本主岛不同。20世纪早期，冲绳的经济发展与日本主岛不同步，许多冲绳人移民国外，前往夏威夷、巴西、菲律宾和南洋谋生。

冲绳人为维护日本战后安全付出了最为高昂的代价。美军对冲绳的占领直到1972年才终结，比日本其他地区要多20年。驻日盟军最高司令官总司令部将冲绳岛置于军事治理下，对日本本岛进行的重建项目却视若无睹。20世纪50年代，人们对冷战的恐惧加剧，冲绳人对美军占用其土地建设军事基地心怀不满，因此，美军认为有必要在一定程度上推动冲绳的经济和社会发展，以获得民众支持。如今，冲绳岛五分之一的面积仍为美军基地，驻扎着近五万名美军士兵。当地居民抱怨基地带来的噪声和环境污染，认为基地的存在阻碍了地区发展。美军在当地犯下的罪行引发了争议，伤害了民众的感情。1995年，三名美军士兵被控强奸、殴打一名从街上诱拐来的12岁女孩。近85000名冲绳人示威抗议，民众进一步就是否驱逐美军展开争论。2010年，10万名冲绳民众（占冲绳总人口的10%）聚众抗议美军建立新基地，认为此举将破坏脆弱的生态系统，令海牛的近亲、濒危动物儒艮灭绝。

1990年，日本政府出台新政策，允许南美的日本人后裔"日系人"移民日本，以缓解国内的劳动力短缺。通过此举可以看出，日本认为自身优于其他种族，且日本为同质社会。当局坚信，比起其他国家的移民，世代居住海外、对日语和日本文化知之甚少的日系人更易融入日本社会。日本还为移居海外的日本人诞下的后裔推出了专属签证。20世纪初，许多贫苦的日本家庭背井离乡，移民至南美，寻找更好的机会。事实上，巴西的圣保罗市就是世界上日本人口第二多的城市，仅次于东京。针对日系人的移民项目启动后，共有28万多名日系人移民至日本工作。

日本通常以外包形式雇用来自南美的工人，多由"极道"组织从中牵线。起初，许多日系人受雇于大型汽车厂和电子厂，担任制造工。后来，由于生产逐渐转移至中国和其他劳动力成本更低的国家，日系人的工作变得不那么稳定，薪水也更低。2001年，在日的巴西日系人中，有四分之一处于失业状态。南美日系人在日本安顿下来后，一系列社会问题随之而来。日本学校并不提供多语教育，移民儿童面临学业困难。日系人还在住房和公共服务领域遭歧视。在日系人较多的地区，由于担心商品被偷，一些商铺不允许日系人入内，或是限制一段时间内进入商铺的日系人数量，也因此歧视行径招致了诉讼。

日系人移民工人的数量稳定后，仍无法满足日本的劳动力缺口。为此，政府推出了特别研修生项目，允许公司合法从亚洲其他国家雇用工人，主要是中国、菲律宾和印度尼西亚。项目的最终目的是将受训雇员送回本国，在本国日企效力。这些研修生不受劳动标准保护，获得的"津贴"也远低于市场工资水平。此外，日本还允许另一类亚洲移民入境，即愿意嫁给日本农民的外国女性。日本女性中愿做清贫农妇者越来越少，农村地区的政府便发起海外项目，从中国、菲律宾、韩国和泰国寻找潜在的"亚洲新娘"。

除上述几类人外，零工和流浪汉也属弱势群体，被社会主流的中产阶级忽略。大城市中，贫民与无家可归者并不少见，他们或是栖身于地铁通道、社区营房和帐篷区，或是聚集在肮脏的贫民区。大量计时工和季节性工人继续为日本经济增长提供着支持，这些可用劳动力主要由"极道"控制。20世纪50年代，破产的农民、老兵和失业的煤矿工人涌入东京山谷地区等计日工聚集地。60年代，为迎接东京奥运会和大阪世界博览会，日本开始营建巨型建筑项目，此类工人数量激增。工人们居住在破败的廉价旅社中，一间房至少要住8个人。承包劳工的"极道"组织成员在周边运营妓院和赌场，将劳工微薄的收入榨得一干二净。在劳工居住地，健康问题也并不少见，肺结核发病率是日本平均水平的两倍，且超过70%的人口严重酗酒，亦有许多人残疾或存在精神问题。

当代日本性别问题

15岁到65岁的日本女性中，约半数参与有偿劳动，构成日本劳动力的40%还要多。日本的劳动制度雇用女性填充低收入、没有出路且福利待遇极低的工作岗位，以此保持日本企业的竞争力。多数劳动女性集中于服务业和轻工业，以"兼职"形式工作。兼职员工分为工作时长受限（通常为每周35小时）、有固定工作期限和长期全职工作但不享受福利待遇的三类。为解决长期存在的劳动力短缺问题，日本企业雇用女性担当补充性的低收入劳工，没有固定的雇用条件。经济衰退爆发后，日本解除了对劳动市场的管制,兼职工人数量翻了一番。如今,兼职工人占日本劳动力总人数的近三分之一。1985年,日本通过了《男女雇用机会均等法》,希望借此改善女性的就业选择环境。该法律提倡男女职场平等,但不遵守该法律并不会受惩,不过一纸空文罢了。因此,该法律出台后,少有公司对性别分化的行规做出重大改变。

全职女白领分为两类。第一类为职业女性,她们与男性职业发展路径相似,以管理岗位为终极目标,需要无偿加班、接受岗位调动,与男性上班族接受相同的工作条件。这类女性毕业自名牌大学,人数不多,是女性中的精英群体。在日本,仅四分之一的企业向女性开放管理岗位。大型企业有职业发展路径的雇员里,仅有不足3.5%为女性。政府的顶级雇员中,仅有1%为女性。更多"普通"的白领女性属于第二类,也就是所谓的"办公室女郎"(Office Lady),收入少、责任轻、级别低,为男性同事料理行政事务和杂事。

当代媒体、学校和其他国家机构向日本的年轻女性灌输着不同的理想性别规范。一方面,官方意识形态鼓励女性承担哺育后代、照顾家庭和看护老人等养育性角色;另一方面,商业广告则罔顾经济衰退,敦促女性穿着最时髦的服装、买最新鲜的小玩意。与此同时,大众文化又将身着校服和白袜的女学生视为理想的性对象。"萝莉控"指流行文化和媒体煽动下对年轻女孩产生的常见的、带有性意味的迷恋。大众媒体令少女意识到自身具有性吸引力,并有将之变现的可能。20世纪90年代中期,被隐晦称为"援助交际"的少女卖淫现象成为一大社会问题。在东京等城市,从事援助交际的少女将中年男子锁定为目标客户,赚取可高达每小时500美元的酬劳。这种交易并不总与性有关,有时少女仅需陪"客人"四处走走、在咖啡馆聊天或是逛街。不过,绝大多数援助交际仍是以性服务换取金钱或昂贵的礼物。交易双方多以匿名方式随机"配对"，通过大力宣传的"电话俱乐部"接洽。同龄人多攀比，少女们迫于压力竞相购买奢侈品，零用钱和兼职收入不足以覆盖花销，她们便转向援助交际。这些女孩大多出身中产家庭，并不是大众眼中反叛的"问题"少女，她们的客人则多是普通上班族。一些社会评论家（多为男性）认为这一现象具有积极意义，是一种通向成年和成熟关系的"仪式"，其他人则认为援助交际体现了当代日本社会浅薄而流于表面的人际关系。

20世纪与21世纪之交，大众媒体常以性别化的戏谑描述来解释结婚率和出生率的"双低"现象。不愿结婚的年轻女性被贬作"单身寄生虫"，结婚意愿低的年轻男性则被亲切地称呼为"草食男"。多数二三十岁的单身女性与父母同住，习惯将可支配收入用于旅行、外出就餐和购置昂贵化妆品与服装等个人目的，大多享受着父母提供的免费清洁、洗衣与三餐"服务"。这些女性不愿放弃舒适的生活，不想成为照顾全家却无法享受自我的主妇，因此并不急于结婚。媒体评论家和当局将日本的人口问题归结于这些"单身寄生虫"的自私秉性。与此同时，二三十岁上下、不想结婚甚至不想发生性关系的异性恋男子则被称作"草食男"，因为他们像食草动物一样对肉食不感兴趣。媒体将"草食男"塑造为具备爱打扮、安静和温顺等女性气质的形象。不过，未婚男子自身也开始接纳这一称呼，2012年的一项调查以400名30岁上下的单身男为调查对象，其中，75%的被调查者自认是"草食男"。

21世纪的日本仍然面临经济停滞，乡村地带深受人口下降的影响。越来越多人选择从社会"隐退"，这其中就包括拒绝离开家中或与他人接触的年轻"蛰居族"。日本大众普遍感到不安、焦虑和无助，这似乎已成为新常态。2011年3月11日，东日本大地震爆发，引发了大型海啸，造成福岛核电站核反应堆堆芯熔毁,民众负面情绪升级。频发的灾难导致16000余人身亡,造成约25万亿美元经济损失。东日本大地震为9.0级地震,是日本历史上震级最高的一次,引发了高约40米的海啸,沿约480公里长的海岸线深入内陆约10公里,将南三陆町等城镇彻底摧毁。受损核电站泄漏出的辐射高达广岛原子弹的170倍,附近30多万居民被疏散,许多人再无重返家园的可能。经此一祸,日本沉寂的反核运动"卷土重来",各地民众发起了大型抗议。此前,政府的能源政策很大程度上倚重核能,东日本大地震后,在民众抗议下,日本大部分核反应堆关闭。为理解自然灾害与人为灾害的因果,社会评论家呼吁民众不再冷漠,要重新思考日本的未来。数以万计的志愿者响应呼吁,前往日本东北部提供人道主义援助。一些评论家开始提倡化繁为简的生活方式,提出应减少对消费品的依赖、进一步节约能源和其他资源。日本再次面临克服天灾人祸的挑战,未来大和民族究竟会东山再起还是江河日下,我们拭目以待。

"酷日本":新文化超级大国

20世纪60年代以来,日本曾遭遇诸多忧患,但一直保持着世界电子和硬件产品的主要出口国地位,出口产品涵盖视听元件、计算机和游戏机。这些技术深刻影响着世界人民的日常生活,扩充了媒介消费的选择,提升了消费灵活性。不过,日本之所以能在21世纪实现文化复兴,成为文化超级大国,主要依靠的是国际市场对传媒、音乐、时尚和食品而非硬件制造的需求。20世纪80年代起,日本就开始向国际市场输出当代流行文化,但21世纪初因特网的广泛应用才真正加速了日本文化在全球的传播。以青年为代表的海外观众接触到日本漫画与动画、日本流行音乐、时尚装扮与高品质的拉面，随后，海外市场对日本商品产生新需求，为日本经济再次注入活力。

21世纪初，日本政府认识到"酷日本"这一品牌的力量，推出了大量推广流行文化的项目，将流行文化当作日本"软实力"的重要组成部分。所谓软实力，即是一国不以武力或经济援助等胁迫手段，通过文化和价值观的魅力影响他国的实力。长久以来，美国通过输出好莱坞电影、摇滚乐、李维斯牛仔裤、麦当劳和可口可乐等商品保持本国软实力，这些商品大多将"美国"价值观解读为个人主义和资本主义。美国电影和电视节目多见强壮英俊的男主角和美丽的女主角，正邪两派泾渭分明。日本的媒体作品则相反，多突出可爱的角色和模棱两可的道德准则，且强调团队合作。这些作品将社会价值观解读为合作、泛灵论和对美学细节的关注。20世纪70年代，代表可爱、甜美、讨喜和脆弱的"卡哇伊"（即日语"可爱"）风格成为流行文化中的重要美学，自此成为当代日本使用频率最高的词汇。作为日本软实力的来源之一，"可爱"这一特质显得异常微不足道，但毫无疑问的是，一个国家，一旦掌控了沟通和消费主义的渠道，就有更多机会影响别国喜好。

像江户时代一样，当代流行文化的诸多元素存在深刻的内部联系。动画、漫画和电子游戏影响着时尚与商品，亦反过来受其影响。风潮和时尚来去匆匆，源源不断地提供着新形象，为新的媒体产品和商品提供灵感来源。"卡哇伊"仍是一种审美理想，关于"可爱"的各种新形式却不断上线，冲击着传统意义上的"可爱"概念。20世纪90年代末，懒洋洋趴在地上的"趴趴熊"形象大获商业成功，自此，市场上涌现出一系列趴着的慵懒角色。21世纪10年代，改编自民间鬼怪故事的流行漫画、动画《咯咯咯的鬼太郎》中出现了一个大眼睛的半人半鼠形象，后来被制成可爱的商品出售。近年来，"恶心可爱"（Kimokawaii）和"怪诞可爱"（Gurokawaii）成为流行美学，代表角色有面部、爪子带血的吃人粉色暴力熊和披着蘑菇、桃子等植物外皮、长着难看人脸的小小屁桃君。流行音乐巨星竹村桐子（1993~）对这种怪异的美学表示欣赏，她曾在访谈中称："我喜欢怪诞的事物。我的理念就是让可怖的事物因其可爱的一面令人感到痛苦。世上已经有太多'除了可爱再无其他特质'的东西，所以，我在作品中加入眼球、大脑等怪诞、可怖甚至令人震惊的素材，好平衡掉那些可爱的元素。"[1]

文学

20世纪80年代，村上春树（1949~）和吉本芭娜娜（1964~）在文坛造成轰动，收获了大批海内外书迷。两人的作品大受好评，模糊了"高雅文学"与"大众文学"间的界限，因随意、亲密和平易近人的文风吸引了广大读者。

吉本芭娜娜是吉本真秀子的笔名，其父是一位颇富影响力的左翼哲学家。芭娜娜的首部出版作品《厨房》（1988）讨论了现代日本的性别身份与年轻女性面临的压力，引发大众共鸣。《厨房》销量逾千万册，人们还创造了"芭娜娜热"一词来描述她大受欢迎的景象。该书仅在日本就印刷了六十多次，译成39种语言。书中，年轻的主人公樱井美影父母双亡，自小由祖母抚养长大，不久前祖母逝世，她悲伤不已。美影在祖母厨房熟悉的物件和气味中缅怀着故人，却不敢独自一人待在大公寓里。祖母生前的好友、青年田边雄一邀请美影搬到自己家中。在田边家中，美影心无旁骛地为雄一和他的变性人"母亲"惠理子打理着三餐。美影被雄一吸引，但他已有女友。美影决定搬离雄一家，并成为一名烹饪教师的助手。下面一段中，美影将自己与修烹饪课的主流中产阶级女性相对比：

---

[1] Rachel B, "Kimokawaii: Both Cute and Gross at the Same Time", *Tofugu*, June 18, 2013, https://www.tofugu.com/japan/kimokawaii/.

她们的生活幸福甜蜜。她们所受的教育无论怎么学习，都不会越出幸福圈子之外。大概她们从慈祥的父母那里接受了这种教育，因而她们并不知道何为真正快乐，在好坏参半的人生之路中，不懂得如何选择。她们能做的只是走自己的人生。这种幸福人生极力回避自己孑然一身的感受。我也觉得那很不错。嫣然一笑，如花一般；扎上围裙，学习烹饪；带着满腹的烦恼，满心的彷徨，去恋爱结婚。这的确是绝妙的人生，美好而又温馨。尤其是在身心憔悴的时候，脸上冒出粉刺的时候，寂寞的夜晚到处打电话找不到朋友的时候，我嫌恶自己的人生。出生，长大，所有的所有。我悔恨一切。①

小说末尾，美影收到惠理子去世的消息：一位爱慕惠理子的男性得知她是变性人，愤而将她杀死。美影回到雄一身边，亲手烹制食物抚慰他。

《厨房》之后，芭娜娜又创作了 11 部小说和 7 部散文集，但无一能重现处女作《厨房》的辉煌。其作品关乎死亡、暴力和孤独，却将这些沉重的话题包裹在日常生活抚慰人心的细节之中。芭娜娜和其笔下的角色似乎对全球动向和国内政治漠不关心，而是寄情于漫画、流行音乐、通俗小说和食物。芭娜娜其人很神秘，尽力躲避公众关注，不愿出现在镜头下。与日本的多数女性名人不同，她常常素面朝天，衣着简朴。此外，尽管芭娜娜本人有长期伴侣，却认为婚姻不是必需品；同样的，她笔下的角色也大多享受着新潮的关系，过着非同寻常的生活。一些评论家称吉本芭娜娜之所以受到欢迎，是因为日本年轻女性梦想着体验一种不同的生活，却因家庭和同辈的压力不得

---

① Yoshimoto Banana, *Kitchen* (New York: Grove Press, 1988), 59.

不遵从社会的期许。

村上春树的产出十分可观,共创作了十数本畅销小说、4 部短篇故事集和大量非小说类作品。其作品被翻译成 50 种语言,屡摘桂冠,村上本人亦是当今世界最伟大、最知名的作家之一。在处理小说的结构和风格时,他锐意创新,纳入了魔幻现实主义、超现实主义和反乌托邦元素,被看作后现代作家代表。村上的作品常见迷失、疏远、孤独和回忆等主题,主角多是倦怠犹疑的年轻人和他们强健、有精神的妻子或女友。村上的小说情节错综复杂,绝非寥寥数言可概括。《挪威的森林》(1987)关乎长大成人,讲述了一名年轻大学生与两名迥然不同的女性的情感纠葛,村上因本书一举成名。他的另一代表作《奇鸟行状录》(1994~1995)分三卷在日本出版,奠定了他在文坛举足轻重的地位。该书情节复杂,讲述了三十多岁的无业男子冈田寻找丢失的猫和下落不明的妻子的故事。书中用两个可怖的故事讲述了日军在蒙古和"满洲国"的暴行,采用了大量插叙、书信和网络聊天对话串起故事线,突出了对情爱的失望、当代政治的空虚与日本战时暴行的遗留问题。

村上的《1Q84》(2009~2010)是一部讲述平行世界和邪教的反乌托邦小说,初版首日即售罄,一月内创下销售百万册的成绩。小说的主角之一是天吾,一位数学教师兼未曾发表过作品的小说家。下文探讨了文学对天吾的意义,读者亦可从中窥得村上本人对文学的看法[①]:

> 数学是一座壮丽的虚拟建筑,与之相对,由狄更斯代表的故事世界,对天吾来说则像一座幽深的魔法森林。数学从不间断地向着天上延伸,与之相对照,森林却在他的眼底无言地扩展。它黑暗而牢固的

---

① 本段译文出自村上春树:《1Q84》,施小炜译,南海出版公司,2009。——译者注

414　神奈川冲浪外:从传统文化到"酷日本"

根，深深地布满地下。那里没有地图，也没有编好门牌号码的门扉……同时，故事的森林开始强烈地吸引他的心。当然，读小说也是一种逃避。一旦合上书页，又不得不返回现实世界。但有一次，天吾发现从小说世界返回现实世界时，可以不用体会从数学世界返回时那种严重的挫折感。这是为什么？他进行了深刻的思考，很快得出一个结论：在故事森林里，无论事物的关联性变得何等明确，大概也不会给你一个明快的解答。这就是它和数学的差异。故事的使命，说得笼统些，就是把一个问题置换成另一种形态，并根据这种置换的性质与方向的不同，以故事性来暗示解答的形式。天吾就带着这暗示，返回现实世界。这就像写着无法理解的咒文的纸片，有时缺乏条理性。自己有一天也许能破解这咒文。这种可能性从纵深处一点点温暖他的心。[1]

动画

动画常被视作日本当代文化的主要输出品。21 世纪，日本动画、漫画的海外销量迅速增长。1996 年，动画及漫画的海外总值为 7500 万美元；2006 年，仅漫画销量就达到 2 亿美元；2009 年，仅动画就达到 27 亿美元。20 世纪 90 年代初，美国开通了"卡通频道"（Cartoon Network），通过这一有线电视频道，众多美国观众得以观看日本最受欢迎的动画片。如今，这些动画不仅为 Crunchyroll 和 Funimation 等细分市场的佼佼者持有，亦可通过 Netflix 和 Hulu 等主流流媒体服务商获得。动画展吸引了全球大批粉丝追随，2014 年的洛杉矶 Anime Expo 动漫展吸引了 8 万粉丝，成为当年全球

---

[1] Haruki Murakami, "Town of Cats," *New Yorker*, September 5, 2011, http://www.newyorker.com/magazine/2011/09/05/town-of-cats.

第 11 大展会。

  动画世界包罗万象，本书涉及的几部标志性影片与动画不过冰山一角。大友克洋执导的动画电影《阿基拉》(1988) 改编自他创作的同名漫画，影片采用了尖端科技，以成人为目标受众，可谓行业先锋。这部反乌托邦电影将背景设在 2019 年的"新东京"，影片中政府曾以儿童为对象开展超能力实验，实验超出控制后，1988 年政府向东京投下一枚原子弹，"新东京"即原子弹爆炸后重建的东京。阿基拉是实验诞生的超能儿童中能力最强者，被低温封存在奥林匹克体育馆。新东京充斥着暴力团伙和恐怖主义。影片主人公、"暴走族"头目金田试图拯救被强制参与军方超能力实验的好友铁雄。金田和团伙成员需击败多个团体，防止铁雄唤醒阿基拉、释放出无法控制的超能力，否则新东京将沦为一片废墟。《阿基拉》因高质量的美术和动画效果广受赞誉，人物动态格外流畅，未来东京城市背景细致入微，栩栩如生。该片在全球掀起一阵狂潮，被看作有史以来最好的动画电影之一。《阿基拉》在日本以外引发了对高水平动画的广泛需求，可谓影响深远。

  另外两部重要的科幻动画为 1995 年押井守执导、改编自流行漫画的《攻壳机动队》，以及《新世纪福音战士》(1995~1996)。《攻壳机动队》讲述了"赛博格"(Cyborg)① 草薙少校领导下的反网络恐怖主义小组"公安九课"的故事。主角所处的时代，所有人均是某种程度上的赛博格，或是拥有可与计算机网络交互的大脑，或是身体的某部分为假体。公安九课的斗争对象为黑客，尤其是控制电子脑、将脑主人变为奴隶的"傀儡师"。《攻壳机动队》大受欢迎，随后改编为电视动画，又在 2004 年和 2015 年推出了电影续集。2017 年的好莱坞版《攻壳机动队》反响不一，许多粉丝对好莱坞

---

① 人类与电子机械融合系统。——译者注

安排白人女星斯嘉丽·约翰逊出演亚洲主角表示不满。

像《阿基拉》一样,《新世纪福音战士》的故事也发生在未来,背景同样为人类爆发大灾难几年后的东京。经特殊挑选的少年成为驾驶员,操纵着与自身神经系统相连的巨型机器,与威胁消灭人类的"使徒"作战。主角真嗣是一名备受自我怀疑折磨的少年驾驶员。《新世纪福音战士》探索了真嗣的情感历程和他与其他驾驶员之间的关系,深度探讨了精神分析概念。片中还使用了大量宗教传统中的意象和神话,包括犹太教的卡巴拉①、神道教神话和圣经中关于创世的记载。《新世纪福音战士》获得海内外观众的一致好评。在日本,该片引发了媒体的广泛讨论,结局更是备受争议:真嗣思考着人类的命运,同时画面上出现大量指代其精神状态的意象,令人迷惑。观众对此结局表示强烈不满,以至于片方一年后专门推出了电影《新世纪福音战士剧场版:Air/真心为你》(*End of Evangelion*, 1997)来解释大结局。不过,《新世纪福音战士》还是以压倒性优势获得了 1996 年及 1997 年 Anime Grand Prix 中"最受欢迎作品"的第一名,并在 2006 年的一项调查中被评为史上最受欢迎的动画。《新世纪福音战士》的后续电影、漫画和商品(包括以成人为目标受众的手机和手提电脑)在海内外实现了超过 13 亿美元的利润。

日本的几部儿童动画片在国际市场成为大热。由于篇幅有限,本书将仅介绍几部代表作。《哆啦 A 梦》是最早在国际上大热的作品之一,讲述了来自未来的蓝色机器猫利用记忆面包和 3D 打印机(可见作者颇具前瞻性)等高科技装置帮助 10 岁的好友大雄渡过难关的故事。《哆啦 A 梦》于 1979 年开播,目前全球三十多个国家可收看。1996 年,《龙珠 Z》的配音版首次在美国放映,一代男孩为之热血沸腾。主角孙悟空来自外星,自小被送往地

---

① 全称为"卡巴拉生命树",在神秘学中用来描述通往神的路径和神"无中生有"、创造世界的方式。——译者注

球,肩负着征服地球的使命,然而一次头部受伤令他忘记了自己的任务。成年后的孙悟空以保护地球为职责,抵抗外星人和人造人的攻击。90年代的动画片《美少女战士》讲述了一群普通少女变身性感战士铲奸除恶的故事,属"魔法少女"主题。该动画的原作是史上最受欢迎的漫画之一,远销五十余个国家,共售出3500万册。《火影忍者》(2002~2007)讲述了被九尾妖狐附身的少年忍者鸣人的故事,配音版动画于2005年销往美国和其他海外市场。《海贼王》改编自史上最畅销的漫画,是以海盗为主题的搞笑动画,于1998年在日本上映,2007年进入美国市场。《海贼王》讲述了梦想成为海贼王的蒙奇·D. 路飞和船员的梦想征程。除电视动画外,《海贼王》还有13部动画电影,首部上映于2000年。在上述作品和其他动画影响下,日本累计售出价值数百亿美元的电子游戏、游戏集换卡、手办及其他商品。

论及日本动画,不能不提宫崎骏(1941~)执导的作品。作为吉卜力工作室的创始人,宫崎骏创作了《龙猫》(1988)和《幽灵公主》(1997)等大受欢迎的影片,其代表作《千与千寻》(2001)曾获日本电影学院奖"最优秀作品"和奥斯卡"最佳动画长片"。宫崎骏的影片涉及题材较广,地理、历史背景各异,既有发生在未来的末日题材,也有关于欧洲的幻想题材,还有当代日本家庭剧。宫崎骏的影片中常出现泛灵论、自然之力和保护自然等主题,常见飞行和各类乘坐飞机的场景,且一贯将强壮勇敢的女孩作为主角。这些出色的女孩形象正是影片获得成功的因素之一。日本的性别规范鼓励女孩子表现出可爱、顺从的一面,宫崎骏的影片则恰恰相反,塑造了勇敢而独立、多为孤儿或被父母忽视的女孩角色。《美少女战士》或《甜心战士》等魔法少女类漫画常见体态丰满的女战士,宫崎骏的影片则不同,女孩们自身已足够强大,无须性感变身。

宫崎骏早期曾为几家电视、电影动画工作室效力,以《阿尔卑斯山的

在美国加州圣何塞的漫展（FanimeCon）上，一名角色扮演爱好者（Coser）扮演水手月亮（Sailor Man），2010年
版权所有：BrokenSphere
图片来源：Wikimedia Commons

少女》（1974）和《鲁邦三世：卡里奥斯特罗城》（1979）等以欧洲为背景的作品闻名。宫崎骏自编自导的首部动画长片为《风之谷》（1984），片中生物武器"巨神兵"毁灭了世界文明，创造出栖息着危险昆虫变种和大型装甲生物"王虫"的腐海森林，引发一场浩劫。风之谷的公主娜乌西卡不惧危险，乘坐滑翔翼进入腐海森林，为子民寻找栖身之处。娜乌西卡学会与林中的生物"交谈"，发现了生成洁净水与土壤的可能性。奉行军国主义的多鲁美奇亚人计划用巨神兵的胚胎摧毁腐海森林。他们杀掉了娜乌西卡的国王父

亲，又发动王虫大军闯入风之谷。娜乌西卡在安抚王虫的过程中受伤。王虫围绕在受伤的娜乌西卡身边，用金色的触角帮她疗伤，证明娜乌西卡正是预言中所说的"救世主"。《风之谷》中，宫崎骏日后的许多常用主题初见端倪。

《风之谷》取得成功后，1985年宫崎骏成立了吉卜力工作室。工作室的首部作品为《天空之城》（1986），讲述了两名孤儿寻找空中魔法城堡的故事。1988年，宫崎骏创作出倍受喜爱的《龙猫》一片。片中，为陪伴在疗养院休养的母亲，倔强的小女孩草壁米与父亲和姐姐搬进附近乡下的一间大房子，与状似熊和猫杂交的后代、住在家旁大树上的巨型怪物"龙猫"交上了朋友。如神道教神灵和《风之谷》中的王虫那样，龙猫也是自然界的神秘生物，有时温顺和善，却也不乏凶残强大的一面。《幽灵公主》是一部历史奇幻片，主角是一位在狼群中长大的女孩，她在土著部落年轻勇士和山兽神魔法巨鹿的帮助下，阻止了人类毁灭森林的步伐。

《千与千寻》是吉卜力工作室迄今为止最重要的作品，也带来了最大的商业效益。该片多被看作史上最伟大的动画电影之一。片中，10岁的女主人公千寻被迫在汤婆婆的魔法汤屋工作，服务神灵和鬼魂，好帮助无意中闯入灵异世界、暴饮暴食化身肥猪的父母重获自由。《千与千寻》色彩绚烂，借鉴了大量日本神话传说，塑造了许多令人难以忘怀的角色。影片传递的信息很多，突出了勤奋与爱的救赎力量，警示了过度消费的危险，显然批判了日本社会以消费为导向的价值观。

宫崎骏凭借自身天赋为日本动画电影打通了出海之路。近年来，许多其他日本导演的动画长片也在国际影坛获得成功，如《辉夜姬物语》（2013）和《百日红》（2015）。新海诚执导的《你的名字》（2017）勇夺全球动画电影票房之冠，是日本史上票房第四高的影片。该片改编自同名小说，讲述了住在深山小镇的少女宫水三叶与身处三年后东京的高中男生立花泷互换身体的故事。随着宫水与立花不断熟悉，宫水居住的小镇最终逃脱了被彗星毁灭的命运。

可爱的商品

儿童文化的市场已实现全球化，日本成为新的儿童商品生产中心，挑战了美国凭借迪士尼等品牌造成的市场垄断。日本的玩具和游戏先在国内进行构思、生产并投放市场，之后才实现"全球本土化"（即为适应特定海外市场做出调整）。动漫形象是儿童文化市场的重要组成部分，其吸引力并不仅作用于儿童。即便是银行等严肃行业，也会将米菲兔或迪士尼形象作为卡通吉祥物，许多上班族也会用最喜爱的形象来装点手机或其他个人物品。部分观察家称，动漫形象之所以能吸引日本人，很大程度上是因为人们怀念童年，希望永远不必长大。这也许是因为日本的成年人肩负着沉重的责任，迫于压力不得不循规蹈矩吧。可爱的形象大多展现出无助和脆弱等特性，常缺少嘴巴这一面部特征，四肢短小圆润。[386]

日本最可爱的形象当属凯蒂猫，由三丽鸥公司于1974年推出，1976年输出至美国。很快，这只系红蝴蝶结的大头白猫咪被印在产品上，远销三十多个国家，2014年销售额达70亿美元。与脱胎自漫画和动画的形象不同，凯蒂猫专为销售商品设计。起初这一形象的目标受众为少女，不过如今亦拥有大批成年粉丝。从文具到钻石首饰，凯蒂猫的形象无所不在。死忠粉还可买到凯蒂猫主题的汽车、公寓，或是举办凯蒂猫主题的婚礼。三丽鸥公司将凯蒂猫的形象授权给12000至15000种商品制造商，还可向除武器和烈酒外的任意商品授予使用权。[387]

三丽鸥公司拥有大量可爱的形象，可满足各类喜好、展现各种性格。这些形象出现在各类商品上，在全球各大购物中心的三丽鸥专卖店和大量零售店有售。三丽鸥雇用了大量平面设计师，每年仅设计出的形象雏形就有几百种，不过，即便是三丽鸥确定使用的新形象，其"寿命"通常也只有短短数年。凯蒂猫等约15个形象的寿命远超平均值，比如大眼青蛙"可洛比"（1987）、头发尖尖的淘气"酷企鹅"（1993）和身材矮胖、戴棕色贝雷帽的寻回犬"布甸狗"（1996）。这些受欢迎的形象均可在位于东京郊区的三丽鸥主题公园Puroland见到。Puroland建于1990年，是日本最受欢迎的游览胜地之一，每周末客流量可达两万。

除三丽鸥外，还有数百个日本或海外的动画形象向市场发行着系列商品。龙猫、哆啦A梦和以米菲、史努比及姆明[1]为代表的外国动画形象最受粉丝喜爱。东京站地下有一条购物、餐饮街，在那里，游客可参观新开业的动漫街（Character Street），游览其中二十多家可爱而利润可观的动漫形象专卖店。

除城镇外，节日、企业、政府及非政府机构也将独特的形象用作吉祥物。一地的吉祥物旨在展现当地的名产品、历史名人或地理特征。2007年起，日本的地方吉祥物数量激增，某在线数据库列有3000个此类地方吉祥物。许多吉祥物拥有自己的标志性歌舞，还可参与年度大奖赛，角逐最受欢迎奖项。2011年冬，熊本县为纪念新开通的新干线推出的胖乎乎的红脸蛋黑熊"熊本熊"成为当年的大奖得主。通过销售零食、美甲甲片及德国著名玩具制造商Steiff制作的玩具熊等熊本熊主题产品，熊本县实现了数亿美元的销售额。其他更具个性的形象也吸引了大量粉

---

[1] 芬兰动画形象，状似河马。——译者注

全日空"精灵宝可梦"主题 747 喷气式飞机，东京羽田机场，2007 年
图片来源：Kouhei 14915，日本维基百科

丝。梨船精是日本船桥市的非官方吉祥物，造型为一只长有雀斑的梨子。多数吉祥物十分安静，举止可爱而笨拙，梨船精则又说又跳，十分活跃。梨船精常"作客"电视节目，还在日本拥有 4 家主题商店，售卖其周边产品。

  精灵宝可梦是日本儿童文化输送至全球市场的重要代表。20 世纪 90 年代初，这一超级 IP 作为任天堂 Game Boy 游戏机的一款游戏问世，逐渐发展为拥有数百款玩具、数十亿游戏集换卡、在全球 65 个国家播放的系列动画片和 19 部动画电影的 IP 帝国。在虚拟的游戏世界中，玩家必须收服并训练名为"宝可梦"（意为口袋妖怪）的神奇生物，再令宝可梦与其他神奇生物对战，获得新能力。宝可梦的种类由约 150 种增长至 800 多种。其中，最受欢迎的当属具有超能力的粉色猫咪"梦幻"、喷火龙和生有闪电状尾巴的黄老鼠"皮卡丘"。梅西百货的感恩节大游行使用了皮卡丘形象的气球，全日空航空亦使用了皮卡丘图案的飞机涂装。人类学家安妮·阿里森（Anne Allison）分析发现，精灵宝可梦不仅将儿童作为受众，保证了源源不断的客户群，还将"商品也是玩伴"的观念灌输给用户。

20世纪80年代初,《吃豆人》和《太空侵略者》等日本电子游戏率先成为全球大热的街机游戏单品。到了90年代,世嘉、任天堂和索尼等游戏公司激烈抢夺家用游戏机和掌机游戏的市场份额。任天堂的《超级马力欧兄弟》是史上最佳游戏之一,该游戏发行于20世纪80年代中期,热度持续至今。据调查显示,在美国儿童中"马力欧"的知名度要高于米老鼠。任天堂的《塞尔达传说》、世嘉的《刺猬索尼克》和卡普空的《街头霸王》也在海外大受欢迎。2014年,日本电子游戏业实现了96亿美元的利润。过去五年中,智能手机移动游戏也不断抢占市场份额。

时尚

20世纪80年代,日本时装设计师凭借富有创意的高级时装扬名国际。前卫设计师三宅一生(1938~)、山本耀司(1943~)和以单色不对称设计闻名的Comme des Garcons品牌创始人川久保玲(1942~)均在巴黎开设了工作室并举行时装首秀。像他们一样,设计师森英惠(1948~1996)也在巴黎发展,将汉字和樱花等日本特色图案纳入设计,推出更具传统风格的作品。20世纪90年代,"高中生辣妹"(Kogyaru)风格问世,与"正统"时装相对的年轻街头时尚成为媒体新宠。起初,这一风格的出现是对标准女生校服的"反抗",将百褶裙换作布料少少的迷你裙,穿宽松的白色及膝袜,再加上一条巴宝莉围巾。当时,"辣妹"一词指一类"超时髦"的青年,她们多穿25厘米高的松糕鞋,头发染成金黄色,画深色妆容和白色眼影,勾勒浓重的黑色眼线,特征十分明显。《Egg》和《Cawaii!》等时尚杂志专门向读者介绍最时兴的辣妹妆容、配饰和服装。多数辣妹不过是追逐时尚，少数则走向极端，演变出"黑妹"和"山姥"（发型如女巫般蓬乱）等"变体"。部分女孩和社会分析家称，这种新变体是一种滑稽模仿，讽刺社会强迫女性"装可爱"的行径，反抗男性主导的社会摆布女孩外表与人生的强权。

90年代末，东京原宿地区走在潮流前线，引领街头时尚，辣妹风逐渐式微。《FRUiTS》杂志将原宿风的新扮相传播给国际受众。该杂志由摄影师青木正一创办，他为超时尚的年轻人拍摄照片，并为片中人的着装配上详细的说明文字并在杂志上刊出。在青木看来，时髦的年轻人不受时尚规则束缚，搭配出独特而有趣的装扮，许多时尚的"弄潮儿"将不同风格混搭，将和服和宽腰带等传统服饰元素纳入现代服装中，或将二手服装重新设计为"家庭制作"风格。还有人穿戴全套的"洛丽塔"风格服饰。"洛丽塔"可细分为使用蕾丝和绸带、色系偏浅的"甜心洛丽塔"风以及仿照维多利亚风、使用蕾丝和褶饰的全黑"哥特洛丽塔"风。借助漫画、动画、电子游戏和电影的推广，"洛丽塔"装束进一步推广开来。青木正一还在杂志中介绍了赛博、朋克和Decora等时尚类别。所谓"Decora"，就是大量使用廉价塑料珠宝和发夹作配饰的风格。

角色扮演（Cosplay）是一种源自日本的时尚表演形式，展现了不同流行文化形式的内在联系。角色扮演爱好者模仿电影、电视剧、图书、漫画、电子游戏或乐队中的某个特定人物的装扮，以此实现"扮演"的目的。一些角色扮演者还会模仿对应角色的举止、身体语言及说话方式。20世纪90年代起，角色扮演在日本迅速流行开来，近年来又受到其他国家粉丝的追捧。科幻、动画、漫画展会和角色扮演的专业展会、大赛中常见角色扮演爱好者的身影。

原宿街头时尚——Decora、甜心洛丽塔和哥特洛丽塔
彼得·范登·博斯克（Peter Van den Bossche）
图片来源：Wikimedia Commons

日本流行音乐

日本当代流行音乐类型甚多，从"视觉系"到嘻哈再到"演歌"[①]，可谓应有尽有。不过，最能代表"酷日本"的还属20世纪60年代末70年代初诞生的流行乐偶像。女子偶像多由经纪公司、推广机构"包装制造"，受到严格管理，这些机构则大多通过才艺表演或海选来挖掘潜在的"明日之星"并与其签约。欧美歌手多凭借才艺或外貌成名，日本偶像则多因其邻家女孩的特性被选中，声音条件一般，长相略高于平均水平。在日本，女子偶像的首要条件是可爱，以无辜而讨喜的风格面对观众。面对镜头，她们摆出羞答

---

① 日本特有的歌曲形式，是日本的经典老歌，综合了江户时代日本民俗艺人的唱腔风格，融入日本各地的民族情调。早期演歌是一人边演奏边独唱、另一人表演，后来演变为独唱。——译者注

答的姿态，眼睛睁得大大的，笑着露出一口不甚整齐的牙齿——这就是日本人眼中的"卡哇伊"。

松田圣子（1962~）于20世纪80年代出道，自此到21世纪的第一个10年间，她连续有24首单曲登上榜首，被称作"永远的偶像"。其人造型百变，常引发媒体关注，被誉为"东方麦当娜"。松田身上展现着典型少女偶像可爱无辜的一面，甚至成年后依然如此。此类偶像故意以柔弱的外形示人，以此激起粉丝的保护欲，粉丝便通过俱乐部为偶像造势。这一策略可从松田圣子的一段话中见到端倪："圣子很高兴见到您！！作为一名18岁的少女歌手，我第一次感到自己长大了。请永远温暖地注视着我！"[①]

日本偶像在东亚大受欢迎，唱片销量达数百万，常获外媒报道。台湾、韩国、香港和越南等地区效仿了日本的商业模式，常与日本公司合作打造、推广本国偶像。20世纪90年代中期，观众开始对可爱却乏善可陈的偶像失去兴趣，更为成熟自信、实力也更强的表演者登上舞台。冲绳歌手安室奈美惠（1977~）将嘻哈（Hip hop）和流行乐（Pop）混合为"Hip-pop"，也因这一音乐新风格被媒体拿来与麦当娜和珍妮·杰克逊比较。安室奈美惠性感、放克[②]、有文身，与此前几十年流行的甜美少女风完全不同。安室奈美惠在日本售出3500多万张唱片，粉丝遍布亚洲各地。但和松田圣子一样，她也未能成功打入美国主流音乐市场。

Puffy AmiYumi（"帕妃组合"，在日本被称为Puffy）是最早打入美国主流音乐市场的日本艺人之一。20世纪90年代中期，索尼公司的星探促成了这一女子双人组合的诞生。组合的出道单曲《亚细亚的纯真》成为现象级作

[①] Quoted in Hiroshi Aoyagi, "Pop Idols and the Asian Identity", in *Japan Pop! Inside the World of Japanese Popular Culture*, ed. Timothy J Craig (M.E. Sharpe, 2000), 313.
[②] 原指起源于美国1960年代的一种流行乐，后来可用于描述节奏感、冲击感强烈的一类风格。——译者注

品，字里行间体现出亚洲市场对日本流行乐偶像的重要性：

> 打开门，流出去，这就是亚细亚
> 白色的熊猫全部排列在一起
> 纯净的心在夜空中闪耀，想要崩裂开来
> 如同一颗火花。①

"帕妃热"横扫了全日本。很快，组合便有了每周专属的电视节目，邀请了兰尼·克拉维茨（Lenny Kravitz）、西尔维斯特·史泰龙(Sylvester Stallone) 和哈里森·福特 (Harrison Ford) 等外国嘉宾。随后，组合的身影又出现在"卡通频道"播放的美日合拍动画片《摇滚小姐妹》(2004~2006) 中，两人的角色由美国女演员配音，但节目中播放了组合的真人视频和歌曲。

高中女生组成的大型团体是少女偶像经久不衰的套路，开先河者当属由 52 名成员组成，后于 1987 年解散的小猫俱乐部。1997 年出道的早安少女组共有 13 名成员，如今仍活跃在舞台上。这类团体不断从全国征募新成员，保持团队"年轻化"，成员一旦到了二十多岁就需从团体"毕业"。最著名的女子偶像团体 AKB48 成立于 2005 年，得名自东京的秋叶原（Akihabara），AKB48 及原定出道的预备役成员每日在秋叶原的 AKB48 剧场送上公演。秋叶原常与"御宅"这一古怪亚文化联系在一起，所谓御宅，即是痴迷电脑或特定流行文化者，此类人通常社交技能有限。AKB48 的收入属于日本音乐艺人第一梯队，组合最新推出的 32 首单曲均居销售榜榜首。AKB48 是媒体的奇迹，衍生出漫画、一部动画和一款电子游戏，游戏中玩

---

① Quoted in Hiroshi Aoyagi, "Pop Idols and the Asian Identity," in *Japan Pop! Inside the World of Japanese Popular Culture*, ed. Timothy J Craig (M.E. Sharpe, 2000), 309.

家可与最喜爱的 AKB48 成员模拟约会。2012 年，日本邮政甚至发行了一枚以 AKB48 为主题的纪念邮票。

目前，AKB48 共有 130 名成员，分几组在不同地点同时演出。该组合还在中国和印尼成立了姊妹团体，并计划扩展至菲律宾、台湾和泰国等地。AKB48 每日都在秋叶原的剧院举行公演，粉丝有大把机会见到偶像本尊。伴着快节奏的流行乐曲，成员们跳着整齐划一的简单舞步，观众则齐声喝彩与合唱。约 95% 的观众为男性，也有许多未到青春期的女孩。演出结束后，粉丝可与成员互动、合影或握手。不过，成员不能恋爱，且须遵循严格的行为准则，一旦违反，将可能面临退团的惩罚。

歌手竹村桐子被称作"原宿流行乐公主"，是日本流行乐坛最新的现象级人物，从格温·史蒂芬妮（Gwen Stefani）、凯蒂·佩里（Katy Perry）和 Lady Gaga 处汲取了音乐和时尚的灵感来源。像 Gaga 一样，竹村也凭借不同寻常的时尚品位吸引着媒体。2011 年，她的出道单曲《PonPonPon》的 MV 在 YouTube 上疯狂传播，获上亿次观看，成为国际大热单曲。这支 MV 色彩斑斓又富于想象力，背景是填满玩具的粉色房间，系着丝带的竹村边唱边跳，身后是身材高大、身着粉色芭蕾舞裙、戴银色假发的黑面伴舞，眼球、骷髅、甜甜圈和迷幻动物等图像绕着房间飞来飞去。之后，在《Candy, Candy》《Ninja Re Bang Bang》《Fashion Monster》等 MV 中，竹村也以可爱装扮出现，视觉元素不停环绕在背景中。作为背景的舞者面部常被数字、字母或空白面具遮掩，显得十分怪异。长久以来，海外观众一直痴迷于日本的文化中的"异"元素，竹村作品中怪诞滑稽的特征自然受到追捧，她本人也很快登上西方时尚、艺术杂志，甚至现身《华尔街日报》。2013 年，全球音乐电视台（Music Television，MTV）将竹村桐子称作"地球最酷女孩"。东京高端的六本木新城①还在同年3月为其举办了长达一个月的展览，展出竹村在MV和现场演出中穿过的所有服装。2017年初，竹村推特上共有440万粉丝，是日本女性名人中推特粉丝数最多的。

2007年，克里普敦未来媒体（CRYPTON FUTURE MEDIA）推出了虚拟流行偶像初音未来。初音是一位16岁的人形机器少女，扎着长长的绿松石色马尾，开展巡回演唱表演。表演时，初音的动画形象由投影技术实现，声音则由机器合成。2013年，克里普敦未来媒体推出了会"说"英语的初音未来，并于2016年在美国10个城市开办了初音未来演唱会。日本流行乐的最新趋势为Babymetal和Ladybaby等组合掀起的"卡哇伊金属"风格，在类团体中，女子偶像与重金属乐器是常见元素。Ladybaby组合由前澳大利亚摔跤手Ladybeard创立，组合中另有两名卡哇伊少女，Ladybeard身着与团员相称的服饰，为歌曲"贡献"了激情的呐喊。

日本美食

20世纪80年代，寿司在西方世界"成名"，日本美食开始获得越来越高的国际声誉，而在此前直到20世纪70年代，西方人还十分抗拒食用生鱼。美国饮食以肉食和土豆为主，美国人希望在"硬菜"外开辟新的可能。1972年，美国的首家寿司店开张，高质量的新鲜鱼肉、米饭和蔬菜成为美国众多大型城市青睐的异域美食。七八十年代，寿司"摇身一变"，从黏糊糊的异国风味"变身"为又酷又受欢迎的主食。如今，寿司已成为全球公认的健康、精致食品，餐馆、超市甚至便利店和体育馆都可见其身影。泡沫经济期间，寿司业在日本大放异彩，1984年到1993年，做寿司最常用的新

---

① 集办公、住宅、商业设施、文化设施、酒店、豪华影院和广播中心为一体的综合建筑，同时具备居住、工作、游玩、休憩和学习等功能。——译者注

鲜蓝鳍金枪鱼进口量增长至原来的5倍。1990年，蓝鳍金枪鱼的批发均价为1磅33美元，达到峰值，一条500磅的金枪鱼约价值17000美元。经济泡沫破裂后，因寿司在全球不断走红，市场对金枪鱼仍有需求。

寿司在国际市场的曝光度越来越高，日本凭借"酷"形象持续提高国际声誉，外国人因此眼界大开，也乐于尝试日本的其他特色食品。近年来，日本美食在全球美食榜上勇攀新高，2013年联合国教科文组织将和食①列为世界非物质文化遗产，当年海外日式餐馆的数量达到2003年的两倍。米其林指南为读者推介全球最佳餐厅，2008年起，指南开始将东京的餐厅纳入评级范围，东京餐厅获得的总星数要高于巴黎和纽约餐厅获得的总和。如今，位于美食天平另一端的拉面已风靡全美和全球多个城市，大热门店吸引了大批食客驻足。20世纪70年代，日本国内旅游业呈爆发式增长，拉面亦如此。无论是札幌的味噌拉面、味道浓厚的熊本豚骨拉面还是清淡的岩手鸡汤拉面，各色拉面均在日本各地有售。拉面很快成为日本最受欢迎的平民美食。因特网和社交媒体诞生后，拉面进一步普及。像八九十年代的寿司那样，在当今美国，高级拉面价格不贵，却可提供给食客"正宗"的异国味道。

视觉艺术

20世纪90年代末，可爱消费主义在日本呈现铺天盖地之势，与此相对，"超扁平"艺术运动兴起。发起人村上隆（1962~）提出一套名为"超扁平"的美学与当代艺术理论，"超扁平"既指称霸流行文化的二维卡通形象，又指日本传统绘画全无纵深感和透视手法的扁平构图，还指由浅薄空虚的消费文化构成的当代日本"二维生活"。"超扁平"向西方美术霸权主义发起挑

---

① 即日本料理。——译者注

战，重申以日本为中心的艺术创作、鉴赏标准，打破了"高雅"艺术和"低俗"大众传媒、艺术及商业间的虚假阶级壁垒。

村上隆是学传统日本画出身，于1993年获得博士学位。在纽约，他生平第一次见到杰夫·昆斯（Jeff Koons）那充满情欲色彩的流行雕塑，遇到了许多从事"有趣"艺术活动的艺术家团体，与日本古板的艺术机构大不相同。后来，村上隆开创了以传统绘画、版画技术创作有趣、童真、幽默图像的风格，他宣称这种当代艺术并非根植于西方流行艺术，而是源自江户时代的浮世绘和明治时代的日本画，从其多彩的模式化作品中寻得了灵感。村上作品的主题取自动画、漫画和具有收藏价值的手办等当代日本御宅文化，多包含少女、怪物和末世等意象。

村上对日美关系的看法与战后前卫派艺术家一致。他称原子弹爆炸、耻辱的战败和战后日本依赖美国保障国土安全的现状令日本沦为无能、畸形且对政治漠不关心的巨婴。因此，日本后殖民地时代的杂糅文化浅薄、幼稚，充斥着消费主义，令人失望。不过，经济泡沫破裂后，眼见国家动荡不稳，"超扁平"艺术家也开始在作品中表现统治了流行文化的恋物癖和消费主义，借此参与社会批评。在2005年的一篇长文中，村上隆如是评价日本流行文化的现状：

> 日本也许是世界的未来。如今，日本是"超扁平"的。从社会风俗到艺术文化，一切都是超级二维的。卡哇伊文化已成为贯穿一切的"活体"。民众罔顾代价欣然接受"幼稚化"，国家处于困境之中，忍受着阵痛……
>
> 美国在日本建立起傀儡政府，假借资本主义之名完美而毫无新意地摧毁了这一民族国家。在这空荡荡的熔炉中，人们永无休止地转着

圈，有苦难言……像那枚原子弹的名字一样，经历不堪回首的耻辱童年后，日本人仍是那个"小男孩"。[1]

村上创作的一些形象辨识度极高，比如长有狰狞的圆脸、耳朵像米老鼠、眼睛大大、睫毛浓密的 Mr. DOB，生有彩虹角的白色圆形生物 Mr. Pointy，以及丰满的长腿女招待 Miss Ko2（发音为"Ko Ko"）。村上有一间名为"Kaikai Kiki"的公司，上述及其他形象大量出现在公司生产的手表、T恤、钱包和其他商品上。像安迪·沃霍尔的工作室"工厂"（Factory）一样，Kaikai Kiki 也启用了大批年轻艺术家，协助村上将想象化为现实。艺术家们大量使用电脑技术，将村上常用的笑脸花朵和蘑菇等图案制成剪贴画。村上不区分艺术和商业，曾与马克·雅各布和路易威登等时尚品牌合作，路易威登还推出了标价 5000 美元的限量版村上隆手袋。

另一扬名国际的超扁平艺术家乃画家兼雕塑家奈良美智（1959~ ），其人因擅长刻画儿童而闻名，尤其是面带威胁、愤怒或残忍等令人惊异的表情的儿童，这些儿童有时还手持刀子或链锯等"凶器"。奈良美智的作品看似简单，但具有复杂的心理含义，传达出脆弱、孤独和侵略性等信息。像作家吉本芭娜娜一样，奈良美智也收获了大批 18 岁到 25 岁、对文艺并无特殊兴趣的年轻女粉丝。后来，奈良美智和吉本芭娜娜还合作推出了插画书。

超扁平艺术家还包括青岛千穗（1974~ ）和大嶋优木（1974~ ），前者利用计算机生成的图像创作大幅全数字壁画，主角多为瘦小的女孩，神情既不谙世事又懂得"人事"，背景则是末日或壮丽的梦境；后者则以制作塑料手办闻名，作品亦展现了天真与情欲间的张力，塑造的多是未到青春期、摆

---

[1] Murakami Takashi, "Earth in My Window, " in *Little Boy: The Arts of Japan's Exploding Subculture*, ed. Murakami Takashi (New York: Japan Society, 2005), 100-101.

出特定姿态的女孩形象。在女性消费者看来大嶋优木的手办很可爱，男性御宅族则感到"撩人"。

总而言之，在漫长的历史中，日本曾与多国打过交道，日本社会、文化与经济深受这些国家影响。远古及现代之前，朝鲜与中华文明对日本的宗教、哲学和治理理论产生了深刻影响。日本从海外引进的农业、工艺、医药和文学艺术作品丰富了日本平民和上流人士的生活。这些"舶来品"不可避免地受到日本本土品位和价值观的"改造"，由此"杂糅"出的丰富文化形式和社会实践无疑为日本特有。16世纪起，欧洲国家成为日本获取科学、艺术和地缘政治信息的新来源。日本发起了明治维新，决心向西方帝国主义模式靠拢，以此作为通向现代财富与权力的康庄大道。不过，这些西方舶来品显然经历了大刀阔斧的"本土化"，以适应日本国内的形势和民众偏好。日本民族的身份一直存在"杂交"特性，其现代性并非简单照搬基于西方常态的通用"现代"模式。

20世纪初，日本不断发展、收获自信，许多日本民众开始仇视西方霸权主义，日本因此向东亚邻国朝鲜和中国发动了灾难性战争，直至今日，日本与两国关系仍十分紧张。后来，日本战败，美国在日本驻军，美国式生活方式和民主价值观成为战后日本社会及文化的主要国际影响来源。如今，日本仍背靠与美国的"铁关系"获得地区防御和外交层面的援助，不过冷战结束后，全球化进程加快，日本与他国的经济、文化关系因之改变，美国的"模范"地位渐渐式微。21世纪初期，中国经济超越了日本，走在亚洲经济、军事前列，成为日本最大的贸易往来国。不过，因特网等新技术的出现及全球大众传媒的发展令日本成为东亚的顶尖文化大国，在海外风光无两，屡被模仿。日本的新流行文化和武士、艺伎、茶道等更为传统的艺术形式在海外掀起一阵热潮，漫画、电影、艺术和其他当代艺术产品也常体现或影射这些过往传统，令传统在年轻一代中保持活性。

21世纪的日本面临诸多挑战，2011年的核泄漏事件尤为突出。日本缺少自然资源和能源，不得不依靠进口和核能来满足民众需求。然而，核泄漏事件后，日本民众对核能采取了压倒式的反对态度，日本面临如何以安全方式满足长期经济需求的困难，人口的快速老龄化又加剧了这一难题。民众怀疑官员与科学界及主流媒体相勾结，这一怀疑近年来不断加深，担心国家衰退的无助与焦虑感似乎占了上风。不过，这种绝望感是否确有必要？日本称得上全球最干净的国家之一，亦跻身犯罪率最低的国家行列。此外，得益于强大的医保与老年人扶助保障政策，日本人享有全球最长的平均寿命。

日本的文化和消费品产业输出着富有创意和生气的商品，这些商品时尚有趣，获得全球消费者的青睐，亦满足了不同消费水平的需求。日本也许不是全球最强大或最富有的国家，但一定是最酷的一个。

推荐阅读

Allsion, Anne. *Millennial Monsters: Japanese Toys and the Global Imagination*. Berkeley: University of California Press, 2006.

Allsion, Anne. *Precarious Japan*. Durham, NC: Duke University Press, 2013.

Condry, Ian. *Hip-Hop Japan: Rap and the Paths of Cultural Globalization*. Durham, NC: Duke University Press, 2006.

Field, Norma. *In the Realm of a Dying Emperor: Japan at Century's End*. New York: Vintage, 1993.

Iwabuchi, Koichi. *Recentering Globalization: Popular Culture and Japanese Transnationalism*. Durham, NC: Duke University Press, 2002.

Lie, John. *Multiethnic Japan*. Cambridge, MA: Harvard University Press, 2004.

Monden, Masafumi. *Japanese Fashion Cultures: Dress and Gender in Contemporary Japan*. London: Bloomsbury, 2015.

Napier, Susan J. Anime: *From Akira to Howl's Moving Castle*. New York: Palgrave MacMillan, 2005.

Reader, Ian. *Religious Violence in Contemporary Japan: The Case of AumShinrikyō*. Honolulu: University of Hawaii Press, 2000.

Yano, Christine R. *Pink Globalization: Hello Kitty's Trek across the Pacific*. Durham, NC: Duke University Press, 2013.

推荐影片

《我在真理教的日子》（1998）和《我在真理教的日子2》（2011），森达也执导纪录片。《我在真理教的日子》以"内部视角"展现了奥姆真理教对1995年沙林毒气袭击事件的反应；《我在真理教的日子2》是其几年后的续集，拍摄时奥姆真理教正分崩离析。

《下一站，天国》，是枝裕和执导故事片，1998年。讲述了新近死亡之人需在前往天国前拍摄一部影片、回忆过往快乐时光的离奇故事。

《下妻物语》，中岛哲也执导故事片，2004年。讲述了一名暴走族少女和一名洛丽塔少女间的友情。

《坏孩子的天空》，北野武执导故事片，1996年。讲述了两名高中生辍学寻找人生方向，后来一个成为拳击手，一个加入"极道"的故事。

《蒲公英》，伊丹十三执导美食喜剧片，1985年。故事发生在一家拉面馆，有许多与食物相关的情节。

《大阪恋泥棒》，吉克·克伦尼尔（Jake Clennell）执导纪录片，2006年。讲述了大阪一家俱乐部的故事。

《梦与狂想的王国》，砂田麻美执导纪录片，2013年。记录了宫崎骏及吉卜力工作室其他导演的日常生活。

索　引

（索引后页码为原书页码，即本书页边码）

Abe Sada　阿部定（凶杀案）261
Adachi Ginkō　安达吟光，《大日本帝国宪法发布式之图》223
Adams, Will　威尔·亚当斯　139-40
advertising　广告：post-World War II recovery period　"二战"后恢复期　327；Taishō period　大正时代　254, 256, 260, 268
aesthetic ideals　审美理念：cuteness　可爱　377, 386-87, 389, 391；Heian period　平安时代　55-57, 71；jo-ha-kyū (rhythm)　"序-破-急"（节奏）99, 134；miyabi　"雅"　55；sabi　"寂"　95, 129；shin-gyō-sō　真-行-草（按正式程度划分）58, 134-35；wabi　"侘"　95, 129-31, 272；yūgen　"幽玄"　95, 102
agriculture　农业　9-10　亦可参见"peasant class"
"Aguranabe"《安愚乐锅》（假名垣鲁文）224-25
Ainu people　阿伊努人：contemporary Japan　当代日本　371；Edo period　江户时代　154；Emishi ancestors　虾夷人祖先　42；

Japanese colonialism　日本殖民主义　217, 287-88, 289；Jōmon origins　绳文起源　5
Akai tori《赤鸟》（杂志）265
AKB48　（音乐团体）392-93
Akechi Mitsuhide　明智光秀（战国时代）117, 118
Akihabara area　秋叶原地区（东京）392
Akira《阿基拉》（大友克洋）380-81
Akō Vendetta　赤穗事件（1703）157-159　亦可参见 *The Forty-Seven Rōnin*
Akutagawa Ryūnosuke　芥川龙之介（小说家）311
Allison, Anne　安妮·阿里森　388
amae　依赖　365
Amaterasu　天照大神：divine mandate　君权天授　16, 35, 52, 155；isolationism　锁国政策　212；Kokugaku　国学　163；Shinto　神道教　18-19, 21-22, 239；Yamato kingdom　大和王国　16
Ame-no-Uzume　天宇受卖（神）21
"American Hijiki"《美国羊栖菜》（野坂昭如）343-44

索引　437

"The American School" 《美国学校》（小岛信夫）341，343

Amida Buddha 阿弥陀佛 71-72，73，74，88，89

Amuro Namie 安室奈美惠（流行偶像）391

anarchism 无政府主义 250，268

Andersen, Hans Christian 安徒生 272

Andō Hiroshige 安藤广重 见 "Utagawa Hiroshige"

Anglo-Japanese Alliance 英日同盟（1902）277

anime 动画：atomic literature 原爆文学 338；contemporary Japan 当代日本 380-85，387；Japanese imperialism 日本帝国主义 305-6，308-9；new religions 新宗教 367；pop music 流行音乐 392；post-World War Ⅱ recovery period "二战" 后恢复期 351，352-54，355

Anpanman 《面包超人》353-54

ANPO (U.S.-Japan Security Treaty) 《日美安全保障条约》（1951）325-26，328，329

anthropology 人类学 272-73，288，290，309

anti-Americanism 反美情绪 271

antinuclear movement 反核运动 338-39，343，376

anti-Westernism 反西方情绪 241，244-45，268-74

Antoku 安德天皇 81

Aoi no ue 《葵姬》（能剧）100

Aoki Shōichi 青木正一（摄影师）389

Aoshima Chihō 青岛千穗（艺术家）397

appearance 装扮 见 "clothing/appearance"

aragoto 荒事（粗犷的歌舞伎风格）177，187，188，198，199-200

archaeology 考古学 4

architecture 建筑：Buddhism 佛教 25，26，31-32，88，89；castles 城堡 122-25；Heian period 平安时代 57；Jōmon era 绳文时代 7；Kabuki theater 歌舞伎 200；Kofun era 古坟时代 12；Meiji Restoration 明治维新 225；post-World War Ⅱ recovery period "二战" 后恢复期 345-46；Sengoku era 战国时代 122，123，125；Shinto shrines 神道教神社 18；Yayoi era 弥生时代 10

armor 盔甲 93，94

Around the World in Eighty Days 《八十天环游地球》（凡尔纳）234

art 艺术 见 "visual arts"

Asahara Shōkō 麻原彰晃（奥姆真理教创始人）367-68

Asahi brewery 朝日啤酒 225

Asakusa, Edo 《江户浅草》（歌川广重）169

Asakusa area 浅草地区（东京）168-69，252，260，266，267-68

Asakusa Kannon 浅草观音（神）168

Asano Naganori 浅野长矩（大名）157-58

Ashikaga shogunate 足利幕府 见 "Muromachi bakufu"

Ashikaga Takauji 足利尊氏（幕府将军）85

Ashikaga Yoshiaki 足利义昭（幕府将军）116

Ashikaga Yoshimasa 足利义政（幕府将军）86，98，101，125，133

"Asian Purity" 《亚细亚的纯真》（帕妃组合）391

asobi 游女（女艺人）67

assimilation (dōka) "同化" 288，289-90，292，293，295，297，302，303 亦可参见 "Japanese colonialism"

Astro Boy 《铁臂阿童木》（手冢治虫）352，353，354

Asuka period 飞鸟时代 29-34

Asura statue 阿修罗雕塑（兴福寺）39，40

Ataka 《安宅》（能剧）200

atomic literature (genbaku bungaku) 原爆文学 338

Atsumori 《敦盛》（能剧）105

Atsutane 笃胤（国学学者）见 "Hirata Atsutane"

Attack no. 1 《女排 No.1》（浦野千贺子）355

Aum Shinrikyō 奥姆真理教 367-68

The Autobiography of Fukuzawa Yukichi 《福泽谕吉自传》235
auto industry 汽车业 327, 345, 363
avant-garde 前卫派 266, 268, 345, 395
aware 哀 55-56, 163
Azuchi Castle 安土城 124, 125

Baby-san 《宝贝桑》333, 334
baikingu 维京式（自助餐）348
bakufu 幕府 见 "warrior class governance", "specific bakufu"
baku-han (bakufu-domain) system 幕藩制度 145-46
Banana 芭娜娜（吉本真秀子，作家）378-79
bankara 番长（粗犷的男性气质）234
Barefoot Gen 《赤足小子》（中泽启治）338
Bashō 芭蕉（诗人）见 "Matsuo Bashō"
batafurai 蝴蝶（潘潘女郎）333
Battles of Coxinga 《国姓爷合战》（近松门左卫门）195
be 部（一种职业部族）15
beer 啤酒 224, 225
bells 铃铛 10, 11
benshi 辩士（电影念白）265
bento meals 便当 313, 314, 363, 364
Berry, Mary Elizabeth 玛丽·伊丽莎白·贝利 179
Bertolucci, Bernardo 贝纳尔多·贝托鲁奇 298
Bidatsu 敏达天皇 29
Bigelow, William 威廉·比奇洛（艺术收藏家）220
Bigot, Georges Ferdinand 乔尔吉·斐迪南·毕戈 225
bijuaru kei 视觉系（华丽摇滚）390
birth control 计划生育 262
bitai 媚态 178
biwa 琵琶（乐器）67
black market 黑市 331-32
Black Rain 《黑雨》（井伏鳟二）338
Blood Brotherhood (Ketsudankai) 血盟团 282

Blue Cliff Record 《碧岩录》92
bodhisattvas 菩萨 25
Bokusai 墨斋（画家）106
bonsai 盆栽 357
Book of Documents 《尚书》22
The Book of Tea 《茶之书》（冈仓天心）269-70
Boshin War 戊辰战争（1868-1869）215
Botchan 《少爷》（夏目漱石）237
Boxer Rebellion 义和团运动（1900）277
Britain 英国 139, 211, 215, 277 亦可参见 "foreign trade", "Western-Japanese relations"
brothels 妓院 见 "prostitution"
bu "武"（战争的艺术）93, 156
Bu "武"（日本早期历史人物）17-18
Buddha 《佛陀》（手冢治虫）354
Buddhism 佛教: aristocratic culture 贵族文化 55; Asuka period 飞鸟时代 30; Christian missionaries 基督教传教士 137; Edo period 江户时代 145, 147-48, 154, 162, 166-67, 169; flower arranging 花道 133, 134; food 食物 224; Hakuhō period 白凤时代 34; Heian period 平安时代 55, 69-74, 88-89; homosexuality 同性恋情 181; introduction to Japan of 佛教引入日本 23, 25; Japanese imperialism 日本帝国主义 312, 315; Kokugaku 国学 162; landscape gardens 庭园 96, 98, 99; literature 文学 44, 45, 106, 185; Mahayana 大乘佛教 24; mappō era 末法时期 74, 87, 89; medieval era 中世时期 79-80, 87-93, 95-96, 98, 99, 101, 108; Meiji Restoration 明治维新 238-39; Nara period 奈良时代 37-39, 41; Neo-Confucianism 新儒学 155; new religions 新宗教 367; Ninomiya Sontoku 二宫尊德 162; official recognition of 佛教获官方认可 29, 36; origins of 佛教起源 23-25; philosophical contributions of 佛教的哲学贡献 25-26; Sengoku era 战国时代 113-14, 116, 117, 147; Shingon

真言宗 69，70-71，72，162；Shōtoku 圣德 31；social class 社会等级 37-38，80，87，89，90，93，114，154；tea ceremony 茶道 95，131；Tendai 天台宗 69-70，88-89，91，116；Theravada 上座部佛教 24，238-39；warrior culture 武士文化 79，91，95；Western culture 西方文化 214，238-39；women's roles 女性角色 59，89-90 亦可参见 "Buddhism and governance"

Buddhism and governance 佛教和治理：Asuka period 飞鸟时代 29；Edo period 江户时代 148，166-67；Hakuhō period 白凤时代 36；Nara period 奈良时代 37，38，41；prehistoric Japan 史前时期的日本 25，26

"Buke shohatto"《武家诸法度》148
bun "文"（和平的艺术）93，156
Bungei Taiwan《台湾文艺》302
bunka kokka 文化国家 357
bunka seikatsu 文化生活 244，254，255
Bunmei kaika 文明开化 209
Bunraku (puppet) theater 人形净琉璃（木偶戏）54，64，180，194-98，265
burakumin (eta) 部落民（秽多）154，370
bushi 武士 见 "samurai"
Bushido: The Soul of Japan《武士道：日本之魂》（新渡户稻造）241
Bushidō 武士道 103，157，241
butoh dance form 舞蹈 358，360
byōbu 折叠屏风 96，124，125-126，136，188

cafés 咖啡馆 258-60
calligraphy 书法 58，60，63，66，135，357
Cartoon Network 卡通频道 380，392
The Castle of Cagliostro《天空之城》（宫崎骏）384
Catholicism 天主教 52，135，137，139，140-41 亦可参见 "Christianity"
censorship 审查制度 182-83，302，324-25

ceramics 瓷器：Jōmon era 绳文时代 4，5-6；Sengoku era 战国时代 129-30；Yayoi era 弥生时代 9；tea ceremony 茶道 130，132-33
chambara 剑戟片（武士史诗片）265
Chamberlain, Basil Hall 巴兹尔·霍尔·张伯伦（御雇外国人）160-61，220，272
champon 强棒（食物）257
"Changing Porters and Horses"《轮换挑夫与马匹》（安藤广重）149
chanoyu (tea ceremony) 茶道 95，129-33，134，135，233，269-70，349
Chaplin, Charlie 查理·卓别林 265，282
Charter Oath《五条御誓文》216-17，223
Cherry Blossom Society (Sakurakai) 樱会 282
Chiang, Madame (Soong Mei-Ling) 蒋夫人（宋美龄）284
Chiang Kai-shek 蒋介石 284，285
Chikako Urano 浦野千贺子（漫画家）355
Chikamatsu Monzaemon 近松门左卫门（剧作家）179，195，196-98
children 儿童：contemporary Japan 当代日本 382，385-89；Japanese colonialism 日本殖民主义 305-6；Japanese imperialism 日本帝国主义 315，316；manga 漫画 354-55；postwar occupation era 战后盟军占领时期 334；post-World War II recovery period "二战"后恢复期 349，353-54；Taishō period 大正时代 263，265 亦可参见 "education"
China 中国：Boxer Rebellion 义和团运动 277 Communism 共产主义 325；European trade with 与欧洲贸易往来 136；First Opium War 第一次鸦片战争 211；Republican Revolution 辛亥革命 282，297-98 亦可参见 "Chinese influences"，"Chinese-Japanese relations"
China Nights《支那之夜》308
Chinese influences 中国影响：architecture 建筑 57；Buddhism 佛教 69，70，89，91；Edo period 江户时代 154-55；food 食物 257-58；gender 性别 42，57；

geography 地理 1; geomancy 风水,堪舆 37, 52, 57; governance 治理 28, 29, 34, 35; Kokugaku 国学 144, 162, 163; literature 文学 44, 45; Nara capital city 都城奈良 37; science 科学 166; tea ceremony 茶道 129; visual arts 视觉艺术 32, 37, 66, 95-96, 125; writing systems 书写系统 43, 58, 236

Chinese-Japanese relations 中日关系: Asuka period 飞鸟时代 29; current tensions 当前紧张关系 287; First Sino-Japanese War 第一次中日战争 217, 235, 257-58, 276-77, 290-91; Hakuhō period 白凤时代 34; Heian period 平安时代 52; Manchurian Incident 九一八事变 281-82, 311; medieval era 中世时期 81, 86; prehistoric Japan 史前时期的日本 14-15, 16; Second Sino-Japanese War 第二次中日战争 284-86, 293; Sengoku era 战国时代 120-21; treaty ports 通商口岸 213

Chocolate and Soldiers 《巧克力与士兵》 308

Chōjū giga 《鸟兽人物戏画》 107-8, 108, 354

choka 长歌（一种诗歌形式） 45

chōnin 町人 119, 152, 153

Christianity 基督教: Edo period 江户时代 148; Heian period 平安时代 52; Meiji Restoration 明治维新 240, 241-42; new religions 新宗教 367; postwar occupation era 战后盟军占领时期 335; Sengoku era 战国时代 135, 137-39, 140-41

chūban 中判（版画尺寸） 187

Chūō kōron 《中央公论》（杂志） 263

Churchill, Winston 温斯顿·丘吉尔 320

Chūshingura 《忠臣藏》 157

Chūshingura 《忠臣藏》（歌川广重） 159

cinema 电影 见 "film"

City of Corpses 《尸之街》（大田洋子） 338

city planning 城市规划 36-37, 52, 251, 252-54

Civil Code 《民法典》（1898） 232

clans 氏族 14-16, 25, 29, 33, 34, 35, 42

Clark, William S. 威廉·S.克拉克（御雇外国人） 241

class 等级, 阶级 见 "social class"

Clavell, James 詹姆斯·卡拉维尔 139

climate 气候 4

clothing/appearance 服饰/装扮: contemporary fashion 当代时尚 389-90, 390; Edo period 江户时代 153; Heian period 平安时代 56-58, 77; post-World War II recovery period "二战"后恢复期 346; Taishō period 大正时代 257; Western culture 西方文化 137

Coelho, Gaspar 科埃略（耶稣会士） 138

Cold War 冷战 321, 325, 372

Columbus, Christopher 哥伦布 135

comfort women 慰安妇 287, 332-33

comic fiction (gesaku) 戏作 182-83, 354

commendations 寄进制 55

commoners 平民 见 "peasant class", "social class"

Communism 共产主义: China 中国 325; Japan 日本 250, 283

comparison games 物合（一种比较游戏） 68, 133

concubines 妾, 侧室 59-60, 68

Conder, Josiah 乔赛亚·康德（御雇外国人） 220, 225

Confucianism 儒家思想: Asuka period 飞鸟时代 30; creation myths 创世神话 22; Edo period 江户时代 144, 154-57, 159, 160-61, 162; education 教育 159; Kokugaku 国学 163; literature 文学 44; Meiji Restoration 明治维新 239; new religions 新宗教 367; Ōyōmei school 阳明学派 155-56; social class 社会等级 152, 203; 武士阶级统治 95; women's roles 女性角色 17, 42, 59, 160-61

Conscription Law 《征兵令》（1873） 218

constitutions 宪法: Asuka period 飞鸟时代 29, 30-31; Meiji Restoration 明治维新时代 222-23, 239-40; postwar occupation

战后盟军占领 324
Constructivism 建构主义 268
consumerism 消费主义：condemnations of 对消费主义的谴责 271-72; contemporary Japan 当代日本 363-65, 374, 388, 395; Edo period 江户时代 177-78, 179; Japanese colonialism 日本殖民主义 310; post-World War II recovery period "二战"后恢复期 345; Taishō period 大正时代 252, 254-55, 256, 257, 265; women's roles 女性角色 374, 375
contemporary Japan 当代日本：affluence 物质富足（20世纪80年代）362-65; anime 动画 380-85, 387; Aum Shinrikyō terrorist attack 奥姆真理教恐怖袭击 367-68; Buddhism 佛教 89, 238; children's culture 儿童文化 382, 385-89; consumerism 消费主义 363-65, 374, 388, 395; as cultural superpower 作为文化超级大国的日本 376-77; cuteness aesthetic 可爱美学 377, 386-87, 389, 391; Daruma 达摩 30; demographic change 人口变化 368-69; economy 经济 362-65, 366, 369, 373, 375, 394; fashion 时尚 389-90; food 食物 363, 364, 394-95; games 游戏 63; gender 性别 369, 373-75, 378, 379, 382, 383, 384; Great Hanshin Earthquake 阪神大地震 366-67; immigration 移民 369, 372-73; imperial succession 天皇继位 42-43; Kabuki theater 歌舞伎 199; literature 文学 363-64, 378-80; minority populations 少数群体 369-72; new religions 新宗教 367-68; pop music 流行音乐 390-94; sankin kōtai 参觐交代 152; Shinto 神道教 19; Tale of Genji 《源氏物语》64; talismans 护身符 169; Tenjin shrines 天满宫 54; Tohoku earthquake and nuclear disaster 东日本大地震和核泄漏事件 367, 375-76; visual arts 视觉艺术 395-97
convenience stores (konbini) 便利店 363, 364

cosmopolitanism/insularity, historical shifts between 岛国心态与世界主义的历史切换 37, 52, 269
cosplay 角色扮演 383, 390
cotton industry 棉纺工业 232
court 朝廷 见 "imperial court"
courtesans 高级妓女：bitai 媚态 178; Bunraku 人形净琉璃 196-97; in Edo period fiction 在江户时代小说中的描写 180, 181, 182; Kabuki theater 歌舞伎中的体现 198, 199, 202; keisei "倾城" 205; pleasure quarters 游廊 175, 203; tayū 太夫 203-5; woodblock prints 木版画 186
court rank system 朝廷官阶制度 29, 35, 55, 59, 86, 129
crime 犯罪 331-32
cuisine 美食 见 "food"
culturalism (Japanism) 文化派（日本主义）245, 269-70
Culture Festivals (Bunkasai) 文化祭 357
Cup Noodle 杯面 347
cuteness (kawaii) 可爱（卡哇伊）377, 386-87, 389, 391
Cutey Honey 《甜心战士》384

Dadaism 达达主义 268
Daibutsu 大佛 37, 38
daimyo 大名：Edo period 江户时代 145, 146-47, 148-52, 203, 210-11; Meiji Restoration 明治维新 218; Sengoku era 战国时代 112, 113, 114 亦可参见 "specificpeople"
Dainichi Buddha 大日如来佛 69, 70-71
Daishō Ikki "大小一揆"（1531）114
dance 舞蹈 见 "performing arts"
danchi 团地 345-46
The Dancing Girl 《舞姬》（森鸥外）115
Dancing Religion (Tenshō Kōtai Jingukyō) "起舞的宗教"（天教皇大神宫教）336
Dan-no-Ura, Battle of 坛之浦之战（1183）81
Daring Dankichi 《冒险弹吉》305-6, 305

Daruma (Bodhidharma) 达摩（菩提达摩） 30
day laborers 计日工 373
Defoe, Daniel 丹尼尔·笛福 234
Degas, Edgar 埃德加·德加 194
Deguchi Nao 出口直（大本教创始人） 240
Deguchi Onisaburō 出口王仁三郎（大本教领袖） 241
democracy 民主：postwar occupation era 战后盟军占领时期 324-25; Taishō period 大正时代 245-46, 248-49, 262, 281, 293
dengaku 田乐 101
Dentsu advertising agency 电通广告公司 257
department stores 百货商厦 178, 253, 254-56, 258, 363
Deus Destroyed 《神灭：近世日本基督教之景象》（不干斋·巴鼻庵著） 138
"The Devilbird" 《魔鸟》（佐藤春夫） 301-2
"Dialogue between Poverty and Destitution" 《贫穷问答歌》（山上忆良） 46
The Diary of Murasaki Shikibu 《紫式部日记》 58
diet 饮食 见 "food"
Disney, Walt 华特·迪士尼 354
Distinguishing the Way 《辨道》（荻生徂徕） 156
divine mandate 君权天授 16, 35, 52, 155
Dōgen 道元（禅宗曹洞宗创始人） 92-93
dogū 土偶 7, 8, 9
Doi Takeo 土居健郎（精神分析家） 365
Dōjikyō 《童子教》 160
dōka 同化 288, 289-90, 292, 293, 295, 297, 302, 303 亦可参见 "Japanese colonialism"
Dōkyō 道镜 40, 41, 42-43
donjon 天守阁 122
Doraemon 《哆啦A梦》 382
dōtaku 铜铎 10, 11
Dower, John 约翰·道尔 334
Dragon Ball Z 《龙珠Z》 382
drama 戏剧：Bunraku (puppet) theater 人形净琉璃（木偶戏） 54, 64, 180, 194-98, 265; new drama (shingeki) 新剧 266;

Taishō period 大正时代 266-67 亦可参见 "Kabuki theater", "Nō theater"
Drunken Angel 《泥醉天使》（黑泽明） 339, 341, 342
Dutch merchants 荷兰商人 139, 141
Dutch Studies (Rangaku) 兰学 144-45, 164-66, 165, 179-80, 190
dwellings 住所 见 "architecture"
earthquakes 地震 250-51, 259, 366-67, 375-76
Echigoya 越后屋（百货商厦） 178, 254-55
economy 经济：contemporary Japan 当代日本 362-65, 366, 369, 373, 375, 394; Edo period 江户时代 151; Heian period 平安时代 54-55; Japanese colonialism 日本殖民主义 291, 294, 298; Japanese imperialism 日本帝国主义 277, 281, 285, 286-87; medieval era 中世时期 82, 84-85; Meiji Restoration 明治维新 229-32; Nara period 奈良时代 28, 38; postwar occupation 战后盟军占领 324; post-World War II recovery period "二战"后恢复期 326-28; Sengoku era 战国时代 117, 119-120; Taika reforms 大化改新 34, 35; Taishō period 大正时代 246-47; Tokugawa shogunate governance 德川幕府统治 151, 210-11 亦可参见 "governance", "landownership"
Edo 江户：Edo period 江户时代 168, 176-77, 187, 198-99, 203; pleasure quarters 游廓 203; Sengoku era 战国时代 118; Tokugawa shogunate governance 德川幕府统治 148, 151, 175 亦可参见 "Tokyo"
Edogawa Ranpo 江户川乱步（作家） 267
Edokko 江户子（江户町人） 178
Edo period 江户时代 144-73, 174-208; Akō Vendetta 赤穗事件 157-59; Buddhism 佛教 145, 147-48, 154, 162, 166-67, 169; Christianity 基督教 148; Confucianism 儒家思想 144, 154-57,

159, 160-61, 162; Dutch Studies 兰学 144-45, 164-66, 179-80, 190; gender 性别 177, 181-82; Genroku era 元禄时代 174-75, 186; isolationism 锁国政策 211-12; Kokugaku 国学 144, 162-64; literature 文学 64, 180-86; map 地图 146; peasant class 农民阶级 152, 153, 164, 206-7, 210; performing arts 表演艺术 180, 194-203; pilgrimage 朝圣 158-59, 167, 169-71, 183, 184-86, 190; pleasure quarters 游廊 174, 175, 178, 182, 196, 198-99, 203-6; popular morality 大众道德观 159-62; "prayer and play" "寓祷于乐" 167-69; print culture 印刷文化 178-83; regional styles 地区风格 176-77; sankin kōtai 参觐交代 151, 175; social class 社会等级 152-54, 175-76, 177-78, 203; urban centers 都市中心 175-78; women's roles 女性角色 109, 178, 181-82, 203-4, 205-6 亦可参见 "Edo period visual arts", "Tokugawa shogunate governance"

Edo period visual arts 江户时代的视觉艺术: Akō Vendetta 赤穗事件 159; influence on the European art 对欧洲艺术的影响 194; sankin kōtai 参觐交代 149, 150-51, 193; Superflat movement "超扁平"运动 395; urban centers 都市中心 176; woodblock prints 木版画 165, 165, 168, 170, 179, 180, 186-94, 193

Edo umare uwaki no kabayaki 《江户生艳气桦烧》(山东京传) 182

Education 教育: contemporary Japan 当代日本 349; Edo period 江户时代 159-60; Japanese colonialism 日本殖民主义 293; Meiji Restoration 明治维新 233, 235, 239; Shinto 神道教 239; Sōka Gakkai 创价学会 336; Taishō period 大正时代 263

education mamas "教育妈妈" 349

Eighteen Best Kabuki Plays 《歌舞伎十八番》(第七代市川团十郎) 200

Eightfold Path "八正道" 23
Eiheiji Temple 永平寺 93
Eisai 荣西 (禅宗临济宗创始人) 91
Electric Palace 电宫 (东京) 265
electronics industry 电子业 327, 345, 346, 352, 388-89
emakimono 绘卷物 66, 106-8
Embracing Defeat 《拥抱战败》(道尔) 334
emperors 天皇 见 "imperial court", "imperial succession" 和 *specific emperors*
End of Evangelion 《新世纪福音战士剧场版: Air/真心为你》 381
enjo kōsai 援助交际 374-75
enka 演歌 390
Enryakuji Temple 延历寺 (比叡山) 69-70, 89, 114, 116
environmental activism 环境保护行动主义 329-30
Equal Opportunity Law 《男女雇用机会均等法》(1985) 374
ero guro nansensu "情怪废言" 244, 261, 266, 358-59
Eros Plus Massacre 《情欲与虐杀》 250
The Essence of the Novel 《小说神髓》(坪内逍遥) 236
eta (burakumin) "秽多" (部落民, 贱民阶级) 154
ethnocentrism/nationalism 种族中心主义/民族主义: contemporary Japan 当代日本 365; Japanese imperialism 日本帝国主义 280, 282, 283; Kokugaku 国学 162; Nara period 奈良时代 44 亦可参见 "isolationism"
ethnography 人种论 290
etiquette 礼节 见 "ritual"
etoki "图解"(布道方式) 90
European culture 欧洲文化 见 "Western culture"
exorcism 驱邪 76-77
Expo'70 1970年大阪世界博览会 344-45, 347, 373
Ezo people 虾夷人 42

famiresu "家庭餐厅"（连锁餐厅） 347
fashion 时尚 见 "clothing/appearance"
fast food 快餐 347-48
February 26th Incident 二二六事件（1936年） 282-83
female entertainers 女艺人: asobi 游女 67; geisha 艺伎 178, 205, 206, 304, 322; kisaeng 妓生 304; shirabyōshi 白拍子 67-68
feminism 女性主义 250, 261-62, 360
Fenollosa, Ernest 费诺罗萨（御雇外国人） 33, 220, 269
The Fifty-Three Stations of the Tōkaidō 《东海道五十三次》（歌川广重） 149, 193
Fighting Soldiers 《战斗的士兵》 308
film 电影: contemporary Japan 当代日本 382, 384-85; Japanese colonialism 日本殖民主义 266, 306-8; Japanese imperialism 日本帝国主义 266, 306, 308-9; postwar occupation era 战后盟军占领时期 337-39, 340, 341, 342; Sengoku era 战国时代 114-15; Taishō period 大正时代 265-66; *Tale of Genji* 《源氏物语》 64
Film Law 《电影法》（1939年） 308
Fires on the Plain 《野火》（大冈升平） 337-38
First Opium War 第一次鸦片战争（1839-42年） 211
First Sino-Japanese War 第一次中日战争（1894-1895） 217, 235, 257-58, 276-77, 290-91
Five Women Who Loved Love 《好色一代女》（井原西鹤） 181-82
Floating Clouds 《浮云》（二叶亭四迷） 236
flower arranging 花道 127, 133-35, 233, 349, 357
folk craft (mingei) movement 民艺运动 272
folklore movements 民俗运动: 明治时代 164; Taishō period 大正时代 272-73
food/drink 餐饮: contemporary Japan 当代日本 363, 364, 394-95; Edo period 江户时代 168, 178; home front culture 后方文化 313, 314; Meiji Restoration 明治维新 224-225; postwar occupation era 战后盟军占领时期 331-32; post-World War II recovery period "二战"后恢复期 346-48; Taishō period 大正时代 257-58, 271-72; Western influences 西方影响 136-37, 224-25
foreign advisers 御雇外国人 219-20, 241, 272
foreign trade 对外贸易: contemporary Japan 当代日本 362-63; Nara period 奈良时代 37; post-World War II recovery period "二战"后恢复期 327-28; Sengoku era 战国时代 119-20, 135-36, 139, 141; Taishō period 大正时代 246, 247; textile industries 纺织业 229, 230, 232; treaty ports 通商口岸 211, 212-14, 224, 226; urbanization 城市化 251; Western demands for 西方对日贸易需求 211-12
The Forty-Seven Rōnin 《47浪人》 157, 265
Four Noble Truths "四圣谛" 23
Francis Xavier 方济各·沙勿略（耶稣会士） 137, 140
Franklin, Benjamin 本杰明·富兰克林 234
Freedman, Alisa 艾丽莎·弗里德曼 268
Freedom and Popular Rights (Jiyū minken) movement 自由民权运动 222, 245
Frois, Luis 路易斯·弗洛依斯（耶稣会士） 125
FRUiTS magazine 《FRUiTS》杂志 389
Fucan, Fabian 不干斋·巴鼻庵（耶稣会士） 138
fudai daimyo 谱代大名（幕府将军的盟友） 146-47
Fujin and Raijin 《风神雷神图》（尾形光琳） 126
Fujin gahō 《妇人画报》（杂志） 264
Fujin kōron 《妇人公论》（杂志） 263
Fujiwara clan 藤原氏族 34, 37, 52-53, 81
Fujiwara no Akihira 藤原明衡 67
Fujiwara no Kaneie 藤原兼家 60

Fujiwara no Michinaga 藤原道长 53
Fujiwara no Mototsune 藤原基经 53
Fujiwara no Nakamaro 藤原仲麻吕 41
Fujiwara no Takanobu 藤原隆信（画家） 106, 107
Fujiwara no Teika 藤原定家（诗人） 102, 129-130
Fujiwara no Yoshifusa 藤原良房（摄政） 53
fukinuki yatai 吹拔屋台（平安时代的一种透视法） 56, 66
Fukoku kyōhei 富国强兵 209-10
Fukushima nuclear disaster 福岛核泄漏（2011年） 367, 375-76
Fukuzawa Yukichi 福泽谕吉（教育家） 234-35, 269
fumi-e "踏绘"（镇压基督教的手段） 148
funerary Buddhism 丧葬佛教 167
furniture 家具: chabudai 矮脚圆桌 254; kotatsu 被炉（有供暖功能的桌子） 346; zabuton 拜垫 254
Furuta Oribe 古田织部（茶道大师） 133
fusuma 襖（滑动纸门） 96, 124, 125, 126, 127
Futabatei Shimei 二叶亭四迷（作家） 236
futon mattresses 蒲团床垫 254

gagaku 雅乐 67
games 游戏 62-63, 68, 133, 248, 249, 388-89
ganguro "黑妹"风 389
Ganjin 鉴真（佛教僧侣） 39
Gankiro teahouse 岩龟楼（横滨） 214
gardens 庭园 96, 229, 250, 252; Zen gardens 禅宗庭园 95, 96, 98, 99
The Gateless Gate 《禅宗无门关》（无门慧开） 92
Gauguin, Paul 保罗·高更 301
Gautama Siddhartha 释迦牟尼佛 23-24
Gegege no Kitarō 《咯咯咯的鬼太郎》 377
geisha 艺伎 178, 205, 206, 304, 322
gekiga 剧画 354
gekokujō "下克上"（战国时代） 113

Gemmei 元明天皇 20
genbaku bungaku 原爆文学 338
genbun-itchi 文言一致（标准化写作风格） 236
gender 性别: contemporary fashion 当代时尚 389, 390; contemporary Japan 当代日本 369, 373-75, 378, 379, 382, 383, 384; Edo period 江户时代 177, 178, 181-82; gendered ruler pairs 男女同治 17, 42; Heian period 平安时代 57-58; manga 漫画 354-56; Meiji Restoration 明治维新时代 232-34; pilgrimage 朝圣 170; postwar occupation era 战后盟军占领时期 322; post-World War II recovery period "二战"后恢复期 348-49; Taishō period 大正时代 248, 259-63; visual arts 视觉艺术 66, 106 亦可参见 "masculinity", "women's roles"
genkan 玄关 254
Genpei War 源平合战（1180-1185） 81, 105-6
Genroku era 元禄时代 174-75, 186
geography 地理 1-4
geomancy 风水, 堪舆 37, 52, 57
gesaku 戏作 182-83, 236
Ghost in the Shell 《攻壳机动队》（押井守） 381
Gilbert and Sullivan 吉尔伯特和沙利文 233
gimin 义民 206
Ginza area 银座地区（东京） 225, 252, 259, 260
Giō 祇王（妾） 68
giri 义理 195-96
Girl's Higher Education Law 《女童高等教育法》（1889） 233
glam-rock 华丽摇滚（视觉系） 390
Glimpses of Unfamiliar Japan 《日本魅影》（小泉八云） 220
glocalizing 全球本土化 348, 386
Go 围棋 68
Go-Daigo 后醍醐天皇 85
Godzilla, King of the Monsters 《哥斯拉：怪兽

之王》339
gohei 御币 19
Go-Hōjō clan 后北条氏族 115, 118
Gojira《哥斯拉》(本多猪四郎) 338-39, 340
Gojong 高宗(朝鲜皇帝) 293
Golden Pavilion 金阁寺 86
Go-Mizunoo 后水尾天皇 133
gonin gumi 五人组(乡村组织) 147
good wife, wise mother 贤妻良母 232-33, 263, 348
The Gossamer Years《蜻蛉日记》58, 60
Go-Toba 后鸟羽天皇 83, 102
Gotō Shinpei 后藤新平(内务大臣) 291-92
governance 治理: Asuka period 飞鸟时代 28, 29, 30-31, 33-34; court rank system 朝廷官阶制度 29, 35, 55, 59, 86, 129; divine mandate 君权天授 16, 35, 52, 155; gendered ruler pairs 男女同治 17, 42; Hakuhō period 白凤时代 34; Heian period 平安时代 52-54, 70, 74; hereditary aristocracy 世袭贵族 35; Kemmu Restoration 建武新政 85; Kofun era 古坟时代 4, 15-16, 17; *matsurigoto* 政府 17; Meiji Restoration 明治维新 216-17; Nara period 奈良时代 28, 37, 38-43; political parties 政党 245-46, 248-50, 283, 326, 337; postwar occupation era 战后盟军占领时期 321-25; post-World War II recovery period "二战" 后恢复期 326, 337; *ritsuryō* system 律令制 35-36; Sengoku era 战国时代 112, 113, 129; Shinto mythology 神道教神话 20, 22; Shōwa era 昭和时代 281, 282, 283-84; Taika reforms 大化改新 34-35; Taishō period 大正时代 245-46, 248-49, 262, 281; Yayoi era 弥生时代 12 亦可参见 "Buddhism and governance", "imperial succession", "Meiji Restoration", "Tokugawa shogunate governance" 和 "warrior class governance"
Government-General Museum of Korea 朝鲜总督府博物馆 310
"Grave of the Fireflies"《萤火虫之墓》(野坂昭如) 343
Great Circuits "大巡幸" 223
Great Depression 大萧条 281
Greater East Asia Co-Prosperity Sphere 大东亚共荣圈 285, 286-87
Greater East Asia Film Sphere 大东亚电影圈 307
Greater Japan Women's Society 大日本妇人会 312
Greater Japan Young Adults Corps 大日本青年团 312
Greater Success Amidst Life's Ups and Downs Sugoroku《双陆游戏之人生起伏》(高畠华宵) 249
Great Hanshin Earthquake 阪神大地震(1995) 366-67
Great Kanto Earthquake 关东大地震(1923) 250-51, 259
The Great Mirror of Male Love《男色大鉴》(井原西鹤) 181
Great Promulgation Movement "大教宣布" 运动(1869-1885) 239
The Great Wave off Kanagawa《神奈川冲浪里》(葛饰北斋) 193
grilled eel 烤鳗鱼 178
Gropius, Walter 瓦尔特·格罗皮乌斯 125
Group Ongaku (音乐团体) 358
Guide to the Composition of Poetry《咏歌大概》(藤原定家) 102
gunki mono 军记物语 93, 103-6, 105
gurokawaii 怪诞可爱 377
Gutai 具体美术协会 268, 358, 360
Guze Kannon 救世观音(雕像) 32-33
Gyōki 行基 38
gyūdon 牛丼(牛肉饭) 258

haboku sansui 破墨山水 96
Hague Peace Convention 海牙和平会议(1907) 293
haikai no renga 俳谐 183-84

索引 447

haikara 时髦新潮者 234
haiku 俳句 183，184-86，220，357
Hakuhō period 白凤时代 34-36
Hakuin Ekaku 白隐慧鹤（禅僧）167
Hamada Shōji 滨田庄司（陶艺家）272
han 藩（半自治领地）113，145
hana-awase (flower comparison) games 花合（游戏）133
Hanae Mori 森英惠（设计师）389
hanamachi 花道（歌舞伎舞台设计）200
hanayome bunko 新娘百科 262
Haneda Airport 东京羽田机场 344
haniwa 埴轮（黏土圆柱雕塑）12，13，14
Hara Castle 原城 141
Harajuku area 原宿地区（东京）389-90
Hara Takashi 原敬（日本首相）246，281，292，293
Hara Tamiki 原民喜（作家）338
hari 张 178
Harp of Burma 《缅甸的竖琴》（竹山道雄）337
Harris, Townsend 汤森·哈里斯 212，215
Harris Treaty 《日美友好通商条约》（1858）212
Hasegawa Saburō 长谷川三郎（书法家）357
Hatsune Miku 初音未来（虚拟流行偶像）393
Having Reached a Climax at the Age of 29, I Was Dead 《29岁达到高潮后，我死了》（横尾忠则）359
Hayashi Razan 林罗山（新儒学学者）155
Hearn, Lafcadio 拉夫卡迪奥·赫恩（后取日本名小泉八云，御雇外国人）220，272，280
Heian-kyō 平安京 28，50，51 亦可参见 "Kyoto"
Heian period 平安时代 50-77; aesthetics 美学 55-57，71; appearance 装扮 57-58，77; Buddhism 佛教 55，69-74，88-89; capital city 都城 50，51，52; economy 经济 54-55; games 游戏 68; gender 性别 57-58; governance 治理 52-54，70，74; interior design 室内设计 66，127; literature 文学 53，58-59，61-65; marriage and romance 婚恋 59-61; performing arts 表演艺术 55，67-68; social class 社会等级 50，55，59-60; supernatural 超自然 74-77，75; visual arts 视觉艺术 66-67; women's roles 女性角色 58，59-60，67-68，108
Heidi, Girl of the Alps 《阿尔卑斯山的少女》（宫崎骏）384
Heiji rebellion 平治之乱 81
Heijō-kyō 平城京 28 亦可参见 "Nara"
Heike (Taira) clan 平氏氏族 80，81，105
Hello Kitty 凯蒂猫 386-87
Henson, Maria Rosa 玛利亚·罗莎·亨森 287
"herbivores" "草食男" 375
Heuskin, Henry 亨利·赫斯金 215
hibakusha 被爆者（原子弹爆炸幸存者）338
Hibiya Riots 日比谷事件（1905）280
hichiriki 筚篥（乐器）67
Hideyoshi 秀吉（大名）见 "Toyotomi Hideyoshi"
High Treason Incident 大逆事件（1910）250
Hi Hi Puffy AmiYumi 《摇滚小姐妹》392
Hijikata Tatsumi 土方巽（舞蹈家）358，360
hijiri 丐僧 167
hikime kagibana "眯缝眼，鹰钩鼻"（面部风格）66
Himeiji Castle 姬路城 122-23，128
hinin "非人"（居无定所者）154
hinomaru 日之丸（日本国旗）344
Hiraga Gennai 平贺源内（兰学学者）166
Hirata Atsutane 平田笃胤（国学学者）44，163-64，167，212，239
Hiratsuka Raichō 平冢雷鸟（作家）262
Hi-Red Center 高红中心（艺术团体）268，358
Hirohito 昭和天皇 245，276，321，322，323，344
Hiroshige 广重（艺术家）见 "Utagawa Hiroshige"

Hiroshima and Nagasaki bombings 广岛、长崎原子弹爆炸（1945） 320-21, 338, 343, 344

Hiroshima Notes 《广岛日记》（大江健三郎） 338

Hishikawa Moronobu 菱川师宣（艺术家） 188；*Street Scene in Yoshiwara* 《吉原风俗图卷》 187

historical revisionism 历史修正主义 285

Ho Chi Minh 胡志明 278

Hōgen rebellion 保元之乱 81

Hōjōki 《方丈记》（鸭长明） 87-88

Hōjō Masako 北条政子（幕府控制者） 83

Hōjō Takatoki 北条高时（执权） 85

Hōjō Ujimasa 北条氏政（武士贵族） 109

Hokkaido 北海道（日本主岛之一） 1-2, 5, 42, 154, 215, 225, 279; Hokkaido Colonization Office 北海道开拓使厅 288

Hokusai manga 《北斋漫画》（葛饰北斋） 193, 194

homelessness 无家可归 373

homosexual relationships 同性恋情 101, 181, 199

Honda Ishirō 本多猪四郎（导演） 338-39, 340

Hōnen 法然（净土宗创始人） 89

Honganji Temple 本愿寺 114, 117

Honnōji Temple 本能寺 117

Honshu 本州岛（日本主岛之一） 1-5, 34, 215

Horikawa 堀河天皇 54

Hōryūji Temple 法隆寺 31-33

Hosoe Eikō 细江英公（摄影师） 357

housewives 主妇 262-63, 346, 348-49, 351-52

Huigo 惠果（中国高僧） 70

Hyakunin isshu 《百人一首》（藤原定家） 63, 102

I Am a Cat 《我是猫》（夏目漱石） 237

Ibsen, Henrik 亨利克·易卜生 266

Ibuse Masuji 井伏鳟二（作家） 338

Ichikawa Danjūrō IX as Masashibō Benkei in Kanjinchō 《劝进帐》中饰演弁庆的第九代市川团十郎（月冈芳年） 201

Ichikawa Danjūrō VII 第七代市川团十郎（歌舞伎演员） 153-54, 200

Ichikawa Fusai 市川房枝（女权活动家） 262

Ichikawa Kon 市川昆（导演） 337-38

Ichikawa Yaozō II 第二代市川团十郎（歌舞伎演员） 200

Ideals of the East 《东洋的理想》（冈仓天心） 269

ie "家" 232

Ieyasu 家康（幕府将军） 见 "Tokugawa Ieyasu"

Ihara Saikaku 井原西鹤（作家） 64, 179, 180-82

Ii Naosuke 井伊直弼（实权重臣） 212

ikebana 花道 127, 133-35, 233, 349, 357

Ikeda Daisaku 池田大作（创价学会领袖） 336-37

Ikenobo 池坊（花道流派） 133, 134

iki "粹"（时髦） 178

ikki "一揆"（起义） 113

Ikkō "一向"（一心）宗 113-14, 116, 117

Ikkyū Sōjun 一休宗纯（禅师） 106

Illustration of a Steam Locomotive Passing Shiodome in Tokyo 《穿过东京汐留的蒸汽机车》（歌川国辉） 227

Imagawa Yoshimoto 今川义元（大名） 115

Imamura Shōhei 今村昌平（导演） 338

Imari ware 伊万里烧 133

immigration 移民 369, 372-73

Immigration Exclusion Act 移民法案（美国，1924年） 271

imperial court 朝廷：Asuka period 飞鸟时代 29; divine mandate 君权天授 16, 35, 52, 155; gendered ruler pairs 男女同治 17, 42; Heian period 平安时代 52-54; Kemmu Restoration 建武新政 85; Meiji Restoration 明治维新 222-23, 224; postwar occupation 战后盟军占领 324; post-World War II recovery period "二

索 引 449

战"后恢复期 351, 352; Sengoku era 战国时代 116, 128-29; Tokugawa shogunate governance 德川幕府统治 147, 212; warrior class governance 武士阶级统治 80-81, 82, 83, 86 亦可参见 "imperial succession"

imperial family 皇室成员: Aiko 爱子（公主）43-44; Akihito 明仁（皇太子、天皇）14, 351, 352; Akishino 文仁（皇子）43; Masako 雅子（皇太子妃）42; Naruhito 德仁（皇太子）42; Shōda 美智子（皇后）351, 352

Imperial Household Act《皇室典范》(1947) 42

Imperial Household Agency 宫内厅 14

imperial succession 天皇继位: contemporary Japan 当代日本 42-43; marriage politics 政治联姻 25, 52-53, 58, 81; retired emperor system 退位天皇制度 54; warrior class governance 武士阶级治理 81

impermanence 无常 106, 185

Imported Silk Reeling Machine at Tsukiji in Tokyo《东京筑地的进口缫丝机》（歌川芳虎）230

Indochina 印度支那 287

industrialization 工业化 229-32, 246-47, 272

ink painting 水墨画 95-96

Inoue Enryō 井上圆了 238

I-novel 私小说 115, 267

In Praise of Shadows《阴翳礼赞》（谷崎润一郎）274

insularity/cosmopolitanism, historical shifts between 岛国心态与世界主义的历史切换 37, 52, 269

interior design 室内设计: byōbu 折叠屏风 96, 124, 125-126, 136, 188; fusuma 襖（滑动纸门）96, 124, 125, 126, 127; genkan 玄关 254; Heian period 平安时代 66, 127; kakemono 长轴 127; kotatsu 被炉 346; Sengoku era 战国时代 124, 125-28; shōji 障子 128;

sukiya-zukuri 数寄屋造（精致的建筑风格）128; Taishō period 大正时代 254, 255; tatami mats 榻榻米垫 66, 127-28; 254; tokonoma 壁龛 127, 134; zabuton 拜垫 254

Internet 因特网 376

In the Realm of the Senses《感官世界》261

Inukai Tsuyoshi 犬养毅（日本首相）282

Ippen Shōnin 一遍上人（净土宗游方僧）89-90

Iron Triangle 铁三角 326-27

Ise Grand Shrine 伊势神宫 18, 19, 162, 171

Ishida Baigan 石田梅岩（石门心学创始人）161, 167

Ishihara Shintarō 石原慎太郎（政治家、小说家）365

Ishikawa Rokubei 石川六兵卫（江户时代商人）153

isolationism 锁国政策 52, 211-12 亦可参见 "ethnocentrism/nationalism"

Isozaki Arata 矶崎新（建筑家）345

Issey Miyake 三宅一生（设计师）389

Itagaki Taisuke 板垣退助（内务大臣）245, 292

Itō Hirobumi 伊藤博文（明治时代大臣）218, 234, 245, 293, 295

Itō Jinsai 伊藤仁斋（儒学思想家）156

Itō Noe 伊藤野枝（无政府主义者）250

Iwakura Mission 岩仓使团（1871）221, 222, 233

Iwakura Tomomi, Prince 公卿岩仓具视（明治时代大臣）218, 221

Izanagi and Izanami 伊邪那岐和伊邪那美（神话中日本的创造者）12, 20-21

Izumo Grand Shrine 出云大社 18-19

Japan Council against Atomic and Hydrogen Bombs (Gensuikyō) 日本反原子弹氢弹委员会 339

Japanese colonialism 日本殖民主义 280-81; Ainu people 阿伊努人 217, 287-88, 289;

colonial subject cooperation 殖民领主与殖民地子民间合作 289-90, 303; consumerism 消费主义 310; film 电影 266, 306-8; liberal and radical thought 自由与激进思想 281; literature 文学 301-6; Manchukuo "满洲国" 282, 297-301, 307-8, 311; motivations for 日本殖民主义的动机 288-89; museums 博物馆 309-10; Pacific Islands 太平洋群岛 281, 290, 297, 301, 304-6; pan-Asianism 泛亚洲主义 286-87, 289, 290, 297, 307; postwar occupation 战后盟军占领 323; Taiwan 台湾 246, 266, 290-93, 301-3, 306, 309; tourism 旅游业 310-11 亦可参见 "Japanese colonialism in Korea"

Japanese colonialism in Korea 日本在朝鲜的殖民 293-97; film 电影 266, 306-7; liberal and radical thought 自由与激进思想 281; literature 文学 303-4; museums 博物馆 309-10; Russo-Japanese War 日俄战争 280; tourism 旅游业 311; trade 贸易 246

Japanese Communist Party 日本共产党 250, 283

Japanese imperialism 日本帝国主义: atrocities 暴行 284-85, 287; Buddhism 佛教 312, 315; comfort women 慰安妇 287; film 电影 266, 306, 308-9; First Sino-Japanese War 第一次中日战争 217, 235, 257-58, 276-77, 290-91; governance 治理 282, 283-84; Greater East Asia Co-Prosperity Sphere 大东亚共荣圈 285, 286-87; home front culture 后方文化 312-15, 313, 314, 316; Manchurian Incident 九一八事变 281-82, 311; map 地图 300; Meiji Restoration 明治维新 217; popular support for 民众对日本帝国主义的支持 280, 282, 283; rural resentment 农民阶级不满 272; Russo-Japanese War 日俄战争 266, 277-80, 278, 279; Second Sino-Japanese War 第二次中日战争 284-86, 293; Tripartite Pact 《三国同盟条约》 285 亦可参见 "Japanese colonialism"

Japanism 日本主义 245, 269-70

"The Japan That Can Say No: Why Japan Will Be First among Equals" 《日本可以说"不"》（石原慎太郎） 365

Japonaiserie: Flowering Plum Tree 《日本趣味：盛开的梅树》（凡·高） 194

Jataka 《佛本生经》 24

Jesuit order 耶稣会规定 135, 137

Ji (Time) sect 时宗 89-90

jidaimono 时代物 195, 198

Jiji shimpō 《时事新报》（报纸） 235

Jimmu 神武天皇 22, 310-11

jinsei 仁慈 206

Jippensha Ikku 十返舍一九（作家） 183

Jitō 持统天皇 17, 35, 36, 42

jito 地头（武家管理者） 82

Jiyū minken (Freedom and Popular Rights) movement 自由民权运动 222, 245

jizamurai 地侍 113, 119

Jōdo Shū (Pure Land) Buddhism 佛教净土宗 71-72, 88, 89, 90-91

jo-ha-kyū rhythm "序—破—急"节奏 99, 134

jōkamachi 城下町 118, 122

Jōmon era 绳文时代 4-9, 6

jōruri 净琉璃 195, 265

josei manga 女性漫画 355-56

A Journey to the Moon 《月球之旅》（凡尔纳） 234

J-pop music 日本流行音乐 390-94

judo 柔道 357

juku 补习学校 349

jūnihitoe 十二单衣 56

Junnin 淳仁天皇 40, 41

junshi 殉节（仪式性自杀） 237-38

Jusco 吉之岛（大型商场） 363

Kabuki theater 歌舞伎 198, 203; fan culture 粉丝文化 199-200; film 电影 265; homosexuality 同性恋情 181, 199; illustrations 插图 192, 201, 202; origins

索引 451

of 歌舞伎起源 199; plays 剧作 200-203; pleasure quarters 游廓 175, 205; publishing 印刷业 180; regional styles 地方风格 176-77; social class 社会等级 178; sourcesfor 歌舞伎素材 54, 64, 105; Sugawara no Michizane 菅原道真 54; sumptuary laws 限制消费的律法 153-43; Taishō period 大正时代 266; visual arts 视觉艺术 187, 188, 190

Kada no Azumamaro 荷田春满（诗人） 162-63

Kaibara Ekken 贝原益轩（儒学者） 160-61, 164

Kaifūsō《怀风藻》（诗集） 28, 43, 44

Kaikai Kiki 村上隆的公司 396

Kaitai shinsho《解体新书》（杉田玄白） 166, 179

Kaitokudō 怀德堂（儒家学堂） 161

Kaizō《改造》（杂志）263

kakemono 挂轴 127

Kakinomoto no Hitomaro 柿本人麻吕 47-48

Kamakura bakufu 镰仓幕府 54, 79, 81-83, 84-85

kami 神灵 18, 20, 21, 26, 54, 126, 126, 384 亦可参见 "Shinto"

Kamichika Ichiko 神近市子（作家） 250

Kamigata 上方（江户时代京都和大阪的合称）175-77

kamikaze "神风"敢死队 84, 319

kamishibai 纸芝居 315, 354

Kamo no Chōmei 鸭长明（隐士） 87-88, 184

Kamo no Mabuchi 贺茂真渊（国学学者） 163

kampaku 关白（辅政大臣） 128

kana 假名（文字系统） 43, 58-59, 66, 236

Kanagaki Robun 假名垣鲁文 224-25

Kan'ami 观阿弥（演员） 101

kana zōshi 假名草子（有插图的文学作品） 179

kanji 汉字 43, 236

Kanjinchō《劝进帐》（歌舞伎） 200-201

Kanmu 桓武天皇 14, 22, 41-42, 50, 51, 69

Kannon 观音（菩萨） 25, 32-33, 168, 171

Kanno Suga 管野须贺子（无政府一工团主义者） 250

Kanō school of painting 狩野画派 124-25, 127, 136, 186, 188, 193

Kansai International Airport (Osaka) 关西国际机场（大阪）331

Kansei Edict 宽政异学之禁（1790） 155

kappōgi 割烹着（主妇制服） 262-63

kara-e 唐绘（中式画） 66

karakuri ningyō 机械玩偶 165

karaoke 卡拉OK 357

karesansui 枯山水（庭园） 95, 96, 98, 99

karma 因果 106

kasane 套色（布料叠放） 56

kashi honya 贷本屋 179

Kasumigaseki area 霞关（东京） 252

kasutera 长崎蛋糕（海绵蛋糕） 136

kasutori 酿粕（廉价酒） 332

Katagiri Sekishū 片桐石州（茶道大师） 133

Katō Shidzue 加藤志津绘（女性权利活动家） 262

Katsura Detached Palace 桂离宫 128

Katsura Tarō 桂太郎（政治家） 246

Katsushika Hokusai 葛饰北斋（艺术家） 190, 193; *Thirty-Six Views of Mount Fuji* "富岳三十六景" 170, 193

Kawabata Ysunari 川端康成（作家） 267-68, 273

kawaii 卡哇伊（可爱） 377, 386-87, 389, 391

kawaii metal "卡哇伊金属"（音乐类型） 393-94

Kawai Kanjirō 河井宽次郎（陶艺家） 272

Keiji Nakazawa 中泽启治（作家） 338

Keinen 庆念（净土宗僧人） 120-21

Keio University 庆应义塾大学 235

keisei 倾城 205

kemari 蹴鞠 68

Kemmu Restoration 建武新政（1333-1336）

452 神奈川冲浪外：从传统文化到"酷日本"

Kennan, George 乔治·凯南 335
Kenseikai party 民政党 246
Kenseitō party 立宪改进党 245
Kentucky Fried Chicken (KFC) 肯德基 347-48
Ketsudankai (Blood Brotherhood) 血盟团 282
keyhole tombs 匙孔形坟墓 12
kibyōshi 黄表纸（绘本）182, 354
Kimba the White Lion 《森林大帝》（手冢治虫）354
kimo-kawaii "恶心可爱" 377
kimonos 和服 204, 257
Kingu 《王》（杂志）263
Kinmei 钦明天皇 25
Ki no Tsurayuki 纪贯之（作家）58, 62
kinpira gobo 金平牛蒡（以牛蒡和胡萝卜为原料）348
Kinugasa Teinosuke 衣笠贞之助（导演）266
Kira Yoshinaka 吉良义央 157-58
kisaeng 妓生（朝鲜女艺人）304
Kishi Nobusuke 岸信介（日本首相）328
Kitagawa Utamaro 喜多川歌麿 190; *Naniwa Okita Admiring Herself in a Mirror* 《对镜梳妆七美人图之难波屋女侍》191
Kitano-tenmangu Shrine 北野天满宫 54, 132
Kitchen 《厨房》（吉本芭娜娜）378
kōan 公案（禅宗谜题）88, 91-92
Kobayashi Ichizō 小林一三（实业家）266
Kobori Enshū 小堀远州（茶道大师）133
Kōfukuji Temple 兴福寺 39
Kofun era 古坟时代 4, 12-18, 20
Koguryō 高句丽（朝鲜王国）15, 17-18, 29, 32
Kogyaru 高中生辣妹 389
Kojiki 《古事记》4, 20, 22, 28, 43-44, 163, 220
Kojima Nobuo 小岛信夫（作家）341, 343
Kōken 孝谦天皇 17, 40-41, 42-43 亦可参见 "Shōtoku"
Kokinshū 《古今和歌集》（诗集）62, 68, 85

102, 163
Kokoro 《心》（夏目漱石）237
koku 石（大米收成）149
Kokugaku 国学 144, 162-42
Kokutai no hongi 《国体之本义》283
Komeitō (Clean Government) party 公明党 337
Kōmyō (consort) 光明皇后 37, 39-40, 42
Kōmyō (Emperor) 光明天皇 85
konbini 便利店 363, 364
Kōnin 光仁天皇 41
Konkokyō 金光教（神道教流派）164, 240
konpeitō 金平糖 136
Konpira Shrine 金刀比罗宫 169, 171
Koons, Jeff 杰夫·昆斯 395
Korea 朝鲜: First Sino-Japanese War 第一次中日战争 276-77; Korean War 朝鲜战争 303, 326; Mongol invasions 元军入侵 84; Tonghak Rebellion 东学党起义 277 亦可参见 "Japanese colonialism in Korea"、"Korean influences" 及 "Korean-Japanese relations"
Korean influences 朝鲜影响: Buddhism 佛教 23, 25; governance 治理 28, 29; interior design 室内设计 125; Kofun era 古坟时代 14-15; performing arts 表演艺术 37; tea ceremony 茶道 132-33; visual arts 视觉艺术 15, 32
Korean-Japanese relations 朝日关系: Asuka period 飞鸟时代 29; comfort women 慰安妇 287; current tensions 当前紧张关系 287; Hakuhō period 白凤时代 34; Meiji Restoration 明治维新 217; prehistoric era 史前时期 17-18; Sengoku era invasion 战国时代的侵略 120-21, 132 亦可参见 "Japanese colonialism in Korea"
Korean residents (zainichi) 在日朝鲜人 370-71
Korean War 朝鲜战争（1950-1953）303, 326
korokke 可乐饼 258
kotatsu 被炉（附带加热装置的桌子）346

koto 日本筝 357
Kōtoku 孝德天皇 34
Kōtoku Shūsui 幸德秋水（无政府—工团主义者）250
Kublai Khan 忽必烈汗 84
Kūkai 空海（真言宗创始人）69，70-71，171
Kurosawa Akira 黑泽明（导演）114-15，200，251，266，308，339，341，342
Kurozumikyō 黑住教（神道教流派）240
Kusama Yayoi 草间弥生（艺术家）357，360
Kwaidan: Stories and Studies of Strange Things 《怪谈》（小泉八云）220
Kyara 动漫形象 386
Kyary Pamyu Pamyu 竹村桐子（歌手）377，392-93
Kyoto 京都：Edo period 江户时代 151，175-77，186-87，195，198；Lotus League 日莲众 114；Ōnin War 应仁之乱 86，112-13；pleasure quarters 游廓 203 亦可参见 "Muromachi bakufu"
Kyushu 九州岛（日本主岛之一）1-2，6，12，41，53，84，118，218，276，329；Christianity 基督教 137，138

labor 劳动 见 "working class"
land ownership 土地所有权 34，35，54-55，81，83，324
landscape gardens 庭园（枯山水）95，96，98，99
Laputa: Castle in the Sky 《天空之城》（宫崎骏）384
The Last Emperor 《末代皇帝》（贝托鲁奇）298
The Last Samurai 《最后的武士》219
Late Spring 《晚春》（小津安二郎）266
Law of the Jungle 《丛林法则》（冈本太郎）358
LDP (Liberal Democratic Party) 自由民主党 326
Leach, Bernard 伯纳德·利奇 272

League of Nations 国际联盟 270-71，282
Le Corbusier 勒·柯布西耶（建筑家）125
legal systems 法律体系 35，36，82-83，153-54
The Legends of Tono 《远野物语》（柳田国男）272-73
LeMay, Curtis 柯蒂斯·李梅 319
letter writing 书信写作 63
Liberal Democratic Party (LDP) 自由民主党 326
The Life of an Amorous Man 《好色一代男》（井原西鹤）181
The Life of Ippen the Holy Wanderer 《一遍上人绘传》90
Li Hongzhang 李鸿章（中国政治家）291
literacy 读写能力 159-60，244，263 亦可参见 "education"
literature 文学：contemporary Japan 当代日本 363-64，378-80；Edo period 江户时代 64，180-86；Heian period 平安时代 53，58-59，61-65；Japanese colonialism 日本殖民主义 301-6；Kokugaku 国学 163；medieval era 中世时期 80，87-88，102-6；Meiji Restoration 明治维新 227，235-36；modernism 现代主义 267-68；Nara period 奈良时代 43-48；postwar occupation era 战后盟军占领时期 337-38，341，343-44；state histories 国史 28，43-44；Taishō period 大正时代 263，264，265，267-68
Living National Treasures "活着的国宝" 357
Lloyd, Harold 哈罗德·劳埃德 260，265
Lolita-complex (roricon) 萝莉控 374，389
Loti, Pierre 皮埃尔·洛蒂 225
Lotteria 乐天利 348
Lotus Leagues 日莲众 114，116
The Lotus Sutra 《法华经》69，88，90
The Love Suicides at Amijima 《心中天网岛》（近松门左卫门）196，197-98
The Love Suicides at Sonezaki 《曾根崎心中》（近松门左卫门）196-97
Luce, Henry 亨利·卢斯 284

Lucky Dragon "福龙丸"号 339
Lu Heruo 吕赫若（作家）302-3

MacArthur, Douglas 道格拉斯·麦克阿瑟 285，321，322-23，322，324，333，335
Mackintosh, Charles Rennie 查尔斯·马金托什 194
Madama Butterfly 《蝴蝶夫人》（普契尼）233
magazines 杂志 263，264，265，389
magical girl genre 魔法少女主题 382
magokoro 真心 19
Mahayana Buddhism 大乘佛教 24
Makiguchi Tsunesaburō 池田大作（创价学会创始人）336
Manchukuo "满洲国" 282，297-301，307-8，311
Manchurian Incident 九一八事变（1931年）281-82，311
mandalas 曼荼罗 71，72，90
Manet, Édouard 爱杜尔·马奈 194
manga 漫画 354-56，356；anime 动画 354，382；Japanese colonialism 日本殖民主义 305-6，305；Japanese imperialism 日本帝国主义 315；new religions 新宗教 367；television 电视 351，352
mantras 真言 71，88
man'yōgana 万叶假名 43
Man'yōshū 《万叶集》（诗集）28，43，44，45，47-48，162，163
Mao Zedong 毛泽东 284，325
mappō 末法（精神陷落的时代）74，87，89，155
maps 地图：ancient East Asian kingdoms 东亚古代各王国 15；Edo 江户 176；Edo period 江户时代 146；Japanese imperialism 日本帝国主义 300；population density 人口密度 3；publishing of 地图的印刷 179；regions and prefectures 地区及各县 2；Sengoku era daimyo domains 战国时代大名的"藩"115

marriage 婚姻 59，108-9，148，206，232-33；duolocal living arrangements 访妻婚 59；uxorilocal living arrangements 招婿婚 59；virilocal living arrangements 嫁入男方家 108
marriage politics 政治联姻 25，52-53，58，81
martial arts 武术 357
Marunouchi area 丸之内地区（东京）252
Marxism 马克思主义 249-50，268，298
mascots 吉祥物 387-88
masculinity 男性气质：aragoto style "荒事"风格 177，187，188，198，199-200；Edo period 江户时代 178；Heian period 平安时代 57；manga 漫画 355；Meiji Restoration 明治维新 233-34；post-World War II recovery period "二战"后恢复期 348；samurai 武士 233；Taishō period 大正时代 260 亦可参见 "gender"
masks 面具 100
mass culture 大众文化：Japanese colonialism 日本殖民主义 295；Japanese imperialism 日本帝国主义 280，283，305-6，308-9；post-World War II recovery period "二战"后恢复期 349-56；Taishō period 大正时代 252，263，265-67 亦可参见 "anime"，"manga"
material culture 物质文化：Meiji Restoration 明治维新 223-25；postwar occupation era 战后盟军占领时期 331-35；post-World War II recovery period "二战"后恢复期 345-48 亦可参见 "appearance"，"food"，"interior design"
Matsudaira Motoyasu 松平元康 见 "Tokugawa Ieyasu"
Matsuda Seiko 松田圣子（流行偶像）391
Matsuo Bashō 松尾芭蕉（诗人）102，184-86
matsuri 祭（神道教节日）19
matsurigoto 政府 17
MAVO 艺术团体 268
May 15th Incident 五一五事件（1932）282
McDonald's 麦当劳 347-48

索引 455

medicine 医药 165-66, 179-80, 224
medieval era 中世时期 79-110; Buddhism 佛教 79-80, 87, 93, 95-96, 98, 99, 101, 108; governance 治理 79, 80-83; Kamakura bakufu 镰仓幕府 54, 79, 81-83, 84-85; Kemmu Restoration 建武新政 85; literature 文学 80, 87-88, 102-6; Mongol invasions 元军入侵 79, 83, 84-85, 90; Muromachi bakufu 室町幕府 79, 85-86, 104, 112-13, 116, 125, 127; performing arts 表演艺术 99-102; visual arts 视觉艺术 95-96, 97, 98, 99, 105, 106-8; warrior class governance overview 武士阶级治理概述 79-81; warrior culture 武士文化 93, 94, 95, 102; women's roles 女性角色 108-9
Meiji 明治天皇 215-16, 218, 222-23, 245, 266
Meiji Restoration 明治维新 214-23; Buddhism 佛教 238-39; Charter Oath 《五条御誓文》 216-17; Christianity 基督教 240, 241-42; constitution 宪法 222-23, 239-40; cosmopolitanism/insularity shifts 岛国心态与世界主义的历史切换 52; European colonialism 欧洲殖民主义 290; foreign advisers 御雇外国人 219-20; gender 性别 232-34; isolationism 锁国政策 212, 214-15; Iwakura Mission 岩仓使团 221, 222, 233; Japanese imperialism 日本帝国主义 217; Kokugaku 国学 144, 163, 164; Ōyōmei school 阳明学派 156; political reforms 政治改革 217-19; Shinto 神道教 222, 238, 239-41; slogans 口号 209-10; textile industries 纺织业 229-32; transportation 交通 226-29; uprisings 起义 218-19; Western culture 西方文化 209, 217, 218, 223-25, 234-36
Mencius 孟子 156
The Men Who Tread on the Tiger's Tail 《踩虎尾的男人》（黑泽明） 200
metsuke 目付（间谍和审查者） 147
Michio Takeyama 竹山道雄（作家） 337

middle classes 中产阶级: post-World War II recovery period "二战"后恢复期 345, 348-49, 351, 356-57; Taishō period 大正时代 244, 247-48, 254 亦可参见 "social class"
Midway, Battle of 中途岛海战（1942） 319
The Mikado 《天皇》（吉尔伯特和沙利文） 233
military 军队 42, 218, 224, 328 亦可参见 "warfare", "warrior class governance"
Mill, John Stuart 约翰·穆勒 234
Mimizuka 耳冢 121
Minamata disease 水俣病 329, 330
Minamoto (Genji) clan 源氏家族 80, 81, 104, 105-6 亦可参见 "Kamakura bakufu"
Minamoto no Yoritomo 源赖朝（幕府将军） 79, 81-82, 83, 106, 107, 200
Minamoto no Yoshitomo 源义朝（氏族首领） 81, 104
Minamoto no Yoshitsune 源义经（武士） 68, 200
mind-landscape painting 意象山水 96
Ming dynasty 明朝（中国） 86, 136
mingei (folk craft) movement 民艺运动 272
Minobe Tatsukichi 美浓部达吉（法学家） 248-49, 283
minponshugi 民本主义 248
Mishima Yukio 三岛由纪夫（作家） 282-83
Miss Hokusai 《百日红》 385
"The Mist-Enshrouded Barbarian Village" 《雾之蕃社》（中村地平） 302
Mito school of history 水户历史学派 212
Mitsukoshi (Echigoya) 三越百货（越后屋，百货商厦） 178, 254-55
Miura Anjin 三浦按针 见 "Adams, Will"
miyabi "雅" 55
Miyazaki Hayao 宫崎骏（导演） 382, 384-85, 386
mobo (modern boy) 摩登男孩 260
modernism (modanizumu) 现代主义 244-45; literature 文学 267-68; mass culture 大众文化 252; post-World War II recovery

period "二战"后恢复期 357
moga (modern girls) 摩登女孩 260-61
Momofuku Ando 安藤百福（拉面发明者） 347
Momotaro: Divine Soldiers of the Sea 《桃太郎：海之神兵》 308-9
Momotaro the Peach Boy 桃太郎 305
Momoyama style 桃山风格 124
monasticism 修行 见 "Buddhism"
Monet, Claude 克劳德·莫奈 194
Mongol invasions 元军入侵（13世纪） 79, 83, 84-85, 90
monk-soldiers (sōhei) 僧兵 70, 113
Mononobe clan 物部氏族 25, 29
Mōri clan 毛利氏族 115
Morinaga Milk Company 森永乳业 329
Mori Ōgai 森鸥外（作家） 236
Morita Akio 盛田昭夫（索尼公司创始人） 327
Morita Shiryū 森田子龙（书法家） 357
Mori Ushinosuke 森丑之助 292
Morning Musume 早安少女组（音乐团体） 387
Morris, William 威廉·莫里斯 272
Morse, Edward Sylvester 爱德华·西尔维斯特·摩斯（动物学家） 7
MOS Burger 摩斯汉堡 348
Moss Garden (Saihōji) 苔寺 98
The Most Beautiful 《最美》（黑泽明） 308
Motoori Norinaga 本居宣长（国学学者） 44, 163
mountains as sacred 圣山 170
Mount Fuji 富士山 1, 98, 171-72
Mount Hiei 比叡山（延历寺） 69-70, 89, 114, 116
Mount Kōya 高野山（寺院） 71
movies 电影 见 "film"
Mrs. T 《T女士》（和田圣香） 255
Mud and Soldiers 《土地与士兵》 308
mudras 手印 71
Mujong (The Heartless) 《无情》（李光洙） 304

Mukyōkai (Nonchurch) movement 无教会运动 241-42
Mumon Ekai 无门慧开（禅师） 92
Murakami Haruki 村上春树（作家） 378, 379-80
Murakami Takashi 村上隆（艺术家） 395-96, 396
Murakami Yasusuke 村上泰亮（经济学家） 365
Murasaki Shikibu 紫式部 见 *"Tale of Genji"*
Murayama Tomoyoshi 村山知义（艺术家） 268
Muromachi bakufu (Ashikaga shogunate) 室町幕府（足利幕府）: establishment of 成立 85-86; flower arranging 花道 133; governance 治理 79; interior design 室内设计 125, 127; landscape gardens 庭园 98; literature 文学 104; Nō theater 能剧 101; Ōnin War 应仁之乱 112-113; overthrow of 室町幕府的倾覆 116
museums 博物馆 309-10
Musha Incident 雾社事件（1930） 291, 302
Mushanokojisenke school of tea ceremony 武者小路千家派茶道 133
music 音乐: Bunraku 人形净琉璃 195, 265; contemporary pop 当代流行音乐 390-94; geisha 艺伎 205, 304; Heian period 平安时代 67; Shōwa Genroku 昭和元禄时期 357 亦可见 "performing arts"
musical instruments 乐器: biwa 琵琶 67; hichiriki 筚篥 67; koto 日本筝 357; shakuhachi 尺八（长笛） 167; shamisen 三味线 195, 205, 357; shō 笙 67; tsuzumi 鼓 67
Musō Soseki 梦窗疏石（禅师） 98
My Neighbor Totoro 《龙猫》（宫崎骏） 382, 384, 385
Myōkian Temple 妙喜庵 131
mythology 神话 17, 19, 20-22, 163-64

索 引 457

Nagasaki 长崎 137, 141, 213, 257
Naisen ittai "内鲜一体"（意为"日本朝鲜一体"，殖民地口号）297
naiyū gaikan 内忧外患 209
Nakae Tōju 中江藤树（阳明学派创始人）156
Nakahama Manjirō 中滨万次郎（翻译员）211
Nakamura Chihei 中村地平（作家）302
Nakamura Shikan as Hige no Ikyu, Ichikawa Danjuro Ⅸ as Hanakawado Sukeroku and Nakamura Fukusuke as Miuraya no Agemaki in the play Edo zakura 剧目《助六由缘江户樱》之画作，其中，中村芝翫饰演意休，第九代市川团十郎饰演助六，中村福助饰演三浦屋花魁扬卷（丰原国周作）202
Nakamura-za theater 中村座剧院（江户）200
Naka no Oe (Tenji) 中大兄皇子（天智天皇）33-34, 41
Nakasendō highway 中山道 148-49
Nakatomi clan 中臣氏族 25
Nakatomi no Kamatari 中臣镰足 33-34, 52
Nakayama Miki 中山美伎（天理教创始人）240
nanban byōbu 南蛮屏风 136, 136
nanbanjin 南蛮（葡萄牙人）135-36
Naniwa Okita Admiring Herself in a Mirror 《对镜梳妆七美人图之难波屋女侍》（喜多川歌麿）191
Nantonaku kurisutaru 《总觉得，水晶样》（田中康夫）363-64
Nan'yō 南洋（太平洋群岛）281, 290, 297, 301, 304-6, 305
Nanzenji Temple 南禅寺 98
Naomi 《痴人之爱》（谷崎润一郎）260
Nara period 奈良时代 36-49; Buddhism 佛教 37-39, 41; capital city 都城 28, 36-37; governance 治理 28, 37, 38-43; literature 文学 43-48; performing arts 表演艺术 37; visual arts 视觉艺术 37, 38, 39, 40; women's roles 女性角色 42-43
Nara Yoshitomo 奈良美智（艺术家）396-97; *Punch Me Harder* 《用力地打我》397
Narita airport 成田机场 330-31
The Narrow Road to the Deep North 《奥州小路》（松尾芭蕉）185-86
Naruto 《火影忍者》382
National Culture Day (Bunka no hi) 国家文化日 357
nationalism 民族主义 见 "ethnocentrism/nationalism"
National Learning (Kokugaku) 国学 144, 162-64
National Mobilization Law 《国家总动员法》312
nativism 本土主义 见 "ethnocentrism/nationalism"
Natsume Sōseki 夏目漱石（作家）236-37, 311
Nausicaä of the Valley of the Wind 《风之谷》（宫崎骏）384
nembutsu 念佛名 71, 88, 89
Neo-Confucianism 新儒学 154-55, 156, 162
Neo-Dada 新达达（艺术团体）358
Neon Genesis Evangelion 《新世纪福音战士》381-82
new drama (shingeki) 新剧 266
new religions 新宗教：Aum Shinrikyō 奥姆真理教 367-68; Dancing Religion 起舞的宗教（天照皇大神宫教）336; Konkokyō 金光教 164, 240; Kurozumikyō 黑住教 240; PL Kyōdan PL 教团 336; Oomoto 大本教 240-241, 266, 283, 335, 336; Seichō no Ie 生长之家 336; Sekai Kyūseikyō 世界救世教 336; Sōka Gakkai 创价学会 91, 337-37; Tenrikyō 天理教 164, 240
newspapers 报纸 263
New Treasure Islands (Shin takarajima) 《新宝岛》（手冢治虫）354
NHK 日本放送协会 265, 351

Nichiren 日莲（佛教教派创始人）88, 90-91, 114, 336
Night Rain at the Double-Shelf Stand 《内室八景之台子夜雨》（铃木春信）189
Nihon buyō 日本舞蹈 357
nihonga 日本画 220-21, 395
Nihonjinron 日本人论 365
Nihon shoki《日本书纪》（国史）4; onAsuka period 对飞鸟时代的记载 30; composition of《日本书纪》的构成 28, 43-44; onKofun era 对古坟时代的记载 12, 14; Kokugaku 对国学的记载 163; Shinto mythology 对神道教神话的记载 20, 22; on Shōtoku 对圣德的记载 30
Niijima Jō 新岛襄（约瑟夫·哈代·那斯玛, 基督教教育家）241
Nijō Castle 二条城 147
Nika Art AssociationNika 艺术协会 268
Nikkei 日系人（南美日裔人）372-73
ninja (shinobi) 忍者 147
ninjō 人情 196
Ninomiya Sontoku 二宫尊德（"农民圣人"）161-62, 167
Nintoku 仁德天皇（古坟时代统治者）12
nishiki-e 锦绘（全彩木版画）180, 188-89
Nissin Foods 日清食品 347
Nitobe Inazō 新渡户稻造（基督教教育家）241, 304-5
Nobi 《野火》337-38
Nobunaga 信长（大名） 见"Oda Nobunaga"
Nogi Maresuke 乃木希典（大将）237-38
Nonchurch (Mukyōkai) movement 无教会运动 241-42
No Regrets for Our Youth 《我对青春无悔》（黑泽明）339
norito 祝词（神道教祷告词）162
Norwegian Wood 《挪威的森林》（村上春树）379
Nosaka Akiyuki 野坂昭如（作家）341, 343-44
Nō theater 能剧 99-102, 100; Buddhism 佛教 95, 99; Bunraku 人形净琉璃 195; jo-ha-kyū rhythm "序—破—急"节奏 99, 134; Kabuki theater 歌舞伎 198; sources for 能剧素材 64, 99, 100, 105
novels 小说 见 "literature"

ōban 大判（版画尺寸）187
occupation era 盟军占领 见 "postwar occupation"
Oda Nobunaga 织田信长（大名）112; Azuchi Castle 安土城 124, 125; Buddhism 佛教 147; Christianity 基督教 138; tea ceremony 茶道 131, 132; unifying efforts 统一大业之举措 115-17, 118; Western culture 西方文化 137
Ōe Kenzaburō 大江健三郎（作家）338, 343
ofudafuri 护身符 207
Ogamisama 大神（北村佐代，"起舞的宗教"创始人）336
Ogata Kenzan 尾形乾山（艺术家）176
Ogata Kōrin 尾形光琳（艺术家）176; Fujin and Raijin 《风神雷神图》126; Red and White Plum Trees 《红白梅图》177
Ōgimachi 正亲町天皇 116
Ogyū Sorai 荻生徂徕（儒学思想家）156, 162
oil crisis 石油危机（20世纪70年代）327
Ōishi Yoshio 大石良雄（大名）158
Okada Keisuke 冈田启介（日本首相）282
Okakura Kakuzō 冈仓天心（艺术史学家）220, 269
Okamato Tarō 冈本太郎（艺术家）345, 357, 358
Okamoto Kanoko 冈本加乃子（作家）267
Okina 《翁》（能剧）101
Okinawa 冲绳（群岛）1-2, 4-5, 7, 141, 217, 287-88, 371-72; Battle of 冲绳战役（1945）320
Okubo Toshimichi 大久保利通（明治时代大臣）218
Ōkuma Shigenobu 大隈重信（日本首相）245

Okuni 阿国（歌舞伎舞者）199
Ōkuninushi 大国主神（神灵）18, 19, 239
The Old Plum Tree fusuma 《老梅树》襖（狩野山雪）127
OLs (office ladies) 办公室女郎 349, 374
omatsuri 御祭（宗教节日）171
Omotesenke school of tea ceremony 茶道表千家派 133
Omozukai 主遣（木偶操作手）195
omuraisu 蛋包饭 258
Ōmura Sumitada (Dom Bartolomeu) 大村纯忠（大名）137
1Q84 村上春树所著书籍 379-80
One Hundred Famous Views of Edo 《江户百景》（歌川广重）194
One Piece 《海贼王》382
1000 Meter String 《一公里长的绳子》（高红中心作品）358
onigiri 饭团 363
Ōnin War 应仁之乱（1467-1477）86, 112-13
Onna daigaku 《女大学》160-61
onnade 女手 58
onna-e 女绘 66, 106
onnagata 女形（扮演女性角色的男演员）190, 199, 266
Ōno Kazuo 大野一雄（舞蹈家）358
Ono no Imoko 小野妹子（僧侣）133
onrii "唯一"（潘潘女郎的一种）333
"On Seeing the Body of a Man Lying among the Stones on the Island of Samine in Sanuki Province" 《赞岐狭岑岛视石中死人》（柿本人麻吕）47-48
"On the Eve of the Uprising" 《万岁前》（廉想涉）304
"On the Train" 《火车之内》（小岛信夫）341
Onyanko Club 小猫俱乐部（音乐团体）387
Ōoka Shōhei 大冈升平（作家）337-38
Oomoto 大本教（神道教新宗教）240-41, 266, 283, 335, 336
Orientalism 东方主义 238, 269-70, 358
Origuchi Shinobu 折口信夫（民俗学家）464
Osaka 大阪 151, 175-77, 179, 195, 203

Osaka Cotton Spinning Mill 大阪棉纺厂 232
Oshii Mamoru 押井守（导演）381
Ōshima Nagisa 大岛渚（电影制作人）357
Ōshima Yūki 大嶋优木（艺术家）397
Ōsugi Sakae 大杉荣（无政府主义者）250
Ōta Gyūichi 太田牛一 116-17
otaku 御宅（古怪亚文化）392
Ōta Yōko 大田洋子（作家）338
Other Power (tariki) 他力（宗教概念）88, 91
otoko-e 男绘 66, 106
Ōtomo Katsuhiro 大友克洋（导演）380-81
outcaste classes 贱民阶级 154, 198, 370
An Outline of a Theory of Civilization 《文明论概略》（福泽谕吉）235
"The Oxcart" 《牛车》（吕赫若）302-3
oyatoi gaikokujin 御雇外国人 219-20, 241, 272
Ōyōmei (Wang Yang-Ming) school of Confucianism 儒学阳明学派 155-56
Ozu Yasujiro 小津安二郎（导演）266

Pacific Islands (Nan'yō) 太平洋群岛（南洋）281, 290, 297, 301, 304-6
Pacific Overtures 《太平洋序曲》（斯蒂芬·桑德海姆）211
pacifism 和平主义 338
Paekche 百济（朝鲜王国）：Buddhism 佛教 23, 25; governance 治理 28, 29; Hakuhō period Japan 白凤时代的日本 34; Kofun era Japan 古坟时代的日本 14, 15; visual arts 视觉艺术 32
A Page of Madness 《疯狂的一页》（衣笠贞之助）266
pagodas 佛塔 31
Pal, Radhabinod 拉达宾诺德·巴尔（法官）323
pan (bread) 面包 136
pan-Asianism 泛亚洲主义 269, 286-87, 289, 290, 297, 307
panpan girls 潘潘女郎（站街女）333, 334
Paris Peace Conference 巴黎和会（1919）

parks 公园 252-53
"Patriotism" 《忧国》(三岛由纪夫) 282-83
Peace Treaty 《旧金山对日和平条约》(1951) 325-26
Pearl Harbor 珍珠港事件 (1941) 286
peasant class 农民阶级: Christianity 基督教 141; Edo period 江户时代 152, 153, 164, 206-7, 210; Heian period 平安时代 54-55; medieval era 中世时期 93; postwar occupation era 战后盟军占领时期 324; Sengoku era 战国时代 114-15, 119, 141; silk industry 丝绸业 229, 230; Taishō period 大正时代 271-72, 273 亦可参见 "social class"
Le Père Tanguy 《唐基老爹》(凡·高) 194
performing arts 表演艺术: Buddhism 佛教 95, 99, 101; contemporary pop music 当代流行音乐 390-94; Edo period 江户时代 180, 194-203; Heian period 平安时代 55, 67-68; medieval era 中世时期 99-102; Nara period 奈良时代 37; post-World War II recovery period "二战"后恢复期 358, 360; print culture 印刷文化 180; Shōwa Genroku 昭和元禄时期 357; Taishō period 大正时代 266-67
Perry, Matthew C. 马修·C.佩里 209, 211, 226, 277
Philippines 菲律宾 287, 294
Phoenix (Hi no tori) 《火鸟》(手冢治虫) 354
picture scrolls (emakimono) 绘卷物 66, 106-8
Piggott, Joan 琼·皮格特 41
pilgrimage 朝圣: Edo period 江户时代 158-59, 167, 169-71, 183, 184-86, 190; Kūkai 空海 70; Meiji Restoration 明治维新 228
The Pillow Book of Sei Shōnagon 《枕草子》(清少纳言) 57, 59, 61-62, 65-66, 76
pillow books "枕边书" 179, 186
Pimiko 卑弥呼 (邪马台国女王) 16-17

Planned Parenthood 计划生育 262
pleasure quarters 游廓 174, 175, 178, 182, 196, 198-99, 203-6
PL Kyōdan PL 教团 (新宗教) 336
Plum Park in Kameido 《龟户梅屋铺》(歌川广重) 194
Poe, Edgar Allen 埃德加·爱伦·坡 267
poetry 诗歌: Edo period 江户时代 183-86; haiku 俳句 183, 184-86, 220, 357; Heian period 平安时代 53, 61-63; jo-ha-kyū rhythm "序-急-破"节奏 99; Kokugaku 国学 162, 163; medieval era 中世时期 99, 102-3; Nara period 奈良时代 44-48; post-World War II recovery period "二战"后恢复期 357; Sengoku era 战国时代 129-30, 183
poetry anthologies 诗集: *Kaifūsō* 《怀风藻》28, 43, 44; *Kokinshū* 《古今和歌集》62, 68, 102, 163; *Man'yōshū* 《万叶集》28, 43, 44, 45, 47-48, 162, 163; *Shinkokinshū* 《新古今和歌集》102-3
Pokemon 精灵宝可梦 388
political parties 政党 245-46, 248-50, 283, 326, 337
Polo, Marco 马可·波罗 135
"Pon Pon Pon" 竹村桐子歌曲 392-93
pop music 流行音乐 390-94
population density 人口密度 2-3
population genetics 人口遗传学 5
Port Arthur, Battle of 亚瑟港之战 (1904) 277, 278, 311
Portrait of the Emperor Meiji 《明治天皇像》(内田九一) 216
portraiture 肖像 106, 107
Portsmouth treaty 朴次茅斯协定 (1905) 278-80
Portuguese merchants 葡萄牙商人 135-36
postwar occupation era 战后盟军占领时期 318, 321-26; Christianity 基督教 335; film 电影 337-39, 340, 341, 342; governance 治理 321-25; Japanese atrocities 日军暴行 285; literature 文学

337-38，341，343-44；material culture 物质文化 331-35；new religions 新宗教 335-37；Okinawans 冲绳人 372；visual arts 视觉艺术 358；wrestling 相扑 351

postwar recovery period 战后恢复期（1951-1980）318；economy 经济 326-28；Expo'70 1970年大阪世界博览会 344-45，347，373；gender 性别 348-49；governance 治理 326，337；imperial court 朝廷 351，352；mass culture 大众文化 349-56；material culture 物质文化 345-48；performing arts 表演艺术 358，360；protest movements 抗议运动 328-31；Tokyo Olympics 东京奥运会 344，351，355，373；urbanization 城市化 345-46；visual arts 视觉艺术 356-58，359，360

Potsdam Declaration《波茨坦公告》（1945）320

pottery 陶器 见"ceramics"

"prayer and play" culture "寓祷于乐"文化 167-69

prehistoric Japan 史前时期的日本 4-26；Jōmon era 绳文时代 5-9，6；Kofun era 古坟时代 4，12-18，20；Korean influences 朝鲜影响 15；periodization 历史时期划分 4-5；Shinto 神道教 18-22；Yayoi era 弥生时代 4，5，9-12

primogeniture 长子继承权 108

Princess Knight (Ribon no kishi)《缎带骑士》（手冢治虫）355

Princess Mononoke《幽灵公主》（宫崎骏）382，384

print culture 印刷文化：Edo period 江户时代 178-83；Taishō period 大正时代 263

Proletarian Literature Movement 无产阶级文学运动 283

prostitution 嫖娼：comfort women 慰安妇 287，332-33；contemporary Japan 当代日本 374-75；Edo period 江户时代 171，175，177，181，198，199，203-6；Heian period 平安时代 68；Kabuki theater 歌舞伎 199；postwar occupation era 战后盟军占领时期 331，332-33，334；Taishō period 大正时代 259-60；treaty ports 通商口岸 214

Protestantism 新教（明治时代）241-41

protest movements/uprisings/rebellions 抗议运动/起义/叛乱（20世纪60年代）328-31；anti-ANPO 反对《日美安全条约》329；Edo period 江户时代 206-7；"ee ja nai ka" 抗议口号（1867）207；Hibiya Riots 日比谷事件（1905）280；ikki "一揆" 113；Narita airport 成田机场 330-31；riceriots 米骚动（1918）246；Shimabara Rebellion 岛原之乱（1637-1638）141；Taira no Masakado 平将门之乱（939）80

publishing industry 出版业 179

Puccini, Giacomo 贾科莫·普契尼 233

Puffy AmiYumi 帕妃组合（流行双人组合）391-92

Punch Me Harder《用力地打我》（奈良美智）397

Pure Land (Jōdo Shū) Buddhism 佛教净土宗 71-72，88，89，90-91

purity (*seijō*) 纯洁 19，20

Puroland 三丽鸥主题公园 387

Pu Yi 溥仪（清代皇帝）282，297-98，299

Qing dynasty 清朝（中国）211，276-77 亦可参见 "First Sino-Japanese War"

radio 广播 265

Raiden《雷电》（能剧）54

raigō 来迎（以阿弥陀佛为主角的画作）74

railroads 铁路 226-28，227

raku pottery "乐"陶 131

ramen 拉面 258，347，394-95

Rangaku (Dutch Studies) 兰学 144-45，164-66，179-80，190

Rape of Nanking 南京大屠杀 284，85

Rashomon《罗生门》（黑泽明）266，339

Recreation and Amusement Association (RAA) 特殊慰安施设协会（RAA）333

Red and White Plum Trees《红白梅图》（尾形

光琳）177
Rei Kawakubo 川久保玲（设计师）389
religion 宗教 见 "*specific religions*"
religious confraternities 宗教兄弟会 169
Religious Organizations Law 《宗教组织法》（1935）283-84
renga 连歌 99, 183-84
"Reportage" murals 宣传壁画 358
Republican Revolution 辛亥革命（中国, 1911）282, 297-98
restaurants 餐馆 258, 347-48, 394
retired emperor system (insei) 退位天皇制度（院政）54
Revival Shinto 振兴神道教 163-64
rice cultivation 大米培育 9-10
rice riots 米骚动（1918）246
rickshaws (jinrikisha) 人力车 228-29
Rikidōzan 力道山（相扑手）349, 350, 351
Rikken Dōshikai party 立宪改进党 246
Ri Kōran 李香兰（山口淑子，演员）307-8
Rin Shihei 林子平（艺术家、思想家）165
Rinzai school of Zen Buddhism 佛教禅宗临济宗 91-92, 95, 96, 167
Risshin shusse "立身出世"（明治时代口号）210
ritsuryō 律令制 35-36
ritual 仪式: Edo period 江户时代 175; Heian period 平安时代 60-61; interior design 室内设计 127; medieval era 中世时期 109
ritual pollution 仪式中的不洁 74
Robinson Crusoe 《鲁滨逊漂流记》（笛福）234
rōju 老中（幕府官职）146
Rokkakudō Temple 京都六角堂 133
Rokumeikan Pavilion 鹿鸣馆（东京）225
romance, Heian period 平安时代的浪漫文学 60-61
rōnin 浪人（无主武士）115, 141, 349
Roosevelt, Theodore 西奥多·罗斯福 278
Russian-Japanese relations 日俄关系 211
Russian Revolution 俄国革命（1905）278

Russian Revolution 十月革命（1917）278
Russian Social Realism 俄国社会现实主义 358
Russo-Japanese War 日俄战争（1904-1905）266, 277-80, 278, 279
Ryōanji Temple rock garden 龙安寺石庭 98, 99
Ryōbu Shinto 两部神道 162
ryōsai kenbo 贤妻良母 232-33, 263, 348
Ryūkyū Islands 琉球群岛 见 "Okinawa"

Saichō 最澄（佛教僧侣）31, 69-70, 74
Saigō Takamori 西乡隆盛（明治维新功臣）218-19
Saigyō 西行（诗人）102-3, 185
Saikaku 西鹤（作家）见 "Ihara Saikaku"
Sailor Moon 《美少女战士》382, 383, 384
Sakai Yoshinori ("Atom Boy") 《铁臂阿童木》344
Sakamoto Ryōma 坂本龙马（活动家）215
Sakanoue no Tamuramaro 坂上田村麻吕（武家大将军）42
Sakata Tōjūrō 坂田藤十郎（歌舞伎演员）200
sakoku (closed country) edicts 锁国诏令 141
Sakurakai (Cherry Blossom Society) 樱会 282
Sakura Sōgorō 木内惣五郎（名主）206
Sakyamuni Triad 《阿弥陀三尊像》（法隆寺雕像）32, 33
samurai 武士: Akō Vendetta 赤穗事件 157-59; Battle of Sekigahara 关原之战 121; Bushidō 武士道 103, 157, 241; Christianity 基督教 141, 241; Confucianism 儒家思想 155, 156-57, 203; Edo period urban centers 江户时代都市中心 177; film 电影 265; homosexuality 同性恋情 181; Japanese colonialism 日本殖民主义 288, 301; literacy 读写水平 159; masculinity 男性气质 233; masterless (rōnin) 无主（浪人）115, 141, 349; Meiji Restoration 明治维新 218; origins of 武士起源 79;

索引 463

Sengoku era 战国时代 119; social class 社会等级 152, 153; tea ceremony 茶道 131-32; Tokugawa shogunate governance 德川幕府统治 144, 145-46, 147, 210 亦可参见 "warrior class governance", "warrior culture"

Sanger, Margaret 玛格丽特·桑格 262

sankin kōtai 参觐交代 148-52, 149, 150-51, 175, 193

Sano Manabu 佐野学（共产主义领袖） 283

Sanpō 大日本产业报国会（劳动组织） 312

Sanrio 三丽鸥 386-87

Santō Kyōden 山东京传（作家） 182-83

sarariman 上班族 247-48, 348, 352

sarugaku 猿乐（杂技舞蹈） 101

Sasaki Kizen 佐佐木喜善（说书人） 273

Satō Eisaku 佐藤荣作（日本首相） 328

Satō Haruo 佐藤春夫（作家） 301-2

Satsuma-Chōshū (Sat-Chō) alliance 萨摩-长州（萨长）联盟 214-15, 217-18, 234, 246

Satsuma Rebellion 西南战争（1877） 219

Sazae-san 《海螺小姐》 351-52

SCAP 驻日盟军最高司令官总司令部 见 "postwar occupation era"

The Scarlet Gang of Asakusa 《浅草红团》（川端康成） 267-68

Schodt, Frederik 弗雷德里克·肖特 355

science 科学 165, 179-80, 234

sculpture 雕塑: Asuka period 飞鸟时代 32-33; Jōmon era 绳文时代 7, 8, 9; Kofun era 古坟时代 12, 13, 14; Nara period 奈良时代 38, 39, 40

Second Sino-Japanese War 第二次中日战争（1937-1941） 284-86, 293

Sect Shinto 教派神道 240

Seichō no Ie 生长之家（新宗教） 336

seijō 纯洁 19, 20

seinen manga 少年漫画 355

Sei Shōnagon 清少纳言 57, 59, 61-62, 65-66

Seitō 《青鞜》（杂志） 250, 261-62

Seiyūkai party 政友会 245-46

Sekai Kyūseikyō 世界救世教（新宗教） 336

Sekigahara, Battle of 关原之战（1600） 121, 175

Self-Help 《自助》塞缪尔·斯迈尔斯 234

Self Power (jiriki) 自力 88, 91

senbei 仙贝（一种米饼） 168

Sengoku era 战国时代 112-42; architecture 建筑 122, 123, 125; Buddhism 佛教 113-14, 116, 117, 147; castles 城堡 122-25; Christianity 基督教 135, 137-39, 140-41; governance 治理 112, 113, 129; ikebana 花道 127, 133-35; interior design 室内设计 124, 125-28; map 地图 115; Ōnin War 应仁之乱 86, 112-13; poetry 诗歌 129-30, 183; tea ceremony 茶道 129-33; unifying efforts 统一大业之举措 115-21; visual arts 视觉艺术 124-25, 130; Western-Japanese relations 西方-日本间关系 135-41

Sen no Rikyū 千利休（茶道大师） 131, 132, 133, 134, 135

senryū 川柳（幽默诗句） 184

Sensōji Temple 浅草寺 168-69

seppuku 切腹（仪式性自杀） 132, 158, 237, 283

sericulture 养蚕业 229 亦可参见 "silk industry"

Sesshū 雪舟（画家） 96, 97

setsubun 节分（春日庆典） 352

Seven Samurai 《七武士》（黑泽明） 114-15, 266, 339

sewamono 世话物（当代题材） 195, 198

sexuality 性话题: contemporary Japan 当代日本 374, 382, 384, 397; Edo period 江户时代 174, 177, 180-82, 186, 198; Heian period 平安时代 60; Kabuki theater 歌舞伎 181, 199; pilgrimage 朝圣 171; print culture 印刷文化 179; Taishō period 大正时代 244, 259-61; warrior culture 武士文化 101 亦可参见 "prostitution"

Shakespeare, William 威廉·莎士比亚 266
shakuhachi 尺八（长笛）167
shamanism 萨满教 17
shamisen 三味线（乐器）195, 205, 357
Shank's Mare (*Tōkaidōchū hizakurige*) 《东海道徒步旅行记》（十返舍一九）183
sharebon 洒落本（集妙趣与时尚为一体的书籍）182
"Sheep" 《人羊》（大江健三郎）343
Shiba Kōkan 司马江汉（画家）166
Shibusawa Eiichi 涩泽荣一（企业家）232
Shibuya area 涩谷地区（东京）252
shide 纸垂（纸条）19
shiki 知行（土地权）55
Shikoku 四国岛（日本主岛之一）1-2, 26, 70, 169, 171
Shimabara Rebellion 岛原之乱（1637-1638）141
Shimada Keizō 岛田启三 305
shimenawa 注连绳（圣绳）19
Shingaku 石门心学（宗教-伦理流派）161
shingeki 新剧 266
Shin Godzilla (Godzilla Resurgence) 《新哥斯拉》339
Shingon Buddhism 佛教真言宗 69, 71, 72, 162
shin-gyō-sō styles 真一行一草风格 58, 134-35
shinjū 殉情 196-98
Shinjuku area 新宿地区（东京）252, 259, 260
Shinkai Makoto 新海诚（导演）385
shinkansen 新干线 344
Shinkokinshū 《新古今和歌集》（诗集）102-3
Shinohara Ushio 筱原有司男（艺术家）358
Shinran 亲鸾（净土真宗创始人）31, 89
"Shinsarugakuki" 《新猿乐记》（藤原明衡）67
Shinsengumi 新选组（德川幕府末期的反倒幕势力）215
Shinto 神道教：Buddhism 佛教 25, 26; contemporary Japan 当代日本 19; Edo period 江户时代 155; implements 神道教用具 19; Ise Grand Shrine 伊势神宫 18, 19, 162, 171; Izumo Grand Shrine 出云大社 18-19; Kokugaku 国学 162-64; Meiji Restoration 明治维新 222, 238, 239-41; mythology 神话 17, 19, 20-22, 163-64; new religions 新宗教 367; Ninomiya Sontoku 二宫尊德 162; Oomoto 大本教 240-41, 266, 283, 335, 336; origins of 神道教起源 18-19; Yamato kingdom 大和王国 19 亦可参见 "kami"
shirabyōshi 白拍子（艺人）67-68
Shirakawa 白河天皇 54
Shiro Kazama 风间四郎（艺术家）256
shitamachi 城下町 175
shite 仕手（能剧中角色）99
Shizuka 静御前（妾）68
shō 笙 67
shōen (private estate) system 庄园制 54, 56, 70, 82
Shogun 《幕府将军》（卡拉维尔）139
shoguns 幕府将军 42 亦可参见 "Tokugawa shogunate governance", "warrior class governance", *specific bakufu and shoguns*
shōji 障子 128
shōjo manga 少女漫画 355
Shoku nihongi 《续日本纪》（国史）41
Shōmonki 《将门记》（编年史）80
Shōmu 圣武天皇 37, 38-40, 41, 42
Shōnen kurabu 《少年俱乐部》（杂志）265
shōnen manga 少年漫画 354-55
Shōsōin 正仓院（东大寺仓房）39
Shōtoku (Empress) 称德天皇 40, 41
Shōtoku (Prince) 圣德太子 29, 30, 31, 32, 42
Shōwa era 昭和时代 245, 276; governance 治理 281, 282, 283-84; liberal and radical thought 自由与激进思想 282-83, 298 亦可参见 "Japanese imperialism"

Shōwa Genroku 昭和元禄时期 357
Shūbun 周文（画家）96
shufu 主妇 262-63, 346, 348-49, 351-52
Shufu no tomo 《主妇之友》（杂志）263
shugo 守护（武家官职）82, 86
shunga 春画 186
silk industry 丝绸业 229-31
Silk Road 丝绸之路 37
Silla 新罗（朝鲜王国）14, 28, 32, 34
Silver Pavilion 银阁寺 98, 125, 133
sincerity (magokoro) 真心 19
The Sixty-Nine Stages of the Kisokaidō 《木曾街道六十九次》（歌川广重）193-94
slavery 奴隶制 138
Smiles, Samuel 塞缪尔·斯迈尔斯 234
Snow Country 《雪国》（川端康成）267-68
Sōami 相阿弥（庭园艺术家）98
soba noodles 荞麦面 178
social class 社会等级：Buddhism 佛教 37-38, 80, 97, 89, 90, 93, 114, 154; chōnin 町人 119, 152, 153; Confucianism 儒家思想 155, 203; consumerism 消费主义 177-78; Edo period 江户时代 152-54, 175-76, 177-78, 203; Heian period 平安时代 50, 55, 59-60; hijiri 丐僧 167; hinin 非人 154; interior design 室内设计 127; jizamurai 地侍（武士-地主阶级）113, 119; Meiji Restoration 明治维新 210, 217, 218, 228, 233; Nara period 奈良时代 45; outcaste classes 贱民阶级 154, 198, 370; post-World War II recovery period "二战"后恢复期 351; Sengoku era 战国时代 113, 114, 119; Taishō period 大正时代 247-48; tea ceremony 茶道 133; transportation 交通 228, 229; women's roles 女性角色 109, 233; Yayoi era 弥生时代 10, 12 亦可参见 "court rank system"
social Darwinism 社会达尔文主义 221
Socialist Party 社会民主党 249-50, 337
social norms and ideals 社会规范和理想：amae 依赖 365; aware 哀 55-56, 163;

bitai 媚态 178; Edo period 江户时代 178; giri 义理 195-96; hari 韧性 178; iki 粹 178; jinsei 仁慈 206; magokoro (sincerity) 真心 19; ninjō 人情 196; sincerity (magokoro) 真心 19; tsū 通 178, 205
Social Realism 社会现实主义 358
Sōen 宗渊（画家）96
soft power 软实力 377
Soga clan 苏我氏族 15, 25, 29, 31, 33-34
sōhei 僧兵 70, 113
Sōka Gakkai 创价学会（新宗教）91, 336-37
Some Prefer Nettles 《各有所好》（谷崎润一郎）273-74
Sondheim, Stephen 斯蒂芬·桑德海姆 211
Song dynasty 宋代（中国）81, 95-96
Sonic the Hedgehog 刺猬索尼克 388
sonnō jōi 尊王攘夷 见 "isolationism"
Soong Mei-Ling 宋美龄（蒋介石的夫人）284
Sōtō school of Zen Buddhism 佛教禅宗曹洞宗 92-93
South American Japanese 日裔南美人（日系人）372-73
Southeast Asia 东南亚 286-87, 326, 328
Soviet Union 苏联 320, 325
Spirited Away 《千与千寻》（宫崎骏）382, 384-85
spirits 鬼魂 见 "kami", "supernatural beings"
Stalin, Joseph 约瑟夫·斯大林 320
Star of the Giants (Kyojin no hoshi) 《巨人之星》355
state 国家 见 "governance"
status 地位 见 "social class"
Stevenson, Robert Louis 罗伯特·路易斯·史蒂文森 301
Stray Dog 《野良犬》（黑泽明）339, 341
Street Scene in Yoshiwara 《吉原风俗图卷》（菱川师宣）187
suburban housing 郊区住房 254

subways 地铁 253-54, 253
Sugawara and the Secrets of Calligraphy 《菅原传授手习鉴》 54
Sugawara no Michizane 菅原道真（诗人）53-54, 76, 219
Sugita Genpaku 杉田玄白（兰学学者）166, 179
Sugoroku 双陆（游戏）68, 248, 249
suicide 自杀 132, 158, 196-98, 237-38, 283
Sui dynasty 隋朝（中国）28, 29
Suika Shinto 垂加神道 162
Suiko 推古天皇 17, 25, 29, 32, 42
Sukeroku 《助六由缘江户樱》（歌舞伎）202-3, 205
sukiya-zukuri 数寄屋造（精致的建筑风格）128
sumi-e 水墨画 95-96
Summer Flowers (Natsu no hana) 《夏之花》（原民喜）338
sumo wrestling 相扑 168
sumptuary laws 限制消费的法律 152-53
Sunjong 纯宗（朝鲜皇帝）293
Sun Yat-Sen 孙中山 278
Superflat movement 超扁平运动 395-96, 396
Super Mario Brothers 超级马力欧兄弟 388
supernatural beings 超自然生物 74-77, 75
surveillance 监察 147, 283
Susanoo 须佐之男（神明）21
sushi 寿司 178, 258, 394
sutras 经文 26
Suzuki Harunobu 铃木春信 188, 190; *Night Rain at the Double-Shelf Stand* 《内室八景之台子夜雨》189
Sword Edict 刀狩令（1588）118

taboos 禁忌 74
Taft-Katsura agreement "桂太郎-塔夫脱协定"（1905）294
Tai-an tearoom 待庵（妙喜庵）131
taiga dorama 大河剧（周日晚播放的历史电视剧）351
Taihō code 《大宝律令》35, 36
Taika reforms 大化改新 34-35
Taira (Heike) clan 平氏氏族 80, 81, 105
Taira no Kiyomori 平清盛（氏族首领）68, 81, 104, 106
Taira no Masakado 平将门 80
Taishō period 大正时代 244, 245-51; anti-Westernism 反西方情绪 241, 244-45, 268-74; cafés 咖啡馆 258-60; city planning 城市规划 251, 252-54; consumerism 消费主义 252, 254-55, 256, 257, 265; economy 经济 246-47; food 食物 257-58, 271-72; gender 性别 248, 259-63; governance 治理 245-46, 248-49, 262, 281; Great Kanto Earthquake 关东大地震 250-51; interior design 室内设计 254, 255; liberal and radical thought 自由与激进思想 248-50, 292, 293; literature 文学 263, 264, 265, 267-68; mass culture 大众文化 252, 263, 265-67; social class 社会等级 247-48; transportation 交通 253-54; urbanization 城市化 251-52 亦可参见 "modernism"
Taiwan 台湾 246, 266, 290-93, 292, 301-3, 306, 309
Taiyō 《太阳》（杂志）263
Takabatake Kashō 高畠华宵，《双陆游戏之人生起伏》249
Takarazuka Revue 宝冢歌剧团 266-67
Takeda clan 武田氏族 115
Takeda Shingen 武田信玄（大名）116
Takemoto Gidayū 竹本义太夫（净琉璃艺人）195
Takeno Jōō 武野绍鸥（茶师）129-30, 131
Tale of Genji 《源氏物语》（紫式部）56, 63-65; adaptations of 改编作品 64, 99, 100, 126, 180, 198, 260; appearance in 书中对装扮的描写 57, 58; Buddhism in 对佛教的描写 74; calligraphy in 对书法的描写 63; characters in 书中角色 64-

索引 467

65; games in 对游戏的描写 68; jealousy in 对嫉妒的描写 60; kana 假名 59; Kokugaku 国学 163; Michinaga 藤原道长 53; performing arts 表演艺术 67; supernatural in 对超自然的描写 76; visual arts 视觉艺术 66-67

The Tale of Heiji 《平治物语》 104, 105

The Tale of Hōgen 《保元物语》 104

The Tale of the Heike 《平家物语》 103, 104-6; adaptations of 改编作品 99, 105, 195, 198; clan rivalries 氏族争斗 80; concubines in 对妾的描写 68; warrior culture 武士文化 93

The Tale of the Princess Kaguya 《辉夜姬物语》 385

Tales of Ise 《伊势物语》 61

talismans 护身符 169, 207

Tamamushi shrine 玉虫厨子 32

Tanaka Yasuo 田中康夫（作家）363-64

Tang dynasty 唐朝（中国）28, 34, 37, 52, 69

Tange Kenzō 丹下健三（建筑家）345

Tanizaki Jun'ichirō 谷崎润一郎（作家）260, 267, 273-74, 311

tanka 短歌（诗歌形式）62

Tapani Incident 礁吧事件（1915）291

tatami mats 榻榻米垫 66, 127-28, 254

Taut, Bruno 布鲁诺·陶特 125

taxation 赋税 34, 82, 119

tayū 太夫（妓女等级）204-5

tea ceremony (chanoyu) 茶道 95, 129-33, 134, 135, 233, 269-70, 349

television 电视: postwar period 战后时期 346, 349, 350, 351-54; *Tale of Genji* 《源氏物语》64 亦可参见 "mass culture"

tempura 天妇罗 136

Tendai Buddhism 佛教天台宗 69-70, 88-89, 91, 116

tengu 天狗（超自然生物）75, 75

Tenji 天智天皇 33-34, 41

Tenjin 天神（神明）54

tenka 天下 116

tenkō 转向（改变信仰）283

Tenmangu Shrine 北野天满宫 54

Tenmu 天武天皇 35, 36, 41, 42, 43

Tenrikyō 天理教（神道教教派）164, 240

Tenshō Kōtai Jingukyō 天照皇大神宫教（起舞的宗教）336

Tenzo kyōkun 《典座教训》（道元）93

Terauchi Masatake 寺内正毅（朝鲜总督）295

Terayama Shūji 寺山修司（电影制作人）357

Terry's Japanese Empire 《特里的日本帝国指南》258

Teshigahara Sōfu 敕使河原苍风（花道艺术家）357

textile industries 纺织业 229-32

Tezuka Osamu （漫画家）手冢治虫 352, 354, 355

Theravada Buddhism 上座部佛教 24, 238-39

Things Japanese 《日本事物志》（张伯伦）220

Thirty-Six Views of Mount Fuji "富岳三十六景"（葛饰北斋）170, 193

Three Non-Nuclear Principles "无核三原则" 328

Tocqueville, Alexis de 亚历西斯·德·托克维尔 234

Tōdaiji Temple 东大寺 28, 37, 38-39, 71

Toda Jōsei 池田大作（创价学会创始人）336

Tōgō Heihachirō 东乡平八郎（大将）277-78

Tohoku earthquake and nuclear disaster 东日本大地震和核泄漏事件（2011）367, 375-76

Tōji Temple 东寺 71

Tōjō Hideki 东条英机（日本首相）323

Tōkaidō highway 东海道 148

tokkōtai 特攻队（神风）319

tokonoma 壁龛 127, 134

Tokugawa Hidetada 德川秀忠（幕府将军）141, 145

Tokugawa Iemitsu 德川家光（幕府将军）141, 145

Tokugawa Ienari 德川家齐（幕府将军）

168-69

Tokugawa Ieyasu 德川家康（幕府将军）112；Battle of Sekigahara 关原之战 121, 175；Christianity 基督教 140-41；Edo growth 江户地区的发展 175；foreign advisers 御雇外国人 139-40；foreign trade 对外贸易 139；governance 治理 145, 147；Nō theater 能剧 102；Oda Nobunaga 织田信长 117；overthrow of Muromachi bakufu 室町幕府的倾覆 115-16；Toyotomi Hideyoshi 丰臣秀吉 118, 120

Tokugawa shogunate governance 德川幕府统治 144, 145-52；Boshin War 戊辰战争 215；censorship 审查制度 182-83；discontent with 对德川幕府统治的不满 164, 206-7, 209, 210-11；economy 经济 151, 210-11；foreign presence 在日外国人 211-14；Meiji Restoration 明治维新 214-17；Ryūkyūan 琉球人 288；sankin kōtai 参觐交代 148-52, 149, 150-51, 175, 193；social class 社会等级 152-54, 178 亦可参见 "Edo period"

Tokugawa Tsunayoshi 德川纲吉（幕府将军）；legal system 法律体系 153

Tokugawa Yoshimune 德川吉宗（幕府将军）165, 168

Tokugawa Yoshinobu 德川庆喜（幕府将军）215

Tokyo 东京：Akihabara area 秋叶原地区 392；Asakusa area 浅草地区 168-69, 169, 252, 260, 266, 267-68；department stores 百货商厦 178；Ginza area 银座地区 225, 252, 259, 260；Great Kanto Earthquake 关东大地震 250-51, 259；Harajuku area 原宿地区 389-90, 390；Hibiya Park 日比谷公园 252-53, 280；Kasumigaseki 霞关 252；Marunouchi area 丸之内地区 252；Meiji Restoration 明治维新 215, 225, 251；modernism 现代主义 244；post-World War II recovery period "二战"后恢复期 345；Sengoku era origins 战国时代起源 118；Shibuya area 涩谷地区 252；Shinjuku area 原宿地区 252, 259, 260；shitamachi 城下町 175；Taishō period 大正时代 251, 252-53；World War II bombing "二战"期间的轰炸 251, 319；Yamanote train line 山手线 175；Yoyogi Park 代代木公园 344 亦可参见 "Edo"

Tokyo Imperial University 东京帝国大学 248, 272

Tokyo Olympics 东京奥运会（1964）344, 351, 355, 373

Tokyo Story《东京物语》（小津安二郎）266

Tokyo War Crimes Tribunal 东京战争罪行法庭 298, 323

Tokyo Woman's Christian University 东京女子大学 241

To Live《生之欲》（黑泽明）339, 341

Tōmatsu Shōmei 东松照明（摄影师）358

Tomorrow's Joe (Ashita no Joe)《明日之丈》355

Tonghak Rebellion 东学党起义（1894年）277

tonkatsu 猪排 258

Tori Busshi 鞍作止利（雕刻家）32

Torii Kiyonobu 鸟居清信（艺术家）188

The Tosa Diary (Tosa nikki)《土佐日记》（纪贯之）58

Tosa school of painting 土佐派绘画 124, 186, 188

Tōshun 斗春（画家）96

Tōshūsai Sharaku 东洲斋写乐（艺术家）190；演员小佐川常世二世的肖像版画 192

tourism 旅游业 见 "pilgrimage", "travel"

Tower of the Sun 太阳之塔（冈本太郎）345

Toyohara Kunichika 丰原国周画作,《助六由缘江户樱》场景, 其中中村芝翫饰演意休, 第九代市川团十郎饰演助六, 中村福助饰演三浦屋花魁扬卷 202

Toyotomi Hideyoshi 丰臣秀吉（大名）112, 117-21；Christianity 基督教 138-39；flower arranging 花道 134；Himeji Castle 姬路城 122-23, 128；imperial court

索引 469

朝廷 128-29；Nō theater 能剧 102；
　Sengoku era 战国时代 113；social class
　社会等级 152；tea ceremony 茶道 132；
　Western culture 西方文化 137
tozama daimyō 外样大名 146
transportation 交通：Edo period 江户时
　代 148-49；Hakuhō period 白凤时代
　34；Meiji Restoration 明治维新 226-29，
　251；post-World War II recovery period "二
　战"后恢复期 344；Taishō period 大正
　时代 253-54；urban 都市交通 253-54；
　Yamanote train line 山手线（东京）175
travel 旅游 227-28，310-11 亦可参见
　"pilgrimage"
treaty ports 通商口岸 211，212-14，224，
　226
Tripartite Pact《三国同盟条约》285
Triple Intervention 三国干涉还辽（1895）
　277
True Pure Land (Jōdo Shinshū) Buddhism 佛教
　净土真宗 72，88，89，113-14，117
Truman, Harry 哈里·杜鲁门 320
tsū 通（行家）178，205
Tsubouchi Shōyō 坪内逍遥（作家）236
Tsuda Umeko 津田梅子（教育家）233
Tsukioka Yoshitoshi 月冈芳年，《劝进帐》中
　饰演弁庆的第九代市川团十郎 201
Tsukuyomi 月读命（神明）21
Tsushima, Battle of 对马岛战役（1905）
　277-78
Tsutaya 茑屋书店（连锁书屋）180
Tsutaya Jūzaburō 茑屋重三郎（出版商）183
tsuzumi 鼓 67
Twenty-Six Saints of Japan 日本26圣人 139
"Two J's"《两个J》（内村鉴三）241-42

Uchida Kuichi, *Portrait of the Emperor Meiji*
　内田九一《明治天皇像》216
Uchimura Kanzō 内村鉴三（基督教教育家）
　241-42
Uda 宇多天皇 53
Ueno Park 上野公园（东京）252

uji (clans) 氏族 14-16，25，29，33，34-35，
　42
ukiyo 浮世 174 亦可参见 "Edo period"
ukiyo-e 浮世绘 见 "Edo period visual arts"
Ultraman (Urutoraman)《奥特曼》352
Unit 731 七三一部队（哈尔滨）285
United States 美国 见 "US-Japanese relations"
The Unknown Craftsman《民艺论》（柳宗悦）
　272
Urasenke school of tea ceremony 茶道里千家
　流派 133
urbanization 城市化：contemporary Japan 当
　代日本 3；Edo period 江户时代 175-78；
　post-World War II recovery period "二战"
　后恢复期 345-46；Taishō period 大正时
　代 251-252 亦可参见 "city planning"
ushin 有心（一种严肃的连歌形式）183
U.S.-Japanese relations 美日关系：ANPO
　《日美安全保障条约》325-26，328，329；
　contemporary Japan 当代日本 362-63，
　364-65；Hiroshima and Nagasaki bombings
　　广岛、长崎原子弹爆炸 320-21，338；
　isolationism 锁国政策 212；Korea 朝
　鲜 294；nuclear testing 核测试 339；
　Okinawa bases 冲绳军事基地 372；Pearl
　Harbor 珍珠港 286；Perry 佩里 209，
　211，226，277；postwar occupation 战后
　盟军占领 285，318，321-26；post-World
　War II recovery period "二战"后恢复期
　328；Second Sino-Japanese War 第二次中
　日战争 285-86；Taishō period 大正时代
　271；Tripartite Pact《三国同盟条约》285；
　World War II defeat "二战"战败 319-21
U.S.-Japan Security Treaty (ANPO)《日美安全
　保障条约》(1951) 325-26，328，329
Utagawa Hiroshige 歌川广重（艺术家）
　193-94；*Asakusa, Edo*《江户浅草》169；
　"Changing Porters and Horses"《轮换挑夫
　与马匹》149；*Chūshingura*《忠臣藏》
　159；*Plum Park in Kameido*《龟户梅屋铺》
　194
Utagawa Kuniteru,*Illustration of a Steam*

470　神奈川冲浪外：从传统文化到"酷日本"

Locomotive Passing Shiodome in Tokyo 歌川国辉,《穿过东京汐留的蒸汽机车》 227

Utagawa Yoshitora, *Imported Silk Reeling Machine at Tsukiji in Tokyo* 歌川芳虎,《东京筑地的进口缫丝机》 230

uyoku dantai 右翼团体 357

Valentino, Rudolph 鲁道夫·瓦伦蒂诺 265
Valignano, Alexandro 范礼安（耶稣会士） 138
Van Gogh, Vincent 文森特·凡·高 194
Varley, Paul 保罗·瓦利 96
Verne, Jules 儒勒·凡尔纳 234
video games 电子游戏 388-89
Vietnam War 越南战争 326, 328
View of the Issuance of the State Constitution in the State Chamber of the New Imperial Palace 《大日本帝国宪法发布式之图》（安达吟光） 223
visual arts 视觉艺术: Asuka period 飞鸟时代 32; Buddhism 佛教 25, 26, 88-89, 95-96; contemporary Japan 当代日本 395-97; European-Japanese relations 欧洲-日本关系 136; Heian period 平安时代 66-67; Jōmon era 绳文时代 7, 8, 9; Kofun era 古坟时代 12, 13, 14; Korean influences 朝鲜影响 15; medieval era 中世时期 95-96, 97, 98, 99, 105; Meiji Restoration 明治维新 220-21, 227; modernism 现代主义 268; Nara period 奈良时代 37, 38, 39, 40; postwar occupation era 战后盟军占领时期 358; post-World War II recovery period "二战"后恢复期 356-58, 359, 360; Russo-Japanese War 日俄战争 280; Sengoku era 战国时代 124-25, 130 亦可参见 "Edo period visual arts"
"Volunteer Soldier" 《志愿兵》（周金波） 303
Vow in the Desert 《热砂的誓言》 307

Wa 倭（早期中国对日本的称谓） 16-18
wabi 侘（美学观念） 95, 129-31, 272
Wada Seika 和田圣香,《T女士》 255

wagoto 和事（歌舞伎的"软"风格）
waka 和歌（一种诗歌形式） 45, 183
Wang Yang-Ming (Ōyōmei) school of Confucianism 儒学阳明学派 155-56
Wani 王仁（学者） 14
warfare 战争: film 电影 306, 308; Meiji Restoration 明治维新 219; Mongol invasions 元军入侵 79, 83, 84-85, 90; Nara period 奈良时代 42; routinization of 战争的程序化 147; Sengoku era 战国时代 112-15, 116, 120-21, 122, 123, 136, 141; Yayoi era 弥生时代 10 亦可参见 *specific wars*
warring provinces era 战国时代 见 "Sengoku era"
warrior class governance 武士阶级治理: Heian period 平安时代 54, 70; imperial court 朝廷 80-81, 82, 83, 86; Kamakura bakufu 镰仓幕府 54, 79, 81-83, 84-85; medieval era overview 中世时期概述 79-81; Sengoku era 战国时代 118-19; women's roles 女性角色 108 亦可参见 "Tokugawa shogunate governance"
warrior culture 武士文化: architecture 建筑 125; armor 盔甲 93, 94; Buddhism 佛教 79, 91, 95; bun and bu 文武 93, 95, 156; homosexuality 同性恋情 101; literature 文学 93, 103-6; Nō theater 能剧 102; rural clans 乡村氏族 80; tea ceremony 茶道 129, 131-32; weapons and armor 武器和盔甲 93, 94 亦可参见 "samurai"
war tales (gunki mono) 军记物语 93, 103-6
washi 和纸（手作纸） 126
washitsu 和室（日式房间） 128
washoku 和食（日本的饮食文化） 394
Watanabe Nobukazu 度会神道 162
"Water Buffalo" 《水牛》（杨逵） 302
"Way of the Samurai" (Shidō) 《士道论》（山鹿素行） 156-57
weapons 武器 10, 80, 93, 135, 136, 141, 150 亦可参见 "warfare"

索引 471

Wei dynasty 三国时代的魏国（中国）16, 32
Welcoming Descent of Amida and Bodhisattvas 《阿弥陀佛与菩萨来迎图》73
Western culture and technology 西方文化与技术 136-37; Buddhism 佛教 214, 238-39; Dutch Studies 兰学 144-45, 164-66, 179-80, 190; folk craft/folklore movements 民艺/民俗运动 272, 273; foreign advisers 御雇外国人 219-21, 241, 272; Iwakura Mssion 岩仓使团 221, 222, 233; Japanese colonialism 日本殖民主义 290, 291; Japanese influences on 日本对西方文化和技术的影响 125, 194; Kokugaku 国学 164; literature 文学 235-36; manga 漫画 354; masculinity 男性气质 234; Meiji Restoration 明治维新 209, 217, 218, 223-25, 234-36; post-World War Ⅱ recovery period "二战"后恢复期 351, 357; resistance against 对西方文化与技术的抵抗 241, 244-45, 268-74; treaty ports 通商口岸 214, 224; weapons 武器 135, 136, 141; woodblock prints 木版画 190
Western-Japanese relations 西方-日本关系: Christian missionaries 基督教传教士 137-39; Dutch merchants 荷兰商人 139, 141, 144-45; foreign advisers 御雇外国人 139-40; Opium Wars 鸦片战争 211; Portuguese merchants 葡萄牙商人 135-36; treaty ports 通商口岸 211, 212-14, 224, 226
Whistler, James McNeill 惠斯勒 194
The Wild Geese 《雁》（森鸥外）236
Wilson, Woodrow 伍德罗·威尔逊 271, 295
The Wind-Up Bird Chronicle 《奇鸟行状录》（村上春树）379
Winter Landscape 《冬景图》（雪舟）96, 97
women's roles 女性角色: Buddhism 佛教 59, 89-90; Confucianism 儒家思想 17, 42, 59, 160-61; contemporary Japan 当代日本 369, 373-74, 378, 379, 382, 383,

384; contemporary pop music 当代流行音乐 390-94; Edo period 江户时代 109, 178, 181-82, 203-4, 205-6; fashion 时尚 389; feminism 女性主义 261-62; good wife, wise mother 贤妻良母 232-33, 263, 348; Heian period 平安时代 58, 59-60, 67-68, 108; housewives 家庭主妇 262-63, 346, 348-49, 351-52; industrialization 工业化 229-30; Japanese imperialism 日本帝国主义 312; medieval era 中世时期 108-9; Meiji Restoration 明治维新 229-30, 232-33; moga 摩登女孩 260-61; Nara period 奈良时代 42-43; OLs (office ladies) 办公室女郎 349, 374; peasant class 农民阶级 206; performing arts 表演艺术 67-68; post-World War Ⅱ recovery period "二战"后恢复期 346; shamanism 萨满教 17; Taishō period 大正时代 248, 258, 259-61 亦可参见"gender", "prostitution"
woodblock prints 木版画: Edo period 江户时代 165, 168, 170, 179, 180, 186-94, 193; manga 漫画 354
working class 工人阶级: Meiji Restoration 明治维新 233, 234; postwar occupation era 战后盟军占领时期 324, 325; post-World War Ⅱ recovery period "二战"后恢复期 328; Taishō period 大正时代 246-47, 254
World's Parliament of Religions 世界宗教大会（1893）239
World War Ⅰ 第一次世界大战: anti-Westernism 反西方情绪 268; economy 经济 246, 247; Japanese colonialism 日本殖民主义 280-81, 293, 295, 297; Russo-Japanese War 日俄战争 278; women's roles 女性角色 248
World War Ⅱ 第二次世界大战: defeat in 战败 319-21; film 电影 308-9; Hiroshima and Nagasaki bombings 广岛、长崎原子弹爆炸 320-21, 338, 343, 344; Pearl Harbor 珍珠港 286; Second Sino-Japanese War

第二次中日战争 284-86, 293; Tokyo 东京 251 亦可参见 "Japanese imperialism"
wrestling 相扑 349, 350, 351
Wright, Frank Lloyd 弗兰克·劳埃德·赖特（建筑家）125, 194
writing systems 书写系统 14, 43, 58, 236 亦可参见 "calligraphy"

xenophobia 仇外情绪 见 "isolationism"
Yagi Kazuo 八木一夫（艺术家）357
Yajirō 弥次郎 137
Yakushi Nyorai 药师佛 32, 36, 168
yakuza 极道（犯罪家族）331, 332
Yamaga Sokō 山鹿素行（儒学思想家）156-57, 158, 161
Yamagata Aritomo 山县有朋（明治时代大臣）218, 246
Yamaguchi Yoshiko 山口淑子（李香兰，演员）307-8
yamamba 山姥 389
Yamanote train line 山手线（东京）175
Yamanoue no Okura 山上忆良（诗人）45-46
Yamashita Kikuji 山下菊二（艺术家）358
yamato-e 大和绘（绘画风格）66, 124
Yamato kingdom 大和王国: Asuka period 飞鸟时代 28, 29, 33-34; Buddhism 佛教 25; Hakuhō period 白凤时代 34; Kofun era 古坟时代 15-16; Shinto mythology 神道教神话 19, 20 亦可参见 "Nara period"
Yamazaki Ansai 山崎暗斋（新儒学学者）155, 162
yamiichi 黑市 331
Yanagi Sōetsu 柳宗悦（民艺运动发起人）272
Yanagita Kunio 柳田国男（民俗学家）302
Yang Kui 杨逵（作家）302
yarō (young fellows') kabuki 野郎（青年男子）歌舞伎 199
Yayoi era 弥生时代 4, 5, 9-12
Yi Kwangsu 李光洙（作家）303-4
Yi Royal Family Museum 李王家博物馆 309
Yi Royal Museum of Fine Arts 李王家美术馆 310
yoga 洋画 166, 221
Yohji Yamamoto 山本耀司（设计师）389
Yōjimbō 《用心棒》（黑泽明）339
Yokohama 横滨 212-13, 214
Yokō Tadanori 横尾忠则（艺术家）357, 360; *Having Reached a Climax at the Age of 29, I Was Dead* 《29岁达到高潮后，我死了》359
Yom Sang-sop 廉想涉（作家）304
yonaoshi 世界改造 207
Yoritomo 赖朝（幕府将军）见 "Minamoto no Yoritomo"
"Yoru no Nezame" 《夜不能寐》67
Yosano Akiko 与谢野晶子（作家）311
Yoshida Shigeru 吉田茂（日本首相）325, 326
Yoshida Shinto 吉田神道 162
Yoshihara Jirō 吉原治良（艺术家）358
Yoshino Sakuzō 吉野作造（左翼教授）248
Yoshiwara 吉原（江户时代游廓）203
Your Name 《你的名字》（新海诚）385
Yuan dynasty 元朝（中国）84
yūgen 幽玄（冥想的美学）95, 102
Yumedono 梦殿（法隆寺）31, 32

zabuton 拜垫（放在地上的垫子）254
zaibatsu 财阀 247, 324
zainichi 在日朝鲜人 370-71
zashiki 座敷（客厅）127
zazen meditation 坐禅 92-93
Zeami Motokiyo 世阿弥（能剧作家）101-2, 105
Zen Buddhism 佛教禅宗: Edo period 江户时代 167; introduction to China of 进入中国 30; introduction to Japan of 进入日本 88, 91; landscape gardens 庭园 96, 98, 99; Neo-Confucianism 新儒学 155; overview 概述 91-93; performing arts 表演艺术 95, 99, 101; visual arts 视觉艺术 95-96; warrior culture 武士文化 79,

索引 473

91, 92
Zenkōji Temple　善光寺　171
Zhou Jinpo　周金波（作家）　303

Zhu Xi Neo-Confucianism　朱子学　154-55, 156, 162
zuihitsu　随笔　65-66

图书在版编目(CIP)数据

神奈川冲浪外：从传统文化到"酷日本" /（美）南希·K.斯托克（Nancy K. Stalker）著；张容译. -- 北京：社会科学文献出版社，2020.10

书名原文: Japan: History and Culture from Classical to Cool

ISBN 978-7-5201-6819-9

Ⅰ.①神⋯ Ⅱ.①南⋯ ②张⋯ Ⅲ.①文化研究-日本 Ⅳ.①G131.3

中国版本图书馆CIP数据核字（2020）第115942号

神奈川冲浪外：从传统文化到"酷日本"

著　　者 /	〔美〕南希·K.斯托克（Nancy K. Stalker）
译　　者 /	张　容
出 版 人 /	谢寿光
责任编辑 /	杨　轩　胡圣楠
出　　版 /	社会科学文献出版社（010）59367069 地址：北京市北三环中路甲29号院华龙大厦　邮编：100029 网址：www.ssap.com.cn
发　　行 /	市场营销中心（010）59367081　59367083
印　　装 /	三河市东方印刷有限公司
规　　格 /	开　本：880mm×1230mm 1/32 印　张：15.625　插　页：0.375　字　数：405千字
版　　次 /	2020年10月第1版　2020年10月第1次印刷
书　　号 /	ISBN 978-7-5201-6819-9
著作权合同 登 记 号 /	图字01-2019-1389号
审 图 号 /	GS（2020）4510号
定　　价 /	89.00元

本书如有印装质量问题，请与读者服务中心（010-59367028）联系

▲ 版权所有　翻印必究